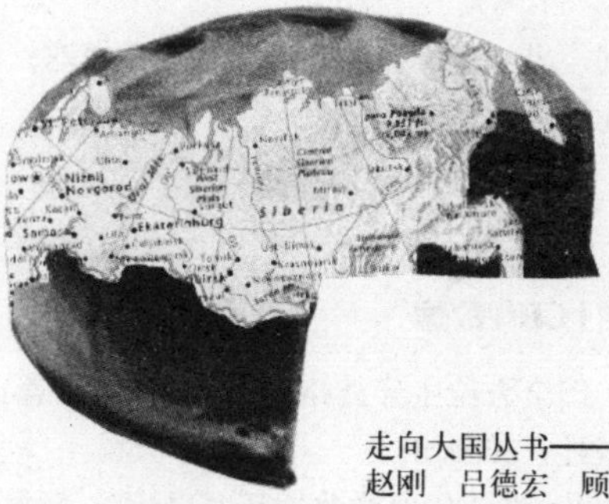

走向大国丛书——恩道尔地缘政治系列
赵刚　吕德宏　顾秀林 **主编**

[美] 威廉 · 恩道尔 著
吕德宏 赵刚 郭寒冰 单立坡 **译**
顾秀林　**校译**

霸权背后

美国全方位主导战略

知识产权出版社

内容提要

本书从地缘政治的视角入手，通过无与伦比的超强思维和无可置疑的翔实史料，以辛辣的笔触，一针见血地揭示了美国精英阶层利用政治、经济、军事、外交、宗教等种种手段，来保持其对世界的控制，维系美国全方位主导世界的地位。

责任编辑：刘　忠　李　潇　　**责任校对**：韩秀天
封面设计：鞠洪深设计工作室　　**责任出版**：卢运霞

图书在版编目(CIP)数据

霸权背后：美国全方位主导战略/（美）恩道尔著；吕德宏等译．—北京：知识产权出版社，2009.8
（走向大国丛书．恩道尔地缘政治系列/赵刚、吕德宏、顾秀林主编）
书名原文：Armageddon：The Secret Agenda of Washington's New Cold War
ISBN 978-7-80247-511-3
Ⅰ．霸…　Ⅱ．①恩…　②吕…　Ⅲ．霸权主义—研究—美国　Ⅳ．D771.2
中国版本图书馆 CIP 数据核字（2009）第 055290 号

走向大国丛书
霸权背后：美国全方位主导战略
BaQuan BeiHou：MeiGuo QuanFangWei ZhuDao ZhanLue
［美］威廉·恩道尔　著
吕德宏　赵　刚　郭寒冰　单立坡　译
顾秀林　校译
赵　刚　吕德宏　顾秀林　主编

出版发行：知识产权出版社
社　　址：北京市海淀区马甸南村1号院　　邮　　编：100088
网　　址：http://www.ipph.cn　　邮　　箱：bjb@cnipr.com
发行电话：010-82000893　82000860 转 8101　　传　　真：010-82000893
责编电话：010-82000860 转 8133　　责编邮箱：lixiao@cnipr.com
印　　刷：保定市中画美凯印刷有限公司　　经　　销：四川新华文轩连锁股份有限公司
开　　本：787mm×1092 mm　1/16　　印　　张：24.5
版　　次：2009 年 8 月第 1 版　　印　　次：2009 年 8 月第 1 次印刷
字　　数：383 千字　　定　　价：43.00 元
京权图字：01-2008-4170
ISBN 978-7-80247-511-3/D·790（2533）

《走向大国》丛书编委会（按姓氏笔画排列）

目　录

中文版前言

2009年1月20日，经过漫长的8年之后，布什总统终于离任，全世界大多数人松了一口气。美国人欢迎巴拉克·奥巴马上台，世界各地的许多有识之士热切地期望打着“变革”旗号的新政府，能够真正开始纠正美国处理世界事务所采取的带有侵略性的单边布什主义政策。

但是这些有关美国外交和军事政策将进行和平转变的希望很快就化为泡影。在就任总统的最初几天里，美国新总统即宣布了向阿富汗的重大增兵计划。奥巴马宣称：“这是为了破坏、瓦解和彻底摧毁在巴基斯坦和阿富汗的基地组织，防止恐怖分子在这两个国家卷土重来。”然而，正如北京和莫斯科那些优秀的军事战略家所认识到的，事情的真相与基地组织这个神秘组织没有任何关系，甚至某些美国情报官员也在怀疑是否真的存在这样一个组织。

奥巴马把军事关注点放在阿富汗和巴基斯坦的真实目的，与美国欲控制欧亚大陆上的两大强国有关，这两个国家一旦携起手来，将直接威胁到美国作为世界唯一超级大国的主导地位。当然，这两个欧亚大陆强国就是俄罗斯和中国。

目前世界上很少有人意识到这样一个事实，美国选出的首位黑人总统——那个声称传递“希望”的人，实际上是美国营销历史上最大的成功营销骗局。奥巴马不过是披着另外一张羊皮的乔治·W. 布什。在2008年11月，谁当选总统，并没有什么实质性的区别。到2008年前苏联解体后不到20年，自称是冷战“胜利者”的世界唯一超级大国——美国，其自身经济正面临崩溃。多年来，美国作为世界唯一超级大国，像寄生虫一样依靠世界其他地区，近年来尤其依靠中国的劳动和创造得以生存。2007 年 8 月初露端倪的金融危机，在 2008 年 9 月演变为系统的经济危机，这是布雷顿森林体系美元帝国终结的标志，是不可逆转的。在这种根本性的生存危机中，美国的权力精英们会不会转而依靠压倒性的军事实力这个仅存的杠杆来维持其世界霸权地位呢？

数十年来美国政治的严酷现实始终如一：没有任何一位总统候选人能够在违背美国权势集团意愿和利益的情况下当选总统。亚伯拉罕·林肯和约翰·肯尼迪都曾经试图追求自己独立的政策，而不是一味遵从在幕后控制美国政策的强势家族的旨意，但他们的结局都一样——遭到暗杀。

奥巴马在短短几年时间里迅速当选为参议员并获得权力，这本身就是缘于乔治·索罗斯、沃伦·巴菲特和潘尼·普里策这些有权势的亿万富翁的支持。同样，这也是缘于强大的军事工业复合体和与军队有千丝万缕联系的巨型石油公司的支持。

在赢得 2008 年总统大选之后的几天时间里，奥巴马即出乎许多人的意料，宣布继续让罗伯特·盖茨留任国防部长，而不是做出新选择，开始实施真正的变革，削减五角大楼业已过于膨胀的权力。这是一个信号，表明奥巴马政府将使用欺骗手段，在欺骗的背后则是军事实力。

在提名布什家族十多年的老朋友、中央情报局前局长盖茨任国防部长之后，奥巴马又提名北约欧洲总部前司令詹姆斯·琼斯上将任总统国家安全事务助理。这进一步表明，奥巴马将继续奉行布什-切尼的军事战略议程。琼斯曾在创建美军非洲司令部上起到核心作用，美军设立这个司令部的目的是对抗中国和俄罗斯在非洲越来越大的影响。在离开北约的岗位后，琼斯成为重要的防务承包商波音公司和雪佛龙石油公司的董事会成员，同时还是布什和切尼所代表的军事工业-石油复合体的内部成员。

此外，奥巴马任命丹尼斯·布莱尔海军上将，即所谓的美国“情报沙皇”，任国家情报总监。布莱尔曾任美军太平洋舰队司令，是亚洲问题尤其是中国问题专家。

这些任命表明，奥巴马与布什的地缘政治议程完全相同：全方位主导，彻底控制世界石油和能源运输线的战略要点，控制海洋、天空，最终控制外层空间。

早在十多年前的1997年，后来作为总统候选人奥巴马主要对外政策战略顾问的兹比格纽·布热津斯基就阐明了美国的议程。在精英组织对外关系理事会会刊《外交》上发表的一篇颇有影响的文章中，布热津斯基明确提出："潜在的最危险场景是中国、俄罗斯，可能还有伊朗，结成大联盟，一个不是由意识形态而是出于对美国共同的怨恨走到一起的'反霸联盟'……为了避免这种情况……美国需要同时在欧亚大陆的西方、东方和南方展示地缘战略技巧。"

如果仅因为美国经济陷入了可与20世纪30年代相提并论的大萧条，以及美国花旗银行、美国银行和AIG这些最大的银行和金融机构事实上已经破产，就断定华盛顿将放弃军事主导欧亚大陆的宏大计划，将是灾难性的错误判断和低估。正好相反，金融和经济领域的巨大问题，恰恰使美国孤注一掷地通过某种形式的军事战略、地缘政治反应来保持其全球霸权的可能性大大提升。

表面上看，还没有其他国家的军队接近于美国的军事力量投送能力。每年美国政府花在军队的钱都超过排在美国之后军事开支最多的45个国家军费的总和。作为第二大军费开支国，中国的军费仅占美国军费的16%，很难把这种水平的军费开支视为试图对美国权势进行挑战。

由于此次危机严重损害了美国的金融主导地位，美国能否运用其军事力量来巩固其全球霸权地位，成为关键问题。毫无疑问，问题的答案很复杂。

正如伟大的战略家孙子在2500多年前说过的："知彼知己者，百战不殆。不知彼而知己，一胜一负；不知彼，不知己，每战必殆。"

拙作是我有关当代历史和地缘政治系列著作中的一部。它探讨了美国权力精英为保持对世界的控制所做出的种种抉择，即如何维系美国世纪、美国的世界主导地位及1945年二战胜利后确立的美元体系。书中详细描述了美国怎样运用从秘密经济战争、人权"武器化"所演化出来的各种方法来弱化和孤立他国尤其是中国。本书还阐述了美国赤裸裸地运用军事力量对付其唯一的战略核对手俄罗斯的真相，以及中国西藏、缅甸和苏丹达尔富尔在美国对中国进行地缘政治遏制战略中所起的作用。

若干年前，一位前美国军事战略和哲学教授、美国陆军精英学校西点军校的毕业生对我说过，西点军校的所有学员都需要深入掌握和熟知孙子兵法。他们从这位伟大的中国军事战略大师所学到的最重要的格言是：“兵者，诡道。”我对此感到惊讶，也许一些中国读者也会对此感到惊讶。

我写这本书的目的不仅是告诉受过教育的中国人一些信息，也是为了告诉我的同胞美国人一些信息。我的同胞们在很大程度上被庞大的美国安全机构所欺骗了，他们并不了解美国政府的真正全球议程。我深深地希望本书提出的问题不仅能在中国，同时也能在西欧、俄罗斯引起建设性的、真正公开的讨论，本书的部分内容已经在西欧和俄罗斯发表过。我最大的希望是，尤其在美国我的祖国也能同样引起建设性的、真正公开的讨论，在那里那么多美国人的希望正在被残酷无情的军事巨石碾得粉碎。

F. 威廉·恩道尔

2009 年 4 月于德国威斯巴登

中文版序言

20年前，两极格局解体，从此美国独步世界、为所欲为。美国学者弗朗西斯·福山在其《历史的终结》一书中断言："除了自由民主制度和资本主义，人类没有别的进化可能，这就是历史的终结。"由此推论美国有义务借助武力优势将美国的价值观推向全世界。唯美国马首是瞻的精英们，鼓吹美国模式就是世界模式，就是普世价值。某些国家政府接受其误导，跌入新自由主义经济政策和激进的自由市场政策的陷阱。随着伊拉克战争和阿富汗战争没有结局的结局，外部的战争危机和内部的经济危机交织在一起，使美国模式受到质疑。如今这个"自罗马帝国以来唯一真正的全球帝国"已经风光不再了。武力征服，征而不服，靠印刷美元换取别国的劳动产品，用债券对外国进行金融绑架，把隐患推给未来或转移到别国的把戏很难再得心应手地玩下去。

世界人民对美国新领导人调整国家政策的希望和无望是同时存在的。霸权主义的历史惯性不会戛然而止。美国的石油、金融权势集团和军事-工业复合体主导的国家机器没有改变，也不可能改变。正如本书作者威廉·恩道尔先生指出的："数十年来美国政治的严酷现实始终是，没有任何一位总统候选人能够在违背美国权势集团意愿和利益的情况下当上总统……试图追求自己独立的政策，而不执行在幕后控制美国政策的强势家族的议程的人，其结局简单明了，就是被暗杀。"正因为如此，人们无法确知美国新领导人除了延续其前任既定的路线之外，是否还有别的路可走和能够走多远。

霸权主义以军事力量为核心，并使民主、人权、金融、货币、石油、宗教、媒体、投票箱、转基因等全都武器化，异化成为霸权主义的衍生品。从这个意义上说，霸权的背后是武器，民主、人权等的背后是霸权。

布什主义的最大政治遗产是反恐战争。按严格的军事学术意义讲，反恐行动不能称之为战争。战争的对手应该是敌国或敌对势力的军事集团，而恐怖活动是分散的个别行为，用一场投入几十万兵力的战争来对付个别的恐怖活动是不得要领的，那只能是针对每一个村庄、每一块土地、每一个被认为是潜在敌人的盲目杀戮。据国外媒体统计，伊拉克战争已造成数十万平民非正常死亡，制造数百万难民和孤儿。至今，“9·11”的真正策划者仍是个谜，而伊拉克根本没有大规模杀伤性武器，萨达姆与拉登也不是同伙却是事实。霸权主义揣着明白装糊涂，冒然发动这两场师出无名、违背战争道德又在兵法艺术上讲不通的反恐战争，其背后当然有不可告人的目的。说穿了：反恐是假，服务于地缘政治、控制欧亚大陆和石油资源及其通道是真。

军事暴力和颜色革命是霸权主义战车的两轮。从科索沃战争到伊拉克和阿富汗战争，以及美国支持的以色列对巴勒斯坦的战争，霸权主义及其同伙把军事政治活动的所有卑劣手段着实地表演了一番——摧毁民用设施，轰炸外国使馆，虐待战俘，杀害平民，非法拘押，严刑逼供，不一而足。如果用审判米洛舍维奇甚至萨达姆的标准来衡量美国和以色列的战争决策者，后者显然有过之而无不及。问题是谁来审判霸权主义的战争罪行？一个国家缺乏道义，尽管能逃避审判，也必然失去世界的普遍信任，依靠信任建立的国家形象和各种体系关联也会随之动摇。

作为正直的美国学者，威廉·恩道尔先生在他的书中发问：“曾经因对外国人开放的态度和轻松的生活方式受世界各地羡慕的美国人民，怎么能允许自己的国家变成邪恶的强权，在伊拉克、阿富汗和很少得到报道的世界其他地区实施残忍无情的暴行和酷刑。”他的回答是：“通过规模之巨大难以想象的社会工程，美国完成了国内社会转型，从根本上把美国变成一个斯巴达国家，处于永恒的战争状态。”这是何等沉重的警世之言！

中国人民一贯对美国人民抱有友好的态度。同时通过美国制造的搜查银河号、轰炸中国使馆、南海撞机、对台军售、策动所谓“西藏人民起义”等一系列事件中，深切感受霸权主义的蛮横与无理。据说杀人越货者有一种心态：只要被害人活着，他就感到受威胁。制造“中国威胁论”者想必也是如此。这是帝国主义统治世界两个世纪造就的自我中心和民族利己观念在作祟。过去几十年，世界发展中国家都在适应美国和西方大国，如今美国和西方大国也应该对适应发展中国家做些努力，至少表现出应有的理智和善意。

我们身处一个惊心动魄的大时代。为了无数革命先烈和广大劳动者用生命、鲜血、汗水和智慧造就的江山社稷，中国人民有决心、有权力、有能力捍卫自己国家的利益与安全。

李际均

2009 年 5 月 25 日于北京

中文版译者序

继《石油战争》、《粮食危机》之后，恩道尔先生又写了一本好书。作为译者，我们经历了特殊的学习和思考的过程，深感这是一本对世界、对美国、对中国都很重要的好书，好就好在正本清源。

当代是信息时代，有大量关于世界、中国和美国的信息，但信息的数量与信息的质量往往成反比关系，甚至在很多时候，人们接触的信息量越大，离事实和真相反而越远。在所谓国际主流媒体的反复引导和信息轰炸之下，表面上人们在自主地选择信息，实际上却是在别人设定的主题和范围内进行选择。设定主题是制定规则的前奏，跟着别人的主题走已经与遵守别人的规则行事相去不远，在不知不觉中按照别人的意思判断是非美丑，最终按照别人的方式过二手生活。对于那些希望真切地认识世界的人们，恩道尔先生这本书有着正本清源的意义，是告别二手生活的献礼。

很多人知道苏丹达尔富尔那个地方很乱，可能还有人听说过那个地方有“种族屠杀”。国际上有人用这件事给 2008 年北京奥运会和中国形象制造麻烦。恩道尔用确切的事实告诉我们，达尔富尔以及非洲一些地方的战乱，不是因为贫穷，而是因为富饶，因为有丰富的石油和矿产资源，因为中国正在这些地方以公正的方式获得资源，而美国不希望中国获得这些资源。恩道尔指出，在苏丹宣布南部地区发现大油田后不久，美国军方和情报机构即加强了对苏丹邻国乍得的军事援助，怂恿乍得插手搅乱了苏丹达尔富尔地区局势；当时的美国国务卿鲍威尔则高调宣称达尔富尔存在“种族灭绝”，这是一个出兵动用美国和北约武力的理由。联合国调查小组报告明确提出，达尔富尔有人道困难，但不存在“种族灭绝”。美国在达尔富尔问题上的前台喊话和后台动作，既不是孤立的，也不是偶然的。

2006年11月在北京举行中国—非洲峰会之后数个月，美国前总统布什宣布组建非洲司令部。前苏联解体以来，由于失去了对苏战略争夺的需要，美国忽略了非洲。那么为什么美国突然又对非洲有了这么大兴趣呢？没有一个非洲国家愿意接纳美军非洲司令部，这个事实表明，他们看得很清楚，美军设立这个新司令部，不是为了非洲，而是为了自身的利益。恩道尔认为，此举的表面理由是所谓“反恐”，实际目的是试图直接和间接地控制非洲的能源、资源及通道，防止中国与非洲建立更密切的关系。

在恩道尔看来，美国在非洲的动作，只不过是“阻止中国在源头上掌握海外资源”的一个方面。其他方面包括中东、中亚和中南半岛。美国在中东、中亚发动了伊拉克战争和阿富汗战争，这是直接运用军事暴力手段；在中亚和中南半岛如缅甸，策动“颜色革命”，这是运用“民主、人权”作为武器实施的非暴力破坏行动，并试图趁乱建立永久性军事基地。美国用软、硬两手采取大动作的地域，至少具备下列三个特征之一：能源交通线要点；能源资源丰富；压缩俄罗斯和中国的国防空间。

美国自然不会放过直接用“人权”武器向中国施压的机会。恩道尔认为，这是对中国的“新鸦片战争”。2008年3月拉萨骚乱事件的幕后操纵者承认，华盛顿一直在准备另外一场臭名昭著的“颜色革命”，这次挑起动乱的直接目的，是在奥运会来临之际最大限度地使北京难堪。西藏内外的那些活跃机构都是美国制造类似地区动乱中常见的机构，与美国政府有密切关系，如国会和国务院资助的“国家民主基金会”和中央情报局的“自由之家”。其间接目标，是利用西藏作为破坏中国稳定、恫吓中国政府和调控对华关系的战略杠杆。恩道尔认为，西藏对中国具有战略重要性，是矿产和石油的宝库，拥有世界最大的铀和硼砂矿床、世界一半的锂、亚洲最大的铜矿、庞大的铁矿石矿藏、众多的金矿，西藏的森林是中国可以支配的最大的木材储备。更重要的是，西藏地处“世界屋脊”，是世界上最有价值的淡水源头，亚洲供20亿人口使用的7条大河源头均在西藏。用基辛格的方式可能会这么说："谁控制了西藏的水，谁就拥有了对亚洲尤其是对中国的强大的地缘政治杠杆。"

恩道尔关于上述问题的分析论述，有翔实的依据。但为什么西方媒体或是不作这样的报道，或是提供完全相反的说法呢？他的新著，揭开了美国媒体的真相：自20世纪90年代以来，为控制国内和世界舆论，美国主要媒体巨头进行了重组，当前美国媒体集中在几家顶级公司，而这些公司都受对外关系理事会（CFR）成员的控制，从CNN到迪斯尼到时代华纳到福克斯新闻。由于大媒体公司控制了小的地方媒体，没有一家地方报纸有能力雇佣独立记者，更不用说开设国际新闻机构。它们必须从大媒体集团购买它们的"新闻"，如《纽约时报》、《华尔街日报》、《华盛顿邮报》，而所有这些报纸都被同一卡特尔利益所控制。事实是，当今美国媒体的集中程度超过了历史上任何时期，甚至超过了前苏联对媒体的控制。这就不奇怪，大多数美国人以不平等的观点看待世界事物或伊拉克战争，因为他们没有任何机会看到更多更加中立的新闻事实和观点。受控制的媒体和官方欺骗信息的系统宣传，使大多数美国人对这些重大事件的幕后茫然无知。

以上只是恩道尔新著中与中国读者关系较为直接的例子。他写这本书的目的，不是论述美国与中国的关系或美国主导势力对中国的用意有多么险恶，而是向英语世界的读者以及那些不愿过二手生活的人们，提供新闻背后的真相，揭示当今世界最大也最现实的威胁，美国的全方位主导世界的新帝国主义政策，用暴力和非暴力各种手段、直接与间接的各种方式维持美国主导势力在国内外的既得利益。为此，他们发动战争，制造动乱，挑起军备竞赛，制造大国关系紧张，在世界战略要地修建军事基地，图谋控制世界局势，而在失控的情况下，则准备不惜用核武器摊牌，进行"世界末日善恶大决战"。为了达成对外的控制，首先要达成对内的控制。数十年来，大财团、大公司、战争鹰派、军事工业复合体、右翼智库、极端宗教组织和垄断新闻巨头联手运营，已经使美国社会发生了转型，成为好战的大兵营般的国家。

恩道尔揭示的最令人震惊的事实之一，是极端宗教组织在美国军队的活动。美军军事宗教自由基金会的创建者、前空军军法署署长米凯·温斯坦指出，“狂热的极端基督教已经像海啸一样横扫五角大楼承认的、设在 132 个国家的所有 737 个美国军事机构……其中 70 个在欧洲，11 个拥有核武器。”他的结论是，“让我把这事挑明。我们正在与基督教塔利班打交道。”

这是真切的威胁。恩道尔认为，即使大国之间没有爆发预先谋划的战争，美国新帝国主义政策给世界带来的危险和风险，也已经超过了美苏冷战时期，因为随着美国推进新帝国主义议程，俄罗斯等国必将做出回应，局势的紧张和军事自动化程度的提高，美国与俄罗斯及其他大国之间，因意外而导致战略碰撞、带来世界灾难的风险大大上升。不久前，美俄卫星相撞和英法核潜艇相撞似乎在证实恩道尔的预见。

曾有中国学生读者问恩道尔：“你是美国人，为什么不爱美国呢?”这是个好问题。这表明，这位中国学生认为，爱自己的国家天经地义。那么，恩道尔爱美国吗?

事实胜于雄辩，让我们看看实例吧。美国前中情局长特纳上将指出，1961 年 1 架搭载核弹的 B-52 战略轰炸机在北卡罗莱纳州失事，2 枚兆吨当量核弹摔在地上，其中 1 枚核弹的 6 道保险有 5 道损毁，仅仅是第 6 道保险防止了核爆炸（事故造成核材料泄漏)。如果没有最后一道保险，就相当于美国空军对美国本土的原子轰炸——这只是 20 世纪 60 年代美国空军一个军种发生的 11 场核事故之一。另据布鲁金斯学会统计，截至 1998 年美国为建造和维护核武库花费了 5.5 万亿美元。美国学者的另外一项评估提出，仅仅处理制造核武器所产生的高毒性废料，就需要 30 年时间和 3000 亿美元。这个评估很可能过于乐观了，因为按照美国能源部的说法，美国并不掌握必要的处理技术。诺贝尔奖获得者哈佛大学教授伯劳恩博士指出：“尽管自从广岛和长崎后，没再在实战中使用核武器，但美军却对美国民众进行了一场秘密的低强度辐射战争。”据统计，近年来美国政府仅为平息美国公民对美军“核失误”的抗议就支付了 20 亿美元。2008 年，美国空军轰炸机违规携载核弹穿越美国领土，这是一个无论从哪方面看都没有任何一丝必要性的军事行动，是不可原谅的“管理混乱”，事件曝光后理所当然地引起美国舆论哗然。所有这些事实都表明：美国的军国主义政策已经给世界带来了危险和风险，包括给美国自身带来了危险和风险；自从核时代以来，对美国人民最大的核威胁和辐射伤害，不是前苏联，而是美国自身的核军备，这种威胁和伤害仍在继续；美国用于建造核武器的经费和人才，完全可以让美国人民的生活上一个大台阶，包括修好和加固美国所有的桥梁，使美国人民可以放心地通行。恩道尔反对的，也正是美国人民所反对的。

有时，遥远的忠诚像是一种背叛；有时，拒绝主流才能找到方向。恩道尔用诚实、勤奋和深邃的眼光，写出了一系列警世之作，展现了他忠于良知、拒绝二手生活的风骨，为美国和美国人赢得了光彩。美国历史学家唐纳德·怀特在《美国世纪》里感叹说，（对于大国的命运）"真正重要的是被记住和被模仿的，而不是被抵制的。真正相关的是在哲学、科学、农业、工业、医疗、艺术、歌曲、建筑、文学、道德和慈善上的创造，在文明消亡之后，这些领域的创造依然永恒。即使美国真的衰落了，其他文明仍将从这些遗产中受益，正如美国曾经从其他文明中受益。就是这种联系决定着人类历史的延续和全球文明的兴起。"作为一名美国人，恩道尔反对"美国世纪"，因为这是不义而非正义的象征；他抨击美国主导势力那些必将遭到其他国家和文明抵制的东西，为美国国内和国际社会增加一些良知和常识，从而为真正的创造争取更多可能。

因此，恩道尔是个真正的爱国者，是美国人民、中国人民和世界人民的朋友。我们尊重这样的爱国者，我们热爱这样的朋友。

吕德宏

2009 年 5 月于北京

英文版前言

美国与欧亚大陆国家，特别是与中国和俄罗斯之间所发生的各种颇富戏剧性的事件，对我们所熟悉的文明生活的未来具有极大的影响。然而，与对其他领域全球性对抗的了解相比，在西方，尤其是在美国，人们几乎不可能通过媒体和政府所提供的信息，了解这些攸关人类文明未来的事件的重要性以及事态已经变得多么危险。为此，我撰写了本书。

全球权力政治的基本规则及在当代的运用，也即100多年前英国皇家地理学家哈尔福德·麦金德爵士所说的“地缘政治”，要求我们尽快更深入地了解这些事件的严重性质，比如表面上看似无关紧要的中亚高加索山区的小国格鲁吉亚共和国与其更小的要求独立的南奥赛梯省之间所发生的冲突。

2008年下半年以来发生的这些事件，都是美国提前策划好的、步骤清晰的与其冷战老对手俄罗斯之间逐步升级的对抗。

事情怎么会变成这样呢？前苏联解体才刚刚过去17年，1989年11月9日柏林墙戏剧性倒塌所带来的巨大希望也仅仅才过去19年，为何北约与俄罗斯就再度在俄边境地区、在遥远的中亚高加索形成军事对峙，再度在核导弹问题上针锋相对？

究竟是什么使文明世界陷入这种怪异和危险的境地？在发动阿富汗战争，紧接着又发动了血腥、蹩脚的伊拉克战争之后（这两场战争在2008年下半年都已经失控了），美国政府又决定推进用“导弹防御系统”包围俄罗斯的挑衅性计划，“导弹防御”当然是个欺骗性的说法。乔治·W. 布什的华盛顿政府厚颜无耻地对顾虑重重的俄罗斯和欧洲民众谎称，在波兰和捷克部署的反导设施是为了对付可能“来自伊朗的导弹袭击”。

即使从最好的方面去看，这些怪异的事件都难以理解。尽管俄罗斯反复呼吁通过外交途径解决这个问题，华盛顿却悍然继续推进这个计划，即使在格鲁吉亚共和国武装侵犯南奥赛梯省失败的情况下，美国仍在 2008 年 8 月先后与捷克和波兰签署了协议。

对这些事件的绝大多数分析评述，无论对阿富汗、伊拉克战争，还是对 2000 年以来俄罗斯和中国周边发生的事件，包括格鲁吉亚和乌克兰的“颜色革命”，都缺乏地缘政治背景的评析——在包围圈越来越迫近的克里姆林宫看来，北约的行动是多么险恶。

没有对地缘政治背景的理解或者说历史的洞察，就不能认识到，波兰政府当前所面对的局面与其在 20 世纪 30 年代与俄国、德国、英国和法国周旋的情形惊人的相似，只是后果却严重得多。波兰政客以近于滑稽的姿态在重演历史，波兰外交部长斯考斯基就是个例证，他是美国新保守主义鹰派的信徒。

对历史的深入理解，以及对麦金德 1904 年发表的里程碑式的著作《历史的地理枢纽》所提出的欧亚地缘政治的深入理解，对于我们认识这些事件的重要性，如同 100 多年前一样重要。

麦金德是大英帝国的狂热鼓吹者。他奠定了这套理论的基础，其目的首先是为了英国的帝国霸权，二战结束后则是为了美国的全球权力布局，那时美国刚刚在破产了的英帝国的战争废墟上崛起。

麦金德深刻地认识到俄罗斯因其地理位置而占据的关键地位，它是一个独一无二的欧亚大陆强国，拥有异常丰富的各种矿藏、富饶的耕地。由此，麦金德把俄罗斯视为世界政治中心，即所谓的“心脏地带”。

在前苏联解体之后，华盛顿全球战略的焦点仍然牢牢地锁定在这个心脏地带，一如 1850 年后数十年中英帝国和俄罗斯帝国在此展开大博弈的情形。政治家和政府变了，但地理却没变。

本书试图勾勒出当今俄罗斯在世界上所占的关键地位、华盛顿地缘战略的性质，最重要的是揭示 1989 年 11 月柏林墙倒塌之后美国的军事进程，以帮助读者透过表面上不相关的事件来理解全球政治。本书不是为俄罗斯申辩，而是为了向英语世界的读者，乃至全世界的读者呈现一个有关当今世界的更完整的图像，它与受控制的、全球化的和充满偏见的英美媒体（即所谓 CNN 现象）所描述的世界图像不一样，这个经过过滤了的扭曲的图像，完全不能帮助我们认清当今世界及其危险。

俄罗斯过去处于、现在仍然处于世界事件的心脏地带，这个事实仅仅是全球地缘政治方程式的一个组成部分。作为前苏联解体之后的唯一霸权国家，美国面临两种抉择来与作为世界地缘政治焦点的俄罗斯打交道。

美国本来可以慎重而又明确地向支离破碎、陷入经济深渊的前冷战对手，发出开创一个政治经济合作新时代的信号。西方本来有机会在美国的领导下与俄罗斯共同瓦解冷战时代的恐怖核均势，将西方和东方的军工企业转变为民用企业，承担起重建民用基础设施和欧亚大陆无数不景气城市的艰巨任务，为增进相互进行经济合作的气氛，把欧亚大陆转变成世界上生机勃勃的经济繁荣地区。15 年前西方完全可以做出这样一个抉择：逐步解散北约，正如俄罗斯已经解散了华约。

然而，华盛顿选择了处理世界心脏地带问题的另外一条道路。它选择了秘而不宣的计划、欺骗、谎言和战争，企图用军事力量来控制这个心脏地带。某些人认为，这是实现 100 年前西奥多·罗斯福鼓吹过的美国“天定命运”的大好时机，另一些人则认为这是建立美国的全球帝国，主宰亚洲、欧洲，主宰整个欧亚大陆的大好时机。他们要建立历史上首个真正的全球性帝国，这是一个连亚历山大大帝也难以企及的幻想。

为理解 1990 年以来两代布什王朝怎样在对俄政策转变中发挥了如此重要的作用，有必要深入地了解乔治·W. 布什家族在美国公众毫不知情的情况下发动战争，用秘密、欺骗、谎言等手段所制造的政治机器的真正背景。

1990 年 6 月，在亨利·基辛格等人的建议下，老布什政府在休斯顿召开的七国集团会议上，坚持由国际货币基金组织来主导前华沙条约国家，包括俄罗斯的经济转轨。“休克疗法”，一个并不合理的经济政策，却成了当时的规则。国际货币基金组织用西方银行贷款作为诱饵，以私有化和市场改革为条件，把新自由主义经济政策和激进的自由市场政策，强加给俄罗斯、波兰、保加利亚、南斯拉夫和其他前苏东国家，这些政策根本不符合这些国家的社会和经济需要。

如果不了解主导美国的权势集团，就不能理解美国这些政策在经济上的失败。布什家族的周围有一帮美国主导势力的信徒，他们是在二战期间及之后由显赫的洛克菲勒家族所扶持起来的。在二战后的美国政界，洛克菲勒的圈子拥有无与伦比的权力和影响。在这张网里，布什家族仅仅是个次要的伙伴，他们的计划是建立“世界新秩序”，老布什在 1990 年前苏联解体之际曾一度公开提及这个说法。

新世界秩序计划可以追溯到数十年前。从 20 世纪 50 年代起，它就要求彻底改变美国的社会秩序，改变美国人的基本信仰结构，将那些去教堂祷告的普通美国人，改变为受原教旨主义者领导、越来越狂热、恐惧感也越来越深的人们，即所谓“重生派基督徒”。在很大程度上，就是这种狂热的原教旨主义，在 2000 年将乔治·W. 布什送入白宫，当然是在令人困惑不解的最高法院的帮助下。他们还试图在 2008 年将战争鹰派约翰·麦凯恩送入白宫。

如果认为新世界秩序仅仅是在布什家族及其党羽主导下制定的共和党的计划，那就错了。这是美国主导势力的机制性共识，它从 19 世纪末美国进行第一次帝国冒险，军事征服菲律宾、古巴和波多黎各时就已成形。奥巴马的对外政策顾问班子里有前总统国家安全事务助理布热津斯基，他是冷战时期著名的地缘战略家，曾经把俄罗斯的普京与纳粹德国的希特勒相提并论，将俄罗斯对高加索的干涉与 1939 年德国对波兰的侵略相提并论。

本书的第二个主题是，美国人民，曾经因对外国人开放的态度和轻松的生活方式受世界各地羡慕的美国人民，怎么能允许自己的国家变成邪恶的强权，在伊拉克、阿富汗和其他很少得到报道的世界其他地区实施惨无人道的暴行和酷刑。

对于大多数生活在远离美国的欧洲人来说，美国社会规范的这个转型，即从传统上和平的美国社会转变为一种新的斯巴达式好战国家，令人难以理解。在过去，欧洲人对美国是另外一种印象，这种印象来自 20 世纪 50 年代美国人向西柏林空运食品，或帮助法国、意大利和其他西欧国家甚至战时的敌人德国从战争破坏中进行重建的马歇尔计划。

通过规模巨大、难以想象的社会改造，美国完成了国内社会转型，从根本上把美国变成一个处于永恒战争状态的斯巴达国家。本书的主线是阐述美国为什么会变成这样，它要往哪里去，以及对世界和平构成的威胁。正在欧亚大陆和中东地区所发生的事情，要求我们尽快认清事态的真相。

F. 威廉·恩道尔

2008 年 9 月于德国威斯巴登

第一章

格鲁吉亚之战——普京扔了颗炸弹

“我们拥有世界50%的财富，但人口却只占世界的6.3%。……在这种情况下，我们难免成为忌妒和仇恨的对象。下一时期我们的真正任务是，设计一种在不危及我们国家安全的情况下，允许我们保持这种差距的关系模式。为了做到这一点，我们不得不摆脱所有的多愁善感和白日做梦，把注意力集中在我国最直接的每一个目标上。我们不能自欺欺人，在世界各地干那些毫不利己、乐善好施的事情，这对于我们来说太奢侈了。”

——乔治·F. 凯南，《美国国务院政策备忘录》，1948年2月❶

八月的炮火与古怪的数字

像 666 或 911 一样，888 是众多古怪数字之一。有些人将这些数字与某种特别的神秘意义联系起来。由此看来，前苏联遥远的高加索山区的一个小地方选择在新世纪的第 8 个年头的 8 月 8 日，派出其乌合之众式的军队进入一块像卢森堡大小的地区，以证明这个地区属于大格鲁吉亚共和国，这个事件似乎是某种不祥之兆。

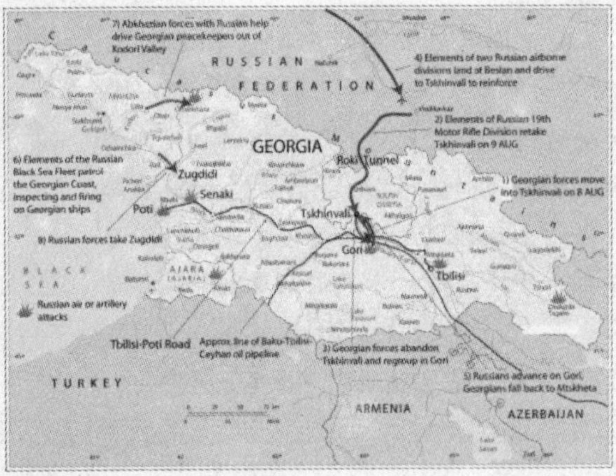

■ 俄罗斯回击格鲁吉亚攻击

这一天，全世界的目光都注视着北京，因为中国将在这一天举行 2008 年夏季奥运会精彩的开幕式。为此，世界上许多国家领导人都来到北京，其中包括美国总统布什和俄罗斯总理普京，普京在奥运会开幕几周前还是总统。

格鲁吉亚军队侵入叛离的南奥塞梯省这个突如其来的新闻，起初并没有引起多大关注。西方很少有人听说过南奥塞梯。这是个遥远而陌生的地方，能有多大政治意义呢。

然而，小小的格鲁吉亚共和国对南奥塞梯的入侵，却可能是自 1962 年 10 月古巴导弹危机以来世界局势再次进入最危险阶段的标志。在古巴导弹危机中，美国和前苏联这两个冷战对手狭路相逢，核大战一触即发。

有些人开始担心，21 世纪将再现“八月的炮火”。1914 年 8 月第一次世界大战爆发，其导火索同样是一个微不足道的事件，一个塞尔维亚人在撒拉热窝暗杀了奥匈帝国的王位继承人。

另外一些人谈起了新冷战，认为世界将再次陷入从 1946 年到 1989～1990 年柏林墙倒塌、前苏联解体期间那种相互对抗的恐怖状态。

回顾 1962 年古巴危机，有些人认为这场危机是因为美国侦察机发现了在古巴的前苏联导弹阵地引发的。这些阵地距美国佛罗里达约 90 英里，前苏联能够在几分钟之内对美国本土实施核打击，而美国的核轰炸机并没有足够的时间做出反应。

处在五角大楼和美国与北约最高决策圈之外的西方人，很少有谁了解，前苏联在古巴部署导弹并不是没有来由的单纯挑衅，而是对早些时候美国决定在北约成员国土耳其部署“雷神”和“木星”核导弹的反应。美国设置在土耳其的导弹阵地危险地靠近前苏联的战略核部署区。正如 1962 年的古巴危机，2008 年格鲁吉亚共和国所发生的危机，同样是华盛顿政治军事决策圈所采取的侵略性挑衅政策的直接后果。❷

冷战的结束，新冷战的种子

显然，伴随米哈伊尔·戈尔巴乔夫在 1989 年 11 月决定不派前苏联坦克开入东德镇压不断扩大的反政府非暴力烛光抗议运动，听任象征分隔东西欧“铁幕”的柏林墙倒塌，冷战结束了。前苏联在经济、军事和政治上破产了。

（照片来源：维基百科）

■ 起重机正在拆除勃兰登堡门前的一段柏林墙

冷战结束了。对世界上许多地方尤其是东欧前社会主义国家的人们来说，西方，尤其是美利坚合众国这个自由、民主和经济繁荣的象征，胜利了。

对此，世界大多数人都欢欣鼓舞。在柏林，前民主德国与前联邦德国的人们演奏着贝多芬的《欢乐颂》，在柏林墙上载歌载舞。在波兰、捷克斯洛伐克、匈牙利，以及那些自1946年以来处在前苏联铁幕一侧的国家和地区，人们兴高采烈地欢庆他们所认为的美好生活的开始，这将是自由和繁荣的生活，即"美国生活方式"。他们相信了自由欧洲电台及其他美国和西方政府媒体灌输给他们的宣传。他们的人间天堂美梦正在变为现实，或者说他们以为这个美梦真的快实现了。

随着华盛顿和西方将所谓的"休克疗法"经济政策强加给前社会主义国家的中央计划经济，人们的兴奋没能维持多久。尽管国际货币基金组织的工作人员根本没有为将整个经济进行转型这样复杂的任务做好准备，更何况此次转型涉及像华沙条约国家和前苏联这样内部相互联系的复杂经济区域，但国际货币基金组织要求立即进行"市场改革"，其技术官僚们遵照美国财政部长、前华尔街银行家罗伯特·鲁宾的指令，要求马上对前社会主义国家的国营工业实施私有化，将卢布和其他相关国家的货币贬值。❸

毫不夸张地说，国际货币基金组织所谓的"休克疗法"，为持有美元的西方投机家，如美国对冲基金亿万富翁乔治·索罗斯、逃亡在外的金属交易商马克·里奇以及瑞士信托或大通等这些贪婪的银行，打开了以相当于实际价值一个零头的价格掠夺俄罗斯王冠上的明珠——从石油到镍、从铝到铂——的大门。

在腐败的叶利钦时代，一小撮掌握了价值连城的国家原材料资产的俄罗斯商人，一夜之间成为亿万富翁。他们被媒体准确地称为俄罗斯寡头，财富使这些人变成俄罗斯的新主人——金钱的主人。但他们的新财富主要以美元持有。因此华盛顿认为，他们被绑定在西方尤其是美国身上。华盛顿的战略是通过控制新亿万富翁金融寡头来控制俄罗斯。

在20世纪90年代，国际货币基金组织将"休克疗法"强加给俄罗斯的后果是：失业剧增，生活水平下降。为数众多的老年人没有养老金或足够的医疗保障，学校关门，住房破败不堪，俄罗斯青年中开始出现吸毒和染上艾滋病的现象。

国际货币基金组织的要求包括大幅度削减国家补贴，而在原来的俄罗斯经济中，从幼儿园到医疗的所有必要的社会服务都由国家提供。在俄罗斯人民付出 2300 万年轻人的代价，用战斗把英国、法国和西方从希特勒主宰的恐怖中拯救出来之后，俄罗斯再次被推入地狱。许多上了年纪的俄国人见证了这样的怪事，这就是西方对华约解体表达感激的奇特方式。

前苏联最后一任领导人戈尔巴乔夫通过“公开性”和“改革”的“新思维”从内部恢复前苏联活力的尝试失败了。作为允许西方通过充满争议的国际货币基金组织主导向“资本主义乐园”转型的回报，他至少获得了当时的美国总统老布什的郑重承诺：美国不会将北约东扩，不会将北约扩展到刚刚得到自由的前华沙条约国家。[4]至少表面上看是这样。

作为对美国这项庄严承诺的回应，昔日强大的前苏联、如今风光不再的俄罗斯，与美国和北约达成协议，系统地解除俄罗斯庞大的核军备。20 世纪 90 年代初俄罗斯与美国老布什政府签署了双边反弹道导弹条约，双方同意不部署反弹道导弹系统。[5]

（照片来源：维基百科）

■ **1985 年，戈尔巴乔夫与里根在瑞士的日内瓦举行美苏首脑峰会**

筋疲力尽的俄罗斯解散了北约的对立组织华约，从东欧和其他地区撤出了俄军部队。在西方的承诺下，在可能被吸收加入不久前成立的欧盟的引诱下，前苏联卫星国和前苏联自身的一些地区纷纷宣布从前苏联独立，建立自由的共和国。格鲁吉亚共和国就是这样一个新国家，虽然早在 1917 年革命之前的沙皇时代，格鲁吉亚就是俄罗斯帝国不可分割的一部分。

尽管华盛顿做出承诺、签署协议，但老布什总统和后来的克林顿总统却违背了诺言。他们逐个引诱前华沙条约成员国加入不断向东扩展的新北约。老布什，一个富裕家族的后代（这个家族通过数十年来与显赫的洛克菲勒家族所属的石油和军事工业利益集团的联盟获得了财富），宣称“我们赢了”。这似乎是一场大满贯全国橄榄球联赛，而不是事关人类命运的政治军事竞赛。

20 世纪 90 年代初，一位美国前总统国家安全事务助理曾这样描述美国的傲慢，“美国总统到国外旅行摆出帝王出巡的排场，在规模和保安要求上超过其他任何国家的领导人……”这位华盛顿战略家认为，“美国自封为世界领导者，在某些方面会让人联想到拿破仑加冕自己为法国皇帝。”❻

写出上述批评意见的人并不是美国权势集团的外人或反对者，而是兹比格纽·布热津斯基，他是美国前总统杰米·卡特的国家安全事务助理和其他几位美国总统（包括巴拉克·奥巴马在内）的高级战略顾问。

（照片来源：维基百科）

■ 麦金德爵士的优秀学生、美国前国家安全顾问布热津斯基

布热津斯基是英美地缘政治大师哈尔福德·麦金德爵士的优秀学生。他非常清楚在帝国处于巅峰时那种目中无人的自负的危险。在他看来，这种自负导致大英帝国在 19 世纪末至一战之前无可争议的巅峰状态的分崩离析。布热津斯基警告说，一个世纪之后，华盛顿无处不在的类似自负，可能导致美国霸权及其世界唯一超级大国的地位遭遇与英帝国分崩离析命运类似的危机，这种地位，美国新保守主义鹰派喜欢咄咄逼人地称之为“美帝国”。

布热津斯基是 20 世纪 70 年代阿富汗反苏战争的设计师之一。在这场战争中，美国政府用先进的非正规战争和破坏技能，训练了奥沙马·本·拉登和其他激进伊斯兰分子。在二战后的美国战略家中，除了亨利·基辛格之外，布热津斯基对扩展美国势力的贡献最大。

布热津斯基并不软弱。他是华盛顿的所谓“现实主义者”。他知道美国的帝国主导地位，无论是否戴着民主的面具，都需要精心地对待盟国，以控制他所谓的“大棋盘”——欧亚大陆。布热津斯基并不是反对布什-切尼政策的最终目标——全球性的“美国世纪”帝国统治，他所质疑的是达成这个目标的手段。

布热津斯基注意到，“美国优势地位头 15 年的表现，是美军在世界范围内的存在，并越来越频繁地实施作战和高压行动。美军部署在每个大洲，主宰着每个大洋，美国没有势均力敌的政治或军事对手”。❼

美国正在部署的一个区域是位于中亚的小国，曾隶属于前苏联的格鲁吉亚共和国。

如果不从 20 世纪 90 年代初美国将北约扩展到莫斯科大门口说起，就不可能理解 2008 年 8 月在格鲁吉亚发生的事件。华盛顿违背了自己做出的不进行北约东扩的承诺。2008 年，布什政府向不情愿的欧盟和欧洲各国施加压力，将格鲁吉亚和乌克兰一并纳入北约。

就在这一轮北约东扩之前，美国政府在 2007 年初悍然宣布，计划在现已加入北约的两个前华约国家部署先进的导弹基地和雷达站。

“弹道导弹系统设施”是带有欺骗性的名称，布什政府声称在波兰和捷克共和国部署这些设施的决定，是为了防御“像伊朗这样的无赖国家”。此举激起了克里姆林宫最强烈的抗议。

几天之后，俄罗斯总统弗拉基米尔·普京作为特邀嘉宾出席了 2007 年 2 月在德国慕尼黑举行的国际安全会议，即以前的世界防务大会。用任何标准来衡量，他的讲话都非同凡响，这个讲话让许多西方人大吃一惊。在 2007 年 2 月慕尼黑会议上俄罗斯总统坦率的言语，引发了西方媒体和政客的抗议声浪。

自 1991 年前苏联解体以来，西方媒体首次谈论起西方与俄罗斯之间的新冷战。事实上，俄罗斯总统的讲话，只不过是将美国自 1989 年 11 月柏林墙倒塌以来从未停止的进程公之于众罢了。

铁幕的根源

以 20 世纪 40 年代后期北大西洋公约组织成立为标志的冷战，实际上从未结束。这就是那些西方听众对普京的讲话难以接受的原因所在。实际上，普京在慕尼黑的世界舞台上扮演了安徒生的著名故事《皇帝的新装》里那个不谙世事的小孩的角色。普京指着乔治·W. 布什，用所有人都能听到的声音高喊：

“看啊！看啊！皇帝没有穿衣服。”

在过去的近20年时间里，华盛顿是北约军事联盟事实上的领导者，其自身的军事优势大大增加，迫使俄罗斯做出公开而强烈的反应。新千年最初的几年，华盛顿与莫斯科的军事对抗愈演愈烈，是自20世纪50年代初冷战开始以来前所未见的，只不过它基本上被精心设计的误导和有效的宣传攻势所掩盖，这些宣传往往披着美丽的外衣，即将美国风格的民主传播到前华约国家和前苏联。

1948年，美国冷战的主要设计师、美国国务院政策设计办公室主任乔治·F. 凯南，在一份密级为“绝密”的内部政策备忘录中勾勒出美国对外政策的目标，是创建战后帝国，即“美国世纪”。

凯南在这份几年后就解密了的文件中写道，“我们拥有世界50%的财富，但人口却只占世界的6.3%……在这种情况下，我们难免成为忌妒和仇恨的对象。下一时期我们的真正任务是，设计一种在不危及我们国家安全的情况下，允许我们保持这种差距的关系模式。为了做到这一点，我们不得不摆脱所有的多愁善感和白日做梦，把注意力集中在我国最直接的每一个目标上。我们不能自欺欺人，在世界各地干那些毫不利己、乐善好施的事情，这对于我们来说太奢侈了。”[8]

战后美国对外政策主要设计者们的最初战略是创建某种非正式的帝国，美国以无可挑衅的霸权姿态出现于世，并通过新设立的联合国组织管理新的世界秩序。

非正式帝国战略的主要设计者是一群精选出来的战略家。1939年他们参与了由纽约对外关系理事会组织的战争与和平项目的研究，他们刻意选择不把美国主导的战后全球秩序称为帝国。相反，他们把美国帝国式的权势掩饰在殖民地解放者、民主和自由市场支持者的伪装之下。这是当代最有效和最狠毒的宣传阴谋之一。只要美国仍旧是世界最大的经济体，只要美元仍然被视为事实上的世界存储货币，只要西欧、日本和亚洲依赖美国的军事保护，事实上的美帝国就将继续被伪装为非洲和亚洲那些新获得解放的国家的自由灯塔。[9]

英国的温斯顿·丘吉尔顽固地拒绝英国在美国的全球帝国中扮演世人皆知的二流角色。这个立场导致英国在20世纪40年代后期进行了一系列公开和秘密的挑衅，这些挑衅又导致斯大林放弃了在联合国安理会或其他场所与美国建立合作性关系的任何想法。一个由坦克、轰炸机和大规模杀伤性武器所构成的真实铁幕降下了。1948 年之后，华沙条约的社会主义国家，包括不久后成立的中华人民共和国和铁托领导下的社会主义南斯拉夫，与西方隔离开来。

从那时起，即从 1946 年丘吉尔在密苏里富尔顿发表著名的“铁幕”演说到 1949 年 4 月北大西洋公约组织正式创建之间的这段时期，从德国易北河下游经中亚到中国这片称为欧亚大陆的地缘政治区域被封住了，脱离了美国资本投资和美国经济政策主导作用的直接影响。

历史的“地理枢纽”

不为世界上绝大多数人所知的是，重新夺回对俄罗斯完全的经济和军事控制权是美国对外政策界一以贯之的目标。* 甚至在哈里·杜鲁门领导下的美国与斯大林领导下的前苏联仍作为同盟国进行对德国的战争时，1945 年杜鲁门就曾秘密地向德怀特·艾森豪威尔将军下令，准备对前苏联进行先发制人的核打击。华盛顿对于战争的存在没有任何多愁善感，这无非是一门生意，一门表面被温和地冠以“美国世纪”之名，实则是建立无可匹敌的美国统治地位的生意。[10]

（照片来源：维基百科）

■ 地缘政治大师麦金德

俄罗斯正是哈尔福德·麦金德爵士 1904 年在伦敦皇家地理学会会议上发表的经典政策论文“历史的地理枢纽”中的心脏地带。[11]

对于一个世纪前的麦金德和英国对外政策机构来说，对俄国的控制决定着谁将或谁能够控制辽阔的欧亚大陆，继而控制整个世界。麦金德坚信，随着欧洲在海外扩展到印

---

* 美国对外政策界包括美国的军事工业复合体、跨国能源公司，以及国防部、中央情报局、国家安全局和为数众多的特别情报机构在内的美国国家安全机构。——译注

度、非洲和其他殖民地，俄罗斯以东欧和中亚为根基向东方和南方扩展，一个拥有人力和自然资源的广大空间正在形成。这个巨大的空间将很快“遍布铁路网”，有史以来陆权国家的机动性和战略抵达能力首次得到极大提高。

在此地理和历史背景下，麦金德将欧亚大陆的北部核心区界定为“枢纽国家”或“心脏地带”；将毗邻心脏地带的德国、奥地利、土耳其、印度和中国界定为环绕心脏地带或枢纽国家的“内新月”地区。他警告说：“在力量对比倒向枢纽国家之后，其扩张可至欧亚大陆边缘地区，并可以使用庞大的大陆资源建造舰队，建立世界帝国为期不远了。”[12]

在麦金德看来，俄-德联盟或征服了俄罗斯的中日帝国，将能够争夺世界霸权。这两者中的任何一种情形，“都将为强大的陆权打开海洋”，从而形成产生主宰海洋与陆地的大强权所需的地缘政治条件。

从 1904～1905 年日俄战争直到 1949 年北约创建，英国的对外政策一以贯之地遵循麦金德的指导方针，致力于不惜任何代价防止出现凝聚在俄罗斯周围的欧亚大陆“枢纽强权”，防止其挑战英国的全球霸权。

美国的“天定命运”：控制欧亚大陆

然而，麦金德在大西洋彼岸的盎格鲁-撒克逊兄弟们正在形成他们自己的“天定命运”观念，这是美国全球帝国强权的另一种表述。随着美国征服西部，扩张至太平洋，美国在 1898 年发动了第一场公开的帝国主义战争，打败了力量对比悬殊的西班牙。这场战争不仅让美国获得了远离美国海岸的菲律宾，还让美国的政治、金融机构第一次尝到了全球帝国强权的甜头。

大约在麦金德 1904 年发表关于欧亚大陆地缘政治具有里程碑意义的文章的同时，一位颇有影响的美国宣传家布鲁克斯·亚当斯*也发表了一系列文章，展望美国全球帝国的来临和美国对整个欧亚地缘政治空间的征服[13]。这些著作对他的密友西奥多·罗斯福和伍德罗·威尔逊等当时的美国精英圈产生了

* 美国最受尊重的精英家族之一的后代，其先祖可追溯到美国开国年代，提出了美国人的世界帝国的构思，以及美国对整个欧亚大陆地缘政治空间的征服。——译注

重大影响。

在20世纪50年代初冷战期间，布鲁克斯·亚当斯那些为征服欧亚大陆的美国全球帝国辩护的观念，重新成为美国规划冷战的政策指南。[14]

亚当斯提出侵略性的扩张主义政策，目标是把亚洲变成美国的殖民地，使美国在亚洲获得广阔的新疆域。从冷战结束到现在，这一政策一直是美国主要对外政策战略家们心照不宣的目标。[15]

来自势力强大的纽约对外关系理事会、洛克菲勒基金会及与其有密切往来的战后美国政策设计专家，尤其是美国政治、经济界的洛克菲勒帮，把麦金德的地缘政治观念奉为圭臬。基辛格和后来的布热津斯基等洛克菲勒帮领军人物，都接受过麦金德地缘政治传统的训练。[16]

在1997年出版的广受争议的《大棋局》一书里，布热津斯基得意扬扬地宣告美国赢得了对冷战老地缘政治对手俄罗斯的胜利。他以强权的自负腔调公开谈论美国在西欧的所谓盟国，宣称："简言之，对于美国来说，欧亚大陆地缘战略涉及有目的地管理具有地缘战略地位的重要国家……用古代帝国那个更野蛮时代的说法，帝国的三大地缘战略定律是：在各诸侯之间保持安全的依赖性，避免相互串通；让附庸者保持顺从、得到保护；防止野蛮人聚成一伙。"[17]

把布热津斯基的这些话翻译为最通俗的语言，即公开说出了获胜的美国政策精英们为保持美国唯一超级大国的地位，将怎样对付欧盟或欧亚大陆国家的一些不便直言的想法：首先，防止"串通"，这是对欧亚主权国家双边合作的流氓语言；其次，确保欧亚大陆国家无力发展独立的国防支柱或脱离于美国掌控的北约安全架构。在布热津斯基看来，"野蛮人"显然是指俄罗斯、中国和中亚国家。

麦金德为美国提供的冷战蓝图

第二次世界大战期间，纽约对外关系理事会的著名刊物《外交》曾约请布热津斯基的启蒙导师麦金德，撰写战后世界地缘政治可能性的思想要点。

即使在二战结局还远未确定之时，麦金德在1943年的这篇文章中就已经写出了冷战的预兆，"一旦前苏联在这场战争中征服了德国，它将成为地球上最强大的陆权国家，其结果是不可避免的。此外，前苏联还将成为在战略上处于最有利的防御地位的强权大国。心脏地带是地球上最大的天然堡垒。世界上将首次出现这样一种情形，这个堡垒拥有数量充足的高质量人力”。[18]

在1919年为参加凡尔赛和会的英国谈判人员准备的材料中，麦金德提出了他最著名的地缘政治格言。在麦金德看来，英帝国的战略就是不惜任何代价阻止东欧国家——波兰、捷克斯洛伐克、奥匈帝国以及以俄罗斯为中心的欧亚大陆“心脏地带”出现利益的汇合。麦金德将这些观念表述为以下格言：

谁统治了东欧，谁就统治了心脏地带；

谁统治了心脏地带，谁就统治了世界岛；

谁统治了世界岛，谁就统治了全世界。[19]

麦金德所说的心脏地带是指欧亚大陆的核心区域——俄罗斯和乌克兰，世界岛是所有欧亚大陆，包括欧洲、中东和亚洲。对于大英帝国的狂热鼓吹者麦金德来说，英国是独立的海军或海上强权，从来不是欧洲大陆的一部分。麦金德的地缘政治观点促成了英国参加1914年第一次世界大战，促成了英国参加第二次世界大战，也促成了丘吉尔1943年精心谋划的挑衅，引诱俄罗斯进入后来的冷战。

1997年，美国前总统国家安全事务助理布热津斯基使用麦金德式的语言，描述了前苏联解体后美国的大战略以及美国维持世界唯一超级强权的能力。[20]

1943年麦金德在《外交》上发表文章，为美国全球领导地位提出了他的计划。仅仅两年之后，英国首相丘吉尔，麦金德地缘政治学的忠实信徒，开始怂恿艾森豪威尔将军和罗斯福总统用多达12个被俘的德军师作炮灰，立即发动对前苏联的全面战争，从而一劳永逸地摧毁俄罗斯。华盛顿断然拒绝了丘吉尔的想法，认为过于冒险。对比1990年之后的事态，这真是具有讽刺意味。[21]

1945年4月罗斯福逝世后，哈里·S. 杜鲁门总统命令艾森豪威尔将军准备对前苏联约20个城市实施原子袭击的秘密计划，此计划如实施将是美国发起的首次核打击。这个秘密战争计划的代号是“总体”。[22]

这是美国第一个企图抹掉俄罗斯心脏地带的战争计划，但它绝对不是最后一个。

莫斯科用自己的原子弹试验、氢弹试验以及后来勇敢地发射的“人造卫星一号”卫星，展示了让美国震惊的弹道导弹运载能力，美国政策精英们被迫打消了第一次核打击和核垄断的梦想。半个多世纪以来，这个梦想一直处于冻结状态，直到唐纳德·拉姆斯菲尔德、迪克·切尼、保罗·沃尔福威茨以及布什政府周围的一小撮新保守主义鹰派在2001年9月11日之后提出进行先发制人的布什主义。

五角大楼和美国政治精英周围的美国军工复合体已经为获得“先发制人”的优势做好了准备。这就是对那些最了解内情的欧洲国家政府而言，2008年8月在格鲁吉亚这个小国所发生的冲突具有如此令人恐怖的潜在威胁的真正原因。受控媒体和来自白宫的欺骗信息的系统宣传，使大多数美国人对这一生死攸关的重大事件茫然无知。

新冷战——包围俄罗斯和中国

五角大楼的“总体”战争计划从未付诸实施。完全出乎美国计划人员预料的是，前苏联在1949年8月爆炸了自己的第一颗原子弹。俄罗斯原子弹的迅速发展在接下来的数十年里改变了首次核打击的计算方法，使可能爆发的热战变成后来的冷战。

2007年，在美国精英政策圈看来，一劳永逸地肢解俄罗斯，使它不再是欧亚大陆的枢纽，这项未竟的事业任重而道远。核导弹只不过是由各种武器和欺骗所组成的庞大武器库中的一种，美国打算用这些武器库包围和最终摧毁世界上仅存的、可抗衡美国对世界彻底控制的军队，五角大楼将这个计划称为“全方位主导”(Full Spectrum Dominance)。[23]

（照片来源：维基百科）
■ 普京在慕尼黑

当普京总统在慕尼黑会议上发言时，世界已经深陷于新冷战之中。虽然这场新冷战不是由莫斯科挑起的，然而在某个时刻，莫斯科无可回避地要做出反应。

由华盛顿“先发制人”核政策所开启的势头，使因错误估计而导致的核战争风险，甚至大大高于冷战的最激烈对抗时期和1962年古巴导弹危机时期。

美国在伊拉克的失败和可能用战术核武器对伊朗进行先发制人打击的前景已经够令人恐怖的了。不过，与美国为对付现存最强大的全球对手俄罗斯而进行的全球军备扩充所蕴含的意义相比，这些算不上什么。我们需要在这个背景下仔细检讨自1991年前苏联解体、俄罗斯共和国建立以来的美国军事政策。也只有经过这样的检讨，才能理解普京2007年2月10日在慕尼黑安全会议上的坦率言辞。

普京在慕尼黑的讲话中，用“单极”世界来概括华盛顿的构想，世界“只有一个中心、一个中心性军队、一个决策中心”，“世界上只有一个主人，只有一家主权，这种想法说到底不仅对系统中所有成员是一种危害，而且也危害其自身，因为这种想法会从内部摧毁它自己”。[24]他所指的当然不是俄罗斯，而是世界上唯一的超级大国——美国。

接着这位俄罗斯总统触及到问题的核心：“今天我们见证了几乎不受制约的力量——军队——在国际关系中的超级使用，这个力量正在将世界拖入持久冲突的深渊。其结果是，我们对任何一个冲突都没有足够的力量来找到全面的解决办法，也不可能找到任何一种政治解决办法。”

普京接着说：“我们见识了对国际法基本准则越来越明目张胆的践踏。实际上，独立的法律规范越来越接近于某个国家的法律体系。某个国家，首先是美国，以所有可能的方式越过了自身的国界。这在它强加给其他国家的经济、政治、文化、教育的政策上是显而易见的。那么，谁喜欢这些呢？谁会对此感到高兴呢？”[25]

（照片来源：维基百科）

■ 面对步步紧逼的美国，时任俄罗斯总统的普京决定不再忍让，加强军事力量的建设，图为普京驾驶图-160远程战略轰炸机参观军事演习这些话开始触及普京对冷战结束18年来美国对外和军事政策的焦点所在。在接下来的发言中，他明确表示俄罗斯将对哪些军事政策做出反应。

他对空间武器破坏稳定的后果提出警告：“不可能制止出现新的、破坏稳定的高技术武器……对抗的新时代，特别在外层空间。星球大战不再是幻想，而是现实……俄罗斯认为，外层空间的军事化可能在国际社会导致难以预料的后果，其严重程度不会低于核（军备竞赛）对抗时代。”

普京进而提出，“将反导防御系统的某些要素扩展到欧洲只会困扰我们。在这种情况下，军备竞赛将不可避免。可是，到底谁需要这后续发生的一切呢?”[26]

普京指的是什么呢? 很少有人知道，2007年初美国声称为了保卫自己，为了对付类似朝鲜和伊朗这些“无赖国家”的核导弹袭击风险，宣布将在波兰和捷克共和国部署大规模的反导设施。

波兰? 弹道导弹防御? 许多西方人对此感到困惑，这一切究竟是为了什么呢? 为了把握华盛顿核政策的极端挑衅及其危险的性质，需要了解一些基本军事概念。

“用右手摸左耳”

2007年1月29日，美国陆军准将国防部导弹防御局副局长帕特里克·赖利，宣布了美国将在2011年之前在欧洲部署反弹道导弹系统的计划。五角大楼声称，这种部署的目的是为了保护美国和北约设施免受来自中东地区的敌人威胁，并非针对俄罗斯。

在普京慕尼黑讲话之后，美国国务院发表了正式声明，声称布什政府“对莫斯科喋喋不休地对设想中的系统发表尖刻的评论感到困惑”。

2月28日普京发表讲话两周后，美国国防部导弹防御局局长亨利·奥伯林急匆匆地从华盛顿赶到欧洲，“解释”美国在波兰和东欧的新导弹计划。他会晤了北约和俄罗斯的26位大使。奥伯林坚称计划中的导弹系统完全是防御性的，主要目的是拦截可能来自伊朗的攻击。[27]

有关伊朗导弹对美国构成威胁、需要美国在波兰部署反导防御系统的说法不那么令人信服，特别是如果设想的被攻击目标是美国本土或其在欧洲的关键设施。[28]

严肃的分析家们不停地扪心自问，“为什么不问问北约的老成员国土耳其，美国是否能在那儿部署导弹防御系统，毕竟那里离伊朗要近得多。或许也要问问科威特、卡塔尔或者以色列?”正如普京在慕尼黑会议上所指出的：“任何一个所谓的问题国家都没有真正对欧洲构成威胁的、射程超过5000～8000公里的导弹武器，在近期以及可以预见的将来也不会拥有这种武器。任何假想的发射，例如朝鲜火箭经由西欧射向美国本土，显然违背弹道定律。在俄罗斯，我们认为这好像是用右手去摸左耳。”[29]

在2007年3月布鲁塞尔讲话期间，奥伯林将军说华盛顿也有在高加索部署反导雷达系统的想法，最可能的地点是在前苏联的加盟共和国格鲁吉亚和乌克兰，而当时这两个国家甚至还不是北约成员国。

奥伯林的声明立即激起了俄罗斯迅速和尖锐的回应：“这个声明是美国方面将继续提高导弹防御能力，越来越影响俄罗斯安全的另一个证明。俄通社-塔斯社援引俄罗斯外交部发言人卡米宁的话报道说：“俄罗斯已经反复表达了对美国导弹防御计划的关切。”卡米宁接着说，“我们认为，美国为此所做准备的规模相对于它所声称的导弹威胁是不适当的。我们特别关注在直接邻近俄罗斯的地区部署导弹防御部件，因为这些部署将会成为战略性军事设施。我们不得不在俄罗斯今后的军事-政治步骤和军事规划中考虑这些预期中的设施。”这位发言人补充说，“美国的这些计划与俄罗斯-北约基本文件中北约对军力部署的约束相矛盾。”[30]

除了俄罗斯和中国之外，在华盛顿列出的20多个能够制造导弹的国家中，即使从长远看也没有一个国家能拥有对欧洲或美国构成威胁的导弹。况且，除了朝鲜和伊朗，其他国家要么与美国合作，如俄罗斯；要么本身就是美国的盟国，如法国、英国。此外，伊朗还需要好几年才能制造出能够装载核弹头的远程导弹，而据西方军事专家分析，朝鲜的所谓威胁更多的是虚张声势。

据估计，平壤的大浦洞-2弹道导弹射程约为4300公里。2006年7月朝鲜试射远程导弹，布什总统命令位于阿拉斯加的格里利堡基地进入高度警戒状态。最终，朝鲜导弹升空 40 秒后即坠入太平洋。实际上，甚至连朝鲜什么时候能将导弹与核弹头结合在一起都尚不清楚。

至 2008 年初，伊朗仅试验了射程最远为 1600 公里的导弹。即使传闻中该国最先进的类似于大浦洞型导弹的 Shahab - 5 型导弹，据估计射程也只有 3000 公里。因此，在一段时期之内，部署在东欧的雷达站不可能探测到任何射向美国的伊朗导弹。

按照美国退役中将罗伯特·加德的说法，在本质上美国导弹防御计划是为了对付当前还不存在的伊朗导弹，在理论上这也适用于现在还不存在的弹头。他进一步指出，伊朗人完全清楚，只要向美国发射导弹，美国就会把他们消灭掉。[31]

莫斯科的反应

对于美国宣布的在东欧部署导弹防御系统的计划，莫斯科立即做出了反应。2007 年 3 月 5 日，俄罗斯战略轰炸机部队司令伊格尔·库沃洛夫中将说，他的部队可以轻而易举地干扰或摧毁在波兰和捷克的任何导弹防御设施——美国正是打算在这两个地方部署弹道导弹防御系统。

2007 年初，俄罗斯战略火箭部队司令尼古拉·索洛佐夫中将明确指出，如果美国继续推进这个计划，莫斯科将用核武器瞄准美国的导弹防御设施。[32]

2007 年 3 月 10 日，俄罗斯总统普京在克里姆林宫举行的军事表彰仪式上发表讲话，宣布俄罗斯将在未来 8 年投资 1900 亿美元，约合 5 万亿卢布，在 2015 年前为俄陆军、海军装备新武器。普京说，“全球局势”要求俄罗斯加强军事实力，“我们不能忽视那些频繁发生的以武力或武力威胁解决国际争端的现象，如恐怖主义、地区冲突的升级和大规模杀伤性武器的扩散”。这些话几乎一字不差地重复了他在 2 月份慕尼黑会议上的讲话，在那个讲话中普京点了美国的名。

普京接着说，相当一部分经费将用来购买先进武器装备和硬件，发展科学和国防工业。“我们正在努力把国防工业与民用经济领域，主要是高技术领域整合起来。”普京还提出：“军队必须尽快恢复（永久性）大规模军事演习、导弹发射和远洋训练。”[33]

普京用明确无误的语言，公开宣布新冷战的开始，对华盛顿逐步升级的挑衅做出了回应。这不是俄罗斯挑起的新冷战，而是出于国家生存的考虑，俄罗斯不得不做出的回应。

在人们普遍认为美苏冷战已经结束17年之后，世界出现了新的军备竞赛。到2007年春，新的以核为基础的军备竞赛已经全面展开。

在有关美国宣布在波兰和捷克部署导弹防御设施计划这个事件上，只有极少数西方人提出警告，其中之一是德国前总理施罗德。施罗德在2003年坚决反对美国发动伊拉克战争，后来成了布什政府“事实上”的敌人，这可能是导致他在两年后失去总理职位的原因之一。乔治·W. 布什领导下的美国对外政策理念很简单也很危险：“你不与我们站在一起，就是与我们作对……”

在普京慕尼黑讲话过去几天之后，2007年3月11日施罗德在德累斯顿发表讲话，指出美国在东欧部署反导系统，是试图“肆无忌惮地包围俄罗斯的政策企图”的一部分，并警告说这有引起新一轮全球军备竞赛的危险。[34]

1999年美国导弹防御法案

尽管来自前苏联或今天的俄罗斯的洲际弹道导弹及其他导弹的威胁已经结束，美国却从1999年起呼吁发展某种形式的导弹防御系统。

《1999年美国国家导弹防御法案》(《公法106-38》)声称，“美国的政策是，在技术可行的情况下尽快部署有效的国家导弹防御系统，以对付有限弹道导弹攻击，无论属于意外、非授权的导弹发射，还是蓄意的导弹袭击。每年为国家导弹防御系统提供预算和开支。”[35]

导弹防御是唐纳德·拉姆斯菲尔德作为国防部长的最爱之一。这是布什和切尼身边的极端军国主义小集团偏离常轨的举动，还是一个渴望世界霸权的强大精英集团主宰世界邪恶战略的一部分？答案隐藏在那些政策和行动的背后。这些政策和行动分开来看，似乎没有什么害处，然而一旦将它们放在“9·11”事件以来华盛顿所采取的政策行动中来看，那么就绝对不是无害的。

无论打算怎样实施主宰世界的宏大计划，五角大楼和美国国务院周围的精英圈子都需要对前苏联和横跨欧亚大陆的"美国友邦"使用一种革命性的新技巧。在此，他们采取了蜜蜂的战术——'蜂拥'，作为发动秘密战争、推翻政权的基础。短信服务和 Google 地球将承担推进全方位主导的任务。

注　释

❶ George F. Kennan, Policy Planning Study, *PPS/23: Review of Current Trends in U.S. Foreign Policy*, *Memorandum by the Director of the Policy Planning Staff (Kennan) 2 to the Secretary of State and the Under Secretary of State (Lovett)*, in Foreign Relations of the United States, Washington DC, February 24, 1948, Volume I, pp. 509—529.

❷Arnold L. Horelick and Myron Rush, *Strategic Power and Soviet Foreign Policy*, The RAND Corporation, Santa Monica, California, R-434-PR, A Report Prepared for the United States Air Force Project RAND, August, 1965, pp. 202-204. 美国在土耳其部署导弹被军方列为绝密，这样美国公众就不清楚美国对前苏联的政策多么具有挑衅性。3年后，在兰德公司的一项研究中简要地提及了美国在土耳其部署的导弹，这个事实在30多年之后才解密。1996年10月6日《国际先驱论坛报》登载了题为《在1962年导弹危机中高级将领敦促发动战争》的文章，这篇文章报道了当时刚解密的约翰·肯尼迪在白宫讲话录音带的细节。报道说，"肯尼迪先生担心，赫鲁晓夫先生有关如果美国从土耳其撤出导弹，前苏联就将从古巴撤出前苏联导弹的提议看来如此合理，以至于世界舆论将倒向前苏联一边。"文章援引肯尼迪的话说，"如果我们不撤导弹，就会受到指责……"接着是来自五角大楼的答复，"我们除了军事行动之外别无选择。"在公众了解这场危机的3天之前，美国空军参谋长李梅上将这样提议。最终，肯尼迪先生接受了（前苏联的提议），尽管他设法没有让这件事公开。" Cited in International Herald Tribune, October 26-27, 1996.

❸ 1990年6月在德克萨斯州休斯顿召开的西方发达工业国家的七国集团会议上，老布什政府要求国际货币基金组织（自1944年以来就受华盛顿和美国财政部控制的组织）成为前苏联国家经济转轨的唯一主导者。后来的事态证明这是个巨大的错误，同时这也促使俄罗斯对冷战后华盛顿的真正动机的疑虑越来越大。在实际效果上，国际货币基金组织的"休克疗法"及华盛顿强行在俄罗斯推行这一政策，在20世纪90年代初播下了新冷战最初的种子。

❹ Philip Zelikow and Condoleezza Rice, Germany Unified and Europe Transformed ,

Cambridge，Harvard University Press，1995，pp. 180–184. 当时的美国驻莫斯科大使马洛克在与德国国际安全事务研究所的研究人员汉斯·阿多麦特的私人讨论中确认，他参与了美国国务卿贝克与前苏联前总统戈尔巴乔夫的会谈，并在日记里写下贝克同意“北约区域的任何扩大都是不可接受的”。奇怪的是，贝克在他的回忆录里完全忽略了这个承诺。

❺ Dimitri K. Simes，Losing Russia：The Costs of Renewed Confrontation，Foreign Affairs，Vol. 86. no. 6，Nov/Dec 2007.

❻ Zbigniew Brzezinski，Second Chance：Three Presidents and the Crisis of American Superpower，New York，Basic Books，2007，pp. 1–2.

❼ Ibid.，p. 3.

❽ George F. Kennan，Op. Cit.

❾ Peter Grose，Continuing the Inquiry：The Council on Foreign Relations from 1921 to 1996，New York，Council on Foreign Relations Press，1996，pp. 23–26. 这份正式的对外关系理事会年鉴，描述了当时保密的1939～1942年对外关系理事会战争与和平研究项目。该项目的领导者之一是约翰·霍普金斯大学的校长鲍曼，他是一位地理学家，并且是麦金德的追随者。他曾自称为“美国的豪斯霍弗”，豪斯霍弗是希特勒的地缘政治顾问。后来他发现当美国公众正在被动员起来进行对纳粹德国的战争时，他意识到不能再称自己为“美国的豪斯霍弗”。关于战争与和平研究，鲍曼写道，“这件事严格保密，因为一旦人们知道国务院正在与任何一个外部组织合作，那么整体计划将被放弃。”鲍曼在撒谎。美国国务院不仅在与外部组织合作，而且是与最有权势的对外关系理事会合作。对外关系理事会的这项研究得到了洛克菲勒基金会35万美元的重大资助。参与这项研究的主要成员被不声不响地输送到美国国务院，实施对外关系理事会在战后建立泛美统治或美国全球性霸权的计划。为了欺骗世界，使美帝国显得与其他帝国“有所区别”，鲍曼集团刻意没有使用帝国这个说法。设立联合国的方案是这些人战后设计的核心。

❿ 在第二次世界大战过程中，即使作为前苏联的盟国，美国仍开始为发动针对前苏联的战争做准备。1945年夏，在波茨坦会议期间美国采纳了在核战争中对前苏联进行“首次核打击”的政策。为此，美军参谋长联席会议在1945年7月19日完成了1496号秘密文件。随即遵照杜鲁门总统的指示，艾森豪威尔将军主持起草了核打击的第一个计划。

这项计划的代号为“总体”（JIC 329/1）。它设想用20～30枚原子弹对前苏联进行轰炸，在首次打击中摧毁20个前苏联城市，其中包括莫斯科、高尔基（现称下诺夫哥罗德）、古比雪夫（现称萨马拉）、斯维尔德洛夫斯克、鄂木斯克、萨拉托夫、喀山、列宁格勒（现称圣彼得堡）、巴库、塔什干、车里雅宾斯克、下塔吉尔、马格尼托哥尔斯克（现称叶卡捷琳堡）、莫洛托夫（现称彼尔姆）、第比利斯、斯大林斯克（现称新库兹涅茨克）、格罗兹尼、伊尔库次克和雅罗斯拉夫尔。" Detailed in Michio Kaku and Daniel Axelrod, To Win a Nuclear War: The Pentagon's Secret War Plans, Boston, South End Press, 1987, pp. 30-31. 冷战结束以来五角大楼首次核打击现代化和部署反导系统的秘密计划，不过是在1945年就已确定的政策的现代版，目标是通过撕毁唯一能阻止美国霸权的国家俄罗斯，来实现全方位主导。

⑪ Sir Halford J. Mackinder, The Geographical Pivot of History, in Democratic Ideals and Reality, pp. 241-42, 255, 257-58, 262-64.

⑫ Ibid.

⑬ Brooks Adams, The New Empire, New York, MacMillan Co, 1900.

⑭ William Appleman Williams, The Frontier Thesis and American Foreign Policy, in Henry W. Berger (ed.), A William Appleman Williams Reader, Chicago, Ivan R. Dee, 1992, pp. 90-96.

⑮ Ibid.

⑯ Zbigniew Brzezinski, The Grand Chessboard: American Primacy and its Geostrategic Imperatives, New York, Basic Books, 1997, pp. 38-39.

⑰ Ibid., p. 40.

⑱ Sir Halford J. Mackinder, The Round World and the Winning of the Peace, Foreign Affairs, New York, Vol. 21, No. 4, July 1943, pp. 597-605.

⑲ Halford J. Mackinder, Democratic Ideals and Reality: A study in the politics of reconstruction, New York, Henry Holt & Co., 1919, p. 150.

⑳ Zbigniew Brzezinski, Op. Cit., pp. 38-39.

㉑ Valentin M. Falin, Russia Would Have Faced World War III Had it Not Stormed Berlin, Novosti Russian Information Agency, March 28, 2005, in en. rian. ru/rian/index. cfm?.

㉒ Michio Kaku and Daniel Axelrod, Op. Cit., p. 30.

㉓ Inderjeet Parmar, 'To Relate Knowledge and Action,' The Impact of the Rockefeller Foundation on Foreign Policy Thinking During America's Rise to Globalism 1939-1945, Minerva,

Vol. 40，Kluwer Academic Publishers，2002.

㉔ Vladimir Putin，Rede des russischen Präsidenten Wladimir Putin auf der 43. Münchner ，Sicherheitskonferenz，München，10. 2. 2007.

㉕ Ibid.

㉖ Ibid.

㉗ Cited in Der Spiegel，Europe Divided over US Missile Defense Plan，March 5，2007，Spiegel Online，English in www. spiegel. de.

㉘ Richard L. Garwin，Ballistic Missile Defense Deployment to Poland and the Czech Republic，A Talk to the Erice International Seminars，38th Session，August 21，2007，in www. fas. org/RLG/. 加文是美国高级防务专家。他揭露了美国政府在导弹政策的动机上的欺骗性质。他提出，“有没有替代在捷克和波兰部署反导系统的选择？有……在波罗的海和地中海各部署一艘装备宙斯盾系统的反导巡洋舰。”加文得出了与普京相同的结论：美国导弹的目标直接针对俄罗斯。

㉙ Ibid.

㉚ Today. az，Diplomat：US ABM in Caucasus will affect Russian relations with neighbors，March 10，2007，in www. today. az.

㉛ Ralf Beste，et al，America’s Controversial Missile Shield：Where Does Germany Stand? SPIEGEL ONLINE，March 26，2007，in http：//www. spiegel. de/international/spiegel/0，1518，473952，00. html.

㉜ Viktor Lotovkin，ABM：Washington trying to use Europe as a cover，in RAI Novosti，April 6，2007，in http：//en. rian. ru/analysis/20070406/63267224. html.

㉝ Today. az，，Putin says ＄190 bln funding for military equipment，March 10，2007，in www. today. az.

㉞ Der Spiegel Online，Schröder geiβelt Bushs Raketenabwehr，11 March 2007. www. spiegel. de.

㉟ US Congress，USA National Missile Defense Act of 1999，106th Congress，1st Session，S. 269，Washington D. C.，Library of Congress，accessed in http：//thomas. loc. gov/cgi－bin/query/C? c106：. /temp/～c106f0Hcte.

第二章

控制欧亚大陆：颜色革命和蜂拥行动

“通过投票箱和公民抗议来制造民主是如此有效，这已经成为一种赢得他国选举的成熟模式。”

——艾恩·特里纳，伦敦《卫报》，2004年11月26日

华盛顿策动颠覆活动的新利器

2000 年，在前南斯拉夫塞尔维亚共和国的贝尔格莱德爆发了一场运动，其来势之猛犹如晴天霹雳。这场运动标志着美国进行秘密战争方法的改变。它使用了至少自 1968 年 5 月法国爆发学生运动，最终使美国的敌人、法国总统戴高乐下台时就曾运用的那些手法。美国兰德公司的军事战略学家将这种手法称为“蜂拥”，即像一群发起进攻的蜜蜂一样采取行动。❶

（照片来源：维基百科）

■ 米洛舍维奇成了美式民主革命的牺牲品

在贝尔格莱德，有一些特别的非政府组织（NGOs），这些组织表面上看是私人的，但实际上是美国国会和国务院花钱创办的，尤其是国家民主基金会（NED）和它的两个分支——国际共和党研究所（IRI）和国家民主研究所（NDI）。这些非政府组织策划和参与了运动，用美国纳税人数百万的钱，制造了以“非暴力改变”为目的的人造运动。

《华盛顿邮报》作家迈克尔·多布斯对贝尔格莱德发生的事情进行了第一手描述。事件开始于一年多以前，1999 年 10 月的一个秘密会议：

贝尔格莱德——在一间光线柔和的会议室里，美国民调专家杜格·舍恩在前上方的屏幕上展示了对 840 名塞尔维亚人的深度民意统计数据，讲解一项推翻欧洲最后仅存的共产主义统治者的战略纲要。

他向塞尔维亚传统上那些性情急躁的反对派领导人传递的信息简明有力。米洛舍维奇 4 场失败战争、2 次严重的街头抗议、北约 78 天轰炸和 10 年国际制裁的幸存者，“完全没有能力”应对一场组织严密的选举挑战。民调显示，关键在于反对派是否团结。

1999 年 10 月，由舍恩主持讲解的这个秘密会议，后来成为一个重大事件，指明了在一年后导致米洛舍维奇下台的选举革命的方向。它也标志着美国将外国领导人搞下台的重大努力的新开始，此次行动不是诉诸在伊朗和危地马拉等地通过中央情报局采取秘密行动的手段，而是运用现代选举活动的技巧。

尽管美国花费 4100 万美元在塞尔维亚构建民主这个事件的大致轮廓已经众所周知，但对美国内外数十个关键参与者的采访表明，这个事件要比以前报道的更复杂、涉及面也更广。

在那次秘密战略会议的 12 个月之后，几乎在反对米洛舍维奇运动的每一个方面，美国出钱雇佣的顾问都在幕后起到了关键作用——举行跟踪民意调查，训练成千上万的反对运动活动分子，帮助组织具有决定性意义的平行选票统计。美国纳税人为 5000 罐涂料和 250 万张印着“他完了”口号的标语传单掏了腰包，学生活动分子用这些涂料在整个塞尔维亚的墙上涂写，“他完了”成为这次革命的口号。

米洛舍维奇的倒台被许多人认为是东欧最后的巨大民主动荡，不过以后的历史书也会写上这是首个由民调推动、重点清晰的大众革命。从表面上看是自发的街头抗议，迫使米洛舍维奇尊重 2000 年 9 月 24 日竞争激烈的总统选举结果，实际上却是由塞尔维亚的民主活动分子与西方顾问和民调专家精心设计的战略决定了这一切。❷

多布斯报道说，美国政府用 4100 万美国纳税人的钱“购买”了米洛舍维奇的下台。这场运动的中心是美国大使里查德·迈尔斯的官邸，经过特别训练的人员将天真的学生组织协调为网络，设法使这些学生们相信，他们在为更美好的世界、为“美国生活方式”而战斗。

在贝尔格莱德起主导作用的是美国国务院，美国驻塞尔维亚大使迈尔斯进行具体指导，美国国际发展署通过商业机构和非政府组织的渠道提供资金。这些非政府组织有国家民主基金会及其两个分支——与民主党有关的国家民主研究所和与共和党有关的国际共和党研究所（IRI）。❸

国际共和党研究所为大约20个反对派领导者参加在布达佩斯希尔顿饭店举行的非暴力抵抗会议提供了经费。在这个会议上塞尔维亚学生接受了怎样组织罢工，怎样用记号进行通信，怎样克服恐惧，怎样动摇独裁政权的权威等方面的训练。主讲教官是美国陆军退役上校罗伯特·赫尔威，他与阿尔伯特·爱因斯坦研究所的创建者吉恩·夏普一道工作。这个研究所的名称很奇怪，因为它所做的事与其名称没有任何关系。赫尔威将夏普称为“非暴力运动的克劳塞维茨”，将他与克劳塞维茨这位著名的普鲁士军事战略学家相提并论。❹

高呼“你完了”口号的学生们所接受的非暴力战术，其基础是兰德公司对成吉思汗和蜂拥战术的研究。特工人员使用从Google地球下载的全球定位系统（GPS）图像，指导经过挑选和训练的领导者，后者再通过手机短信来指导看似自发的“打一枪换一个地方”的抗议活动，从而使军警防不胜防。美国有线电视新闻网（CNN）则总能提前准备好摄像位置，向世界播放经过精心摄制的赤手空拳的年轻和平示威者的形象。

在贝尔格莱德推翻米洛舍维奇的“民主抗议”活动中，令人奇怪的是他本人就是民主选举出来的，新鲜的是使用互联网，特别是网上聊天室、即时消息和博客文章，以及手机短信，通过这些通信手段可以将易冲动和受人诱导的“新一代”年轻人，快速组织为示威的群体，这是在20世纪90年代中期才出现的能力。❺

“你完了”和2000年贝尔格莱德的颠覆活动，是拉姆斯菲尔德作为美国国防部长后所实施的标志性政策在民事中的首例成功运用。

注重运用新通信技术来快速部署小型集团，不过是拉姆斯菲尔德“军事领域变革”思想在民事领域的运用，这种军事变革的思想就是通过“实时”情报和通信，实现小型集团高度机动的作战。

一位敏锐的美国分析家这样描述在此过程中通信与机动的关系：“‘智能头

盔’视频提供实时的总体环境消息，各小队士兵在它们的帮助下占领城区，这是军事的一面。通过手机不间断地联络，年轻人成群结伙地涌向预先选定的十字路口，这是这种作战思想的民事运用。”❻

如果说2003年的伊拉克战争是拉姆斯菲尔德军事领域变革思想在军事上的运用，那么贝尔格莱德以及随后发生在格鲁吉亚的玫瑰革命和乌克兰的橙色革命则是这种思想的民事运用案例。正如美国在伊拉克和阿富汗困境所显示的，许多美国战略家认为，民事运用要远比军事运用更有效。

在政权更迭上民事模式与军事模式如此相似，并非偶然。前兰德公司战略学家安德鲁·马歇尔自1974年以来就担任五角大楼净评估办公室主任，他是一个隐士般的人物，就是他在五角大楼的办公室里提出了这两种模式。

实际上麦迪逊大街和美国政府只不过是运用和改进了这种模式，“民主”地推翻任何对手，并使世界相信这是为了追求自由而进行的自发抗议。这是一种十分危险的武器。

塞尔维亚人的“你完了”革命，是在美国政府通过特定的非政府组织的扶持、指导和资助下进行的，它标志着五角大楼和与美国军方有联系的思想库在当代的改进，其中最有名的是在加州圣莫尼卡的兰德公司的传统策略。早在1968年5月，美国就曾支持法国学生运动，最终迫使法国总统戴高乐下台。当时戴高乐是美国冷战政策和经济政策尤其是越南战争的令人敬畏的反对者。❼

中情局早期的粗暴手段

在组建初期，中央情报局使用相当粗暴的手段，对那些华盛顿不喜欢的外国领导人有效地进行了政权更迭。推翻受大众拥护并经民主选举的伊朗总理穆罕默德·摩萨德，就是中情局在伊朗的特工干的。中情局向抗议示威者提供了少量经费，鼓励反动的君主制主义者。在危地马拉，中情局应美国联合水果公司的要求，推翻了民族主义总统阿本兹，阿本兹所采取的改善危地马拉农民生活的经济政策威胁到美国香蕉种植商的利益。❽

在早期岁月中，这就是某些人所谓的美国“非正式帝国主义”的典型方式。所有秘密和非法对他国主权的干涉，都可以用冷战中对付所谓的共产主义“威胁”来进行辩解。美国在海外的商业利益可能会受到民众支持的或民主选举的领导人的威胁。人民支持他们的领导人，因为他支持土地改革与更强有力的工会，对财富进行重新分配，对外国拥有的产业实施国有化，或加强对商业的管理以保护工人或消费者利益。

为了美国企业的利益，中情局通常会在美国企业的帮助下利用目标国家的反对力量。首先，中情局在目标国家挑选右翼集团，它们通常是军事集团，向它们提供一项交易：“如果你能维持对我们有利的商业环境，我们就让你上台。”

接下来，中情局与他们一道努力，推翻现有的、往往是民主的政府。中情局使用的手段包括宣传、操纵选举、购买选票、敲诈勒索、在当地媒体编造对手的性丑闻和假故事、渗透和破坏反对政党、绑架、殴打、折磨、恐吓、经济破坏，甚至是组织谋杀小队进行暗杀。

这些活动最终发展到军事政变，将某个“亲美”的右翼独裁者扶上台。中情局训练独裁者的安保部队，以审讯、酷刑和暗杀来镇压大公司的传统敌人。受害者被称为“共产主义分子”，但实际上几乎所有受害者都只不过是农民、自由主义者、持中间温和政治立场者、工会领导人、政治反对派以及自由言论和民主的倡导者。在这种局势下，接下来出现的典型情形是大规模践踏人权。[9]

在冷战期间，智利、阿根廷以及其他数不胜数的“亲美”独裁政权，就是通过这种粗暴的模式塑造出来的。

杜鲁门创造了一个“国家安全国度”

早期曾在华尔街担任律师的情报人员弗兰克·威斯纳是使用这种老方法的典范。杜鲁门总统签署法案，设立中央情报局。中情局作为美国的新行政机构，不受民主制衡或公众监督的制约，用“国家安全”这个词来掩盖一切。这就是后来变成“国家安全国度”的最初由来，在这个世界里每一种难以想象的犯罪行为，都将会掩藏在“国家安全”的名义之下，以及编造出来的“全球共产主义颠覆”的威胁之下。

1948 年中情局设立之初，威斯纳被招募为政策协调办公室主任，这个办公室的名称是骗人的，它实际上是中情局的秘密行动机构。在中情局绝密的职责规定里，该办公室的职责是：“宣传、经济战争、预防性的直接行动，其中包括秘密破坏、反秘密破坏、公开破坏和撤退计划；颠覆敌对国家，其中包括帮助地下抵抗运动、支持自由世界里那些受威胁国家的自发反共组织”。⑩

1948 年年底，威斯纳组织了“嘲鸟*行动”，这个行动的目标是影响国内外媒体。1952 年，他担任中情局计划局局长，掌握中情局 75%的经费。他在推翻伊朗穆罕默德·摩萨德和危地马拉的阿本兹的行动中发挥了重要作用。⑪

中情局还实施其他秘密行动，包括雇佣杀手实施原始的暗杀。中情局实施的这类行动要比有组织暴力犯罪团伙多少复杂一些，不过在某些案例中会直接使用有组织暴力犯罪团伙成员。

问题在于，20 世纪五六十年代中情局除掉巴拿马、危地马拉等国受大众欢迎的领导人的方法，尽管都在对抗“不信仰上帝的共产主义传播之战”的名义下进行，但效率并不高，通常还会造成对美国的不利影响，最终华盛顿往往得不偿失。一旦被心怀嫉妒的联邦调查局局长埃德加·胡佛或被外国媒体曝光，美国这个一向所谓的“自由灯塔”就会黯然失色。

不受任何控制的中央情报局在推进自己版本的“美国世纪”时，可以达到匪夷所思的程度。1953 年在纳尔逊·洛克菲勒领导的健康教育与福利部的秘密经费支持下，中情局实施了代号为 MK－ULTRA 的行动。该行动受外国洗脑计划的启发，进行心理控制试验，在美国人身上使用包括受管制的麦角酸二乙胺（LSD）和其他药品，接受实验的人并不知情或违背这些人的意愿，这种试验后来导致几个人自杀。

MK－ULTRA 行动得到了洛克菲勒基金会的秘密经费支持，同时该行动的掩护计划也得到了纳尔逊·洛克菲勒的秘密拨款，当时纳尔逊是艾森豪威尔政府中负责卫生、教育和福利的助理国务卿，后来担任总统冷战战略和心理战

---

* 又名嘲鸫，产于美国南部，善于模仿别种鸟的叫声。——译注

的特别助理。除了用药品进行心理控制之外，MK－ULTRA 行动还包括研究有效宣传、洗脑、公共关系、广告、催眠以及其他影响他人的方法。[12]

20 世纪 60 年代，美国情报界的一些人开始注意到秘密进行政权更迭的全新方式。

从塔维斯托克到兰德公司

1967 年，伦敦研究人体关系的塔维斯托克研究所所长弗雷德·埃米尼博士，一位电视“催眠效果”的专家，声称当时出现的“年轻人群体”新现象（类似在摇滚音乐会上出现的那种情形）可以有效地重新被加以认识和利用。他深信可以此来推翻敌对或不合作的政府。埃米尼在塔维斯托克研究所期刊《人际关系》发表了一篇名为《今后 30 年：概念、方法和预期》的论文，该论文讨论了这种现象的潜力，将它与“造反性的歇斯底里”这个概念联系起来，这就是后来兰德公司提出的“蜂拥”战术。[13]

英国军方在第一次世界大战结束后创建了塔维斯托克研究所，作为英军的心理战研究机构。1921 年，贝德福德公爵和塔维斯托克侯爵为该研究所单独提供了一幢楼来研究一战幸存英军士兵的弹震症。这项研究的目的不是为了帮助这些饱受精神创伤折磨的士兵，而是研究人在压力之下的“崩溃点”。英军心理战局指导这项研究工作。西格蒙德·弗洛伊德曾一度参与了这个研究所心理分析方法方面的工作。

二战后，洛克菲勒基金会拨出经费，与陷入财政困境的塔维斯托克研究所进行合作，研究美国运用得越来越多的心理战活动。得到洛克菲勒基金会经费支持的新组建的塔维斯托克人体关系研究所，此时的使命是“研究在和平条件下的社会精神病学，类似于在战争时期军队遇到的问题”。[14]后来的事态表明，此次转变的意义极为重大。

塔维斯托克研究所立即在美国开始了工作。该所的首席研究员库尔特·卢因于 1945 年来到麻省技术研究所，设立了群体活性研究中心。卢因对在群体环境下影响个体的过程进行科学研究非常感兴趣。1948 年卢因去世后，该中心迁到了密歇根大学，更名为社会研究所。[15]

费雷德·埃米尼在1967年提出的概念很快在北约利用“蜂拥的年轻人”推翻法国总统戴高乐的事件中得到印证——1968年5月中情局指导了法国学生的暴动。[16]这只不过是在接下来的35年里美国情报机构所进行的一系列颠覆行动的最初彩排，但它展示了埃米尼所提观念的效力。

加德满都的摇滚录像

1989年年底，在俄亥俄州凯斯西储大学举行的“全球管理社会创新项目”会议上，费城沃顿金融学院一个研究领域为社会体系结构的教授，霍华德·珀尔马特博士，他作为塔维斯托克研究所埃米尼博士紧密的追随者，强调说“在宗教色彩浓厚的加德满都推广摇滚音乐”，是传统文化可以被瓦解的适当比喻。由此产生了珀尔马特所谓“全球文明”的可能性。[17]

为了实现瓦解传统文化必须做的两件事，他强调说，首先要“构建由国际和以地区为活动重点的组织所构成的国际网络”，相当于今天的人权组织和其他非政府组织；其次要“通过大众传媒把某个地方性事件转变为几乎同时在世界各地均有影响的全球性事件”。[18]

珀尔马特的观念包含了美国现代版政权更迭的核心内容，进入新世纪后它将在中欧以颜色革命闻名。在20世纪90年代中期，靠政府出资运营的兰德公司在运用信息技术秘密挑动政权更迭方面取得了突破性研究成果。1997年兰德公司研究人员约翰·阿奎拉和戴维·隆菲尔特研究了信息革命的含义，其中包括通过电子邮件、移动电话联系起来的网络组织的优势及蜂拥的潜在价值，把信息技术的技能作为进行战争的关键方式。[19]

从塞尔维亚、格鲁吉亚到乌克兰的蜂拥行动……

在美国国务院和情报界看来，2000年成功地把顽固的米洛舍维奇从总统职位拉下来，证明它们实施秘密政权更迭的新方法是有效的。这看上去这似乎是消灭与美国政策作对的他国政府的完美模式，至于某个政府是否受老百姓拥护或是否经民主选举产生则无关紧要。面对五角大楼的蜂拥新战争方式和兰德公司的颜色革命技巧，任何一个政权都可能是脆弱的。

在成功督导制造了塞尔维亚“你完了”革命几个月之后，美国大使迈尔斯被派遣到了下一个岗位，来到中亚高加索山区的小国格鲁吉亚共和国。按照常规，被委派到前苏联时代刻板的老官僚爱德华·谢瓦尔德纳泽统治下的小而闭塞的格鲁吉亚，在美国国务院系统的职业道路上会被认为是不受重用。但对迈尔斯大使来说完全不是这么回事。他的使命是在格鲁吉亚的第比利斯再现贝尔格莱德的革命。在第比利斯，迈尔斯对时任格鲁吉亚司法部长、美国培养出来的哥伦比亚大学法学院毕业生格鲁吉亚人萨卡什维利耳提面命，指导他怎么把谢瓦尔德纳泽搞下台。[20]

迈尔斯得到了与美国政府有联系或由政府出资的非政府组织的大量帮助，其中包括国家民主基金会。自从20世纪80年代以来，美国每一个对外颠覆或政权更迭行动都有这个机构的影子。提供帮助的还有美国亿万富翁乔治·索罗斯的开放社会基金会以及位于华盛顿的自由之家。自由之家成立于20世纪40年代，是北约的宣传机构，2001年它的领导人是中央情报局前局长詹姆斯·伍尔西。

除了兰德公司精心构思的使用短信和手机的蜂拥技巧，夏普也把非暴力作为一种战争方式进行研究。对非政府组织的运用而言，美国国务院策动颠覆活动的方法大体上与1986年在菲律宾推翻费尔南多·马科斯总统、1989年的天安门动乱，以及1989年哈维尔在捷克斯洛伐克搞的“天鹅绒革命”类似。[21]

在1989年天安门动乱期间和前后，夏普的爱因斯坦研究所和索罗斯的“中国改革开放基金会”都掺和了进来。夏普承认在动乱发生的几天前，他到过北京。[22]中国政府当时谴责索罗斯的基金会与美国中情局有联系，要求它离开中国。[23]

时任美国驻华大使李洁明出生于中国青岛，在美国中情局工作了25年。李洁明毕业于耶鲁大学，和他的中情局以前的同事老布什一样，都是秘密而又势力强大的耶鲁校友会“骷髅会”的成员。多年后，在瑞士举办的一次会议上，李洁明与本书作者进行了私下交谈，他对老布什总统在批评中国对天安门动乱所采取的正义行动最初表现出的犹豫不决极为不满。李洁明的这番话表明，他在这次动乱中所扮演的角色非同一般。有关索罗斯基金会在中国惹出的乱子在1989年的《华盛顿邮报》上有所报道。[24]

夏普的爱因斯坦研究所传授所谓的“非暴力战争方式”技巧，在培训从前的华沙条约国家和亚洲各国的青年运动中起到了关键作用。乔纳森·莫厄特研究员的研究表明，除其他来源之外，夏普的爱因斯坦研究所的部分资金来自索罗斯基金会和美国政府的国家民主基金会。[25]

在爱因斯坦研究所的机构网站上，该研究所承认曾积极参与在缅甸、泰国、拉脱维亚、立陶宛、爱沙尼亚、白俄罗斯和塞尔维亚的民主组织和反对派进行的抗议活动。[26]它选择的目标国家与美国国务院在不同时期要进行政权更迭的国家完全一致，这并非巧合。正如古希腊寡头执政者所洞悉的那样：“民主”是一把双刃剑，可以操纵民主，利用愤怒的大众的怒火来对付对手。

夏普的研究所在塞尔维亚策动“你完了”抗议活动期间，其顾问里有资深美国情报专家，如负责情报的美国驻欧洲陆军司令部前副参谋长、中央情报局长领导下的国家情报委员会成员、退役陆军少将爱德华·阿特基森。阿特基森将军还曾任职于美国国务院政治-军事事务局，其顾问里还有赫尔威上校以及防务信息中心主任前海军少将吉恩。[27]

乌克兰的橙色革命

2004年1月，接受美国教育的37岁新总统萨卡什维利就任后，格鲁吉亚宣布了加入北约的意愿。

（照片来源：维基百科）

■ 参与“橙色革命”的民众在乌克兰首都基辅的独立广场上集会

在格鲁吉亚成功实施“玫瑰革命”数周之内，美国国务院和非政府组织团体瞄上了乌克兰和数百年来古老俄罗斯的历史中心基辅。

乌克兰与俄罗斯在经济、社会和文化上关系密切，尤其是乌克兰东部地区，实际上很难将乌克兰与俄罗斯区分开来。绝大多数从俄罗斯西西伯利亚到德国、法国和西欧国家的天然气输气管都要经过乌克兰。从军事战略的角度看，加入北约的乌克兰，而不是中立的乌克兰，将对俄罗斯构成致命的威胁。而这却正是布什政府梦寐以求的东西。

颜色革命和石油管道地缘政治

看看欧亚大陆地图就会发现，2000 年后华盛顿发动的那些颜色革命呈现出一个清晰的模式。显然，它们的目标是孤立俄罗斯，最终切断俄罗斯的经济生命线——将乌拉尔和西伯利亚的天然气输送到西欧国家和欧亚大陆的石油和天然气管道网。

■ 俄罗斯天然气管道

2004 年，华盛顿在格鲁吉亚和乌克兰得手之后，俄罗斯总统普京采取行动对北约的西欧国家迫切需要的一项俄罗斯战略资产——能源——进行中央化控制。俄罗斯是世界上最大的天然气输出国，其他天然气输出国的产量远远落在其后。

截至 2003 年，俄罗斯已经成为继沙特阿拉伯之后的世界第二大石油输出国。在前苏联时代，乌克兰、格鲁吉亚、俄罗斯、哈萨克斯坦、阿塞拜疆和前苏联其他地区的经济是完全一体化的。20 世纪 90 年代初前苏联瓦解之后，石油、天然气管道及对外输送路线仍然存在。乌克兰和前苏联其他地区继续得到俄罗斯天然气工业股份公司（Gazprom）提供的天然气，其价格由于得到俄罗斯政府的补贴，远远低于俄罗斯供应给西欧的油气价格。

欧亚大陆管线战争

前苏联解体之后，华盛顿对中亚侵略性政策的背后意图，简单地说就是控制能源。只要俄罗斯还有能力通过它的战略王牌——庞大的石油和天然气储备——来赢得西欧、中国和其他地区的经济联盟，俄罗斯就不可能在政治上被孤立。形形色色的颜色革命，目标都直指包围俄罗斯，切断或有望在将来切断俄罗斯的对外输出管线。由于俄罗斯以美元计价的外贸收入60%以上来自石油和天然气出口，美国领导下的北约的这种控制等同于卡住俄罗斯的经济命脉。

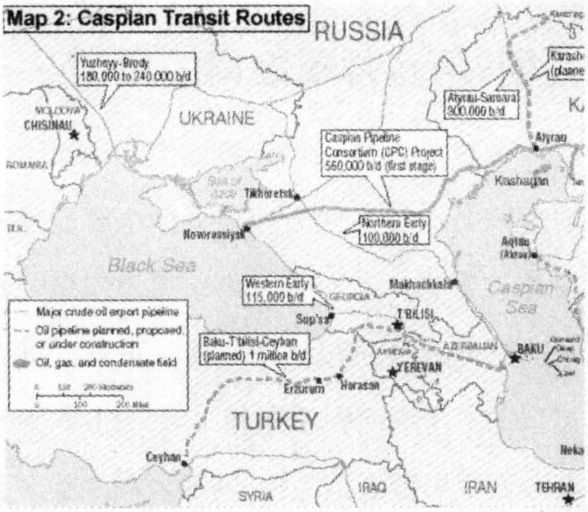

■ 里海管道线

在格鲁吉亚共和国发生的颜色革命，以及由美国培养出来的新总统萨卡什维利领导的将格鲁吉亚拉入北约的努力，都是确保一条新石油管线计划的一部分，通过这条新管线可以获得靠近阿塞拜疆巴库的里海的丰富石油储备。20世纪90年代初前苏联解体后，英国石油公司取得了开采靠近巴库的巨量里海近海油田的牢固主导权。早在克林顿政府时期，在华盛顿的支持下，英国石油公司BP就曾想方设法地寻求建造一条避免通过俄罗斯的石油管线。由于多山的地形，唯一的线路是从巴库取道第比利斯附近穿过格鲁吉亚，经黑海到达北约成员国土耳其，在此土耳其可将该管线连到地中海港口杰伊汉。

■ 欧亚石油管线

英国石油公司最早将巴库-杰伊汉管线称为“世纪工程”。

在克林顿政府时期，布热津斯基是英国石油公司顾问，并从英国石油公司获得报酬，因此他游说华盛顿支持这条管线。1995年，正是布热津斯基代表克林顿总统来到巴库，与阿塞拜疆总统盖达尔·阿利耶夫举行非正式会晤，目的是协商新的独立的巴库石油管线，其中包括后来的巴库-第比利斯-杰伊汉管线，即BTC管线。

美国-阿塞拜疆之间的纽带

布热津斯基还是有势力但不太为人所知的美国-阿塞拜疆商会（USACC）的理事会成员。这个理事会的主席是埃克森美孚公司高管、埃克森美孚勘探公司总裁蒂姆·塞加卡。除布热津斯基之外，在华盛顿的美国—阿塞拜疆商会理事会其他成员还包括基辛格、贝克。贝克曾在2003年亲自去第比利斯，告诉谢瓦尔德纳泽华盛顿希望他下台，让华盛顿培养出来的萨卡什维利当总统。现在斯考克罗夫特也是美国-阿塞拜疆商会理事会成员，在成为副总统之前迪克·切尼也是该商会的理事会成员。

很难想象会有一个团队拥有比上述人员更有影响的华盛顿地缘政治铁腕人物。可以这么说，除非为了某些具有至关重要地位的地缘政治战略问题，华盛顿的权力精英们不会以如此方式集中在一起浪费时间。

当BTC管线铺设到杰伊汉时，该工程在海底的第二阶段就即将开始，此阶段会将里海周边的哈萨克斯坦和土库曼斯坦的大储量天然气田连接起来，将这些可能输送到中国的天然气转而输送到西方。

在此背景下，美国总统乔治·布什2005年5月10日亲自到第比利斯自由广场发表演说这一举动很值得注意。布什在演说中鼓吹在这个地区进行的“对暴政的战争”，赞扬美国支持下的从乌克兰到格鲁吉亚的“颜色革命”。接下来布什抨击了罗斯福总统1945年在雅尔塔划分欧洲的决定，声称：“我们不会重复上几代人的错误，与暴君妥协或辩论。不会为了对稳定的无谓追求而牺牲自由。”布什说，“我们得到了教训：不能牺牲任何一个人的自由。从长远看，我们的安全和真正的稳定取决于其他人的自由。”布什进而指出：“现在，在整个高加索地区，在中亚和中东周边，我们看到了同样的希望，对自由的渴望在年轻人的心里燃烧。他们正在要求他们的自由，他们将获得自由。”[28]

“自由之家”的名头很响，历史也很长。它于20世纪40年代末设立，是美国动员公众舆论支持创建北约的游说机构。2005年“自由之家”的主席是詹姆斯·伍尔西，中央情报局前局长和新保守主义分子，就是他提出了“美国9·11事件”是“第四次世界大战”的开始。

自由之家的其他理事有后来成为巴拉克·奥巴马对外政策顾问的布热律斯基，还有克林顿的国家安全事务助理安东尼·莱克。“自由之家”的经费提供者是美国国际开发署（USAID）、美国信息署、索罗斯基金会和国家民主基金会。

国家民主基金会连同“自由之家”，自2000年以来一直是欧亚大陆所有“颜色革命”的核心。国家民主基金会设立于里根政府时期，是实质上的中情局分支机构，它以私人机构面目出现的目的是为了使活动更方便。国家民主基金会主席韦伯是共和党前国会议员，与新保守主义分子比尔·贝内特关系密切。自1984年以后，国家民主基金会的主席一直是卡尔，他曾是“自由之家”的学者。在1999年指挥了对塞尔维亚的空中轰炸的北约将军韦斯利·克拉克也是国家民主基金会的理事会成员。曾协助起草国家民主基金会章程的艾伦·温斯坦在1991年的一次采访中说：“我们现在做的大量事情，在25年前都由中情局秘密执行。”[29]

欧亚大陆政治地理

仔细看看欧亚大陆地图，就会明白对华盛顿来说在这里有什么利害关系。华盛顿的目标不仅是对俄罗斯进行战略围堵，而且要通过从科索沃的柏恩斯提尔基地到波兰、捷克以及可能的格鲁吉亚和乌克兰的一系列北约军事基地，控制俄罗斯与欧盟之间的能源联系。

华盛顿的战略还包括一系列“民主”颠覆活动，方式是格鲁吉亚的“玫瑰革命”和乌克兰的“橙色革命”式的颜色革命。这些活动可能会在战略上切断中国获取来自里海、哈萨克斯坦最终包括俄罗斯的庞大油气资源的通道。

从前亚洲伟大的丝绸之路之所以经过乌兹别克斯坦的塔什干和哈萨克斯坦的阿拉木图，地理上的原因很明显，因为这个地区为大山所环抱。因此在地理上对乌兹别克斯坦、吉尔吉斯斯坦、哈萨克斯坦的控制，将实现对中国与中亚之间任何潜在能源管道的控制，正如对俄罗斯的包围可以控制俄罗斯与西欧和中东之间的能源以及其他联系一样。

在此背景下，可以看到，布热津斯基1997年9月在《外交》上发表的文章体现了华盛顿对欧亚大陆的真正地缘政治战略：

“世界上大多数在政治上自行其是和有活力的国家都在欧亚大陆。历史上所有全球权力的竞争都在欧亚大陆。世界上人口最多、最有希望获得地区霸权的国家——中国和印度——在欧亚大陆，其他对美国统治地位构成政治和经济挑战的国家也在这里。在美国之后的6个最大的经济和军费开支大国在这里，除了美国之外所有公认的和秘密的核国家都在这里。欧亚大陆人口占全球的75%，国内生产总值占全球的60%，能源资源占全球的75%。作为一个整体，欧亚大陆潜在的权势甚至超过美国。

欧亚大陆是世界上最有中轴意义的超级大陆。控制欧亚大陆的强权可以对世界上最有经济活力的三个地区中的两个——西欧和东亚，施加决定性的影响。看看地图就会明白，主导了欧亚大陆的国家几乎可以自动地控制非洲和中东。随着欧亚大陆已经成为决定性的地缘政治大棋局，为欧洲和亚洲分别制定政策已经不足以满足华盛顿的政治需求。欧亚大陆权势分布情况的变化，将对美国的全球统治地位产生决定性影响……[30]

新冷战围绕石油开始

在2003年对伊拉克蹩脚的占领之后是否对伊朗开战的问题，格鲁吉亚和巴库-第比利斯-杰伊汉石油管线的问题，中国崛起成为全球经济超级大国的问题，所有这些都与地缘政治有关。美国作为世界唯一超级大国的未来直接与它控制全球石油流通这一现代世界经济的命脉密切相关。这就是美国入侵阿富汗、蹩脚地占领伊拉克、1999年发动科索沃战争、对伊朗耀武扬威，以及华盛顿企图推翻委内瑞拉总统雨果·查维斯的真正原因。

在经历了十余年经济恶化和国家债务拖欠之后，俄罗斯在弗拉基米尔·普京总统的领导下从1998年开始恢复经济。美国2003年入侵伊拉克之后油价暴涨，俄罗斯通过向世界市场输送石油和天然气归还了国际货币基金组织的贷款，建立了坚实的外汇储备，俄罗斯在消沉了十余年之后经济开始首次增长。

2000年后的第一个十年，俄罗斯开始赢得影响力，其途径不是军火交易，而是运用它的地缘政治资产——石油和天然气——采取战略性行动。普京总统周围的俄罗斯领导人意识到，如果不采取决定性行动，俄罗斯将很快被军事对手美国包围并打败。没有任何事情比这个战斗更重要。以美国为基地的盎格鲁-撒克逊权力精英下定决心阻止俄罗斯的正常运转，以免其对美国称霸世界构成干扰。在华盛顿鹰派看来，控制伊朗和叙利亚不过是走向与俄罗斯的大对决的步骤而已。

在未来数十年里，除非中国能克服两大战略性弱点——不断增长的经济对进口能源的依赖以及对美国首次核打击构成可靠的核威慑，否则中国不可能兴起为一个真正的全球强权。

俄罗斯以其战略核武器库拥有足够的军事威慑力，同时也有丰富的能源，从而拥有对美国的全球军事和政治统治地位的可信平衡力。俄罗斯、中国以及与其他欧亚大陆国家的联盟（实际上是上海合作组织的相关国家，在1998年亚洲危机之后中国与俄罗斯建立了该组织），构成了对美国单边主导地位的平衡力量。

华盛顿的新石油地缘政治

自从2001年1月小布什政府上台以来，美国未公开表明的对外政策优先重点是控制世界上的主要石油和天然气田。现在越来越多证据表明，推翻塔利班政权与控制横跨中亚的能源管道、将中东地区军事化有重大关联。[31]

对伊拉克的入侵与美国将中东军事化直接相关。1999年之后，美国在从科索沃的柏恩斯提尔基地到西非沿岸的圣多美/普林西比之间的广大地区建立了军事基地。美国试图对委内瑞拉民主选举出来的总统进行“政权更迭”，同时无耻地声称自己是“民主唯一正当的捍卫者”。美国对神经紧张的德国和法国施加巨大的压力，要求将幅员虽小但在战略上却很重要的格鲁吉亚共和国纳入北约，以保护巴库的石油流向地中海。

中国寻求能源安全

2000年以来，中国占世界石油消费增长的40%，这个比例还呈进一步扩大之势。仅仅10年之前，中国才成为石油净进口国。中国巨大的经济引擎靠碳氢化合物驱动，能源是中国的致命弱点。2004年中国首次超过日本成为继美国之后的世界第二大石油进口国。

据中国媒体评论，华盛顿不顾世界反对占领伊拉克的决定，使北京确信必须尽快获得未来的能源安全。此后，中国走向全球，到每一个有重要石油储备的地区提供双边贷款，减免债务，提供软贷款，以获得能源安全。

2004年年底，中国与德黑兰签署了价值700亿美元的能源协议，在今后30年购买LNG的天然气，开采亚达瓦兰大油田。作为这项交易的一部分，中国北方工业集团公司，将扩建德黑兰市地铁。德黑兰对中国取代日本成为伊朗最大的石油进口国很感兴趣。

据估计，伊朗拥有继俄罗斯之后世界上最大的天然气储量。它对中国、日本、俄罗斯、欧盟是具有战略性的重要经济区域，对华盛顿同样如此。华盛顿之所以威胁要在军事上消灭这个国家，理由远不仅是伊朗的核计划，而是由于它与俄罗斯、中国和其他欧亚大陆国家建立联系的战略能力。

伊朗石油占中国进口石油的14%。显然，中国对支持美国轰炸伊朗没兴趣。

2005年12月，中国石油天然气集团公司开始修建从哈萨克斯坦到中国西北的石油管道。这条管道削弱了2006年夏华盛顿支持的巴库-第比利斯-杰伊汉石油管线的地缘政治重要性。

华盛顿指责北京“试图在源头控制能源”，声称中国正在“锁住阿尔及利亚、阿塞拜疆、厄瓜多尔、哈萨克斯坦、缅甸、泰国和委内瑞拉的资源”。中国的答复是：“中国不得不寻求采购海外石油资产，除了主要被美国和英国把持的中东地区，其采购地区主要包括非洲国家、东南亚国家、中亚和南美，这些地区的一些国家与美国合不来”。

中国对石油安全的追求是围绕石油展开的新冷战的一颗重要棋子。然而，这些生死攸关的全球能源博弈的主角，不是伊朗，不是委内瑞拉，甚至也不是沙特阿拉伯和也门争议中的未开采的巨大储量的油田。

主角，是俄罗斯。

切尼的能源战略

从一开始，切尼-布什的政策就基于一项明确的战略，这项战略是美国权势集团各种帮派的共识，这就是确保五角大楼提出的全方位主导的美国对外政策。这一政策包括控制整个宇宙的大部分地方，包含大气层内外。由英美四大私有石油巨头——雪佛龙德士古、埃克森美孚、英国石油公司和皇家壳牌——控制石油、直接主导全球的石油和天然气资源，成为这项全球战略的基石。

切尼-布什政府代表着美国主导集团的决定，如果美国要继续有能力控制世界经济增长、防止竞争性经济集团尤其是中国的崛起，就要大幅调整对外政策，采取极具侵略性的措施掌握全球石油资源。

华盛顿政策圈很明确地意识到，为了控制全球石油流通，美国需要更具侵略性地投送军事力量，达成总体的军事主导地位，这就是全方位主导的实际含义。

迪克·切尼是将美国军事和能源政策融为一个一体化主导战略的理想人选。20 世纪 90 年代初在老布什的领导下，切尼曾任国防部长。1993 年离开政府后，切尼成为总部在得克萨斯（现已迁到迪拜，以回避美国税收）的哈利伯顿公司首席执行官。哈利伯顿是世界上最大的石油服务公司。通过它的家乐氏、Brown & Root 子公司，哈利伯顿公司还成为了五角大楼最大的军事设施建筑商。军事-工业复合体和大石油公司的利益融合，主导了布什政府。

“最有价值的地区”

1999 年 9 月，在即将成为历史上最有权势的副总统一年多以前，切尼在伦敦石油研究所发表了露骨的演说，他提出：

> “据估计，今后几年全球石油需求将平均每年上升 2 个百分点，与此同时保守地估计现有石油储量的产出将每年自然降低 3 个百分点。这意味着到 2010 年我们每天将额外多买 5000 万桶石油。那么这些石油从哪儿来呢？石油从根本说仍然是政府的生意。尽管世界许多地区有巨大的石油机会，但占世界石油储量 2/3、价格又最便宜的中东，仍然是最有价值的地区……”[32]

切尼估计，到2010年世界每天将多出令人难以置信的5000万桶石油需求——这是2008年世界石油总产量的50%，相当于5个新沙特阿拉伯的产量。

切尼在伦敦讲话的第二点是："占世界石油储量2/3、价格又最便宜的中东，仍然是最有价值的地区。"然而，他指出，中东的石油掌握在政府的手里，不对私人市场开放。

在发表1999年伦敦演说的时候，切尼是具有超级影响力的智库"新美国世纪工程"（PNAC）的成员，该组织下决心将中东的石油从当地政府手中夺过来。切尼、唐·拉姆斯菲尔德、保罗·沃尔福威茨以及后来许多布什政府中的重要官员都是这个组织的成员。他们发表了新美国世纪工程政策报告《重建美国防务》。

切尼的这份新美国世纪工程报告呼吁美国新总统找到对伊拉克宣战的借口，以占领伊拉克，直接控制这个中东第二大石油储量国。这份报告直率地提出："……把实质性的美军部队放在海湾地区的需要，超过了萨达姆·侯赛因政权问题……"[33]

这就是切尼在1999年伦敦讲话所暗示的——将庞大的中东石油资源从独立的民族国家政府手中夺过来，交给接受美国控制的势力。对伊拉克的军事占领是这项美国战略的第一个重大步骤。

然而，华盛顿的最终大奖，却是控制俄罗斯的石油储量，瓦解俄罗斯军事力量。

肢解俄罗斯："最终的奖赏"

出于显而易见的军事政治原因，华盛顿不可能公开说出自1991年前苏联解体以来，它的战略重点一直是瓦解或分化俄罗斯，有效控制俄罗斯的石油和天然气资源，从而获取其"最终的奖赏"。不过，无论沦落到什么程度，俄国熊仍然拥有可观的军事能力，核牙齿依然锋利。

20世纪90年代以来，华盛顿启动了一个精心设计的进程，不仅要将前苏联卫星国纳入欧盟，还要让这些卫星国纳入美国主导的北约。至2004年，波兰、捷克、匈牙利、爱沙尼亚、立陶宛、保加利亚、罗马尼亚、斯洛伐克和斯洛文尼亚已经加入北约，格鲁吉亚已经呈现加入北约的势头。

新美国世纪工程希望将北约扩散到俄罗斯的大门口。早在1996年，切尼的密友布鲁斯·杰克逊，时任美国军工巨头洛克希德·马丁公司总裁，同时担任美国扩展北约委员会的主席，这个委员会是一个强有力的华盛顿游说组织。

北约对俄罗斯的包围、欧亚大陆的颜色革命、伊拉克的战争，均从属于同一个美国地缘政治战略，是最终一劳永逸地肢解俄罗斯作为美国超级大国霸权的潜在竞争者的大战略的一部分。

叶利钦时代的结束给华盛顿的宏大计划带来了一点小麻烦，更为清醒的普京作为极具活力的民族主义力量开始逐渐谨慎地崛起。在国际货币基金组织指导下西方银行和腐败的俄罗斯寡头合伙抢劫了这个国家之后，普京政府致力于再造俄罗斯。

前苏联解体后，俄罗斯的石油出口一直在增长，到2003年美国对伊拉克发动战争时，俄罗斯已经是继沙特阿拉伯之后的世界第二大石油输出国。

尤科斯事件的真正含义

俄罗斯石油地缘政治的转折性事件发生在2003年，正值美国不顾世界舆论的反对和联合国法律的规定，明确表示要把伊拉克和中东地区军事化之际。2003年10月俄罗斯亿万富翁“寡头”米哈伊尔·霍多尔科夫斯基被捕，同时他的巨型公司尤科斯石油集团被国有化，让西方的某些人大吃一惊。

2003年10月霍多尔科夫斯基因被指控逃税，在新西伯利亚机场被捕。普京政府冻结了尤科斯石油集团的股份。到底是什么促使普京采取了这个惊人之举呢？

在俄罗斯杜马（下院）决定性选举之前4周，霍多尔科夫斯基被逮捕。据可靠统计，霍多尔科夫斯基用其巨大的财富买到了多数选票。控制杜马是霍多尔科夫斯基计划在来年总统选举中打败普京的第一步。在杜马的胜利将使他能够修改选举法，使其符合自己的利益，同时还可以修改杜马正在争议中的法案“地下资源法”。这项法案将阻止尤科斯集团和其他私人公司获得对地下原材料资源的控制，或阻止建立独立于俄罗斯国有能源管线的私人能源管线。[34]

（照片来源：维基百科）

■ 霍多尔科夫斯基（右）正与时任俄罗斯总统的普京在克里姆林宫会谈

霍多尔科夫斯基违背了寡头们对普京做出的承诺，如果他们远离政治并交还一部分窃取的财富，他们就可以保留财产，这些财产实际上都是叶利钦时期以非法拍卖的方式从国家偷窃来的。

当时，霍多尔科夫斯基是最强势的寡头，是华盛顿支持下反普京暴动的工具。在得知当年7月霍多尔科夫斯基与美国副总统切尼在华盛顿秘密会晤后不久，他就被逮捕了。

在与切尼会晤后，霍多尔科夫斯基开始与埃克森美孚和雪佛龙德士古公司（康多利扎·赖斯曾在这家公司任职）谈判，这两家公司占有尤科斯多达40%的股份。在俄罗斯的尤科斯公司占有这个股份，将使华盛顿通过美国石油巨头对未来俄罗斯石油和天然气管线和石油交易拥有事实上的否决权。就在2003年10月被逮捕几天之前，霍多尔科夫斯基还在莫斯科接待了老布什，老布什当时是在华盛顿有强大势力的凯雷投资集团的顾问，代表其讨论美国购买尤科斯。在霍多尔科夫斯基和他的伙伴梅纳捷普集团总裁列别杰夫被捕后，老布什马上小心谨慎地辞去了在凯雷投资公司的兼职。[35]

霍多尔科夫斯基还是华盛顿凯雷投资集团的能源顾问，这个集团的合伙人包括美国前国防部长弗兰克·卡卢奇和前国务卿詹姆斯·贝克。[36]从这些合伙人来看，凯雷在华盛顿是一家有权势的公司，并不令人意外。

尤科斯刚刚购买了西伯利亚石油公司，整合起来的尤科斯-西伯利亚石油公司的石油和天然气储量为195亿桶，在当时拥有继埃克森美孚之后最大的石油和天然气储量。埃克森或雪佛龙对尤科斯-西伯利亚石油公司的股权购买是名副其实的阴谋行动。切尼了解这一点，布什了解这一点，霍多尔科夫斯基也了解这一点。最重要的是，普京了解这一点，并果断采取行动予以阻止。

霍多尔科夫斯基的被捕标志着普京政府朝着再造俄罗斯和加强战略防御的方向进行了决定性转变，它发生在美国2003年公然占领伊拉克的历史背景下。其另外一个背景是布什政府宣布取消《反导条约》规定的美国对俄罗斯承担的义务，以推进美国导弹防御的发展，在莫斯科看来这是针对自身安全的敌对行动。

到2003年，不需要多少军事战略眼光就可以看到，五角大楼鹰派及其在军工企业和大石油公司的盟友，拥有了一个构想，即美国可以不受国际条约的限制采取对自己最有利的单边主义行动，而什么是最有利的，这由新保守主义的五角大楼鹰派决定。

接下来的事件是在华盛顿经费支持下的秘密颠覆活动——在俄罗斯周边国家策动反政府的颜色革命。

到2004年年底，在莫斯科看来已经很清楚，围绕对战略能源的控制和单边核主导地位的一场新冷战已经全面展开。从1991年前苏联解体以来华盛顿明白无误的行动模式也可以清晰地看到，美国对外政策的最终目标不是中国、不是伊拉克、不是伊朗，而是俄罗斯。华盛顿地缘政治的“终结游戏”是为了彻底肢解俄罗斯，肢解这个有能力通过其巨大的石油和天然气储量组织起有效国际联盟的欧亚大陆核心国家。

2003年后，俄罗斯的对外政策尤其是能源政策，回归到了麦金德爵士提出的“心脏地带”地缘政治原理，这是自1946年以来前苏联冷战战略的政治基础。

普京开始采取一系列防御性步骤，恢复某些可维持的均势，应对日益明显的华盛顿的包围和削弱俄罗斯的政策，接下来美国的战略失误使俄罗斯的这项工作容易了许多。现在，普京领导下的俄罗斯的行动超越了单纯的防御，转向有活力的新攻势，俄罗斯运用能源杠杆，逐步建立起更可信的地缘政治地位。

俄罗斯的能源地缘政治

按生活水平、死亡率和经济繁荣度来衡量，2004年的俄罗斯不是一个世界级强国，但以能源来衡量俄罗斯则是个巨人。以国土幅员来衡量，俄罗斯仍是世界上土地面积最大的国家，其国土横跨太平洋到欧洲边缘的广大地域。俄罗斯拥有辽阔的领土、巨量的自然资源、世界上最大的天然气储量。此外，尽管前苏联解体后军事力量受到了很大削弱，但俄罗斯还是地球上唯一在军事能力上可与美国匹敌的国家。

俄罗斯拥有超过13万个油井和约2000个石油和天然气田。据估计石油储量近1500亿桶，接近伊拉克。在遥远的北极地区，由于钻探困难，还有可能存在更大的石油和天然气田。只要油价超过60美元一桶，在这些遥远地区开采石油就可以赢利。

俄罗斯的国有天然气管道网——“统一的天然气输送系统”，包含庞大的输送管道线和泵站，横跨俄罗斯境内15万公里。在法律上只有国有的俄罗斯天然气公司可以使用这些管线。除了石油和天然气本身，这个网络可能是俄罗斯最有价值的国家资产。这是普京新能源地缘政治的核心。

■ 高加索和中亚

早在2001年就很清楚，由于波罗的海沿岸那些国家即将加入北约，所以普京支持在俄罗斯波罗的海沿岸的普里莫尔斯克新建一个重要港口。在2006年3月竣工的这个波罗的海管道系统（BPS），大大缓解了俄罗斯在出口方面对新北约成员国拉脱维亚、立陶宛和波兰的依赖。波罗的海是俄罗斯西西伯利亚和季曼-伯朝拉油田对外出口石油的重要通道。BPS管线现在每天可以向西方市场输送超过130万桶的俄罗斯原油。

2006年3月，德国前首相施罗德被提名为俄罗斯-德国联营的经过波罗的海海底的1200公里天然气管道工程的主席。北欧天然气管线公司（NEGP）的大股东是俄罗斯国有的俄罗斯天然气公司，这是世界上最大的天然气公司。德国的巴斯夫集团和E. On集团各占24.5%的股份。这项工程价值50亿欧元，2005年年底启动，建成后将把靠近圣彼得堡的俄罗斯港口城市维堡与德国东部格赖夫斯瓦尔德的天然气终端连接起来。这是典型的俄罗斯地缘政治——将心脏地带与中欧联系起来。丘吉尔和后来杜鲁门的冷战目标正是在中欧和俄罗斯心脏地带之间打入楔子，即铁幕。

俄罗斯天然气公司与巴斯夫集团的合资企业是施罗德作为首相的最后一项重要行动，此举激怒了亲华盛顿的波兰政府以及乌克兰，因为它们将注定会失去对境内俄罗斯管线的控制。尽管与布什政府有密切联系，但德国新首相默克尔不得不做出艰难选择，接受这个工程。俄罗斯是德国最大的天然气出口国，俄罗斯出口量占德国全部进口天然气的40%。

储量巨大的什托克曼天然气田位于巴伦支海的俄罗斯一侧，摩尔曼斯克港的北部，它也可能成为NEGP天然气供应的一部分。当这两个并行的工程结束后，NEGP每年将向德国多输送550亿立方米的俄罗斯天然气。

2006年4月，普京政府启动东西伯利亚-太平洋（ESPO）管线的建设，这项工程价值110亿欧元，从东西伯利亚的泰舍特到俄罗斯的太平洋沿岸。俄罗斯国家石油管道运输公司负责这项工程。完工后，这条管线每天可将多达160万桶石油输送到俄罗斯远东地区，进而输送到迫切需要能源的亚太地区，主要是中国和日本。

中国积极与俄罗斯协商在布拉戈维申斯克和大庆之间铺设一条支线。泰舍特线为俄罗斯、中国、日本和其他亚太国家的能源合作提供了路线图。

库页岛：俄罗斯对石油巨头的控制

2006年9月下旬，一个表面上看微不足道的争议爆发了，这个争议导致皇家荷兰壳牌公司失去了俄罗斯库页岛的二期液化天然气项目的环境保护许可，这项工程原定目标是在2008年向日本、韩国和其他客户提供液化天然气。壳牌公司在俄罗斯远东、日本北海道北部的一个大岛库页岛英日合作开发石油和天然气的项目中居领导地位。

普京政府宣布，埃克森美孚石油公司在库页岛的工程（这家公司在库页岛一期石油和天然气开发项目的一部分）没有达到环保标准。据估计，库页岛一期工程包括80亿桶石油和巨量的天然气，用地质学家的标准来说这是个罕见的超级大油田。

20 世纪 90 年代初，叶利钦政府迫不急待地发出招标，吸引迫切需要的西方投资和技术来开采俄罗斯的石油和天然气资源。当时俄罗斯政府已经破产，石油价格很低。在离任之前，叶利钦采取了一个令人吃惊的行动，慷慨地给予美国和其他西方大石油公司库页岛一期和二期工程两个大的石油开采权，这两项工程都以所谓的产量分享协议（PSA）为基础。

根据产量分享协议的规定，俄罗斯政府将因出让石油和天然气的权益而能获得最终生产出来的石油或天然气的一定份额，但其必须要等到所有工程和开采的成本已经收回之后才能得到这项利益。以前，只有那些无力争取更公平条件的第三世界国家的软弱政府才会与西方大石油公司签署此种产量分享协议。

在俄罗斯政府告知埃克森美孚它在库页岛的工程有问题之后，该公司马上宣布这项工程的成本上升。

埃克森美孚的律师是与切尼和布什的白宫有密切联系的前国务卿贝克，他宣布成本上升 30%，这将使俄罗斯从产量分享协议中获得的石油流通利益进一步下降。俄罗斯能源部长威胁，将中止埃克森美孚公司的生产。

根据另外一项产量共享协议，英国的壳牌公司拥有在库页岛二号地区开采石油和天然气的权力，并将建造俄罗斯首个液化天然气项目。这个项目价值 200 亿美元，雇用人员超过 1.7 万人，是世界上最大的一体化石油和天然气工程，其中还包括俄罗斯第一个海上石油开采和一体化的天然气开采平台。

在业界看来，俄罗斯针对美孚公司和壳牌公司采取的明确行动，是普京政府在试图夺回在叶利钦时代出让的石油和天然气权利。

俄罗斯-土耳其天然气项目

2005 年 11 月，俄罗斯天然气公司完成了价值 32 亿美元、1213 公里长的蓝流天然气管线。它把俄罗斯克拉斯诺达尔的天然气经过黑海海底管道输送到土耳其的黑海沿岸，再向安卡拉提供俄罗斯天然气。

希腊、意大利和以色列都在与俄罗斯天然气公司谈判，希望从横跨土耳其的蓝流管道分流出部分天然气。另一个俄罗斯天然气管线，经过东欧和中欧的南欧天然气管线，正在建造当中，这是一个新的国际天然气输送系统。普京正在使用俄罗斯的能源王牌在欧亚大陆建造从西到东、从北到南的经济纽带。这完全不是华盛顿所愿意见到的。

莫斯科的军事地位

在2003年5月的国情咨文中，普京提出加强俄罗斯的核威慑，制造新型武器，包括为俄罗斯战略部队研制新型武器，实现核威慑现代化，确保“俄罗斯及其盟国长远的防御能力”。在布什政府单方面宣布中止反导条约和2001年事实上取消了第二阶段削减战略武器条约之后，俄罗斯立即停止撤除和销毁SS-18分导式多弹头导弹。

俄罗斯从来没有失去拥有第一流军事技术的强国地位。尽管在1990年冷战结束之后，其陆军、海军和空军处在被遗弃的状态，但俄罗斯恢复军事大国地位的诸多要素仍然存在。在各种国际贸易展销会上，俄罗斯持续不断地展示先进军事技术，通过世界武器出口市场使至关重要的军事技术基础保持完整状态。

据2004年华盛顿《权力与利益新闻报告》（PINR）的分析，尽管遇到财政和经济困难，俄罗斯仍然拥有第一流的军事技术。前苏联解体之后俄罗斯最大的军事技术成就之一是BMP-3装甲战斗车，阿拉伯联合酋长国和阿曼都选择了这种装备，而不是西方的同类产品。

据报道，俄罗斯地空导弹系统S-300及其更有威力的后继型号S-400，比美国制造的“爱国者”反导系统更有潜力。有人曾提议在“爱国者”与S-300两种反导系统之间进行军事演习，验证这两套系统究竟哪个更好，但这种演习和验证从来没有实现过。这就使俄罗斯军工集团可以声称本国系统对美国系统有无可争议的优势，虽然这种优势还未得到证明。

俄罗斯的卡莫夫-50系列军用直升机使用了最先进的技术和战术，据欧洲直升机业界人士说，这种直升机可以与华盛顿最好的直升机媲美。

在2006年的印美联合空中演习中，印度空军装备了俄造苏-30战斗机，在大多数空战演练中，印度空军的战机以机动性胜过美国制造的F-15战机，这使得美国空军将军哈尔·洪伯格承认掌握在印度人手里的俄罗斯技术“唤醒”了美国空军。俄罗斯军工企业还在继续设计其他直升机、坦克和装甲车，这些武器装备都可以与西方产品媲美。

20 世纪 90 年代以及进入新世纪后，除石油和天然气出口外，武器出口一直是俄罗斯获得迫切需要的硬通货币的最好方式之一。俄罗斯是继美国之后的世界第二大武器出口国。当前，俄罗斯的现代军事技术可能更多用于出口而不是装备自己的军队。这对美国未来的作战行动意味深长，因为实际上世界上所有的暴乱、游击战、分裂和恐怖分子的武装活动——美国在未来战争中最可能遇上的武装力量，都装备了俄罗斯制造的武器或其派生产品。

前苏联解体以来，俄罗斯核武器库发挥了重要的政治作用，它为俄罗斯提供了根本的安全。2003 年俄罗斯不得不购买存放在乌克兰的战略轰炸机和洲际弹道导弹（ICBM）。自那以后，战略核军力就成为俄军的重点。具有讽刺意味的是，由于石油和天然气出口的极高价格，到 2008 年俄罗斯拥有了坚实的财政基础。俄罗斯中央银行拥有超过 5000 亿美元的外汇储备，成为继中国和日本之后的世界第三大美元外汇储备国。

在欧亚大陆心脏地带，越来越活跃的俄罗斯的复兴及其与中国和西欧等重要大陆国家日益密切的经济联系，这一切正如布热津斯基曾经警告过的，可能会威胁美国实现主导地位的宏大计划。具有讽刺意味的是，华盛顿对伊拉克和阿富汗蹩脚的占领不能自圆其说的反恐战争，促成了欧亚大陆国家之间的相互合作，这也是 2008 年 8 月格鲁吉亚冲突的背景。

显然，华盛顿在明明知道俄罗斯将被迫进行干预、会对华盛顿无情的包围圈画出红线的情况下，仍鼓励头脑发热的格鲁吉亚总统萨卡什维利入侵南奥赛梯。华盛顿在故意挑起与俄罗斯的新冷战。正如前一个冷战一样，它的目标是再次在俄罗斯与德国之间打入钢铁楔子，将世界地缘政治秩序带回到麦金德的最初计划——冷战的秩序。

为了达成全方位主导，华盛顿不仅需要在欧亚大陆发动针对俄罗斯的颜色革命还要巩固新世界秩序，这种秩序可以现实地称为美国控制下的“极权主义民主”体系——只有名义上的民主，实际上则由五角大楼及其控制下的北约机构所把持。美国还需要牢固地控制中国这个崛起中的欧亚大陆巨人，这项任务需要使用掩藏在“人权”和“民主”战斗口号之下的各种各样手段。

注　释

❶ John Arquilla and David Ronfeld, *Swarming and the Future of Conflict*, Santa Monica, Ca., RAND/National Defense Research Institute, 2000, in www.rand.org/pubs/documented_briefings/2005/RAND_DB311.pdf.

❷ Michael Dobbs, *US Advice Guided Milosevic Opposition Political Consultants Helped Yugoslav Opposition Topple Authoritarian Leader*, Washington Post, December 11, 2000.

❸ Ibid.

❹ Ibid.

❺ Jonathan Mowat, *Coup d'État in Disguise: Washington's New World Order 'Democratization' Template*, February 9, 2005, in http://globalresearch.ca/articles/MOW502A.html. The author is indebted to Mowat's groundbreaking research on the role of Emery, RAND and others in creating the Color Revolution model for US-led regime coups in Eurasia.

❻ Ibid.

❼ Ibid.

❽ William Blum, *Killing Hope: U.S. Military and CIA Interventions since World War II*, Monroe, Maine, Common Courage Press, 1995.

❾ Steve Kangas, *A Timeline of CIA Atrocities*, accessed in www.huppi.com/kangaroo/CIAtimeline.html.

❿ William Blum, Op. Cit., p. 259 discusses the CIA's immunity from prosecution for crimes including assassination and bribery.

⓫ Ibid., pp. 72-83.

⓬ Gerard Colby and Charlotte Dennett, *Thy Will Be Done: The Conquest of the Amazon: Nelson Rockefeller and Evangelism in the Age of Oil*, New York, HarperCollins, 1995, p. 256.

⑬ Jonathan Mowat，Op. Cit.

⑭ Eric Trist and Hugh Murray，*The Social Engagement of Social Science—A Tavistock Anthology*：*The Foundation and Development of the Tavistock Institute to* 1989，quoted in http：//everything2. com/e2node/The%2520Tavistock%2520Institute.

⑮ University of Michigan Institute for Social Research，Research Center for Group Dynamics，*History*，in http：//www. rcgd. isr. umich. edu/history/.

⑯ 有关中情局在1968年推翻戴高乐运动中所发挥作用的简要背景，参见F. 威廉·恩道尔，石油战争，Op. Cit.，pp. 124－126. 中情局通过最初在斯特拉斯堡成立后来扩散到巴黎和法国其他地区的一个新左翼组织“情境画家国际”，来操纵法国学生的“蜂拥”行动。即使有强大势力的法国共产主义者贸易联盟（CGT），也未能平息学生的造反。戴高乐因反对美国把持北约而被视为是前苏联的“朋友”。

⑰ Jonathan Mowat，Op. Cit.

⑱ 霍华德因其在宾夕法尼亚大学沃顿商学院的工作而成为美国全球化模式的重要战略学家。在沃顿商学院，作为跨国企业联盟主席和世界机构研究中心创建人和主任领导了国际化进程。在此期间他与同事泰维斯托克研究所的埃里克一道，形成了有关全球化社会企业的社会体系结构的构想，这是21世纪组织的范式基础。在沃顿商学院，他引进了跨国企业的全球化社会体系结构、跨国组织发展、全球性战略联盟、全球化城市和全球化教育的研究和教学，课程名称叫“第一个全球文明背景下的跨文化管理”。引自 http：//www. deepdialog. com/dr _ perlmutter/index. html.

⑲ John Arquilla and David Ronfeldt，In Athena’ s Camp：Preparing for Conflict in the Information Age，Santa Monica，CA：RAND，MR－880－OSD/RC，1997.

⑳ Jonathan Mowat，Op. Cit.

㉑ Ibid.

㉒ Amitabh Pal，Gene Sharp：The Progressive Interview，The Progressive，March 1，2007.

㉓ Ibid.

㉔ SourceWatch，Open Society Institute，cited in http：//www. sourcewatch. org/index. php? title=Soros _ Foundation.

㉕ Jonathan Mowat，Op. Cit.

㉖ The Albert Einstein Institution, in http://www.aeinstein.org/.

㉗ SourceWatch, Albert Einstein Institution, in http://www.sourcewatch.org/index.php? title=Albert _ Einstein _ Institution#Advisors _ . 281993 - 1999. 29.

㉘ BBC News, Text of Bush Speech in Tbilisi, 10 May, 2005, accessed in http://news.bbc.co.uk/2/hi/europe/4534267.stm.

㉙ Cited in William Blum, Rogue State: A Guide to the World's Only Superpower, Common Courage Press, 2000, p. 180.

㉚ Zbigniew Brzezinski, *A Geostrategy for Eurasia*, Foreign Affairs, September/ October 1997.

㉛ F. William Engdahl, *A Century of War: Anglo-American Oil Politics and the New World Order*, London, Pluto Press, 2004, pp. 253 - 255.

㉜ Dick Cheney, *Remarks to the London Institute of Petroleum Autumn Lunch*, September 1999, published by the Institute of Petroleum June 8, 2004 and subsequently removed from their own website. Archived and reprinted in full at http://www.energybulletin.net/node/559.

㉝ Donald Kagan et al, *Rebuilding America's Defenses: Strategy, Forces and Resources For a New Century*, September 2000, The Project for the New American Century (PNAC), Washington, D. C. in www.newamericancentury.org/RebuildingAmericasDefenses.pdf.

㉞ Dmitry Slobodanuk, *The State Determined to Own Oil and Gas*, Pravda September 23, 2003.

㉟ Greg Schneider, *Arrested Russian Businessman Is Carlyle Group Adviser*, November 10, 2003, The Washington Post.

㊱ Ibid.

第三章

新鸦片战争：通过合成的“民主”控制中国

“欧亚大陆权力分布的变化，将对美国的全球主导地位具有决定性的重要意义……”

——兹比格纽·布热津斯基

1945～2008年的整个时期，美国对中国的基本军事和地缘政治政策从来没有偏离它的核心战略。然而美国的战术，从大棒外交到胡萝卜加大棒外交，则有相当大的改变。大棒外交指直接使用武力；胡萝卜加大棒外交在某种程度上更有欺骗性，但从长远看两者对中国的主权都很危险。任何时候，美国都保持着“分而治之”的整体战略。

这个战略的根源在于英国皇家地理学家麦金德所提出的地缘政治原理。麦金德认为，英国以及后来美国的政治和军事政策的主要目标，是防止欧亚大陆的两大强权——俄罗斯和中国以自然或非自然的方式团结起来。❶

与有影响的纽约对外关系理事会有密切往来的大多数美国对外政策精英的头面人物都学习过麦金德的地缘政治战略。其中包括美国驻华大使温斯顿·洛德，他曾担任过基辛格的助手，基辛格曾为尼克松在1972年改变对华政策做了大量准备工作；还包括中央情报局前局长、前驻华大使老布什；以及老布什在中情局的老朋友、驻华大使李洁明。美国国务卿基辛格和总统国家安全事务助理布热津斯基都是麦金德地缘政治的倡导者。不过由于显而易见的原因，他们很少公开对麦金德表达感激之情。❷

值得注意的是，洛德、老布什和李洁明三位驻华大使，不仅都是美国对外关系理事会这一美国对外政策精英团体的高级成员，事实上还都是耶鲁大学的毕业生，都曾是势力很大的耶鲁秘密团体骷髅会的成员。小布什、美国战争部长亨利·史汀生和他主管的曼哈顿原子弹工程的助理乔治·哈里森也都是骷髅会成员。

耶鲁精英团体骷髅会是个秘密组织，据说甚至其成员身份都要永久性地保密。然而，随着时间的流逝，泄露出来的信息已经足以确认，二战后美国战略，尤其是军事政策的大多数决策者都来自骷髅会。骷髅会的两位成员，史汀生和哈里森向新接任还欠缺经验的杜鲁门总统建议对日本使用原子弹，那时日本已经一败涂地。其目标不是早日打败日本，因为这不过需要多等几个月而已，史汀生很清楚日本已经在事实上被打败了。更确切地说，史汀生、哈里森以及其他华盛顿权力圈里的人想用军事史上最恐怖的武器，向斯大林和前苏联红军发出信号，不要进一步东进日本。

某些精选的美国政策精英确定了战后美国对华政策。其中大多数人均属于显赫的洛克菲勒家族，特别是约翰 ·保罗三世和他的银行家兄弟戴维·洛克菲勒圈里的人物。

他们的目标始终是维持欧亚大陆和整个亚洲的紧张战略，不论是逼迫日本出于对失去美国保护的担心而采取跟从美国的政策，还是通过全球化和外包将美国制造企业转到中国，为正在破产的美国制造商提供巨额利润。

美国对华政策的最终目的，是保持对这个亚洲潜在经济巨人的控制——控制中国的能源发展、经济发展、国防政策和中国的未来。截至 2007 年，伴随美国过度使用武力、蹩脚的战争和对伊拉克、阿富汗的占领，这种控制正变得越来越困难。

尽管华盛顿政策的根基仍然是美国的军事霸权，美国的全方位主导战略却日益转向使用“人权”和“民主”作为心理战和经济战的武器，图谋遏制和控制中国及其对外政策。

美军非洲司令部：五角大楼的资源战争战略

2008 年 10 月 1 日，在美国金融市场处于一片混乱的时候，发生了一件很少公开报道的事件。五角大楼设立了一个单独的新司令部——美军非洲司令部或简称非洲司令部。以非洲次大陆上大约 53 个非洲国家为重点，创建这个单独的军事司令部，是华盛顿对它日益失去非洲这个被遗忘的大陆的原材料经济控制权的最初反应。中国，而不是恐怖主义，是美国不公开说出对非洲进行新军事关注的原因。

美国国防部的新作战司令部非洲司令部，负责美军在非洲的军事行动，处理与53个非洲国家的关系，包括除埃及之外的所有非洲地区。

在与五角大楼高级官员协商之后，布什政府在2007年6月做出了设立专门机构处理非洲军事事务的决定，这个时间点距北京政府与41位非洲国家元首共同召开前所未有的峰会，讨论联合经济合作和贸易仅仅7个月。非洲司令部的总部设在德国的斯图加特。

除南非、尼日利亚、安哥拉、莫桑比克这样的富油国之外，为什么在忽略了非洲五十余年之后，华盛顿现在会把非洲作为如此优先的重点，决定投入可观的资源来为这个大洲设立专门的军事司令部呢？

资源战争：2008年陆军现代化战略

答案在五角大楼文件《2008年陆军现代化战略》里。该文件提出，美国陆军战略的目标是横扫和主宰整个宇宙，而不仅仅是地球。它呼吁建立“远征型、适于实施战役作战的高质量陆军，有能力在任何时间、任何环境、针对任何对手——即使在长期作战的情况下，能够全方位主导冲突”。❸历史上还没有哪支军队提出过如此野心勃勃的目标。

与设立非洲司令部关系最大的是这份文件预见到，至少在今后“三五十年里”，美国将会卷入若干场持续的战争以控制原材料。

明显针对中国和俄罗斯，五角大楼的文件提出，“随着美国在全球完成对自然资源和海外市场的控制，我们面临着重新面对由兴起中的势均力敌的对手所造成的对传统安全形成威胁的可能”。

用经济来衡量，2008年地球上唯一“兴起中的势均力敌的对手”是中国。中国正在全球寻找和收购资源能源，以获得石油、金融和其他原材料的安全，并支撑其惊人经济增长计划的持续进行。

用军事和能源来衡量，唯一的“兴起中的势均力敌的对手”是俄罗斯。在从石油到天然气到发达工业经济所需的几乎所有金属和原材料的供应上，俄罗斯均起到战略性作用。在战略性资源的供应方面，除了南部非洲之外，俄罗斯是不在美国直接控制之下的关键国家，这是1991年以来促使华盛顿使用北约包围俄罗斯这个对抗性军事政策的重要因素。

五角大楼和华盛顿政策圈的重大关切是，俄罗斯和中国将可能会在上海合作组织的框架之内深化经济甚至军事合作。正如布热津斯基所说的那样，一旦出现这种局面，美国的全球主导地位将会受到根本性挑战。❹

五角大楼《2008年陆军现代化战略》这份文件，是安德鲁·马歇尔精心设计的战略学说的延伸。马歇尔是个隐士般的未来主义战略规划家，他1973年从兰德公司来到五角大楼，由尼克松总统提名担任为他特别设立的五角大楼战略净评估办公室主任。马歇尔拥有独特且闻所未闻的地位，他只向国防部长报告工作。

至今，马歇尔仍以87岁高龄负责五角大楼的长远战略，数十年来他培养了大量的徒子徒孙实施他所谓的军事革命（RMA）。他的门生包括迪克·切尼、唐纳德·拉姆斯菲尔德、保罗·沃尔福威茨、理查德·帕尔和其他大量的战争鹰派分子。就是这个马歇尔在2001年说服拉姆斯菲尔德和切尼，在俄罗斯边界外部署战略性弹道导弹防御设施以使美国达成核主导地位的长期梦想，使美国拥有对俄罗斯进行首次核打击、摧毁其报复能力的能力。❺

美国对核主导地位的追求，是理解俄罗斯为何在2008年8月对看似小打小闹的在南奥塞梯的挑衅以及对美国希望将乌克兰纳入北约，做出强烈反应的真正背景。马歇尔还是拉姆斯菲尔德灾难性的伊拉克战争战略的设计师。他提出用“电子战场”、与因特网相联的“联网”士兵和全球定位侦察来进行这场战争。不过，布什总统迫于压力解除了拉姆斯菲尔德的国防部长职务，马歇尔则继续担任他的净评估办公室主任，纹丝未动，这就是他的权势。

美国夺取资源的“永久战争”计划

《2008年陆军现代化战略》文件透露了许多相当重要的战略立场，这些立场已经被美军官方采纳为正式条令。在这份文件的前言里，美国陆军预计后冷战世界将呈现出“永恒战争”的前景。

负责起草这份文件的五角大楼官员斯蒂芬·斯皮克斯将军在前言里写道：

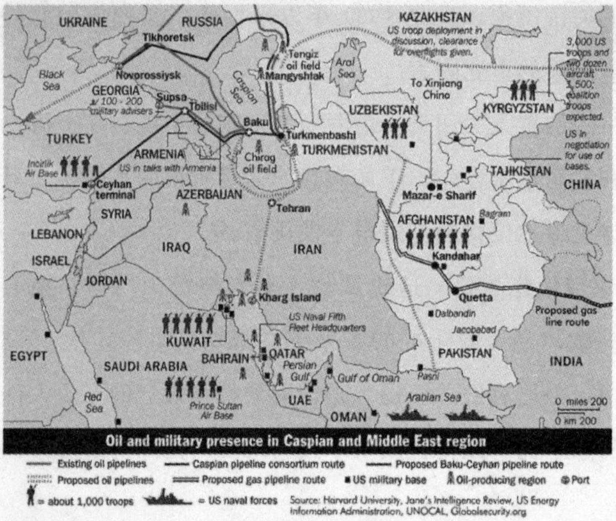

■ 中东和中亚地区石油和军事分布示意图

> 与前些年相比，2008年这份文件存在根本区别。今年，我们理顺了事情的核心，在目标、方法和手段上用简短的描述说明了我们的现代化战略——我们打算怎样使用陆军装备体系来达成最终的状态。这个状态是：用可以得到的最好装备武装士兵，使陆军成为世界上最具威力的陆上力量，具有全方位主导能力。
>
> 美国正在进入一个持续冲突的时代，这场冲突将继续对我军构成压力。为了把仗打赢，我们需要从长远角度装备陆军——使我们的士兵得到必需的装备以在各种各样的冲突中完成使命。❻

这份五角大楼文件提出："我们已经进入一个持续冲突的时代……在这个时代里，我们面临的安全环境比冷战时期更模糊、更不可预测。"

这份文件描述了它所计划的持续战争时代的主要特征。除了常见的有关恐怖主义使用大规模杀伤性武器的夸张说法，自基辛格在福特政府时期制定《第200号国家安全战略备忘录》以来，美国陆军公开宣布，在其"官方使命"中，包括在富有原材料的国家控制人口的增长。

这份文件将"人口增长"列为对美国及其盟国的主要安全威胁，并呼吁发动战争来控制人口资源。它把两者联系起来：

> 人口增长——特别是在欠发达国家的人口增长——将会引发"年轻人口爆炸"，这些年轻人认同反政府和激进的意识形态，潜在地威胁政府的稳定。
>
> 不断增加的人口和不断扩展的经济所消耗的食品、水和能源的数量将不断上升，这将引起资源竞争，控制这些资源的国家或实体将以此作为安全计划的

一部分。[7]

五角大楼的这两个官方重点，即控制在富有资源的发展中国家的所谓“年轻人口爆炸”，防止中国和俄罗斯控制发展中国家的粮食、水和能源，是美军设立非洲司令部的真正原因。

2006年11月，北京接待了40多位非洲国家元首，此前美国外交界从未想象过有此必要，因为美国认为自己已经控制了非洲资源。然而，仅数周之后，乔治·W. 布什即签署了设立非洲司令部的总统令。

在冷战期间，美国在非洲的政策主要依靠暗杀，暗中挑动内战，或与英国、法国、葡萄牙、比利时等凶残的前殖民国家合作，来控制非洲及其庞大的矿产财富。看到40多位非洲国家元首受到中国的尊重、得到有尊严的接待，中国向非洲提供价值数十亿美元的贸易协议，但却不像国际货币基金组织那样附加条件，或像美国那样强加条款，美国的反应就不仅仅是警惕了。[8]

从达尔富尔（在那里中国石油公司已经赢得了苏丹政府的主要石油开采权）到尼日利亚、乍得，再到南非，华盛顿正在采取行动试图对抗中国在整个非洲不断上升的影响。

正如五角大楼新战略文件把发展中国家不断增长的人口确定为威胁，它还强调了未来战争的方式正在发生范式转变。它提出：

> “陆军最近公布了最新野战条令 FM 3-0。该条令勾画了在不确定的未来实施作战的蓝图，其将作为推动美国陆军组织变革、训练、领导者培养、人事政策、设施和物资发展的主要动力。
>
> FM 3-0条令将指挥官同时实施进攻性行动、防御性行动、维持稳定行动和民事支援行动的方式予以机制化。FM 3-0条令明确了一个事实，21世纪的军事任务需要士兵在居民区和多样文化的环境里采取行动，而不是回避这些因素。”[9]

作为战争武器的“人权”

与其对俄罗斯潜在威胁的政策不同，美国对在亚洲及以外地区兴起的中国经济势力，最初采取的政策是使用鲜为人知的“人权”、“民主”作为21世纪版的鸦片战争的战争武器，迫使中国敞开自己，接受美国的超级大国统治。当然，中国政府对此绝不会欢迎。

据美国国会一份官方报告统计，1999～2006年，美国“使用或划拨了约1.1亿美元用于在中国实施与民主相关的项目”。[10]

这份国会研究报告补充说：

“2000财年统一拨款法为设在美国的非政府组织提供100万美元用于西藏，100万美元用于资助对中国的研究。2001财年国会授权最多达200万美元用于西藏。2002财年国会拨款1000万美元用于在中国和中国香港帮助支持民主、人权和法治的活动。其中包括最多达300万美元用于西藏。2003财年国会提供1500万美元用于在中国实施与民主有关的项目，其中包括最多达300万美元用于西藏，300万美元用于国家民主基金会。”[11]

根据美国国会的这份官方报告，得到国会合法授权的美国政府官方援助，用于促进包括西藏在内的中国民主的经费，从2000财年的243.5万美元，上升到2006财年的3369.5万美元，在6年时间里增长了14倍。显然，华盛顿对在中国特别是西藏促进特定版本的民主越来越热心。

（照片来源：维基百科）

■ 多布里扬斯基口若悬河

值得重视的是，2004年美国国务院内部进行了调整，“民主、人权和劳工局变为中国民主项目的主要管理单位”[12]，该局由美国国国务院负责民主和全球事务的助理国务卿保拉·多布里扬斯基博士领导。

美国国务院官方网站提供的信息称：“自2001年到任后，助理国务卿还兼任西藏问题的特别协调员。这个身份，使她成为美国对西藏政策问题的负责人，其职责包括：支持中国人与达赖或其代表对话；促进西藏的民主；保护西藏的特殊文化、信仰和语言。”⑬

多布里扬斯基在哈佛大学获得博士学位，研究方向是前苏联军事和政治问题，在就任该职之前是对外关系理事会的高级副总裁和华盛顿办公室主任。在对外关系理事会工作期间，她曾是首位关于俄罗斯和欧亚大陆事务的乔治·F. 凯南高级学者。她还曾被提名为国家民主基金民主服务奖章得主和国际共和党研究所珍妮·柯克帕特里克奖得主。如前所述，国家民主基金会和国际共和党人研究所，是美国国务院在世界各地感兴趣的地区进行政权更迭的两个主要工具。

多布里扬斯基与国家民主基金会的联系不是偶然的。她的官方履历写着，她到国务院任职之前曾任国家民主基金会副主席，还担任过“自由之家”理事会的成员。2006 年，“自由之家”的主席是中央情报局前局长伍尔西，理事会成员有布热律斯基。此外，多布里扬斯基博士还曾做过哈得逊研究所的高级学者，该研究所是华盛顿最狂热的新保守主义鹰派智库之一。

多布里扬斯基还是新保守主义智库新美国世纪工程的成员。⑭在参与新美国世纪工程期间，多布里扬斯基签署了该组织的公开呼吁书，“拥护美国在保护和扩展对我国安全、我国繁荣和我国原则有利的国际秩序中的独一无二的地位。”⑮

多布里扬斯基还在新美国世纪工程于 1998 年 1 月 26 日致比尔·克林顿总统的公开信上签名。当时正值美国正式发起入侵伊拉克的“震慑行动”之前约 5 年，这封信敦促美国总统下令进攻伊拉克，理由是对伊威慑已经失败。信中提出：“唯一可以接受的战略是根除伊拉克有能力使用或威胁使用大规模杀伤性武器的可能性。近期，这意味着在外交上已经失败的情况下有采取军事行动的意志。远期，它意味着推翻萨达姆·侯赛因政权。”

与多布里扬斯基一道在关于伊拉克的公开信签名、后来在小布什政府任高级职务的人员有：国防部长拉姆斯菲尔德，美国贸易代表、后来的世界银行行长罗伯特·佐立克，常务副国务卿理查德·阿米蒂奇，常务副国防部长保罗·沃尔福威茨，助理国务卿约翰·博尔顿，助理国防部长彼得·罗得曼，国家安全委员会高级官员艾略特·艾布拉姆斯和扎尔梅·卡利扎德。[16]

因此，多布里扬斯基利用其在国务院的职位，公开积极推进对颜色革命的支持（美国政府给予经费）就一点都不令人惊讶。据伦敦《卫报》2005年3月3日报道，2005年多布里扬斯基呼吁“在各个国家和各种文化里广泛开展民主运动、建立相应机构……在我们的世界里结束暴政。”2005年2月下旬，作为对在伦敦发生的反叙利亚游行的反应，多布里扬斯基声称：“就在上周，（美国）总统在捷克首都指出，在格鲁吉亚有‘玫瑰革命’，在乌克兰有‘橙色革命’，最近在伊拉克有‘紫色革命’。在黎巴嫩，我们看到越来越多的‘雪松革命’的迹象。”

在2004年多布里扬斯基控制了美国国务院，包括设在美国的非政府组织在西藏的活动和机构之后，她的作用显然成为华盛顿长期以来加大对北京施压的战略的一个组成部分。

美国式民主和原材料市场

美国对中国的新鸦片战争的主要目标，委婉地称为“促进民主”，但实际上瞄准的是中国的关键原材料来源。

美国将目标设定在缅甸、苏丹、中国内部，以及达赖喇嘛在西藏的组织和在美国操纵下的“法轮功”邪教组织。为了实现其目标，美国秘密情报机构转而利用它们精心设立的各种非政府组织作为工具，使用“违反人权”和“削弱民主”作为战斗口号。

这些是20世纪80年代以来美国情报机构用来对付“不合作”政权的非常有效的“软战争”方式的一部分。他们惯用的方法是通过美国有线电视新闻网（CNN）和英国广播公司（BBC）在国际媒体上发动大规模的舆论宣传，指责对象国违反“人权”。对人权的界定，当然是他们说了算，而且他们自身不接受类似的批评。这是在美国政府控制下的游戏，从国务院到情报界，美国政府机构隐藏在一小撮极具影响力的非政府组织的背后。

在20世纪80年代罗纳德·里根任总统期间，美国情报机构和国务院开始花费数十亿美元设立精心部署的全球性非政府组织和表面意义上的慈善机构，将此作为美国全方位主导整个世界这一努力的侧翼。一位澳大利亚学者迈克尔·巴克将这个过程称为，“新美国人道主义工程，人权攻势”。

在新世纪初，这项工程已经演变为扩展美国全球主导地位的最有效武器之一。它还设法回避了西方媒体的审查。美国协调使用由它资助的各种人权和支持民主的掩护机构，如国家民主基金会、人权观察和开放社会研究所，巴克将其描述为：“相关活动的松散联盟，这些活动联合起来构成新美国人道主义工程，通过提供‘道义伪装’和根据它制定的人权标准制裁‘对法治的破坏’，使美国帝国主义维持下去。”[17]

这就是华盛顿在强行改变缅甸政权时使用的武器，它采用了类似颜色革命的破坏稳定模式，2004 年华盛顿以这种方式将腐败但对华盛顿友好的独裁者送上格鲁吉亚和乌克兰的领导岗位。在缅甸，它以“袈裟革命”为人所知，袈裟是进行抗议的佛教僧侣穿的长袍。

缅甸：袈裟革命

美国决定以武力更迭伊拉克政权的决策实际上在 2001 年 9 月 11 日之前就已做出，同时美国已经在改变对华政策。然而，与美国对当时经济脆弱但军力仍很强大的俄罗斯的政策不同，美国对华政策所采取的是某些人所谓的“软实力”选择。美国对中国施压的主要武器是“民主”和“人权”。这听上去自相矛盾，但在美国看来，这并不矛盾。

（照片来源：维基百科）
■ 身披袈裟的僧侣在仰光街头游行

华盛顿对中国发动新人权攻势，把焦点放在缅甸、中国内外的法轮功分子、苏丹南部富油区达尔富尔和中国西藏。

美国用“人权”破坏中国稳定的行动开始于 2007 年 10 月的缅甸，它是位于中国以南的前英国殖民地，美国此举是为了扼住中国的咽喉。

CNN新闻图像展示了穿着黄色长袍的佛教僧侣涌上缅甸*首都仰光街道游行，要求获得更多民主自由，在这些表象的背后，是具有重大地缘政治影响的战斗。

缅甸这个国家的大小相当于小布什的家乡得克萨斯州，它的悲剧在于它的民众被他人利用，成为一出大戏的人体道具，而剧本都是别人写的。写剧本的是位于华盛顿的国家民主基金会、索罗斯的开放社会研究所、“自由之家”、夏普的爱因斯坦研究所，后者是与美国军方和情报界有联系的机构，用来训练骨干，在世界各地按着美国的战略议程以“非暴力”方式进行政权更迭。上一章提到过，美国政府在格鲁吉亚、乌克兰和塞尔维亚发动颜色革命所使用的就是这些非政府组织和机构。

与乌克兰的“橙色革命”、格鲁吉亚的“玫瑰革命”或在俄罗斯周边具有战略重要性的国家所煽动的各种颜色革命一样，缅甸的“袈裟革命”也是在华盛顿操纵下经过精心策划的政权更迭行动。美国政府对行动的指导具体到穿袈裟的僧侣“蜂拥”的方式，“打一枪换一个地方”的闹事细节，互联网博客，各抗议团体之间的手机联系以及能快速分散和重组的组织精良的抗议小分队。但在2007年9月，美国有线电视新闻网犯了个大错，在新闻中提到国家民主基金会积极参与了缅甸的抗议活动。

实际上，美国国务院承认支持了国家民主基金会在缅甸的活动。如前所述，国家民主基金会是一个美国政府出资的实体，设立这个机构的目的就是支持美国对外政策目标，做中央情报局在冷战时期做的那些事，但表面上以动机单纯的非政府组织的面目出现。同样，国家民主基金会资助索罗斯的开放社会研究所策动缅甸政权的更迭。

据报道，2003年10月30日美国国务院在吹风会上表示：“恢复缅甸的民主是美国在东南亚的优先对外政策目标。为达此目的，美国一向在缅甸内外支持民主活动家及其努力……美国也支持国家民主基金会、开放社会研究所和

---

* 华盛顿仍喜欢把缅甸称为Burma，这是殖民时期的英文名称；缅甸政府已经把英文名称改为Myanmar。——译注

‘因特网新闻’这样的机构，支持这些机构在该地区内外进行广泛的民主活动。”[18]

那么美国在东南亚的优先政策目标究竟是什么呢？它听上去很高尚，并让美国国务院显得无足轻重。然而，它们的“民主促进活动”却有着恶毒的隐蔽议程，它的目标直接指向北京的地区稳定，包括能源安全。

如同在巴尔干和中亚，美国国务院在缅甸大量的反政府机构中招募和培训重要的反对派领导人。至少从 2003 年起，它每年向国家民主基金会注入 250 多万美元巨资用于开展在缅甸的活动，以实现政权更迭。美国在缅甸进行的政权更迭行动——袈裟革命，主要是按照国务院的授意，在靠近缅甸的泰国清迈美国总领馆进行，泰国政府对美国在泰国的军事和情报存在很友好。[19]

据报道，在有些情况下这些活动分子直接在美国进行招募、接受培训，然后送回缅甸国内组织抗议活动。美国国务院和国家民主基金会出资赞助缅甸境内的主要媒体，其中包括《新时代》杂志，伊洛瓦底和缅甸民主之声电台。[20]

夏普是位于马萨诸塞州剑桥的爱因斯坦研究所所长。这个研究所的名称完全是欺骗性的，他是缅甸僧侣领导的非暴力抗议活动实施政权更迭的组织协调人，更准确地说，是这场活动的战术理论家。如前所述，夏普的爱因斯坦研究所本身，也是美国国会国家民主基金会的一个延伸，其使命是在世界关键地区促进有利于美国的政权更迭。[21]

自从 1989 年以来，夏普的研究所在缅甸一直很活跃。此前不久，缅甸政府屠杀了约 3000 名抗议者以平息反对运动。美国中央情报局特种行动人员、前驻仰光武官、秘密行动专家罗伯特·赫尔威上校，于 1989 年介绍夏普来到缅甸，训练这里的反对势力如何运用非暴力战略。

这个研究所在推介夏普的著作《从独裁到民主》时声称：“最初 1993 年在泰国出版，分发给缅甸的持不同政见者。《从独裁到民主》这本书很快扩散到世界许多地方。这本书详细介绍了如何使用非暴力行动推翻独裁者。”[22]

在 2007 年试图进行的袈裟革命中，权威的伦敦《金融时报》描述了夏普在缅甸事件中的作用。夏普的研究所觉得这篇报道值得登在该所的网站上。它的内容是：“在过去三年里，（阿尔伯特·爱因斯坦研究所）流亡运动的‘政治抵抗委员会’的活动家们培训了约 3000 名各阶层缅甸人，其中包括数百名佛教僧侣，教会他们非暴力抵抗和社群组织的方法和战略。在边界地区举行的这些培训，面向从缅甸各地来的人。那些接受过培训的人将返回自己的地方，与其他渴望变革的人们分享这些观念。”

伦敦《金融时报》继续报道称：“这些准备——连同移动电话之类的物质支援——帮助奠定了持不同政见的佛教僧侣在 9 月掀起反对军政府的宗教抵制运动的基础，发动了 20 年来最大的反政府抗议。在动荡不安的 10 天里，被不断恶化的贫穷和广泛的压制所激怒的僧侣和普通市民，涌上街头，在被政府镇压之前最多时约有 10 万人上街，政府的镇压至少打死了 15 人，逮捕了数千人。”

报道继续称：“培训是按照夏普先生的著作《从独裁到民主》进行的，这是一本薄薄的有关对压制政权采取非暴力斗争的理论小册子，1994 年用缅甸文出版，并开始在这个国家的流亡者和持不同政见者中悄悄传播。有些人因为持有这本书而被关进监狱。”[23]

英国《金融时报》进一步指出：“夏普是牛津大学毕业生，是与哈佛大学有密切联系的对压制政权进行非暴力抵抗的理论家，敦促反政府人士采取非暴力手段对抗军政府。他的追随者、退役的赫尔威上校，是 20 世纪 80 年代驻仰光的美国武官，阐述了如何将军事风格的规划运用于和平的反抗活动，怎样将这些活动上升为战略性活动。”[24]

有意思的是，在 1989 年 6 月天安门事件发生数天之前，夏普也在北京。人们不禁要问，难道这仅仅是巧合吗？[25]

与此相关的问题是，为什么美国政府在 2007 年突然对在缅甸进行政权更迭产生了这么大的兴趣？显然，它与华盛顿对那里被压迫民众的民主、正义和人权无关。伊拉克、阿富汗足以证明一个事实，那就是华盛顿关于民主的无稽之谈是为了掩盖其另外的目的和议程。

问题是，究竟为什么会在缅甸这样一个遥远的地方进行这种活动呢？

显然，答案是地缘政治控制。美国的目的是最终控制从波斯湾到南中国海的战略性海上交通线。缅甸的海岸线提供了通过世界上最重要的战略海上通道——马六甲海峡（在马来西亚和印度尼西亚之间狭窄的海道）——的海军支点。

“9·11”事件以来，五角大楼一直以防备可能的恐怖主义袭击为借口，试图将该地区军事化。当这个计划流产后，他们转向防御海盗。美国设法在印尼最北部的班达亚齐获得了空军基地，即苏丹伊斯坎德尔·穆达空军基地。然而，包括缅甸在内的该地区国家坚决反对美国将这个地区军事化的努力。看看地图就知道缅甸的战略重要性。连接着印度洋和太平洋的马六甲海峡，是波斯湾与中国之间最短的海上通道，它是亚洲的关键交通枢纽。

80％以上的中国石油进口用油轮运输要经过马六甲海峡。这个海峡最窄处是位于新加坡海峡的菲利浦水道，最窄处只有1.5英里宽。每天有1200余万桶装载在超级油轮上的原油通过这条狭窄的海峡，其中大多数驶向世界上增长最快的能源市场——中国。

如果这条海峡被封锁，近一半的世界油轮船队需要绕行相当远的路程，从而立即引起世界范围内运费的上涨。每年有5万余艘船只通过马六甲海峡。从缅甸至印尼的班达亚齐是世界上最具战略性的要道，谁控制了这些水域，谁就控制了中国的运输生命线。

自从中国认识到2003年年初美国开始将中东油田进行了单边的军事化后，北京便很快开始合法地加快对缅甸的经营。促使中国采取这个政策的是能源和军事安全，而不是人权关切。

北京向缅甸提供了数十亿美元的军事援助，其中包括战斗机、地面攻击机、运输机、坦克、装甲车、海军舰艇和地空导弹。中国在缅甸帮助修建铁路和公路，并获许在缅甸驻军。据印度防务消息来源称，中国在缅甸的可可群岛设置了大型电子监听设备，并正在修建通向印度洋的海军基地。

五角大楼的某些人认为缅甸是中国“珍珠链”战略的一个内在组成部分。他们认为，中国的战略设计是在缅甸、泰国和柬埔寨修建军事基地，以反制美国对马六甲海峡要道的控制。在缅甸陆地和海域也有大量的油田。

自1871年英国设立仰光石油公司以来，缅甸一直出产石油和天然气。仰光石油公司后来更名为伯马石油公司。缅甸从20世纪70年代开始生产天然气，在20世纪90年代它向外国公司，如法国石油公司、英国的Premier石油公司发放了在马达班湾的开采许可，后来德士古和优尼科公司（Unocal，即现在的雪佛龙）也在耶德那和耶德贡获得了开采权。据估计，仅耶德那一地的天然气总量就超过5万亿立方英尺，预计可至少持续开采30年。据估计，耶德贡的天然气储量是耶德那气田的1/3。2004年，又在阿拉干沿岸水域发现了一个新的大型天然气田——瑞气田。

2002年，德士古和优尼科石油公司迫于英国政府和非政府组织的压力从耶德贡工程撤出，马来西亚国家石油公司购买了27%的Premier股份。到2004年，缅甸政府通过输气管道向泰国出口耶德那的天然气，每年获得10亿美元。

2005年，中国、泰国和韩国进行投资，扩大了缅甸石油和天然气的产能，向泰国的天然气出口增加了50%。至2007年，天然气出口成了缅甸最重要的收入来源。耶德那由法国石油公司、美国优尼科公司、泰国的PTT-EP公司和缅甸国有的缅甸油气公司（MOGE）联合开发，由法国的法国石油公司运营。耶德那气田的供应约占泰国天然气总需求的20%。

耶德贡气田由马来西亚国家石油公司、缅甸油气公司和日本的日本石油公司和PTT-EP运营。天然气从岸上泵出，并与耶德那输气管相连。从2009年开始，产自瑞气田的天然气也连入管道。中国和印度曾围绕瑞天然气田的储备进行过激烈竞争。

印度输了，中国赢了

2007年夏天，华盛顿在缅甸发动“袈裟革命”不久，缅甸很快与中国石油公司签署了谅解备忘录，从孟加拉湾的瑞天然气田向中国提供大量天然气，合同期限为30年。这表明，已经成为美国军事合作者的印度成为了输家。

较早些时候，缅甸曾将沿岸水域两个区域的主要份额给了印度，开采出来的天然气通过孟加拉的输气管道供应给急需能源的印度经济。印度与孟加拉之间的政治争吵导致印度的计划搁浅。

中国利用了这个僵局。通过向缅甸投资数十亿美元建造中缅石油天然气管道，中国高明地战胜了印度。这条管道横跨缅甸，从孟加拉湾最深的港口到中国云南的昆明，全长超过2300公里。中国还计划在昆明建一个炼油厂。

中缅管道可以做到：产自苏丹等非洲国家和中东特别是伊朗和沙特阿拉伯的石油和天然气，可以不依赖于脆弱的马六甲海峡咽喉要道运抵中国。

缅甸将变成中国连接孟加拉及该国以西的国家与中国大陆的“桥梁”，在将来某个时候美国控制马六甲海峡的情况下，这种联系也将不受干扰。因此，华盛顿不惜采取任何手段，决意阻断这一“桥梁”。

2007年的“袈裟革命”就是这种尝试。不过，它没有完全达到目的。2008年5月，当破坏性极强的气旋风暴纳尔吉斯飓风肆虐缅甸、导致数千人死亡时，美国进行了推翻该国政府的另外一次尝试。以运送国际救援物资为借口，布什政府威胁强行将军队开入该国，以人道主义为理由对缅甸政府施加了最大的压力。不久后，在2008年7月，布什总统再次呼吁缅甸政府将反对党领导人昂山素季从软禁中释放出来。布什对媒体说：“我深深地关切那个国家。”[26]

只要世人看看他无视世界的批评，看看他在伊拉克和支持关塔那摩虐待囚犯的那些记录，布什这番话的真诚度就会受到质疑。然而，这却是华盛顿一个明确的信号，即使用人权作为武器来进行政权更迭，并扩展美帝国主义。

印度危险地转换联盟

自从2005年布什政府决定把印度拉入五角大楼的“美印防务关系新框架”，印度就已经被拉进了与华盛顿的战略联盟，这个联盟显而易见的目标是对抗中国在亚洲不断上升的影响。因此，中国采取一些防范措施一点都不奇怪。

拉姆斯菲尔德的五角大楼曾召集过由马歇尔的国防部净评估办公室组织的一项研究。研究报告的名称是“美印军事关系：期望与观点”，该报告出笼于2002年10月。约80名美国在任高级官员和现任及退休印度官员接受了这项研究的访谈。五角大楼提出了诸多结论，如印度军队可以用来“在亚洲进行低强度的军事行动，如维和、搜索与救援……”

净评估办公室的结论是："到2020年，我们需要这样一个朋友，能够帮助美国军队应对中国威胁。我们不能否认，印度将成为平衡中国的力量。"[27]

五角大楼2002年10月的这份报告进一步指出，建立美印防务联盟的原因是，美国"需要一个能在亚洲的低强度行动中承担更大责任的伙伴"。这些低强度行动的目标是中国，并"最终为美军力量投送提供基地和进入战区的便利"，这也是针对中国。作为联盟讨价还价的一部分，华盛顿正在不事声张地与印度协商在印领土内建立军事基地，此举严重违背了印度传统的不结盟原则。

五角大楼的这份报告与2002年9月布什政府的国家安全战略文件相呼应。美国不允许任何其他国家拥有达到或超过美国的军事能力。它宣布，美国将使用其军事力量来劝阻任何潜在的竞争者。这份战略评估报告把中国列为在亚洲威胁美国霸权的国家。

有关印度，这份报告提出，"基于美国利益的需要，要与印度建立更巩固的关系，布什已经实施了与印度双边关系的转型。我们是两个最大的民主国家，信奉政治自由，有代议制政府的保护。印度正在迈向更大的经济自由。"[28]

为便于军事联系，布什政府解除了对印度的30年核制裁，向其出售先进的美国核技术，将印度公然违背核不扩散条约正当化。与此同时，美国却正在指责伊朗违背相同一份条约，这正体现了美国在政治上的伪善。

值得注意的是，正当穿着袈裟的僧侣们走上缅甸街头时，五角大楼开始实施代号为马拉巴尔07的美印联合海军演习，参加演习的还有澳大利亚军队、日本自卫队和新加坡军队。美国展示了第七舰队的实力，部署了"尼米兹"号和"小鹰"号航空母舰，以及"考彭斯"号、"普林斯顿"号导弹巡洋舰以及不少于5艘导弹驱逐舰。

美国支持下的缅甸政权更迭、华盛顿通过印度和本地区其他盟友越来越多地向本地区投送军事力量，这些显然都是北京考虑对缅甸军政府政策的影响因素。

在印度内部，政府与议会在与美国建立新战略联盟关系问题上存在严重分歧，以至于2008年1月印度总理辛格在对中国的首次正式访问期间宣布："我向中国领导人明确表示，印度不是任何所谓的‘遏制中国’企图的一部分。”[29]谁也不清楚这番话有多大诚意，不过十分清楚的是，他的政府既感受到了来自华盛顿的压力，也感受到了来自北京的压力。

正如常识告诉人们的一样，从达尔富尔到高加索再到仰光，华盛顿发出的关于民主和人权的响亮口号，至少要掺些盐才能品尝。在绝大多数情况下，它的味道比苦涩更难吃，甚至根本就不能吃。美国在苏丹南部达尔富尔的民主和人权活动正是这样。这个地区对中国的石油供应具有生死攸关的战略重要性。

苏丹：达尔富尔种族灭绝游戏

令人蹊跷的是，苏丹政府刚刚在喀土穆宣布已确认在该国南部、靠近乍得边境的达尔富尔省存在巨量的新油田后不久，美国国务卿科林·鲍威尔即认定达尔富尔省存在“种族灭绝”，并发起了大规模的并得到好莱坞支持的人权攻势。中国石油公司参与了苏丹此次在达尔富尔的石油勘探工作。

在发现石油之前，美国一直致力于在苏丹东南部地区为诸如已去世的约翰·甘兰领导的反政府武装提供装备和训练。1999 年，中国国家石油公司开始在此地修建大型输油管线，把油输送到苏丹港一个新建港口，再运回中国，为中国的经济增长提供能源。

自然，在受控制的美国主要媒体上美国政府的所有声明从来不提在达尔富尔发现了巨量石油储备，以及喀土穆已经授予中国国家石油公司主要开采权。华盛顿也不提它一直在秘密地向苏丹邻国独裁者伊德里斯·代比领导下的乍得政府提供武器，鼓励德拜向达尔富尔发动军事袭击。一旦乍得发动袭击，华盛顿就会指责喀土穆，宣称这是苏丹人对基督教的达尔富尔人进行的系统的种族灭绝。这是一个事先策划好的巨大骗局，是美国人权攻势的新动作，这个动作就像军事上有明确目标的对伊拉克的“震慑行动”一样。[30]

■ 外国石油公司在苏丹开采油气示意图

在达尔富尔这个苏丹南部烈日炎炎的不毛之地，打响了五角大楼控制石油的新冷战。在这场冷战中，为了促进经济繁荣，中国的石油需求大幅增长，这促使北京采取了咄咄逼人的政策。

由于中国人民银行手中握有1.8万亿美元外汇储备，北京积极投入石油地缘政治。非洲是主要焦点，而苏丹和乍得之间的地区是大量非开采的石油储备所在地，它也是美国的优先重点。

据估计，至2007年中国进口原油的30％来自非洲。显然，对石油的考虑促使北京展开了一系列引人注目的外交创举，对此华盛顿感到愤怒。

北京有效的经济外交

北京政府开始使用不附加先决条件的美元贷款来获得非洲丰富的原材料财富，使华盛顿惯用的通过世界银行和国际货币基金组织来实施控制的游戏受到冷落。当中国可以提供更好的援助，修建公路和学校时，谁还理会国际货币基金组织开出的苦药呢？

2007 年 11 月，北京主办了 41 位非洲国家元首参加的峰会，举世瞩目。北京铺上红地毯隆重欢迎这些非洲国家领导人，其中包括阿尔及利亚、尼日利亚、马里、安哥拉、中非共和国、赞比亚和南非的领导人。

此前北京刚刚与尼日利亚和南非达成了石油协议，从而与非洲最重要的两个大国建立了联系。到 2008 年，中海油与包括南非石油公司在内的合伙人一道，将每天开采出约 17.5 万桶原油。这是一笔价值 22.7 亿美元的合同，中国国有中海油公司在尼日利亚一个大型海上油田拥有 45%的股份。以前，华盛顿曾认为尼日利亚是英美主要石油公司埃克森美孚、壳牌和雪铁龙的财产。

（照片来源：维基百科）

■ 北京街头挂出的中非合作论坛巨幅标语

中国对一些最贫穷的非洲国家在给予软贷款上非常慷慨，无利息或无偿赠送。这些贷款直接用于铁路、公路、医院、学校等基础设施。这与国际货币基金组织和世界银行的粗暴苛刻的要求形成鲜明对比。2006 年，中国向尼日利亚、安哥拉和莫桑比克贷款 80 亿美元，同期世界银行向整个次撒哈拉地区才贷款 23 亿美元。加纳正在与中国谈判价值 12 亿美元的电气化建设贷款。与世界银行这个美国对外经济政策事实上的工具不同，中国明智地不在贷款上附加任何条件。

中国在非洲展开的与石油有关的外交，引起了华盛顿稀奇古怪的指责，称中国正在试图“从源头上获取石油”，而一百多年来华盛顿自身正是全力以赴地在做这些事。中美在石油源头上的冲突，最大的焦点是苏丹的达尔富尔。

苏丹丰富的石油

中国石油天然气集团公司（CNPC）是苏丹最大的外国投资方，在油田开发中投入了约50亿美元。自1999年以来，中国至少在苏丹投资了150亿美元。在与苏丹政府的合作中，中国拥有喀土穆附近一座炼油厂50%的股份。中国投资的油田集中在苏丹南方——一个长期持续内战的地方。这场内战一定程度上得到了美国的秘密资助，目的是将富有石油的南方从以喀土穆为中心、信仰伊斯兰教的北方分离出来。

中石油从南部苏丹到红海边的苏丹港的一个新码头建造了输油管线，石油可以在码头装载上船运回中国。至2007年，中国石油的8%产自苏丹南方。中国进口了苏丹每天50万桶原油的65%～80%。到2006年，苏丹已经成为中国第四大海外石油来源。

2006年中国超过日本成为继美国之后的世界第二大石油进口国，每天进口650万桶黑色黄金。随着石油需求每年以30%的速度上升，在今后几年内中国对进口石油的需求肯定要超过美国。这个事实是驱动中国对非洲外交政策的引擎，这同时也是五角大楼设立非洲司令部的抗衡战略和美国国务院在达尔富尔制造种族灭绝宣传攻势的动机。

中石油拥有第六区的开采权，这个区横跨达尔富尔，靠近苏丹与乍得和中非共和国的边境。2005年4月，苏丹政府宣布在达尔富尔南部发现石油，据估计开采后每天可产出50万桶原油。在世界主要媒体上有关达尔富尔冲突的讨论中，没有报道这个关键的事实。

采取将苏丹产油地区军事化的行动

种族灭绝是美国和西方津津乐道的主题，而华盛顿则是这场闹剧的导演。奇怪的是，尽管所有中立的观察者都承认达尔富尔曾发生过大规模人民流离失所和人类灾难，在过去几年里苏丹有好几万甚至多达30万人死去，但只有华盛顿及与其有密切关系的非政府组织才使用有道德谴责意味的术语“种族灭绝”来描述达尔富尔事件。[31]

如果他们能够让公众接受种族灭绝的指责，那么就有可能打开了北约——实际上是华盛顿——对苏丹主权事务进行干涉的大门，自然这会涉及苏丹与中国的石油关系。

2005 年，苏丹信息部长阿布代尔·萨布达雷特告诉《洛杉矶时报》，美国向喀土穆施加压力，限制其与中国石油公司的联系。“但是，我们拒绝了这些压力，”他说，“我们与中国伙伴的关系是战略性的。我们不可能仅仅因为美国要求我们这么做，就切断与中国的联系。”[32]

在逼迫苏丹与中国断绝关系的努力失败之后，接下来华盛顿直接以人权和其他武器对付喀土穆。他们发动了大规模舆论攻势来“拯救达尔富尔”。

种族灭绝的话题得到了好莱坞的全力支持，像乔治·克鲁尼这样的电影明星也出面了，所有这些目标都是为将来北约在事实上占领该地区造势。苏丹政府理所当然地礼貌地谢绝了对其主权的攻击。

美国政府反复用“种族灭绝”这个词来说达尔富尔。世界上只有一个政府这样做。美国助理国务卿和国务院人口、难民和移民局局长埃伦·索布里，在 2006 年 11 月“美国参考”（USINFO）在线采访中说，“正在苏丹达尔富尔发生的种族灭绝是对人权的大规模践踏，在美国对国际事务的关注中居于最重要的地位。”布什政府坚称自 2003 年以来达尔富尔地区一直存在种族灭绝，尽管由意大利法官安东尼奥·卡塞斯率领的联合国五人小组在 2004 年提出报告，认为在达尔富尔虽然存在“严重的侵犯人权”现象，但不存在种族灭绝。布什总统呼吁追究有关方面的战争罪行。

死亡批发商

美国人通过乍得和苏丹的其他邻国做代理人，训练和武装“苏丹人民解放军”，2005 年 7 月约翰·甘兰死去之前是这支武装的领导人。他曾在美国乔治亚州的本宁堡军事基地接受特种作战训练。[33]

美国最先是向苏丹东南部，在达尔富尔发现石油后则向整个地区输入武器。美国正是通过这种手段为当地的冲突火上浇油，导致成千上万人面临死亡的威胁，数百万人流离失所。

在达尔富尔地区，有两支反叛武装“正义与平等运动”（JEM）和人数更多的“苏丹人民解放军”（SLA）反对巴沙尔总统领导下的苏丹政府。

2003年2月，“苏丹人民解放军”向苏丹政府在达尔富尔地区的阵地发起进攻。“苏丹人民解放军”总书记米纳维·米尼·阿尔库号召武装斗争，指责政府忽视达尔富尔。“‘苏丹人民解放军’的目标是创建统一的民主苏丹。”换句话说，是要在苏丹进行政权更迭。

2006年2月美国参议院通过决议，要求北约部队进驻达尔富尔，同时要求在充分授权下派出更强大的联合国维和部队。小布什总统呼吁派更多北约部队进入达尔富尔。

种族灭绝，还是石油

五角大楼一直热衷于在美国训练非洲军官，正如数十年来一直在训练美洲军官一样。美国国防部的国际军事教育和训练计划向来自乍得、埃塞俄比亚、厄立特里亚、喀麦隆和中非共和国的军官提供训练。

造成达尔富尔和苏丹南部杀戮的大多数武器，通过像维克多·布特这样的“死亡批发商”经秘密、受保护的黑市流入苏丹。布特是臭名昭著的前克格勃（KGB）特工人员，在前苏联解体之后在美国找到了新落脚点。大量证据表明，布特在整个非洲销售武器。美国政府官员意味深长地放任他在得克萨斯和佛罗里达活动，无视国际刑警组织已经因洗钱将他列入通缉名单。

近些年来，美国对包括乍得在内的所有次撒哈拉地区的发展援助都大幅削减，但军事援助却增加了。显然，原因在于对石油和其他战略性原材料的争夺。从尼罗河上游到乍得边境的南部苏丹，石油储量极为丰富。早在苏丹政府了解这一情况之前，华盛顿对此就已了如指掌。

雪佛龙公司1974年的苏丹工程

至少自20世纪70年代初，美国主要石油公司就知道苏丹拥有巨大的石油资源。1979 年，苏丹国家领导人加法尔・尼迈里断绝了与前苏联的关系，邀请雪佛龙公司来发展该国石油工业。事后表明，这是个致命的错误。当时的美国驻联合国大使老布什亲自向尼迈里展示了卫星图片，说明苏丹有石油。尼迈里上当了，其后果是围绕石油而爆发的战争。

雪佛龙公司在苏丹南方发现了大型油田。它为勘探和试验花了 12 亿美元。这个发现引发了 1983 年的第二次苏丹内战。雪佛龙公司不断成为攻击、杀戮的目标，1984 年这个工程因此而中止。1992 年，该公司出售了苏丹的石油开采权。1999 年，中国开始开发被遗弃的雪佛龙油田，取得了显著成果。

然而，2007 年，雪佛龙公司并没有远离达尔富尔。

乍得石油和输油管政治

赖斯曾经就职于雪佛龙石油公司。2007 年，这家公司与另一家美国大石油公司埃克森美孚在苏丹邻国乍得刚刚修建完成价值 37 亿美元的输油管线，这条管线从靠近达尔富尔的乍得中部多巴、经喀麦隆到大西洋的克里比，每天有 16 万桶原油运往美国的炼油厂。

为此，它们与乍得“终身总统”伊德里斯・代比——一个腐败的暴君——合作。有人指责他将美国援助的武器提供给达尔富尔的叛军。乍得参与了华盛顿的一项计划，由五角大楼的美国驻欧洲司令部主持，训练代比的军队与“伊斯兰恐怖主义”作战。

在美国军事援助、训练和武器的支持下，2004 年代比发动了导致达尔富尔冲突的第一轮进攻。他使用了来自邻近达尔富尔的精锐总统卫队。乍得与达尔富尔之间的边界实际上形同虚设。代比向精锐部队提供了适于在各种地形上行驶的车辆、武器和高射机枪，帮助达尔富尔叛军在苏丹东南部与苏丹政府军作战。美国对代比的军事援助事实上引发了达尔富尔的血腥屠杀。喀土穆对此做出了反应，溃败的叛军疯狂地烧杀抢掠。[34]

紧接着，华盛顿支持的非政府组织和美国政府采取行动，毫无由头地指责苏丹政府进行种族灭绝，以此作为最终将联合国及北约部队引入达尔富尔和苏丹南部油田的借口。由此看来，美国对达尔富尔重新感兴趣的背后，是石油而不是人道灾难。

“达尔富尔种族灭绝”的宣传攻势始于2003年，值得注意的是，与此同时雪佛龙公司的乍得-喀麦隆石油管线开始送油。现在美国在乍得拥有一个基地，来谋取达尔富尔的石油，如果北约“维和部队”进入，就可以与中国争夺新的石油来源。

美国在达尔富尔——更广泛范围内在非洲之角——的军事目标，通过美国和北约支持下的非盟部队在达尔富尔得到实现。非盟部队被认为是“中立”的“维和”人员，北约为它们提供地面和空中支援。

2008年年初，苏丹在三条战线上——乌干达、乍得和埃塞俄比亚——拉开战事。每条战线都有美国的军事存在和正在实施的军事计划。在苏丹的战争有美国秘密行动的介入，也有美国训练过的来自苏丹、乍得、埃塞俄比亚和乌干达的“叛军”的参与。

2008年5月，在乍得支持下的非正规军，在“正义与平等运动”领导人哈利勒·易卜拉欣指挥下，直接对苏丹首都喀土穆发动了大胆的进攻，但这场进攻最终被打退。苏丹政府指责乍得在幕后支持这次挑衅。

《伦敦时报》确认了乍得的代比与苏丹“正义与平等运动”组织之间的联系：“乍得和苏丹相互指责对方支持内部的反叛运动，破坏国内政权稳定。虽然‘正义与平等运动’的战士否认从乍得获得支援，但众所周知，他们与代比总统、与该运动领导人一样来自同一个扎哈瓦部落。2008年2月，‘正义与平等运动’部队从苏丹开入乍得，阻止乍得叛军进入首都恩贾梅纳，保护代比。在边界苏丹一侧，经常见到乍得叛军在西达尔富尔首府杰奈纳购买补给。上个月《伦敦时报》记者看见从乍得过来的叛军说法语，这表明他们来自达尔富尔，他们不受任何约束地在城镇市场开着皮卡跑来跑去。”[35]

乍得的代比也寄望于中国

由美国和世界银行投资、从乍得到喀麦隆海岸石油管线的完成，是华盛顿更宏大计划的一部分。这个计划的目标是，控制从苏丹、向西到整个几内亚湾的丰富石油资源。据称，这个区域潜在的石油资源数量与整个富含石油的波斯湾相当。

但华盛顿从前的朋友，乍得的代比，从某个时候开始，对仅从在美国控制之下的石油利润中分一杯羹感到不满。2006 年年初他和乍得议会做出决定，用更多的石油收入来支持军事行动和加强军队，世界银行新行长、伊拉克战争的设计者沃尔福威茨采取行动中止了对乍得的贷款。

接下来在 2006 年 8 月再次赢得选举后，代比成立了乍得自己的石油公司 SHT，并以不上税为理由威胁要驱逐雪佛龙公司和马来西亚国家石油公司。他要求拥有 60%的乍得输油管线股份。最终他与这些石油公司达成了协议，但变化的苗头已经显露出来。

代比还面临着来自乍得内部反叛集团越来越大的压力。这个反叛集团名为“主张变革的联合阵线”，法语缩写为 FUC。代比声称该组织得到了苏丹政府的秘密资助，FUC 的基地位于达尔富尔。

北京带着满满的援助钱袋，来到这个不稳定的局面里。2006 年 1 月下旬，中国国家主席胡锦涛对苏丹、喀麦隆以及其他非洲国家进行了国事访问。在 2006 年整个一年中，中国领导人访问的非洲国家不下 48 个。非洲以外的国家领导人给予非洲如此的重视前所未有。

2006 年 8 月，北京接待了乍得外交部长，进行谈判，并恢复了 1997 年中断的正式外交关系。中国开始从苏丹和乍得同时进口石油。

2007 年 4 月，乍得外长阿拉维在北京宣布中国更大规模参与乍得石油开发“进展良好”。对此，华盛顿不会高兴。在谈到中国寻求石油开发时，阿拉维说：“中国人是开放的，他们是双赢的伙伴。正如他们所说的，不寻求垄断。我们与中国建立了更为平等的伙伴关系，超过我们过去的那些伙伴”。[36]

具有讽刺意味的是，中国在乍得的经济存在，在平息达尔富尔的战乱上比任何非盟或联合国部队的存在都更加有效。华盛顿和雪佛龙总部的某些人对此并不欢迎，因为他们得不到石油了。

乍得和达尔富尔不过是中国在“整个非洲从源头上获取石油”的巨大努力的一部分。随着中国活动的扩展，石油，更准确地说控制石油的源头，成为决定美国对非洲政策的主要目标。

小布什总统对非洲的兴趣包括在圣多美和普林西比设立新军事基地。它距几内亚湾124英里，从这个基地，美国可以控制几内亚湾的油田，包括从南部的安哥拉到刚果民主共和国、加篷、赤道几内亚、喀麦隆和尼日利亚。[37]这些地方恰好也是中国外交和投资活动的重点。

负责非洲事务的美国助理国务卿沃尔特·坎斯特纳在2002年就提出，“西非的石油已经变成我们的国家战略利益。”[38]

达尔富尔和乍得不过是美国对伊拉克政策的延续，只不过运用的是另外一种手段，美国真正的目标是控制石油，控制世界所有地方的所有石油。中国正在对这种对“所有地方”的控制进行挑战，特别是在非洲。这场较量围绕石油展开，虽未公开宣布，但却是真正的新型冷战。

西藏：中央情报局动用家底

2008年年初，美国权势集团断定，到了加大对中国施压的时候，这次美国在中国的领土西藏自治区挑起了重大骚乱。

显然，在中美关系中一个极其敏感的时刻，华盛顿已经决定以在西藏煽动骚乱的方式与北京玩一场风险极高的地缘政治游戏。此时美国金融市场极度依赖于中国将美元贸易顺差投资于美国政府国债、国库券及其房地美和房利美债券。西藏骚乱的时机设定在北京奥林匹克运动会即将举行的时候。

这是美国搞乱中国逐步升级的战略的一部分。这个战略数月之前即已启动，在苏丹、在缅甸，以及美国与印度签署特别军事协定对付中国之际，就已经启动。

2007年10月，当小布什总统首次同意公开在华盛顿会见达赖喇嘛时，就已为西藏的行动开了绿灯。美国总统完全清楚对北京而言这样的污辱意味着什么。通过同意并出席美国国会授予达赖喇嘛国会金质奖章，小布什公然加剧了与美国最大的贸易伙伴——中国的冒犯。

小布什、赖斯、法国总统萨克齐和德国总理默克尔对2008年3月发生在西藏的骚乱立即表示支持，显得荒谬可笑。默克尔宣布，她抵制参加8月的北京夏季奥运会，以此抗议北京对西藏事件的处置。她的新闻秘书忘了说，她原来根本就没计划出席北京奥运会。

在默克尔之后，波兰首相、亲华盛顿的唐纳德·塔斯克和同样亲美的捷克总统克劳斯也表示不出席北京奥运会。不清楚他们原本是否计划参加，但这些声明声势不小地上了报纸的头条。

西藏的打砸抢烧发生于 2008 年 3 月 14 日。这一天，数百人走上拉萨街头，据称是要求释放因庆祝美国国会金质奖章而被逮捕的人。在西藏武装叛乱 49 周年到来之际，这些人得到了其他人的声援，走上街头进行疯狂的打砸抢烧。

西藏的地缘政治游戏

由于这次打砸抢烧事件以中国政府为目标，人们有理由怀疑其时机的选择。流亡的达赖喇嘛领导的活动进入了新阶段，在西藏突然爆发的打砸抢烧事件，其企图显然是在 2008 年 8 月奥运会来临之际，将国际注意力吸引到北京的人权记录上。在中国，奥运会被看作是一个繁荣的新中国在世界舞台上亮相的重大事件。

西藏“深红色”革命的幕后操纵者承认，华盛顿一直在筹划另外一场臭名昭著的颜色革命，这次煽动民众抗议的目的是，最大限度地使北京难堪。

活跃于西藏内外的那些机构都是美国制造类似动乱中常见的机构，它们中大多数与美国国务院有密切联系，包括国家民主基金会和中央情报局的“自由之家”，后者的主席是包柏漪，美国前驻华大使和有影响的纽约对外关系理事会主席温斯顿·洛德的老婆。包柏漪在西藏国际委员会中也有个职位。

中国总理温家宝谴责达赖喇嘛策划了动乱，企图破坏奥运会，“以达到其不可告人的目的”。这个事件对中国和美国利害攸关。

美国总统布什还给中国国家主席胡锦涛打电话，向北京施加压力，敦促其与流亡的达赖喇嘛进行对话。白宫称，布什“表达了他对西藏局势的关注，鼓励中国政府与达赖喇嘛的代表举行实质性对话，为记者和外交官提供更多便利条件”。

达赖喇嘛的老朋友

在西方，对许多圈子来说，经过精心打造的达赖喇嘛的形象近乎于上帝。姑且不说达赖喇嘛的精神生活存在问题，我们不妨看看，簇拥在第十四世达赖喇嘛周围的那些人，在对待同胞的同情心和公正态度上，其声名也并不怎么样。

自20世纪30年代开始，达赖喇嘛就游走于极端保守的政治圈子之间。当时，德国纳粹，包括盖世太保头子希姆莱和其他纳粹党领导人，把西藏看作是消失的亚特兰蒂斯（传说中沉没于大西洋中的岛）幸存者的圣地，是“北欧纯种人”的发源地。

在11岁被指定为达赖喇嘛之后，十四世达赖喇嘛与纳粹党徒、希姆莱令人胆寒的党卫军军官海因里希·哈勒成为朋友。

哈勒在遇见11岁的十四世达赖喇嘛时是党卫军精英组织中的成员，并成为达赖在“西藏以外世界的导师”，这与十分流行的好莱坞影片《西藏七年》中由布拉德·皮特所扮演的清白形象大相径庭。他们成了忘年之交，直到2006年哈勒93岁去世。[39]

看一看达赖后来交往的朋友的背景，会更觉这种友谊值得注意。1999年4月，达赖喇嘛与撒切尔夫人和美国前驻华大使、中央情报局前局长和美国前总统老布什一道，要求英国政府释放前智利的法西斯独裁者、中央情报局的老主顾奥古斯都·皮诺切特，此人当时正在英国访问。达赖喇嘛敦促，不要强迫皮诺切特返回西班牙。在西班牙，皮诺切特因犯下反人类罪遭到通缉。[40]达赖喇嘛还与智利国家社会党领导人米格尔·塞拉诺过从甚密，塞拉诺倡导某种“怪异的希特勒主义”。[41]

此外，在美国政府公布的官方文件里明白无误地记录着，自1959年流亡印度以来，达赖喇嘛获得了美国和西方情报机构及其一大帮非政府组织资助的大量经费，这些机构始终围绕在达赖喇嘛身边。[42]达赖喇嘛这些华盛顿朋友们的议程，与2008年3月发生的西藏骚乱密切相关。

又是国家民主基金会……

作家米歇尔·帕伦蒂在他的专著《友好的封建制度：西藏神话》中写道：“在20世纪六七十年代，中央情报局积极地用武器、军事训练、金钱、空中支援和其他各种各样的帮助，支持西藏人的事业。”

设在华盛顿的美国自由亚洲学会是中央情报局的掩护机构，该机构不遗余力地宣传西藏抵抗运动，达赖喇嘛的大哥土登诺布在这个组织中十分活跃。达赖喇嘛的二哥嘉乐顿珠在1951年与中央情报局一块实施了情报行动，这些行动后来升级为由中情局训练游击战组织，并由中情局将这个组织的成员空投回西藏。[43]

20世纪90年代后期解密的美国情报文件表明：“在20世纪60年代大部分时间里，中央情报局每年向西藏流亡运动提供170万美元用于开展针对中国的行动，其中包括对达赖喇嘛个人每年18万美元的资助。”[44]

在中央情报局的帮助下，1959年达赖喇嘛出逃到印度达兰萨拉，此后他一直住在那里。至2008年，达赖继续得到数百万美元的资助，这些钱不是直接来自中情局，而是来自中情局的掩护机构国家民主基金会，这个机构由美国国会拨款，这样做不太显眼。

如前所述，在美国支持的从塞尔维亚到格鲁吉亚、乌克兰再到缅甸的每一场颜色革命中，国家民主基金会都是制造动乱的工具。它的资金用来支持反对派媒体，为它看中的反对党候选人进行全球公共关系造势。

在里根的中央情报局局长比尔·凯西的提议下，里根政府在20世纪80年代初设立了国家民主基金会。在此之前，中情局针对不友好政权实施的一系列暗杀和破坏活动被曝光，引起社会高度关注。设立国家民主基金会的目的，是把它设计成一个独立的非政府组织，在表面上与中情局和其他美国政府机构拉开距离，他们估计这样做可以掩人耳目。国家民主基金会的第一任代理主席艾伦·温斯顿对《华盛顿邮报》说：“我们（国家民主基金会）今天做的许多事，在25年以前都是中情局的活儿。”[45]

美国情报史学家威廉·布卢姆指出：“国家民主基金会在20世纪80年代

的伊朗门事件中发挥了重要作用，它为奥利弗·诺斯隐密而非法的‘民主计划’的关键部分提供资金。这个网络将国家对外政策私人化了，实施战争、买卖枪支和毒品，并参与其他非法性质的活动。1987 年，白宫发言人说，国家民主基金会在‘经营民主计划’。”[46]

在 2008 年 3 月西藏的打砸抢烧事件中，最著名的支持达赖喇嘛西藏独立的组织，是 1988 年在华盛顿成立的“国际支持西藏运动”组织（ICT）。

自 1994 年起，“国际支持西藏运动”组织一直接受来自国家民主基金会的资金。该组织在 2005 年将“真理之光”奖颁给了国家民主基金会的创建人卡尔·格什曼。其他“国际支持西藏运动”奖项得主包括德国的诺曼基金会和捷克领导人哈维尔。“国际支持西藏运动”理事会成员中有前美国国务院官员加里·史密斯和朱莉娅·塔夫脱。[47]

另一个非常活跃的反华组织是“自由西藏学生”（SFT）组织。该组织 1994 年在纽约成立，它源于美国西藏委员会和国家民主基金会出资的国际支持西藏组织的一个计划。

“自由西藏学生”策划的最有名的活动，是在中国的长城展开了 450 英尺长的旗帜，呼吁所谓的西藏自由，并指责北京对西藏实施“种族灭绝”，这个指责毫无事实根据。显然，这是一出绝妙的闹剧。欧美天真的学生们绝大多数从未去过西藏，他们被这个组织愚弄了。

美国制造的“西藏人民起义”

“自由西藏学生”是 2008 年 1 月 4 日宣布发起“西藏人民起义”的五个组织之一，该组织设立了特别临时办公室，负责对“起义”的组织协调和筹措资金。

在煽动反华的骚乱中，吴弘达是又一个著名的达赖喇嘛支持者。他在 1996 年接受《花花公子》采访时变得声名狼藉，在这次采访中，他声称：“拍到了一个中国囚犯在活着的时候被推上手术台摘出了肾脏，然后被拉出去枪毙。”BBC 播放了这盘录像带。

BBC 播放的录像根本就没有显示出他谈到的内容，然而造成的影响却十分恶劣。会有多少人来核实BBC的老文档？吴弘达是伯克利大学的退休教授，是劳改研究基金会的负责人，这是个不用上税的组织，主要资金来源也是国家民主基金会。[48]

如同相关计划一样，美国政府出资的国家民主基金会也支持了《西藏时报》，这是达赖喇嘛在流亡地印度达兰萨拉发行的报纸。国家民主基金会还支持“西藏多媒体中心”，他们称之为：“传播为西藏的人权与民主斗争的信息”，该中心也设在达兰萨拉。国家民主基金会还资助了“西藏人权与民主中心”。

简言之，在2008年3月的“自由西藏运动”和西藏打砸抢烧事件中，到处都留下了美国国务院和美国情报界的指纹。人们不禁要问：它们为什么要这么干？尤其是在这个时候干？

西藏的矿产财富

西藏对中国具有战略重要性，这不仅因为它处于与印度——华盛顿在亚洲的最新反华伙伴——相邻的地理位置，西藏还是矿产和石油的宝库。西藏有世界最大的铀和硼砂矿床，拥有世界一半储量的锂、亚洲最大的铜矿、庞大的铁矿石矿藏以及8万多个金矿。西藏的森林是中国可以支配的最大的木材储备。西藏还拥有这个地区一些最大的石油储量。[49]

位于西藏自治区与新疆维吾尔自治区交界的柴达木盆地，也是一个巨大的石油和矿产区域，该区域素有“聚宝盆”之称。这个盆地有57种已经探明的各类矿产资源，其中包括石油、天然气、煤、粗盐、钾、镁、铅、锌、金矿。据估计，这些矿产资源的潜在经济价值达15万亿人民币或1.8万亿美元。已经探明，中国最大的钾、锂和粗盐矿都位于这个盆地。

最具战略意义的是，西藏地处“世界屋脊”，或许是世界上最有价值的淡水源头。亚洲最大河流中为20亿人口提供饮用水的七条大河源自西藏。基辛格也许会这样说，谁控制了西藏的水，谁就拥有了控制亚洲尤其是中国的强大地缘政治杠杆。由此看来，华盛顿在2008年春季对西藏主要的兴趣所在，是由于它有可能成为破坏中国稳定、敲诈中国政府的杠杆。

华盛顿采用“非暴力战争方式”

西方媒体有关 3 月 14 日后西藏事件的报道，无视新闻的准确性，未经过独立的核实印证。经证实，出现在欧美报刊电视上的夸张图像，竟然不是中国军方惩处闹事者的图像。在大多数情况下，这些图像竟是路透社或是美联社拍摄的汉族遭到殴打的图像，这些殴打者以经过训练的准军事组织形式采取行动。德国电视台播放的打人的电视图像，甚至不是在西藏而是在加得满都拍摄的尼泊尔警察打人的录像。[50]

西方媒体的沆瀣一气，进一步昭示了这样一个事实：围绕西藏采取的行动，是华盛顿精心策划的破坏西藏稳定的行动。很少有人意识到，国家民主基金会以及夏普的爱因斯坦研究所都是美国政府的政策工具。在缅甸，我们见识过夏普通过赫尔威上校采取的行动，他还在 1989 年 6 月挑动学生在天安门广场进行抗议活动。爱因斯坦研究所这样介绍自己：擅长“把非暴力作为一种战争形式”。[51]

赫尔威上校以前曾在美国国防情报局设在缅甸的机构工作过。在中国香港，赫尔威训练过从北京来的“学生领袖”，教他们如何使用大规模示威技巧，学生们在天安门事件中使用了这些技巧。据信，他还是法轮功组织的顾问，教授平民抗议之类的技巧。1999 年，赫尔威名义上从美国陆军退役，但在很早以前，他就一直与爱因斯坦研究所和索罗斯的开放社会基金会进行合作。[52]

赫尔威在爱因斯坦研究所 2004 年年度报告中，承认向西藏有关人士提供过建议。在该研究所创建初期，夏普的爱因斯坦研究所理事会成员包括美国陆军驻欧洲负责情报的副参谋长爱德华·阿特基森少将。据报道，正是阿特基森将军率先“向夏普提出‘以平民为基础的防务’这个名称”。[53]

随着互联网的出现和手机的广泛使用，美国五角大楼重新界定了政权更迭和政治破坏的全新方式。乔内森·莫厄特，一位分析颜色革命浪潮背后现象的研究人员，这样描述这种新方式：

> “……我们正在看到的是国防部长唐纳德·拉姆斯菲尔德的‘军事领域革命’思想在民间的运用，它依靠高度机动的小集团，这些小

集团得到‘实时’情报和通信的‘力量倍增’的调度。士兵小队在‘情报头盔’视频摄影的帮助下，即刻获知周边环境的总体局势，占领城市街区，这是军事运用。年轻人成群结队涌向指定的十字路口，通过手机保持联系，构成这一思想的民间运用。”

“不应该对这种平行运用感到惊讶，因为美国军方和国家安全局资助了因特网、手机和软件平台的开发。从一开始，研究和试验这些技术的目的就是最优化地运用于新型战争。几个心理战专家已经把这些新工具支持下的这场战争‘革命’推进到极致。尽管这些军事乌托邦主义者一直在显赫的地方（如兰德公司）工作了很长时间，但在很大程度上，只是在唐纳德·拉姆斯菲尔德的五角大楼里新保守主义者得势后，他们才在美军领导机构中占据了一些最重要的指挥岗位。”[54]

目标：控制中国

华盛顿在政策层面上使用和改进了这些“革命性的非暴力”技巧，国家民主基金会的行动则包含了一系列“民主”或“软”颠覆计划，作为一个更大战略的一部分，这个战略寻求切断中国对关键海外石油和天然气储备的获取渠道。

这不禁让人想起，20世纪70年代，以美国方式倡导英国地缘政治学的美国国务卿基辛格说过的一句名言：“如果你控制了石油，你就控制了所有国家……”

华盛顿利用西藏来破坏中国稳定的努力，毫无疑问地得到了英国和其他对美国友好的情报机构的朋友们的“一点小帮助”，这是一个明晰模式的组成部分。

除了他们在“缅甸的袈裟革命”的尝试、企图让北约夺取在达尔富尔的中国油田、阻挡中国在苏丹及其他非洲地区获取具有战略重要性的石油资源，这个模式还包括在乌兹别克斯坦、吉尔吉斯斯坦制造事端，破坏极为重要的中国通往哈萨克斯坦的新能源管线工程。

历史上亚洲伟大的丝绸之路经过乌兹别克斯坦的塔什干和哈萨克斯坦的阿

拉木图，显然地理因素决定了这个路线的形成，这个地区为大山所环抱。对乌兹别克斯坦、吉尔吉斯斯坦和哈萨克斯坦的地缘政治控制，将使美国得以控制中国与中亚的任何潜在新能源管线，就像包围俄罗斯控制的能源管线及其与西欧之间的其他联系一样。同样，中国依赖于源源不断从伊朗、沙特阿拉伯和其他欧佩克国家进口原油。美国将伊拉克军事化并威胁进攻伊朗，也同样是在用军事手段威胁中国获得石油。到 2007 年下半年，很显然中国和俄罗斯一样已经处在五角大楼、美国国务院和情报机构的战略目标的靠前位置，已成为其敌对行动的优先目标。

包围中国战略的背后

在此背景下，1997 年 9～10 月的《外交》杂志刊登了布热津斯基的评析文章。如前所述，布热津斯基是戴维·洛克菲勒的门徒，也是麦金德爵士的追随者，是美国总统奥巴马的对外政策顾问，是美国情报和对外政策界举足轻重的人物。他在 1997 年撰写的这篇文章体现了纽约对外关系理事会的有关研究成果，值得引用。他露骨地写道：

> “欧亚大陆是位于世界中轴的超级大陆。主宰了欧亚大陆的强权，将对世界上最具经济生产能力的三个地区中的两个——西欧和东亚——施加决定性的影响。看看地图就会明白，在欧亚大陆取得主导地位的国家，几乎将会自动地控制中东和非洲。当前，随着欧亚大陆成为决定性的大棋局，那种为欧洲和亚洲分别制定政策的做法已经不合时宜。欧亚大陆权力分布的状态，将对美国的全球优势地位产生决定性影响……”。[55]

这些话早在美国领导盟国对前南斯拉夫进行轰炸，对阿富汗和伊拉克进行军事占领，或支持巴库-第比利斯-杰伊汉能源管线之前就已写好。它展示了小布什总统时常声称的“铲除世界上的暴政”和“扩展民主”这些话背后的不同背景。

实际上，这些话与铲除世界上的暴政无关，它与全球霸权而不是与民主相关。人们一点不都应该感到惊讶，像中国这样的强大国家，不会相信给予华盛顿如此大的权势会符合中国的利益，俄罗斯也不会认为北约吞掉乌克兰和格鲁吉亚，把美国的导弹部署在俄罗斯的家门口“来防御伊朗对美国核攻击的威胁”，是通向和平的步骤。

美国领导下的破坏西藏稳定的行动，是具有重大意义的战略转变的一部分。其采取这个行动的时候，正是美国经济和仍作为世界储备货币的美元处于自 20 世纪 30 年代以来最深重危机的时候。值得注意的是，正当美国政府在西藏挑衅羞辱中国的时候，美国政府派华尔街银行家、高盛公司前总裁亨利·鲍尔森来到北京。实际上，华盛顿是在玩火。很久之前中国就超过日本成为世界最大的外汇储备国，据估计至 2008 年 7 月，其外汇规模达 1.8 万亿美元，其中多数都投资于美国的财政债务证券。鲍尔森清楚地知道，只要北京做出决定，在市场上出售一小部分美国国债，就会整垮美元。

2008 年年末，美国这个全球超级大国看上去越来越像 20 世纪 30 年代后期的大英帝国，一个病入膏肓的全球帝国。然而，尽管这个帝国在金融上处于 20 世纪 30 年代大萧条以来最严重的危机，但看来仍然一意孤行，将它的意志强加在这个已经越来越远离如此绝对控制的世界。这个世界就是除华盛顿以外的主要国家，包括俄罗斯、中国、委内瑞拉和玻利维亚以及其他国家，已经开始设想更好的一条道路。这使得五角大楼实施全方位主导战略变得比以往更为紧迫。美国世纪正在衰落的权势，越来越依赖于直接的军事控制，五角大楼试图通过建立遍布世界的军事基地网来实现这种控制。

注 释

❶ 从 1904 年到 1947 年去世，麦金德是英国和后来美国最有影响的对外政策战略家，他提出了著名的心脏地带理论，认为以俄罗斯为中心的欧亚大陆心脏地区的地理对英国持续的主导地位构成最主要的威胁。作为狂热的英国帝国主义分子，麦金德在纽约对外关系理事会会刊 1943 年 7 月号发表了题为《周边的战争与赢得和平》的论文。这是一篇争议不大但影响重大的文章，这篇文章认识到美国即将取代英帝国成为全球性霸权，在这篇文章里麦金德援引了他在 1904 年发表的标志性论文《历史的地理枢纽》，描述了德国与俄罗斯联合对英国霸权的威胁（通过鼓励希特勒向东进军，英国外交避免了这一点）。接下来他提

出，另外一个国家替代俄罗斯成为他所界定的中心或“枢纽”国家，同样对英国霸权构成威胁。“例如，如果中国人……推翻了俄罗斯帝国，征服了俄国领土，他们将成为威胁世界自由的黄色恶魔，这正是由于他们为欧亚大陆的资源增加了另外一个海洋侧翼。”在1943年麦金德和他的正在构思联合国结构的美国同事把中国视为抗衡前苏联心脏地带的力量，但当1949年10月中华人民共和国成立后情况发生了重大变化。接下来美国采取了遏制政策，1950年在朝鲜进行代理人战争，1959年策动越南战争或第二次印度支那战争，这场战争在1975年以美国屈辱的失败告终。1972年尼克松-基辛格的北京之行启动了美国对华政策的转变，其目的是通过对美国、西方投资和资本商业的依赖影响中国。到20世纪末，某些美国精英圈子开始担心这项经济战略有可能要冒在亚洲创造出一个美国不能驾驭的经济超级大国的风险。从2001年布什-切尼政府上台开始，美国对华政策显著转向更具侵略性的对抗路线。1999年5月美国-北约对中国驻贝尔格莱德大使馆的轰炸是蓄意的袭击，标志着美国政策的转变，虽然在当时还是逐步的转变。

❷ 在其1997年露骨的著作《大棋局：美国的首要地位及其地缘战略必要》里，布热津斯基，一位终身的波兰对俄罗斯复仇主义者，公开赞扬麦金德，尽管有趣的是他漫不经心地把麦金德的名字 Halford 错拼成了 Harold。数十年来，布热津斯基一直是洛克菲勒帮的成员，在2008年还是巴拉克·奥巴马的对外政策顾问，他写道，“……帝国地缘战略的三大定律是：防止诸侯联盟，保持诸侯间安全的独立性，使附庸顺从并得到保护，阻止野蛮人结为一伙。”（Brezezinski，Op. Cit.，p. 40.）在布热津斯基看来，最令人担心的可能走到一起的欧亚大陆“野蛮”强权是中国和俄罗斯。

❸ Stephen M. Speakes，Lt. Gen.，2008 Army Modernization Strategy，25 July 2008，Department of the Army，Washington D. C.

❹ Zbigniew Brzezinski，Op. Cit.

❺ See Chapter Seven：A Revolution in Military Affairs? for a full listing of Marshall’s protégés.

❻ Ibid. Foreword.

❼ Ibid.，p. 6.

❽ China Daily，China offers package of aid measures for Africa，November 4，2006，in www. chinadaily. com. cn.

❾ Ibid. p. 7.

⑩ Thomas Lum，US - Funded Assistance Programs in China，Congressional Research Service，Washington，D. C.，RS22663，May 18，2007.

⑪ Ibid.，p. CRS - 3.

⑫ Ibid.，p. CRS - 3.

⑬ US Department of State，Under Secretary for Democracy and Global Affairs，accessed in http：//www. state. gov/g/.

⑭ 有关新美国世纪工程的细节，见附录 A，这个组织的成员有切尼、Jeb Bush、拉姆斯菲尔德和沃尔福威茨。2000 年 9 月该组织发表了有争议的报告，重建美国防务，除其他建议外，它在“9·11”事件发生一年之前就呼吁推翻萨达姆政权，建立导弹防御系统。

⑮ Right Web，Profile：Paula Dobriansky，accessed in http：//rightweb. irc - online. org/profile/1120. html.

⑯ Ibid.

⑰ Michael Barker，The Project for a New American Humanitarianism，Swans Commentary，August 25，2008，accessed in www. swans. com/library/art14/barkero4. html.

⑱ US Department of State Bureau of East Asian and Pacific Affairs，Report on Activities to Support Democracy Activists in Burma as Required by the Burmese Freedom and Democracy Act of 2003，October 30，2003，accessed in http：//www. state. gov/p/eap/rls/rpt/burma/26017. htm.

⑲ Ibid.

⑳ Ibid.

㉑ 夏普公开声称他的工作完全与美国政府无关。然而，多年以来他的活动却表明事实正好相反。正如一份详细的研究所说，“夏普以民众为基础的防御战略——有组织的非暴力不合作抵抗运动，在波罗的海各国脱离前苏联中得到了重大应用。他的著作《以民众为基础的防御：一个后军事武器系统》，帮助塑造了这个地区最主要的非暴力解放斗争。按照夏普的说法，1990 年当时的立陶宛国防部长 Audrius Butkvicius 得到了走私过来的这本书的草稿，当时还没有出版，Butkvicius 复印了 50 本向前苏联各加盟共和国扩散，包括邻国拉脱维亚和爱沙尼亚。同年，夏普和爱因斯坦研究所的助理研究员 Bruce Jenkins 到这三个波罗的海国家去了好几趟，在这里“以民众为基础的防御”被采纳为政府政策。（cited in Claire Schaeffer - Duffy，Honing nonviolence as a political weapon，National Catholic Reporter，Oct 21，2005）.

㉒ Albert Einstein Institution website，Burma，accessed in http：//www. aeinstein. org/organizationscf14. html.

㉓ Amy Kazmin，Defiance undeterred：Burmese activists seek ways to oust the junta，Financial Times，London，December 6 2007. 奇怪的是，尽管夏普先生申辩说他的组织与美国政府颠覆缅甸政权的行动无关，他却在自己的网站里贴上了《金融时报》的这篇文章。

㉔ Ibid.

㉕ Amitabh Pal，Gene Sharp，The Progressive，March，2007，accessed in http：//findarticles. com/p/articles/mi _ m1295/is _ 3 _ 71/ai _ n19206283.

㉖ AFP，Bush Urges Myanmar to free Suu Kyi，July 6，2008.

㉗ Juli A. Mac Donald，Indo－US Military Relationship：Expectations And Perceptions，Office of the Secretary of Defense － Net Assessment，October 2002.

㉘ Condoleezza Rice，et al，The National Security Strategy of the United States，Washington，September 2002.

㉙ Deepal Jayasekara，Indian prime minister' s visit to China seeks to boost bilateral ties，but tensions persist，WSWS News，30 January，2008，accessed in http：//www. wsws. org/articles/2008/jan2008/indi－j30. shtml.

㉚ F. William Engdahl，Darfur：Forget genocide，there's oil，Asia Times，May 25，2007，accessed in http：//www. atimes. com/atimes/China _ Business/IE25Cb04. html.

㉛ Jim Lehrer，Powell Declares Killing in Darfur Genocide，The News Hour with Jim Lehrer，Sep. 9，2004，accessed in http：//www. pbs. org/newshour/updates/sudan _ 09－09－04. html.

㉜ Mark Magnier，China Stakes a Claim for Major Access to Oil Around the World，The Los Angeles Times，July 17，2005，accessed in http：//articles. latimes. com/2005/jul/17/world/fg－chinaoil17.

㉝ Gary Pombeah，Obituary：John Garang，BBC News，3 August 2005，accessed in http：//news. bbc. co. uk/1/hi/world/africa/2134220. stm.

㉞ International Crisis Group，Darfur：Revitalizing the Peace Process，Africa Report no. 125，30 April，2007. 有关乍得的德拜的作用，这份报告提出，“乍得的作用是使这场冲突更为复杂。叛乱组织的扎格哈瓦分子得到在扎格哈瓦人主导下的当地政府相对稳定的支持。

尽管德拜总统本人是扎格哈瓦人，起初与库图木合作反对叛乱组织，但现在他的政府给予叛乱组织公开和可观的支持。作为回应，NCP一直在武装乍得的反叛组织，目标是推翻德拜，切断SLA与JEM的后方基地。”（p. 1）.

㉟ Rob Crilly，Sudan cuts ties with Chad after Darfur rebels reach Khartoum，The London Times，May 12，2008.

㊱ Alexander’ s Oil & Gas，Chad－China oil talks are going well，20 April，2007，accessed in http：//www. gasandoil. com/goc/news/nta71983. htm.

㊲ BBC News，US naval base to protect Sao Tome oil，22 August，2002，accessed in http：//news. bbc. co. uk/2/hi/business/2210571. stm.

㊳ Walter Kansteiner，Assistant Secretary of State，cited in Ken Silverstein，US Oil Politics in the ‘Kuwait of Africa，’ The Nation，April 4，2002，accessed in http：//www. thenation. com/doc/20020422/silverstein.

㊴ Ex－Nazi，Dalai’s tutor Harrer dies at 93，The Times of India，9 Jan 2006，in http：//timesofindia. indiatimes. com/articleshow/msid－1363946，prtpage－1. cms.

㊵ Goodrick－Clarke，Nicholas，Black Sun：Aryan Cults，Esoteric Nazism and the Politics of Identity，New York University Press，2001，p. 177.

㊶ Goldner，Colin，Mönchischer Terror auf dem Dach der Welt Teil 1：Die Begeisterung für den Dalai Lama und den tibetischen Buddhismus，March 26，2008，excerpted from the book Dalai Lama：Fall eines Gottkönigs，Alibri Verlag，，new edition to appear April 2008，reproduced in http：//www. jungewelt. de/2008/03－27/006. php.

㊷ Jim Mann，CIA Gave Aid to Tibetan Exiles in ’ 60s，Files Show，Los Angeles Times，September 15，1998，accessed in http：//articles. latimes. com/1998/sep/15/news/mn－22993. Mann的报告根据解密的中央情报局秘密文件，提出除了其他事项外，“据最近公开的中情局文件，在20世纪60年代大多数时期，中央情报局每年向西藏流亡运动提供170万美元，用于支持反对中国的行动，包括每年对达赖喇嘛的18万美元补助。用于资助西藏人和达赖喇嘛的资金是冷战高峰时期中情局在世界各地对抗共产主义政府活动的一部分，尤其是对付前苏联和中国。实际上，批准了流亡西藏人行动的美国政府委员会还批准了对古巴猪湾的灾难性入侵。由美国国务院公布的这些文件，表明了当今西藏局势的历史背景，中国继续指责达赖喇嘛是外国势力的工具，试图将西藏从中国分离出去。中情局

的计划包括支持在尼泊尔的西藏游击队，它在美国科罗拉多拥有一处秘密的军事训练基地；在纽约和日内瓦设立‘西藏之家’促进‘西藏人的事业’；在康奈尔大学培养西藏特工人员，为侦察小队提供补给。”Mann援引美国国务院解密的中情局文件继续写道，“这些计划的目标……是在西藏和外国，主要是印度保持自治西藏政治观念的生命力，并建立对付共产主义中国内部可能发展的政治抵抗能力。”美国高级情报官员所写的备忘录这样解释。

㊸ Parenti, Michael, Friendly Feudalism: The Tibet Myth, June 2007, in www. michaelparenti. org/Tibet. html.

㊹ Mann, Jim, *CIA funded covert Tibet exile campaign in 1960s*, The Age (Australia), Sept. 16, 1998.

㊺ Ignatius, D., *Innocence Abroad: The New World of Spyless Coups*, The Washington Post, 22 September 1991.

㊻ Blum, William, *The NED and 'Project Democracy'*, January 2000, in www. friendsoftibet. org/databank/usdefence/usd5. html.

㊼ Barker, Michael, *'Democratic Imperialism': Tibet, China and the National Endowment for Democracy*, Global Research, August 13, 2007, www. globalresearch. ca.

㊽ McGehee, Ralph, *Ralph McGehee's Archive on JFK Place*, *CIA Operations in China Part III*, May 2, 1996, in www. acorn. net/jfkplace/03/RM/RM. china - for.

㊾ US Tibet Committee, *Fifteen things you should know about Tibet and China*, accessed in http: //ustibetcommittee. org/facts/facts. html.

㊿ Goldner, Colin, *Mönchischer Terror auf dem Dach der Welt Teil 2: Krawalle im Vorfeld der Olympischen Spiele*, *Op Cit*.

51 Jonathan Mowat, *The new Gladio in action?*, Online Journal, Mar 19, 2005, in http: //onlinejournal. com/artman/publish/printer _ 308. shtml.

52 Ibid.

53 Ibid.

54 Ibid.

55 Brzezinski, Zbigniew, *A Geostrategy for Eurasia*, Foreign Affairs, 76: 5, September/October 1997.

第四章

新疆暴力事件的幕后推手

为了实现其目标，美国秘密情报机构转而利用它们精心设立的各种非政府组织作为工具，使用“违反人权”和“削弱民主”作为战斗口号。

——威廉·恩道尔，《霸权背后：美国全方位主导战略》

华盛顿和北京玩的游戏更难识破

悲剧性的中国乌鲁木齐“7·5”暴力事件已经过去，美国政府的“独立”非政府组织（NGO）——“国家民主基金会”（NED）——在其中都做了些什么，很值得我们仔细看看。所有的迹象表明，美国政府又一次通过它的“私人”非政府组织，大规模干涉了中国的内政。

华盛顿大规模干涉新疆问题的行动，似乎与所谓的北京当局压制维吾尔族人民的人权的关系不太大。其真相在于新疆的地理位置看起来非常重要，是欧亚大陆上具有地缘政治战略意义的一个重要地点，对于中国与俄罗斯之间、中国与哈萨克斯坦和其他属于上海合作组织的中亚国家之间，在长远的经济和能源合作方面，具有不同寻常的意义。

号召在中国驻外使馆门前抗议示威的主要机构，是总部位于华盛顿的世界维吾尔大会（简称“世维会”，WUC）。世维会有一个常设机构及一个非常奇特的英文网站，它和美国国会出钱办的“国家民主基金会”的关系走得非常近。根据“国家民主基金会”自己出版的报告，世维会每年从“国家民主基金会”接受21.5万美元，用于“人权研究和推广项目”。世维会的主席是民族分裂分子热比娅·卡迪尔，她称自己为“出身于洗衣妇的百万富翁”，她同时还担任另一个设在华盛顿的机构——“维吾尔美国人协会”的主席，这个协会也是一个人权机构，还是由“国家民主基金会”用相当数额的资助支持的。

这个“国家民主基金会”，在2008年3月的拉萨“深红色”革命的背后有它，在缅甸的“袈裟革命”后面也有它，在近几年东欧国家每一次政权更迭和动乱的背后都有它：从塞尔维亚到格鲁吉亚和乌克兰，从吉尔吉斯斯坦到德黑兰最近大选后的政局动荡。

艾伦·温斯坦为成立“国家民主基金会”执笔起草了立法草案，他在1991年一次公开的采访中，口无遮拦地说：“我们今天干的事情，很多都是中情局25年前曾经偷偷摸摸干的。”

“国家民主基金会”应该是一个私人的、非政府的、非营利的基金会，但是它从事的国际性工作都是按年度从美国国会领取经费。“国家民主基金会”的日常经费来自四家核心基金会：“国家民主研究所国际事务部”，隶属于民主党，奥巴马总统即属于民主党；“国际共和主义研究所”，隶属于共和党；“国际劳工团结会美国中心”，属于“劳联-产联”，即美国劳工大会和美国国务院；“国际私营企业家中心”，隶属于美国商会。

最应该问的问题是：在新疆维吾尔自治区刚刚发生的暴力犯罪事件背后，“国家民主基金会”到底干了些什么勾当？对于在美国认为应该施压的那些目标国家里，“国家民主基金会”出钱资助的干预他国主权政治的行为，奥巴马政府的政策是支持还是谴责？答案必须尽快找到。为了说明奥巴马主政的华盛顿的政策，必须全面揭露“国家民主基金会”、美国国务院和与美国政府有千丝万缕联系的非政府组织，看看它们究竟是否卷入并参与了煽动维吾尔分裂主义和制造动荡。乌鲁木齐的骚乱发生在上海合作组织的历史性会议刚刚结束的时候，这一切真的只是偶然的巧合吗？

维吾尔流亡组织、中国和地缘政治

据世维会官方网站报道，2009年5月18日，美国政府的内部“私人”非政府组织——“国家民主基金会”，主办了一次意义非常重大的人权会议，题目是“东突厥斯坦：共产主义统治下的60年”，主办单位还有一个令人感到好奇的非政府机构，名称是“无代表国家及民族”（UNPO）。

“无代表国家及民族”的名誉主席是艾尔肯·阿尔普特金，“老疆独”的后代，他在美国情报署的官方电台“自由欧洲/自由广播电台”工作的时候，创立了这个组织，他曾任那家电台维吾尔分部的负责人，并且是美国情报署民族部的副主任。

阿尔普特金同时建立的另一个机构就是世维会，时间是1991年，当时他还在美国情报署任职；美国情报署在阿尔普特金成立世维会的时候，为自己确定的宗旨是：“沟通信息，理解并影响外国公众，以促进〔美国的〕国家利益……”阿尔普特金是世维会的第一任主席，而且如他们的官方网站所言，他是“达赖喇嘛很亲近的朋友”。

仔细考量，可以发现，“无代表国家及民族”正是美国地缘政治战略家们梦寐以求的组织。上面说过，它是在前苏联解体的1991年成立的，那年欧亚大陆上的大部分地域处在政治和经济的混乱中。从2002年起由奥地利人卡尔·冯·哈布斯堡大公担任这个组织的总干事，此人自封“奥地利王子和匈牙利王子”，虽然奥地利和匈牙利从没有承认过他。

“无代表国家及民族”所代表的，是57类完全不同的人群的“自决”权，这些人群通过某种未公开透明的程序被接纳为“无代表国家及民族”的正式成员，他们有自己的旗帜，全部人口约有1.5亿，总部设在荷兰的海牙。“无代表国家及民族”的成员中有科索沃，于1991年加入，当时科索沃仍然是南斯拉夫的一部分。“澳大利亚原住民”和科索沃一起被列为这个组织的发起者。其中也有加拿大北部的布法罗河谷的印地安人的“迪尼国”(Dene Nation)。

“无代表国家及民族”中的主要成员之一是西藏，西藏也被列为发起者。这个组织的成员还包括了地缘政治上一触即发的其他地区和人群：克里米亚鞑靼人、罗马尼亚的希腊少数民族、(在俄罗斯境内)伊契卡立亚的车臣共和国、缅甸的民主运动阵线以及一片与安哥拉和刚果民主共和国相邻的海湾飞地，那里既是世界上最大的海底石油所在地，又是美国前国务卿赖斯曾经任职的石油公司雪佛龙石油公司的地盘。这个组织的成员还有其他地缘政治上的热点区域，“无代表国家及民族”多对其优先授予名分，如伊朗北部很大的区域，自称“南阿塞拜疆”，还有一个自称“伊朗的库尔德斯坦”的地区。

2008年4月，根据“无代表国家及民族”的官方网站的消息，美国国会所属的“国家民主基金会”与“无代表国家及民族”共同为“世维会”举办了一次“领导能力培训班”。在德国柏林，50多名来自世界各地的维吾尔族和知名的学者、政府代表和民间组织人物，一起讨论了“国际法之下的自决”问题。在这个未公开的研讨会上，热比娅做了主旨发言。研讨会的内容从不公开。

新疆暴力犯罪事件的可疑时机

中国新疆首府乌鲁木齐的暴力犯罪事件发生在当地时间7月5日。

世维会的网站说，暴力事件的起因是6月26日发生在广东一家玩具厂的所谓暴力事件。世维会声称玩具厂的汉族工人打死了两名维吾尔族工人，原因是他们对厂里的两名汉族女工实施了性侵犯。7月1日那天，世维会的慕尼黑支部向全世界发出号召：到世界各国的中国使领馆抗议示威，尽管他们自己都承认事件的细节没有事实根据，都是些未经证实的传说和似是而非的报道。

世维会宣称，6月26日的所谓攻击事件是他们向全世界发出号召的理由。

7月5日在新疆正好是周日，在美国这一天是7月4日——美国独立日。世维会在华盛顿声称，中国汉族士兵荷枪实弹在街上一见到维吾尔族就抓。中国的官方新闻报道说，发生了大规模暴力犯罪事件，乌鲁木齐大街上的汽车被焚烧。截至7月16日18时，乌鲁木齐“7·5”事件死亡人数已升至197人。据新华社报道，维吾尔族抗议者攻击街上的汉族行人，焚烧汽车，用棍棒石块攻击公共汽车。目击者说：“他们冲到街上……手里拿着刀、棒、砖头、石块。”法新社援引在华盛顿的“维吾尔族美国人协会”秘书长阿力姆·瑟托夫（Alim Seytoff）自己的消息来源说，警察对着示威人群“胡乱开枪扫射”。

一个事件两个版本。中国政府的报道和暴力犯罪事件画面所表明的事实是：维吾尔族攻击汉族居民，造成死亡和破坏。而法国的官方报道谴责中国警察“胡乱开枪扫射”。非常重要的事实是，法新社的报道与“国家民主基金会”支持的热比娅的世维会作为消息来源。读者是否应该判断一下，法新社的这种行动会不会被美国的地缘政治所左右？对中国经济的未来，奥巴马政府正在“运筹”的，是更加深不可测的博弈游戏。

新疆暴力犯罪事件发生在一场国际会议刚刚结束数天之后，这难道仅仅是巧合？6月16日，在俄罗斯叶卡特琳堡召开了上海合作组织成员国会议，伊朗是正式观察员国家，内贾德总统以嘉宾身份出席。

在刚刚过去的几年里，当美国的对外政策越来越具有敌意、越来越难以预料的时候，欧亚大陆上的几个大国——中国、俄罗斯、哈萨克斯坦、乌兹别克斯坦、吉尔吉斯斯坦、塔吉克斯坦——在经济领域和防务领域开始了日益密切和直接的合作。另外，上海合作组织将正式观察员身份给予伊朗、巴基斯坦、印度和蒙古。面对北约和美国军事力量在该地区的肆意扩张，上海合作组织的国防部长们就相互之间的防务需要保持着经常的和日益扩大的磋商。

新疆对于欧亚能源设施的战略意义

新疆的和平与稳定对于上海合作组织国家的国家安全具有生死攸关的意义：中国最重要的石油天然气管线有一部分是直接通过新疆维吾尔自治区的。哈萨克斯坦和中国之间的能源关系，对于双方都具有十分重要的战略意义。中国将因此减少对被美国控制的石油来源的依赖，万一两国关系恶化，那些石油供应完全可能被美国掐断。

哈萨克斯坦总统纳扎尔巴耶夫 2009 年 4 月对北京进行过国事访问，主要讨论的是深化经济合作，尤其是在能源领域的合作。哈萨克斯坦有巨大的石油储备，可能还拥有巨大的天然气储备。会谈后中国的媒体刊登过这样的文章，标题为《哈萨克斯坦的石油将要灌满中国的主要输送管线》。计划于 2009 年建成的阿塔苏-阿拉山口管线，将通过新疆把石油天然气输送到中国内地。中国的能源公司参与了赞纳佐尔斯基炼油厂的建设以及巴夫洛达电解炼油厂和莫伊纳克斯卡亚水电站的建设。

根据美国政府能源信息管理局的信息，哈萨克斯坦的卡沙干油田是中东以外最大的陆上油田，是全世界第五大储油地，位于里海北岸，靠近阿特劳市。中国建造了一条长约 986 公里的管线，从阿塔苏开始，通过哈萨克斯坦的西北部，到达阿拉山口，这是中国进口里海石油的新疆口岸。中石油下属的中国石油公司是里海原油中国一方的独家购买者。这条输油管线是中石油和哈萨克斯坦石油运输总公司的合资项目。2007 年这条管线输送了 8.5 万桶哈萨克斯坦

■ 阿塔苏-阿拉山口管线示意图

原油。中石油还参与了另外一些同哈萨克斯坦合作的重大能源项目。这些项目都将穿越新疆维吾尔自治区。

2007 年中石油还签订了一项 20 多亿美元的投资协议，建设一条从土库曼斯坦经乌兹别克斯坦和哈萨克斯坦到中国的天然气管线。这条管线的起点在土-乌边境的戈旦，长约 1771 公里，穿越乌兹别克斯坦和哈萨克斯坦到达中国新疆的霍尔果斯。中国和土库曼斯坦已经签署了一项 30 年的天然气供给协议，天然气将通过这条管线输送。中石油已经成立了两家机构，来监督这条管线上游段土库曼斯坦的项目和第二条管线的开发，这是从新疆开始跨越整个中国到达中国东南地区的建设项目，总投资 70 亿美元。

同样，中国和俄罗斯也在讨论大型天然气管道项目，从东西伯利亚通过新疆进入中国。东西伯利亚拥有已探明的约 3.82 兆立方米天然气和其他可能的未知储量。科维克塔的天然气田在今后的 10 年内将有可能通过这些拟议中的管线向中国输送能源。

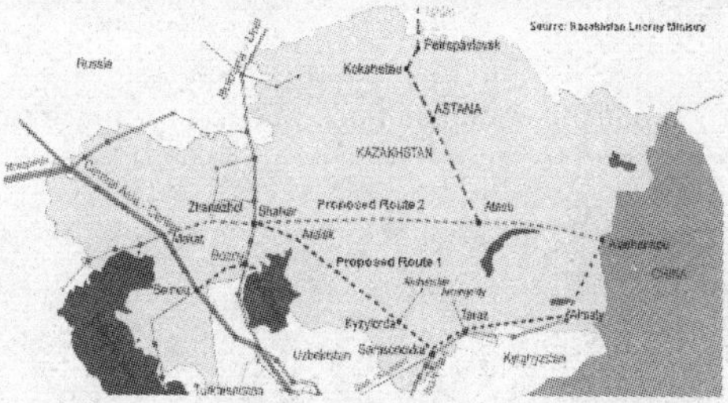

■ 通过中亚从俄罗斯的油气田向中国输送能源的各条管线示意图

在当前全球蔓延的经济危机中，哈萨克斯坦从中国得到了 100 亿美元的信贷，其中的一半投入到石油和天然气部门。阿塔苏-阿拉山口石油管线和中国-中亚天然气管线已成为中亚各个国家和中国经济之间的战略“环节”上的“把手”。在欧亚大陆上，跨越中亚各国、从俄罗斯延伸到中国的凝聚力，正是华盛顿最惧怕的那种地缘政治意义上的“内聚”。他们永远不会把这句话说出口，但这是千真万确的：新疆不稳定，正是华盛顿削弱上海合作组织日益增加的凝聚力最理想的途径，新疆越是不稳定，他们就越“理想”！

第五章

基地帝国——帝国的基础

“如果我们对战争目标的陈述被视为仅与英美帝国主义相关，那么这对世界其他地区的人们没什么意义。我们应当强调其他人的利益。这会产生更好的宣传效果。”

——对外关系理事会致美国国务院的私人备忘录，来自该协会《战争与和平研究》档案，1941 年。

包围俄罗斯的美国基地

从 1991 年以来北约迅速扩张的大背景来看，人们可以更好地理解美国导弹防御体系向波兰和捷克的扩展。正如俄罗斯总统普京指出的：“北约已经将前线力量部署到了我们的边界……很明显北约扩张根本不是为了这个军事联盟的现代化或是维护欧洲和平。相反，这是一种严重的挑衅，影响了双方的互信。我们有权问：这种扩张针对谁？我们的西方伙伴在华沙条约组织解散后做出的保证还算不算数？”

普京的亲密顾问、俄国战略家和军事专家叶夫根季·普里马科夫指出，北约“是在冷战期间作为保卫欧洲盟国的地区性组织而建立的”。他补充说：“今天的北约正在按照完全不同的哲学和信条行事，已经超出了欧洲大陆，在远离边界之外的地区实施军事行动。北约……违背了早期的协定快速扩张。北约接纳新成员的举动正在导致美国基地的扩张，美国在这些基地部署了部队、防空系统和反导装备。”

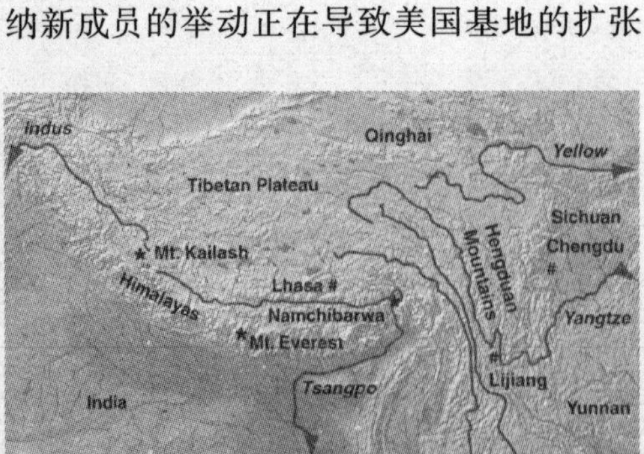

■ 青藏高原

到 2007 年，北约成员国已经不仅限于冷战时期的核心力量——西欧国家加上作为统帅的美国，还包括以前的华沙条约组织国家甚至前苏联的加盟共和国：波兰、拉脱维亚、捷克共和国、爱沙尼亚、立陶宛、罗马尼亚、保加利亚、匈牙利、斯洛伐克和前南斯拉夫的斯洛文尼亚。正在申请加入北约的国家还有：格鲁吉亚、克罗地亚、阿尔巴尼亚和马其顿。乌克兰总统维克多·尤先科也正在积极努力使乌克兰加入北约。这些举动向莫斯科传达了明确的信息。对此莫斯科不会张开双臂欢迎，这一点也不令人惊讶。

在旧北约架构被摈弃的同时，新北约架构已经建立，2002年布拉格峰会上启动了北约快速反应部队的组建。2003年，在巴格达刚刚陷落之后，即开始重建北约武装力量指挥体系，大西洋盟军最高司令部被废止。在美国弗吉尼亚州的诺福克建起了联合转型司令部（ACT），负责在北约内部推动改革。

2007年，华盛顿和日本签署了合作开发导弹防御系统的协定。美国与以色列在共同试验导弹防御系统领域有深入合作。美国将其在欧洲的导弹防御系统扩展至波兰和捷克。波兰国防部长拉德克·赛考斯基是五角大楼新保守主义鹰派的亲密盟友。

北约还把接纳乌克兰和格鲁吉亚加入北约提到优先日程。尽管在伊拉克遭到失败，美国却在从卡塔尔、伊拉克到阿富汗及中东其他国家建立了永久性军事基地，这个军事基地网把整个中东都军事化了。

2007年2月15日，美国众议院外交事务委员会通过了奥威尔利安法案，即2007年北约巩固自由法案，再次确认美国支持北约进一步扩大，包括支持乌克兰和格鲁吉亚加入北约。

在俄罗斯看来，冷战结束以来的北约东扩，明显违反了当时的前苏联领导人米哈伊尔·戈尔巴乔夫和美国总统乔治·W.布什签署的协定，这项协定为1990年德国和平统一铺平了道路。北约的扩张政策是冷战时期企图包围和孤立俄罗斯的延续，至少这是俄罗斯向西和向南看注定会得出的结论。

美国的新军事基地是在捍卫“民主”吗？

1999年轰炸塞尔维亚以来，华盛顿的政策造成了一个几乎未被注意到的后果，这就是美国不声不响地建立起意义重大的军事基地网。实际存在的所谓“威胁”、巨大的花费，以及美国在世界其他地区承担的“军事义务”，使美国有关这些基地是为了“防御目的”的说法完全站不住脚。

从二战结束到朝鲜战争，美国海外军事基地的数量在总体上处于下降的趋势。日本投降后的两年内，美国战时在全球的军事基地裁撤了一半。到1949年，剩下的军事基地又有一半被裁撤了。

但到20世纪50年代初朝鲜战争时，美国停止削减海外军事基地，海外军事基地的数量再次增加，到了越战时期又有了进一步增加。越战结束后，美国海外军事基地的数量才又开始下降。到1988年，美国海外军事基地的数量略微少于朝鲜战争结束的时期，但其布局与二战结束时有了根本性的变化，其中美军驻南亚、中东和非洲地区的军事基地削减得最多。

1999年6月，美国军事基地的全球扩张在质上进入了一个新阶段。在轰炸南斯拉夫之后，美军开始在科索沃和马其顿的边界修建邦德斯蒂尔基地。邦德斯蒂尔基地是美国新的全球军事基地网络的枢纽。

邦德斯蒂尔基地使美国空军的打击范围轻而易举地覆盖了盛产石油的中东、里海和俄罗斯。它能部署7000人的部队，是越战以来美国在海外修建的最大基地。这个基地由美国最大的军事建筑公司哈里伯顿公司修建，而哈里伯顿公司当时的总裁就是后来成为副总统的迪克·切尼。

1999年，在北约开始轰炸南斯拉夫之前，《华盛顿邮报》言之凿凿地写道："由于中东越来越混乱，我们在巴尔干需要获得基地和飞航权以保护里海石油。"

邦德斯蒂尔基地只不过是这个时期修建的庞大美国军事基地链中的第一个。美军继续在匈牙利、波斯尼亚、阿尔巴尼亚和马其顿修建基地。而邦德斯蒂尔基地位于科索沃，当时在法律上还是南斯拉夫的一部分。

2004年8月16日，布什总统宣布了一项"全球存在和部署整合战略"，对海外军事基地设施在数量上和地点分布上都进行了重大调整，普遍认为这是美国自朝鲜战争结束以来最全面的海外军事力量调整。

大约7万名军事人员将从欧洲和亚洲的军事基地撤回到美国本土的军事基地。美国其他海外驻军将在现有的德国、韩国等驻在国的军事基地重新调整部署。

此外，美国还将在东欧、中亚和非洲的国家修建新基地。按照美国国防部的说法，这些地方更接近“容易出麻烦的地方”，美军部队能够更迅速地做出反应。新基地计划将花费数十亿美元，这些花费将由美国和其他国家共同承担。

对于这样的重大调整，美军的官方解释并不令人信服：“为什么这对于陆军如此重要？全球反恐战争以及其他地缘政治环境的变化，使美国安全和国防战略发生了重要变化。新安全环境要求更具全球性的视野，这就需要改变美国全球防务部署……”

这些新基地中最重要的、同时也最少被提起的一个，是以前的前苏联卫星国、现在的北约新成员保加利亚。当冲突——五角大楼的词汇中只有“冲突”而没有“战争”，因为战争会要求美国国会正式宣战，需要正当的理由——发生时，美国军队将使用这个叫贝兹默的基地，将人员和物资迅速地大量输送到前线。可以理解，克里姆林宫的决策者非常想知道，这个前线是否包括俄罗斯。

保卫鸦片种植田

2001年年底美国对阿富汗发动闪击战之后，在美军假装在托拉波拉的山洞里搜索本·拉登之前，即开始在那儿修建军事基地。值得注意的是，随着美军占领阿富汗，在美国军事存在下这个国家的鸦片种植（最后提炼成海洛因）达到了历史最高水平。在越南战争期间出现过类似情况，中央情报局和美军特种部队与当地的苗族部落一道，保卫东南亚贩毒路线的安全。获取的毒品走私收入，经过有中情局背景的银行，如澳大利亚的Nugan Hand银行洗钱后，再支持中情局的其他秘密行动。来自国际刑警组织的证据以及美国国内的调查研究表明，美军部队对2001年后鸦片种植的高潮有着不止是“搂草打兔子”式的顺手捞一把的兴趣。换个角度看，鸦片种植达到高潮与美军在阿富汗永久性军事基地的爆炸性增长同时出现。❶

2004年12月，美国国防部长唐纳德·拉姆斯菲尔德在对喀布尔的访问中敲定了一项在阿富汗修建9个新军事基地的计划，这9个新基地将分别建在海尔曼德、哈拉特、尼姆路支、保尔克、考斯特和拜克提等省。早在2001年和

2002年之交的冬天，美国以孤立和消灭本·拉登的恐怖主义威胁为由，就已在阿富汗占领区内修建了3个主要军事基地：喀布尔以北的贝格拉姆空军基地，这是美国在当地最重要的军事后勤中心；中部的坎大哈空军基地；西部哈拉特省的信丹德空军基地，这是美国在阿富汗最大的空军基地，离伊朗边境只有约100公里，并且将俄国和中国纳入导弹射程之内。

从历史上看，阿富汗是19世纪和20世纪早期英俄为争夺中亚控制权进行博弈的关键地区。当时英国的战略是不惜一切代价阻止俄国控制阿富汗，因为一旦俄国控制阿富汗，将威胁大英殖民帝国王冠上的明珠——印度。

同样，现在五角大楼计划人员也赋予阿富汗高度的战略地位。立足阿富汗，美国军队可以直接威胁俄罗斯、中国、伊朗和其他盛产石油的中东地区。尽管经过了一个多世纪的战争，阿富汗在大国战略中的地位丝毫没有改变。

阿富汗横跨南亚、中亚和中东，在地理位置上极其重要。一条计划从里海油田通往印度洋的石油管线要经过阿富汗，美国尤尼科石油公司与切尼的哈里伯顿公司正在和安然公司谈判，想获得这条管线的专有权，将土库曼斯坦的天然气经阿富汗和巴基斯坦，运往安然公司位于孟买附近达博尔的大型天然气发电站。

同时，五角大楼已经与中亚的吉尔吉斯斯坦政府达成协议，在其首都比什凯克（伏龙芝）国际机场修建一个极具战略意义的基地——玛纳斯空军基地。玛纳斯不仅靠近阿富汗，而且能将打击范围轻而易举地覆盖里海石油和天然气田以及中国和俄罗斯的边界。

作为美国将其作为反恐战争盟友而非敌人的部分条件，美国与巴基斯坦的穆沙拉夫将军签署协定，允许美军和北约使用卡拉奇以北400公里的雅克布阿巴德空军基地，为在阿富汗的军事行动提供支持，并可以在达尔班丁和帕西尼修建基地。

所有这些，都只不过是华盛顿在2001年后创建的在美国控制之下的军事基地网的一小部分。

在进攻阿富汗几个星期后，原来的战争目标，即抓住奥萨马·本·拉登，被巧妙地调整了，任由“9·11”事件的首恶在托拉波拉的山洞中游荡。在达成喀布尔的有效军事控制之前，美国就迅速将军事矛头指向萨达姆·侯赛因的伊拉克。布什宣称伊拉克是邪恶轴心的首恶，拥有瞄准美国及其盟友的核、化、生大规模杀伤性武器。

美军占领伊拉克几个月后，有报道开始透露，五角大楼计划美军将在伊“长期驻扎”，一位美国将军就公开这样讲过。为了向美国纳税人隐藏伊拉克战争及军事占领的巨大开支，布什政府采取了特别拨款法争取相关经费：在主要的军事预算辩论结束之后，向国会分别提交几个不同的“补充拨款提案”。在布什 2005 年 5 月伊拉克补充拨款提案中隐藏了一个关于修建军事基地的条款，巧妙地提出“在非常有限的某些情况下，（修建）永久性设施”。

根据媒体的报道，到 2006 年，美国已经在面积仅是爱达荷州两倍的伊拉克修建了 14 个永久性军事基地，这对于总统计划撤军的承诺来说是个莫大的嘲讽。美国在伊拉克最有名的基地，是在巴格达以北的巴拉德空军基地和安那肯达军事基地。巴拉德空军基地驻扎着美国空军的战斗机和运输机。与之相邻的安那肯达军事基地，是美军在伊拉克中部主要的基地和后勤中心。军事分析家们指出：巴拉德空军基地能够有效地将美国军事力量投放到中东任何一个角落。同时，美军 2003 年 5 月之后在伊拉克修建了 13 个基地，表明美国从萨达姆·侯赛因手中“解放”伊拉克有着明确的军事含义：他们所谓的“自由”，主要是美军在伊拉克油田和两伊边界上修建军事基地的“自由”。❷

（照片来源：维基百科）

■ 一架 C－17 运输机在巴拉德空军基地的塔台前着陆

美国在全球修建新军事基地的行动绝不局限在欧亚大陆，尽管欧亚大陆显然是美国军事计划人员的战略优先考虑。正如军事分析家佐尔登·克劳斯曼指出的：“在入侵阿富汗之后，美国最直接的军事干预是在南部菲律宾，针对的是阿布沙耶夫穆斯林游击队。美国宣称这支人数甚少的武装是由本·拉登煽动和资助的，而不是棉兰老岛和苏禄群岛上穆斯林几十年来长期叛乱的集中爆发。”❸

美国的特殊部队“训练顾问”正在冲突区域与菲律宾部队执行联合“演习”。为了达到在全球范围内打击本·拉登的宣传效果，他们的目标据称是肃清约200名叛乱分子，获得一场“格林纳达”式的胜利。但是，反叛乱行动可以轻而易举地调整为针对棉兰老岛上的摩洛族反抗运动甚至共产党反叛组织。也可以在菲律宾实现美国的其他重要目标——全面重获美国军事力量的驻扎权。冷战结束后，菲律宾参议院终止了美军对克拉克空军基地和苏比克海军基地的控制，火山喷发也曾严重损坏了这两个基地。

美国重返菲律宾，如同布什对朝鲜的威胁一样，在东亚被很多人视为是随着中国正在崛起为世界性大国和其他亚洲经济体从亚洲金融危机中恢复过来，美国试图重新对东亚施加军事影响的努力。美国军事力量在亚洲各地的增加也可以抵消日本国内对美国军事基地不断增大的批评。中国担忧美国的势力范围已经触及其国界，设在前苏联前加盟共和国吉尔吉斯斯坦的美国军事基地离中国太近了，实在很难让中国放心。

同时，世界其他地区也都被美国的“反恐战争”瞄上了，比如南美。美国的冷战宣传曾将越南南方和安哥拉的左翼革命者说成是越南北方和古巴的傀儡，现在美国的“反恐战争”宣传又将哥伦比亚的反政府武装说成是邻国委内瑞拉的盟友。委内瑞拉总统查韦斯被描述为“同情”本·拉登和菲德尔·卡斯特罗，并有可能推动石油输出国组织反对美国的害群之马。在本·拉登被清除后，查韦斯可能被美国视为“一个理想的新敌人”。尽管很难与穆斯林武装拉上关系，但在南美的危机却可能是美国谋划下一场新战争的由头。❹

到2007年，世界很多国家已经明白华盛顿正在全世界挑起冲突和矛盾，其目的不仅是为了控制石油，尽管对全球石油的战略控制自20世纪20年代以来就是美国世纪的核心。美国试图控制任何潜在竞争者的经济，以防止其成为与美国相匹敌的力量，挑战美国独一无二的世界霸主地位。

早在20世纪80年代，华盛顿的资深战略家们和有影响力的智库就意识到，美国的工业能力已经空心化，其他国家或地区，如正在崛起的欧盟或者经济快速发展的东亚和中国，很快就会具备有朝一日可以挑战美国主导地位的潜力。

2001年乔治·W. 布什和迪克·切尼在华盛顿掌权后，美国权势集团，也就是美国最有实力的权力贵族们，认为有必要采取激进措施，以确保美国对世界的支配权延续到新世纪。

冷战后美国基地的扩张

20世纪80年代后期前苏联提倡公开性和新思维，随即1989年东欧前社会主义国家崩溃，1991年前苏联解体。那些认为美国基地是为了抑止前苏联威胁的人们兴高采烈地预期，美国的基地体系将很快被废除。然而，美国国防部长在1989年年度报告中声称：美国的“力量投送”需要海外基地来实施“前沿部署”。

1990年8月2日，老布什总统发表声明，提出只要美国海外军事基地保持完整，到1995年现役军事力量规模缩小25%也可以满足全球安全需求。同一天，伊拉克入侵科威特。

美国军队在海湾战争中大规模进入中东，宣告了一种“新的世界秩序”，这种新秩序建立在美国霸权和军事力量的基础之上。老布什欢欣鼓舞地宣布，“感谢上帝，我们终于彻底摆脱了越南综合症”。美国在中东修建了新军事基地，其中大多数位于沙特阿拉伯，成千上万的美国军队已经在沙特驻扎了十多年。

尽管克林顿政府比此前的老布什政府更坚持削减美国的海外军事义务，但没有采取任何措施去减少遍布全球的军事基地为代表的美国海外“前沿存在”。克林顿政府最大的变化不过是更为频繁地向海外派遣短期部队，减少永久驻外部队的数量。❺

1999年美国陆军战争学院的一项研究提出：“随着永久海外军事存在急剧减少，执行海外任务的次数呈指数增长。”在冷战时期，军人们习惯于在海外驻扎几年并带家属。现在，他们被“部署”在海外，驻扎时间非常不确定，而且从未允许家属随军。

但是这种部署是频繁而长期的。据美国国防部统计，在“9·11”事件发生之前，每一天都有超过6万名美军人员在约100个国家执行临时性任务和进行演习。虽然以前在欧洲的大规模军事义务被削减，美国国防部的文件依然表明：新模式使更多军事人员远离本土，陆军人员每年有135天赴海外执行任务，海军人员每年有170天，而空军人员每年高达176天。仅就陆军来说，现在每个士兵平均每隔14周就要赴海外执行军事任务。❻

除了如此频繁的短期部署，美国还利用海外军事基地提前储备军事装备，以便危机发生时做出快速反应。例如，美国在科威特预先储备了一个重型旅的装备，在卡塔尔预先储备了一个重型旅及一个坦克营的装备。

在20世纪90年代，美国对巴尔干进行军事干预，对南美哥伦比亚的反政府军事行动提供了大量援助。哥伦比亚还为美国军队提供了一个紧靠委内瑞拉的基地，委内瑞拉被美国视为下一个打击目标。

2001年9月11日纽约世界贸易中心遭到恐怖主义攻击后，反恐战争开始，美国军事基地在数量和地缘分布的迅速扩张也随之开始。

根据国防部的军事基地结构报告，美国在38个国家和地区拥有军事设施，加上美国托管的地区，美军海外军事基地总数达44个。不过这个数字是非常保守的，因为它没有将重要的战略前进基地计算在内，即使美军在沙特、科索沃和波斯尼亚等国的战略前进基地部署了大量部队。这个数字也没有包括美国最新获得的一些基地。

通过“哥伦比亚”计划，美国正在拉丁美洲和加勒比地区扩展军事基地。该计划针对的不仅是哥伦比亚的游击队，而且还针对委内瑞拉的查韦斯政府和广受群众支持、反对新自由主义的厄瓜多尔政府。

波多黎各已经取代巴拿马成为拉美和加勒比地区的关键地区。同时，美国还在厄瓜多尔的曼塔、阿鲁巴、库拉索和萨尔瓦多的考玛拉帕修建了4个新军事基地，这4个基地都是“前沿作战基地”。“9·11”事件以来，美国已经在阿富汗、巴基斯坦、吉尔吉斯斯坦、乌兹别克斯坦、塔吉克斯坦、科威特、卡塔尔、土耳其和保加利亚修建了军事基地，总共可驻扎6万军事人员。其中最重要的是位于印度洋迭戈加西亚群岛的美国海空军基地。

与实际数量相比，美军官方关于海外军事基地的数字要少得多。这些海外基地的合法性和权力往往通过“军事地位协定”来规定。冷战期间这些军事协定都是官方的公开文件，但现在却常被列为秘密，如美国与科威特、阿联酋、阿曼和沙特的相关协定就被列为秘密。

按照五角大楼的说法，美国已经与 39 个国家签署了这样的正式协定。

除了巴尔干和前苏联前中亚加盟共和国外，其他增加军事基地的地区曾经是美国大幅减少军事基地的地区。在海湾战争之前的 1990 年，美国在南亚没有基地，在中东和非洲军事基地的数量也只是 1947 年的 10%。

1947～1990 年，美国在拉美和加勒比地区的军事基地数量减少了约 2/3。即使现在已经是远程导弹时代，从地缘政治和地缘军事的角度来看，美国要发挥全球经济和军事霸权的作用，军事基地这样少，显然是个问题。因此，作为海湾战争、阿富汗战争和“哥伦比亚”计划的结果，1990 年以来美国军事基地又在中东、南亚、拉美和加勒比地区出现，美国军事力量重新部署到曾经撤退的地区。

美国军事思想认为，外国军事基地的重要性超出了获得基地的战争本身，在获得了这些基地之后马上就要筹划如何运用它们。因此，美国在阿富汗、巴基斯坦和 3 个前苏联前中亚加盟共和国修建军事基地的举动，不可避免地被俄罗斯和中国视为对安全的新威胁。

俄罗斯已经对美国在中亚的永久军事基地表示了不快。至于中国，伦敦《卫报》在 2002 年 1 月 10 日指出：“每天都有美国飞机起降的吉尔吉斯斯坦玛纳斯基地离中国的西部边界只有 250 英里，这个基地加上在中国东南方向的日本基地和韩国基地，以及美国对中国台湾的军事支持，使中国感到自己受到了包围。”这还只是比较委婉的评论。

帝国的衰落

古罗马帝国在公元 4 世纪中衰落和最终瓦解。由于布什和切尼启动其鲁莽的军事政策以延续帝国生命，美国世纪，或者老布什总统在冷战结束时期提出的“世界新秩序”，也出现了行将衰亡的迹象。[7]

美国在全球的影响力越来越不再靠四处游说、可口可乐或者麦当劳赢得。新世纪开始以来，使用武力被视为必要手段。这本身就是在承认美国世纪的失败。

“更精干更灵活”的核打击力量

冷战结束后，叶利钦政府于20世纪90年代初要求华盛顿共同对两国庞大的核武库进行削减。俄罗斯库存的核武器正在老化，莫斯科当时认为，冷战结束了，俄罗斯没有丝毫必要继续用核武器武装到牙齿。

然而，华盛顿却将此视为赢得核优势的良机，自20世纪50年代前苏联率先研制洲际弹道导弹以运载不断扩大的核武库以来，美国第一次有机会赢得对俄罗斯发动首次核打击、赢得战争的能力。

五角大楼开始用精度更高、当量更大的弹头装备新型三叉戟II型D-5导弹上已经老化的弹头。

美国海军将更多能够发射潜射弹道导弹的潜艇派遣到太平洋，在俄罗斯早期预警雷达网的盲区进行巡航，也在靠近中国海岸的地区巡航。美国空军用核巡航导弹装备B-52战略轰炸机，据称俄罗斯防空雷达无法发现这种导弹。B-2隐身战略轰炸机上新增了导航仪，可以使飞机以极低的高度飞行躲避雷达探测。

对于美国的新全球军事投送能力来说，大量库存的武器已经不再需要。鲜为人知的新技术使美国能够部署一支“更精干更灵活”的核打击力量。一个例子是，美国海军成功地对大多数潜射导弹搭载的W-76核弹头上的引信进行了升级换代，此举可使W-76核弹头能够击中洲际弹道导弹地下发射井，在此前这类目标很难直接命中。

无任何可靠证据表明，基地组织、哈马斯、黎巴嫩真主党，或美国国务院恐怖组织黑名单上的任何其他组织，拥有隐藏在地下发射井中的核导弹。在实质意义上拥有核武库的国家，除了美国、英国、法国以及（或许）以色列之外，只有俄罗斯和中国，尽管中国只拥有相对来说数量很少的核武器。

美国核轰炸机处于经常性的警戒状态

1991年冷战结束后，作为一个降低战略核武器误判危险的姿态，美国空军奉命解除核战略轰炸机编队战备状态。但 2004 年之后连这也发生了变化。

“8022 概念作战计划”再次要求美国空军的 B－52 远程轰炸机和其他轰炸机进入战备警戒状态。空军第 8 航空队的指挥官说，遵照美国战略司令部的计划，为执行全球打击任务，他的核轰炸机有必要处于警戒状态。

“8022 概念作战计划”的范围不仅包括美国本土的远程核武器和常规武器，而且包括部署在欧洲、日本和其他地区的核炸弹和常规炸弹。“8022 概念作战计划”使美国拥有了五角大楼所谓的“全球打击”能力，即使用核武器或常规武器快速摧毁地球表面和空中的任何目标。在 2004 年 6 月拉姆斯菲尔德下达战备警戒命令之后，美国战略司令部声称已经做好准备，在总统下令之后的半天或更短时间内对地球上任何地点进行攻击。

在 2006 年 1 月 24 日《伦敦金融时代》上，美国驻北约大使维克多莉亚·纽兰德宣称：美国需要一支全球部署的军事力量，在从非洲到中东及世界各地执行任务。维克多莉亚·纽兰德曾任副总统迪克·切尼的顾问，她的丈夫是华盛顿新保守主义战争鹰派的中坚分子。

纽兰德接下来说，这支全球部署的军事力量包括北约国家、日本和澳大利亚，“它将与过去完全不同”。[8]它的根本任务是服务于美国的需要和美国的事业。联系到纽兰德以前的老板副总统切尼为证明在伊拉克等地打仗的正当性而编造假情报的行为，纽兰德的这些话值得重视。

按照“8022 概念作战计划”，随着初步的导弹防御体系投入部署，当前美国已经具备了五角大楼计划人员所谓的“逐步升级的支配力”——能够主导任何烈度的战争，包括核战争。

《外交》上的一篇文章指出：“华盛顿一直拒绝放弃首先使用核武器，连同美国积极发展有限导弹防御能力，使人们看到一个新的、可能也更危险的前景……打赢核战争的能力将长期成为美国军事信条的核心，保持核优势将成为美国的目标。”[9]

一些更严肃的评论家们指出，如果俄罗斯和中国以哪怕最低限度的自我保护措施应对美国这些行动，那么由于误判而导致的全球核灾难的风险，将会远远超过古巴导弹危机和冷战的危险岁月。

然而，对美国的鹰派、美国军事-工业复合体和布什-切尼政府中的新保守主义分子来说，对核大战的担忧只不过是怯懦和缺乏意志力的表现。对此，里根时代的“星球大战”计划的奇怪历史，可以让人们更深入地了解，美国的所谓导弹防御系统的目的到底是什么。

注释

❶Karen de Young, *Afghanistan Opium Crop Sets Record: U. S. —Backed Efforts at Eradication Fail*, Washington Post, December 2, 2006.

❷ Daniel Widome *The Six Most Important US Military Bases*, in www. foreignpolicy. com May 2006. Chalmers Johnson, *America's Empire of Bases*, in www. TomDispatch. com, January 15, 2004. Zoltan Grossman, *New US Military Bases: Side Effects or Causes of War?*, in www. counterpunch. org/zoltanbases. html, February 2, 2002, Ramtanu Maitra, *US Scatters Bases to Control Eurasia*, in Asia Times Online, March 30, 2005. William Clark, *Will US be asked to leave key military bases?*, www. csmonitorr. com, July 5, 2005. Thom Shanker and Eric Smith, '*Pentagon Expects Long—Term Access to Four Key Bases in Iraq*', New York Times, April 20, 2003. Christine Spolar, '*14' Enduring Bases' Set for Iraq*,' Chicago Tribune, March 23, 2004. www. globemaster. de/cgi—bin/bases provides a profile of every listed US airbase.

❸Zoltan Grossman, *New US Military Bases: Side Effects or Causes of War?*, inwww. counterpunch. org/zoltanbases. html.

❹Ibid

❺Los Angeles Times, January 6, 2002.

❻Report of the Secretary of Defense, 1996, pp. 13 - 4.

❼George H. W. Bush, *Toward a New World Order*, Address to Joint Session of Congress, September 11, 1990. The words of Bush are worth citing. He declared, referring to the imminent coalition war on Iraq in 1991, "The crisis in the Persian Gulf, as grave as it is, also offers a rare opportunity to move toward an historic period of cooperation. Out of these troubled times, our fifth objective—a new world order—can emerge: a new era—freer from the threat of terror, stronger in the pursuit of justice, and more secure in the quest for peace. An era in which the nations of the world, East and West, North and South, can prosper and live in harmony. A hundred generations have searched for this elusive path to peace, while a thousand wars raged across the span of human endeavor. Today that new world is struggling to be born, a world quite different from the one we've known…" Again in his State of the Union Address after the onset of military action against Iraq, Operation Desert Storm, Bush declared, on January 21, 1991, "We will succeed in the Gulf. And when we do, the world community will have sent an enduring warning to any dictator or despot, present or future, who contemplates outlaw aggression.

The world can therefore seize this opportunity to fulfill the long-held promise of a new world order——where brutality will go unrewarded, and aggression will meet collective resistance. Yes, the United States bears a major share of leadership in this effort. Among the nations of the world, only the United States of America has had both the moral standing, and the means to back it up. We are the only nation on this earth that could assemble the forces of peace." It was clear that Bush's vision of the New World Order was a version of a Pax Americana, a vision which found little enthusiasm in much of the world, hence the term, New World Order was promptly dropped. The agenda of that New World Order, a Pax Americana was never dropped. The Cold War from the side of Washington never ended. It continued in covert form.

❽ Victoria Nuland, US NATO Ambassador, quoted in London Financial Times, January 24, 2006.

❾ Keir A. Lieber and Daryl G. Press, op. cit.

第六章

星球大战的奇怪历史

“2006年10月白宫宣布了新国家空间政策，随即美国国务院发表了声明，引起了对新一轮空间军事化是否已经开始的严重关切……”

——理查德·库克

美国导弹防御的起源

美国谋划建立全球性“防御”网，以抵御可能发生的敌方弹道导弹进攻，这要追溯到1983年3月23日。这一天，当时的美国总统罗纳德·里根提出了这项计划，正式名称叫“战略防御倡议”，通常称作“星球大战计划”。

1994年，在莫斯科与本书作者的私人晚餐席间，前苏联世界经济与国际关系研究所经济研究部（IMEMO）前主任表示，为了赶上美国数十亿美元的星球大战计划，俄罗斯的财政需求非常巨大，具有讽刺意味的是，这最终导致了华沙条约组织的解体和1990年德国的统一。❶当时前苏联在阿富汗的战争失败，此外，由于1986年美国采取用沙特石油供应世界市场的政策，前苏联的石油收入剧降，前苏联的军事经济无力追赶美国的星球大战计划，也无法应付遍布华约组织国家的大规模民众骚乱。

美国航天局与军事秘密

1986年，美国国家航空航天局遭遇了自成立以来最大的灾难。德怀特·艾森豪威尔总统通过1958年《国家航空和空间法案》设立国家航空航天局，设立这个民用机构的目的是向世界表示美国的科学可以超过前苏联第一颗人造卫星的航天成就。艾森豪威尔总统刻意决定不让军方控制国家航空航天局，目的是使这项计划发挥出对美国整体经济的广泛民用推动作用。该法案宣称：“国会以此方式宣布，美国政府的政策是：空间活动用于和平目的，造福整个人类。”

但是，1986 年 1 月 28 日，“挑战者”号航天飞机在升空不久后爆炸，机上 7 人全部遇难，包括 6 位航天员和 1 名教师。美国国家航空航天局的航天飞机计划开始于 20 世纪 70 年代，目的是制造一种可重复使用的飞行器，向空间运送货物。以前的空间飞行器只能使用一次。第一架航天飞机“哥伦比亚”号于 1981 年升空。一年之后，“挑战者”号升空，这是美国航天编队中的第二架航天飞机。随后“探索者”号于 1983 年、“亚特兰蒂斯”号于 1985 年加入航天编队。在 1986 年灾难性的那一天之前，“挑战者”号已经成功执行过 9 次飞行任务。[2]

（照片来源：维基百科）

■“挑战者”号航天飞机爆炸

爆炸的原因很复杂。但最终它与五角大楼秘密接管国家航空航天局有关，这是美军企图将空间军事化，推行新的星球大战计划的一部分。科学家理查德·库克博士在国会作证时指出，爆炸的直接原因是事先已经知道的 O 形环缺陷。从政府退休后，他解释了挑战者灾难的真正原因。

库克表示：“国家航空航天局将民用和军用重点项目混合在一起，导致 1986 年 1 月‘挑战者’号航天飞机的灾难。这个事故说明：含混不清的动机和公众计划缺乏透明度将导致灾难。”

“1986 年 2 月，在‘挑战者’飞机失事近两周后，《纽约时报》发表了一系列争议很大的文献，其中包括我在 1985 年 7 月写的一份备忘录，我把这个备忘录交给了《时代》杂志的科学栏目作者菲尔·波菲，它对有缺陷的 O 形环可能导致灾难提出了警告。这就引起了一系列内幕的曝光，其中包括承包方工程师反对在寒冷的季节发射，国家航空航天局已经了解助推火箭密封装置的缺陷。”

“但是直到总统委员会完成事故调查之后，我才知道为什么在‘挑战者’号爆炸之前整整一年，在 1985 年 1 月的寒冷天气飞行中已经因密封装置问题造成前所未有的重大事故后，国家航空航天局仍然坚持执行航天飞机的飞行任务。原因是遵循联合天气标准会干扰国家航空航天局计划在加州万登堡空军基地为空军进行的军事飞行任务，加州的天气要比佛罗里达寒冷。这种飞行任务大多数要进行“星球大战”试验，为未来可能部署的‘第三代核武器’——如X射线激光——做准备。”❸

据库克透露，国家航空航天局的军事化与20世纪80年代中期里根的星球大战有关，这十分糟糕。它意味着在那时美国军方就已经秘密地违反了承诺，开始了“空间军备竞赛”。其直接和明确的目标不是别的，就是前苏联的核武器库。

然而，普京在2007年慕尼黑会议讲话中对空间军事化的警告，具有警示性的新含义。“挑战者”号的灾难导致后续空间武器试验的中止，直到2006年。不过，2006年10月在一份很少有人注意的声明里，布什、切尼和拉姆斯菲尔德改变了一切。

“2006年10月白宫宣布了新的国家空间政策，随即美国国务院发表了声明。这引起了对新一轮空间军事化是否已经开始的严重关切，”理查德·库克表示，“美国侵略性地将统治扩展到平流层以外，让人想起20世纪80年代的里根政府。那时，将航天飞机军事化，启动战略防御倡议（即星球大战计划），美国军方一直在积极试验空间武器技术，直到因“挑战者”号爆炸而中止。”

他接着指出：“迄今，月球-火星计划的主要受益者是洛克希德·马丁公司，国家航空航天局与这家公司签署了潜在价值高达85亿美元的主承包合同。洛克希德·马丁作为世界上最大的军工承包商，在国家航空航天局2006年8月宣布这个消息后的五周之内，该公司股票暴涨了7%。

“国家航空航天局给军工复合体巨头81.5亿美元，不是为了让人们在月球上跳来跳去或打高尔夫球，”库克强调说：“月球-火星计划的目标是美国的主导地位，正如国家航空航天局局长迈克尔·格里芬在声明中所说的，‘我的语言’——英语，而不是别的‘什么更为大胆或源远流长的文化，将在未来的月球殖民地上代代相传。’”

库克补充说：“据国家航空航天局2006年12月声明所描述，第一步将是在月球的南极建立殖民地。”反对空间武器和空间核动力全球网的布鲁斯·加依认为：“说到底，国家航空航天局在月球上建立永久基地的计划，将有助于军事控制，主导进出地球大气层的活动，并决定谁能在未来从月球上开采有价值的资源。”

库克接着说：“国家航空航天局的计划看来是个倒退，回到了冷战观念。通常认为，建立国际空间站（ISS）是为了超越冷战观念，提出这个计划违背了它的最初使命。1958 年设立国家航空航天局的法案说得很清楚，‘因此国会宣布，美国的政策是在空间中的活动应致力于和平的目的，造福于整个人类。’格里芬把推动 21 世纪建立太阳系前沿哨所的竞争与欧洲国家为争夺殖民地进行武装冒险相提并论，并不符合当初创建国家航空航天局的构想目标。”❹

在与本书作者的私人通信中，库克的警告更为明确：“我坚信美国主导势力已着手计划对俄罗斯的首次核打击。不过，在美国军方内部存在很大分歧。美国的陆军、海军和一部分空军人员将自己看作是一支防御力量，仍然把确保美国的安全视为自己的职责。主张不惜运用首次（核）打击也要征服世界的军方人员，包括空军的高层、导弹防御局以及（五角大楼）部分文职领导人，这些文职领导人与实际掌控美国的强大金融势力联系密切。”❺

这真有些危言耸听，但披露出来的证据表明，这并非夸张之辞。

拉姆斯菲尔德支持导弹防御

1998 年 7 月，当美国面对的核弹道导弹威胁还相当遥远的时候，唐纳德·拉姆斯菲尔德向克林顿总统提交了一份“对美国的弹道导弹威胁评估委员会”的报告，即“拉姆斯菲尔德委员会报告”。

拉姆斯菲尔德报告简述了它所认为的美国面临的战略危险：

> 一系列公开或潜在的敌国正在联手努力，企图获得可搭载生物或核装置的弹道导弹，这对美国、美国驻军及盟友构成了越来越大的威胁。除了俄罗斯和中国现有的弹道导弹武器构成威胁之外，朝鲜、伊朗和伊拉克构成了新的日益严重的威胁，这些国家虽然当前并未与美国处于冲突状态，但仍处于不确定的过渡时期。在精确性或可靠性方

面，这些新装备了弹道导弹的国家的能力无法与美国相比。然而，一旦做出决定，它们可以在5年之内具备给美国造成重大损失的能力（伊拉克需要10年）。在几年之内，美国可能不清楚对方是否已经做出了这样的决定。

这些新出现的能力对美国构成的威胁正在变得更普遍、更成熟，比美国情报界报告里估计的进展也更迅速。❻

值得注意的是，早在1998年“9·11”事件发生之前3年，拉姆斯菲尔德和美国政策圈里的其他高级成员就已经瞄准了伊拉克、伊朗和朝鲜，这三个国家后来均被布什总统称为“邪恶轴心”。

同样值得注意的是这样一个事实，以拉姆斯菲尔德为首的九人委员会里有两个最狂热的新保守主义战争鹰派：一个是保罗·沃尔福威茨，后来成为拉姆斯菲尔德的常务副国防部长，他是美国对伊拉克战争的主要设计师；另一个是中央情报局前局长詹姆斯·伍尔西，他领导“自由之家”，这是一个背景阴暗的非政府组织，与美国情报界有密切联系，在从格鲁吉亚到乌克兰导致政权更迭的‘颜色革命’中很活跃。

拉姆斯菲尔德挑选的弹道导弹防御委员会秘书长是斯蒂芬·坎彭博士，他曾起草过2000年9月新美国世纪工程报告《重建美国防务》的关键章节。这份报告发布在“9·11”事件之前整整一年，不仅呼吁美国积极对伊拉克进行政权更迭，还呼吁美国开发以种族和人种为基础的生物战技术。该报告的许多参与者，包括迪克·切尼、保罗·沃尔福威茨、坎彭和拉姆斯菲尔德，在2001年布什政府上台后纷纷开始实施这些政策建议。

2003年5月8日，拉姆斯菲尔德提名坎彭担任负责情报的助理国防部长，这是一个新职位，常务副国防部长保罗沃尔福威茨这样描述这个职位：“这个新办公室负责所有情报和与情报相关的监视及政策指导职能。”实际上，这意味着坎彭控制了国防情报局、国家图像和测绘局、国家侦察局、国家安全局以及五角大楼的反情报活动。坎彭一周两次与这些机构的负责人以及中情局和国家安全委员会高级官员见面，下达相应的指令。

据了解内情的美国参议院消息灵通人士说，2005年在其五角大楼职业生涯的顶峰，坎彭在决定报呈总统的国家情报评估上，比中央情报局局长乔治·特内特和当时的总统国家安全事务助理赖斯更有影响。

坎彭静悄悄地获得了这么大的权力，几乎不为人所知，直到阿布格莱布虐俘丑闻突然将他暴露在光天化日之下。这时，他在提供假情报用以说服国会批准对伊拉克发动战争中的作用，以及他在授权对古巴关塔那摩和阿布格莱布监狱的犯人进行系统性的刑讯折磨中的作用，将他不光彩地放在聚光灯下。他清洗任何反对其侵略性计划的军事对手，更公开地透露了什么是拉姆斯菲尔德导弹防御的真正意图——具有极端的侵略性和进攻性。

五角大楼的欧洲和北约战略报告

2000 年 12 月，就在拉姆斯菲尔德就任国防部长之前，五角大楼公布了欧洲和北约战略报告。这个报告里有一个段落专门提及“战区导弹防御”。

作为美国国防部门的官方文件，这份报告值得我们仔细研究，它提出：

> **战区导弹防御**：作为增进美国、盟国和联盟对于弹道导弹袭击安全的更广泛努力的一部分，且作为反扩散战略的补充，美国寻求与北约伙伴合作发展战区导弹防御系统的机会。美国合作性努力的目标是，为联盟军队提供针对近、中、远程导弹的有效防御……在北约的战略概念里，北约重新确认了核、生、化（NBC）大规模杀伤性武器和弹道导弹构成的风险，联盟应对这些威胁达成总体共识。联盟不仅同意建立能够以主动和被动防御应对核生化袭击的联军部队，而且还进一步同意北约在战场上部署的部队需要战区导弹防御系统。
>
> ……联盟正在对分层防御体系结构进行可行性分析。伴随对欧洲的弹道导弹威胁向更远程的方向演变，联盟需要考虑进一步的防务措施，将高层战区导弹防御系统和（或）防御远程导弹的系统结合起来。

接着，这份五角大楼文件转向了美国的本土导弹防御，声称：

> **国家导弹防御**：伊朗、伊拉克、利比亚和朝鲜不需要远程导弹来恫吓它们的邻居；它们已经有了近程导弹可以起到这个作用。相反，

它们想用远程导弹来胁迫和威胁距离更远的欧洲和北美国家。它们自认为，如果我们毫无防备即使只有少量的导弹，也足以阻止美国在危机中采取支持盟友的行动。

基于对这些趋势的评估，美国已经得出结论，必须在这些国家中的任何一国试图恫吓美国不要保护自身利益（包括对欧洲和世界其他地区盟友的承诺）之前，对抗这种威胁。因此，美国正在研发国家导弹防御系统，它可以为 50 个州提供对几枚或几十枚弹头有限袭击的防御。

……尽管莫斯科对此提出异议，但美国正在研发的国家导弹防御系统并不会威胁到俄罗斯的战略威慑力量，即使俄罗斯战略部队大幅削减战略武器，降低到现有的美俄战略武器削减协议的水平之下，也完全可以压倒美国打算建立的防御……

2000 年五角大楼的这份政策文件提到一个奇怪的扭曲逻辑：

我们构想的国家导弹防御系统将增强美国安全承诺的可信度，以及北约作为一个整体的可信度。如果美国因某个国家的导弹袭击而变得更不安全，欧洲也不会更安全。一个面临弹道导弹袭击弱点更少而不是弱点更多的美国，更有可能保卫欧洲和西方的共同安全利益。

2000 年 9 月，克林顿总统宣布，尽管国家导弹防御系统大有希望、也有足够经费支持继续的研发和试验，但有关整个国家导弹防御系统的技术和作战效能还没有足够的信息来支持这个系统的部署。在做出这项决策时，克林顿总统考虑了威胁、成本、技术可行性以及部署国家导弹防御系统对本国安全的影响。克林顿总统的决定将给新一届政府带来灵活性，并保留了在 2006～2007 年时间架构内部署国家导弹防御系统的选择。”[7]

克林顿政府已经采纳了 1998 年拉姆斯菲尔德-坎彭弹道导弹防御报告的核心建议。

2000 年 7 月，俄罗斯和中国两国元首发表了有关美国建立反导防御系统的联合声明。这个声明的部分内容是：

……美国建立为反导条约所禁止的国家导弹防御计划，已引起严重关切。中国和俄罗斯坚持认为，这个计划在本质上旨在寻求单边军事和安全优势。这样一个计划，如果得以实施，将引起最严重的消极安全后果，不仅对俄罗斯、中国和其他国家不利，也不利于美国自身和全球战略稳定。在此背景下，中国和俄罗斯明确表示反对上述计划。❽

2001年5月，作为美国总统的最初几个重大政策陈述之一，乔治·W. 布什宣布：

今天的俄罗斯不是我们的敌人，而是一个过渡中的国家，有机会兴起为一个伟大的民主国家，与自身和邻居和睦相处。

铁幕不再存在。波兰、匈牙利和捷克共和国是自由国家，现在与统一的德国一道，是我们在北约的盟国。然而，这仍然是个危险的世界；确定性更少，不可预测性更大。

更多国家拥有核武器，还有更多的国家希望获得核武器。许多国家有化学和生物武器。某些国家已经开发了弹道导弹技术，它们可以用这项技术以难以置信的速度远距离投送大规模杀伤性武器，其中某些国家正在全世界扩散这些技术。

最麻烦的是，这些国家当中包括某些世界上最不负责的国家。与冷战时不同，当今最紧迫的威胁不是来自前苏联手里的成千上万枚导弹，而是那些把恐怖和恫吓作为生活方式的国家掌握的少量导弹。

它们寻求大规模杀伤性武器来恫吓它们的邻居，阻止美国和其他负责任的国家在世界上具有战略性的地区帮助盟友。当萨达姆·侯赛因在1990年入侵科威特的时候，世界联军把他打了回去，但如果侯赛因有能力用核武器进行恫吓，国际社会将面临困难的局面。

像萨达姆·侯赛因一样，今天的某些暴君心里充满了对美国难以平息的仇恨。他们恨我们的朋友，他们恨我们的价值，他们憎恨民主和自由，他们中的许多人丝毫不关心自己国家的人民。在这样一个世界里，冷战时期的威慑已经不足以维护和平、保卫我们的公民和我们的盟友。[9]

布什在2001年5月，距2001年9月11日对世贸大厦和五角大楼的袭击6个月之前的这些话，在许多方面都值得重视。它清晰表明华盛顿在侵略性地寻求弹道导弹防御问题上缺乏坦率。

实质上，华盛顿在武装部队总司令即总统的层级上坚称建立导弹防御系统的目标仅仅是对付恐怖分子或如朝鲜、伊朗或当时的伊拉克这些所谓的“无赖”国家。尽管没有报道表明叙利亚有任何导弹计划，但有时也把叙利亚这样的小国加到“邪恶轴心”的名单中。然而，正如莫斯科、北京和柏林的军事专家所迅速指出的那样，根本没有恐怖分子或所谓的“无赖”国家有这种核导弹投送能力。

这些细节无可争议地表明，自从前苏联解体以来，在先后三位美国总统任期内，华盛顿一以贯之的政策是，系统和毫不含糊地寻求核支配地位，力图获得绝对的全球性军事主导地位的能力。用五角大楼的术语来说，这就是“全方位主导”。

为何现在部署导弹防御系统

至少在莫斯科和北京看来，在华盛顿表面上不合常理和专横的单边军事行动的背后，有险恶得多的大战略，这一点变得越来越清楚了。美国政府相当拙劣地企图给世界留下这样的印象：它对导弹防御的兴趣是“9·11”之后的恐怖主义新威胁所驱动的。

对于五角大楼和美国政策界来说，无论哪个政党执政，与俄罗斯的冷战从未结束过。只不过它在以伪装的方式进行。老布什当总统时如此，克林顿当总统时如此，2001年1月小布什当总统后也是如此。

如果美国防备不了一小撮不怕死的恐怖分子用剪纸刀劫持波音飞机的攻击，那么导弹防御听上去有合理之处。唯一的问题是，导弹防御的目标不是针对像本·拉登的“基地”组织这样的流氓恐怖分子，也不是像朝鲜和伊朗这样的国家。

在五角大楼的战略家们看来，对美国本土具有毁灭性的核打击威胁根本不存在。仅仅出于怀疑伊朗正在试图发展独立的核武器技术，美国海军和空军的轰炸机编队就已经做好充分准备，甚至准备动用核武器，将伊朗“炸回到石器时代”。像伊朗这样的国家如果不冒被毁灭几次的风险，根本没有能力解除美国的防御。

导弹防御的想法成形于20世纪80年代。当时罗纳德·里根总统提出研发空间卫星系统和遍布全球的雷达基地、监听站和拦截导弹，在来袭核导弹命中目标之前进行监视和拦截。

这个计划被批评者命名为“星球大战”计划。据官方统计，自1983年以来，五角大楼已经花费了1300亿美元来开发这套系统。小布什从2002年开始明显增加了导弹防御的预算，每年高达110亿美元。这是克林顿时期预算的两倍。布什还为今后5年另外追加了520亿美元预算。这还不包括在五角大楼“黑箱”预算里秘密投入导弹防御领域的无人知晓的几十亿美元。

注 释

❶ Conversation in Moscow in May 1994 between author and the Director of Economic Research of the Russian Institute for International Strategic Studies (IISS).

❷ Nick Greene, *Space Shuttle Challenger Disaster - A NASA Tragedy*, in space.about.com/cs/challenger/a/challenger.html.

❸ Richard C. Cook, *Militarization and The Moon - Mars Program: Another Wrong Turn in Space?*, Global Research, January 22, 2007, www.globalresearch.ca.

❹ Ibid.

❺ Richard C. Cook, in private correspondence with the author, March 24, 2007.

❻ Donald Rumsfeld, et al., *Report of the Commission to Assess the Ballistic Missile Threat to the United States*, July 15, 1998. Washington D.C.

❼ United States Department of Defense, *Strategy Report for Europe and NATO Excerpt on Ballistic Missile* Defenses, December 1, 2000. Washington, D.C.

❽ Joint Statement by the Presidents of the People's Republic of China and the Russian Federation on Anti-Missile Defense, July 18, 2000, www.nuclearfiles.org.

❾ George W. Bush, *Speech on Missile Defense*, May 1, 2001, www.nuclearfiles.org.

第七章

华盛顿的核困惑

“导弹防御是首次核打击中失落的环节。”

——罗伯特·鲍曼中校，美国空军导弹防御计划前主任

秘密谋求核主导地位

虽然华盛顿没有明说，但普京在慕尼黑做了暗示，美国导弹防御的目的根本不是防御，它具有极端的进攻性。

美国拥有世界上最可怕的军事机器，一个对有限核打击起保护作用的盾牌，有可能带来空前的优势，其目标直接对准俄罗斯——世界上唯一拥有对美国实施有效核反击能力的国家。

一旦能够有效地应对俄罗斯对（来自美国的）首次核打击的潜在反应，美国就能够按自己的需要统治整个世界，而不仅仅是控制俄罗斯。这就是职业军人所说的核主导地位。这也是普京那次不同寻常的讲话的真正含义。普京并非多虑，而是保持着面对现实的清醒头脑。

现在一切都越来越清楚，自 1989 年冷战结束以来，美国政府对核主导地位的追求一刻都没有停顿过。对于华盛顿和美国精英来说，冷战从未结束，只是他们没有告诉世界这一点。

谋求对石油和天然气管线的全球控制，谋求建立横跨欧亚大陆的军事基地，谋求对核潜艇部队及 B－52 战略轰炸机指挥控制系统进行现代化建设和升级改造，这一切只有从美国谋求核主导地位的角度来看才有意义。

2001 年 12 月，布什政府单方面取消了美俄反导条约。这是向完成美国核主导地位的关键环节——全球导弹防御网——进行冲刺的一个重大步骤。华盛顿公然撕毁国际条约，使其得以追求核主导地位，建造导弹防御系统，这一切都是反导条约所明确禁止的。布什总统同时还取消了美国宪法赋予国会的权力。不幸的是，在“9·11”事件后的全国性的歇斯底里气氛里，很难再听到国会议员们的微弱抗议声。

实际上美国国家导弹防御系统的真正含义根本不是防御，而是进攻。

根据2001年8月5日《纽约时报》报道，使用空间武器打击地表目标和通过空间引导武器打击地表目标在当时已经是现实，“战争计划人员已经设想出许多令人激动的新型武器，”赫特回忆说，“鉴于导弹防御已经引起了这么多争议，军方不想公开谈论这些东西，但一段时间以来他们私下一直在谈。”

根据五角大楼最近的一项研究，空间激光炮可以“成功地攻击地面或空中目标。它可以熔化或快速击毁驾驶舱外壳，烧掉控制电缆，炸毁油箱，熔化或烧掉传感器和天线阵列，炸毁或烧掉弹药吊舱，摧毁地面通信和电力网，熔化或烧毁大量其他战略性目标（如水坝、工业和防御设施、弹药厂）——瞬间即可完成”。

“空军2025”报告描述了从空间向地表发射小型金属弹头的情况。这些“小钢叉”可以穿透地表半英里深，摧毁地下掩体这样的目标。❶

美国空军退役中校罗伯特·鲍曼博士提出：“这些研究让人想起我们在20世纪70年代和80年代初的研究成果。区别在于，那时这些成果构成充分的理由，使美国继续保持不将空间武器化的政策。现在这些东西成了吸引鹰派不顾条约限制，追求更具总体性的绝对军事优势的原因。布什的第一个预算将激光战斗站的经费投入提高了4倍，这个新预算实际上给空间战事开了一张空头支票。现在，他再次对五角大楼从事‘星球大战’的办公机构进行了重组和重新命名。”

“在里根和老布什任内，这个机构是战略防御倡议局（SDIO）；在克林顿任内，变成了弹道导弹防御局。现在小布什把这个机构重新命名为导弹防御局（MDA），给了它免于监督的自由，在以前只有“黑计划”（即不公开的军事计划，主要指秘密武器装备研制计划）才有这个权利。如果国会不迅速采取行动，这个新的独立机构可能会实质性地获得无限制的预算，并把这些钱花在不受公众和国会监督的武器上，在这些武器部署到空间之前我们根本不知道都是些什么东西。理论上，届时空间战士将统治世界，能够在不进行预先警告的情况下摧毁地球上的任何目标。”

“这些新的超级武器会使美国人民更安全吗?”鲍曼问，“很难说。但（根据政府的一项研究）它们将能够使我们的政府保持世界上不断扩大的贫富差距。这是‘乡间俱乐部保守主义’的亿万富翁们和大石油公司雇佣的那些人想摆脱反导条约的真正原因。”❷

国家导弹防御系统——“首次核打击的失落环节”

即使只拥有一个原始的导弹防御盾牌（系统），美国也可以在不担心有效报复的情况下打击俄罗斯的导弹发射井和潜艇基地，因为剩下的少量俄罗斯核导弹不足以做出可以慑止美国首次核打击的反应。

冷战时期华约和北约双方相互消灭对方的能力所导致的核僵局被军事战略家称为“相互确保摧毁”（MAD）。它是可怕的，但从某些奇怪的意义上，它要比美国单方面对核主导地位的追求更加稳定。相互核摧毁的前景使任何一方都不能获得决定性优势，使这个世界的核大战“不可想象”。而现在，美国正在寻求的核战争是“可以想象的”。这是名副其实的“疯狂”。

第一个拥有核导弹盾牌的国家将在事实上拥有“首次打击能力”。罗伯特·鲍曼中校，作为里根时期美国空军导弹防御计划主任，相当正确地把导弹防御称为“首次核打击中失落的环节”。

更值得警惕的是，除了极少数五角大楼计划人员或华盛顿的高级情报人员讨论美国寻求在波兰、捷克部署导弹防御系统，或寻求核主导地位的含义之外，这个问题没有引起足够的关注。

美国秘密地与两个前华约国家——波兰和捷克共和国——谈判部署美国控制下的导弹防御设施，这一事实更为明晰地体现美国导弹防御系统的真正意图以及在政策上的双重面孔。

据波兰政府内部消息，在 2003 年年底，仅在巴格达陷落数月之后，美国开始与华沙和布拉格讨论部署导弹防御设施问题。更令人担心的是，伦敦《卫报》2004 年 7 月 13 日就美国与波兰和捷克共和国讨论导弹防御部署的报道说，布拉格的高级官员也确认，有关美国在捷克共和国部署先进雷达站的谈判正在进行当中，这是美国导弹防御计划的一部分。波兰外交部发言人博格斯罗·马六斯基声称：“我们对成为这项安排的一个具体组成部分很感兴趣。去年年底以来，我们一直在与美国人探讨这些事情。”

华沙的另一些消息灵通人士告诉《卫报》，五角大楼官员已经在波兰南部的山区勘察地点，寻找适合部署 2～3 个所谓“星球大战子计划”的雷达站的准确地点。

除了雷达站之外，波兰人表示他们还想让美国人部署拦截导弹，一个大型加固地下发射井，从这里可以发射远程导弹拦截和击毁来袭火箭。

按照布什政府的计划，要在美国建造两个拦截导弹基地，一个在加州，一个在阿拉斯加。如果在波兰建设拦截导弹基地，这将是美国在海外部署的首个这样的基地，也是欧洲唯一的一个。

波兰前国防部长亚努什·奥涅什凯维奇对伦敦一家报纸说，“建造拦截导弹阵地更有吸引力。让波兰人接受它不是件难事。”

来自华沙的另外一个消息来源对伦敦《卫报》透露：“我知道可能要在波兰部署雷达站，但听到有关拦截导弹阵地的说法仍感到吃惊。”❸

值得注意的是，直到 2007 年 2 月，参加与美国挑衅性地在波兰部署导弹防御设施谈判最多的是波兰国防部长斯考斯基。斯考斯基现年 44 岁，英国国籍，是个彻头彻尾的波兰新保守主义分子。他返回波兰就是为了推进新保守主义鹰派的华盛顿议程。他曾到英格兰的牛津大学彭布洛克学院学习，于 1984 年加入英国国籍。

（照片来源：维基百科）

■ 美国国务卿希拉里亲切会见斯考斯基

前苏联解体后，斯考斯基的英美职业生涯飞黄腾达。当时他被新保守主义的“金融支持者”鲁珀特·默多克选中。默多克是势力强大的亿万富翁，拥有

《伦敦时报》、《太阳报》和有浓厚新保守主义色彩的美国福克斯电视网。斯考斯基建议默多克在波兰“投资”。斯考斯基的老婆安妮·爱珀鲍姆是著名的美国新保守主义记者。

在波兰政府几个低级职位工作之后，斯考斯基2002年来到华盛顿，得到了与新保守主义“黑暗王子”理查德·帕尔共同工作的机会，在帕尔在华盛顿的企业研究所（AEI）当专职研究员。在这里，帕尔为他的波兰朋友提供了可靠的工作岗位，让他担任“新大西洋倡议”的执行理事。2005年，斯考斯基返回波兰任国防部长。

斯考斯基飞黄腾达的不寻常之处在于，作为美国企业研究所“新大西洋倡议”的执行理事，他为北约和反导防御准备了政策文件。五角大楼2006年在俄罗斯周边部署导弹防御设施，就是在执行斯考斯基的美国朋友多年前倡导的华盛顿新保守主义计划。这一阴谋危险至极，它表明这些新保守主义分子热衷于采取危险和愚蠢的极端行动。❹

美国在波兰和捷克共和国建造的导弹防御设施中，包括可在数分钟之内抵达俄罗斯潜在目标的导弹设施。谁也不能说这些美国导弹到底带不带核弹头，这实际上把世界带入了（因未能准确估计核弹头形势而导致的）一触即发的核战争状态，这远比20世纪80年代北约部署潘兴导弹引发的危机更危险。

这使人联想到在小布什2001年1月入主白宫之后成为美国防务和外交政策蓝图的那份文件，即鹰派们在2000年9月提出的新美国世纪工程报告——《重建美国防务》。参与起草这个报告的切尼、拉姆斯菲尔德、罗伯特·卡根、沃尔福威茨、坎彭和许多其他新保守主义分子，后来都在布什政府中占居决策高位。他们的新美国世纪报告宣称：“美国必须开发和部署全球导弹防御系统，以保卫美国本土和美国的盟国，这是为美国向世界各地提供安全保障的基础。”❺

新美国世纪计划的参与者中有一个人值得注意——2007年担任美国驻北约大使的维多利亚·纽兰。她本人是俄罗斯问题专家，是重建美国防务计划委员会主席新保守主义分子罗伯特·卡根的妻子。❻

拉姆斯菲尔德在2001年1月担任布什的国防部长之前，除了参与新美国世纪工程之外，还曾担任鼓吹发展美国导弹防御系统的总统委员会主席。

布什-切尼政府如此急切地推进导弹防御计划，总统和国防部长甚至命令跳过必要的作战测试需求，而实际上在验证极为复杂的反导系统是否真正有效方面，这种测试是必需的。

拉姆斯菲尔德的导弹防御计划遭到军方的强烈反对。2004 年 3 月 26 日，至少有 49 位美军各军种将官联名致信美国总统，呼吁推迟部署反导系统。

正如他们所指出的："美国已经部署的技术可以准确指出弹道导弹的发射来源。因此，任何国家都绝不可能有胆量袭击美国或允许恐怖分子在其本土用装载大规模杀伤性武器的导弹袭击美国，以避免遭到美国毁灭性报复打击的风险。"

这 49 位将官包括参谋长联席会议前主席威廉·克劳（海军）上将。他劝说布什总统："总统先生，正如您曾说过的我们也同意的，我们最优先的重点是防止恐怖分子获得和使用大规模杀伤性武器。因此我们建议，作为在军事上负责的行动办法，请您推迟部署昂贵和未经验证的陆基反导系统，请将相关资金转用于加强包含核武器和材料在内的大量设施，以保卫美国的港口和边界，因为恐怖分子可能图谋将大规模杀伤性武器走私进美国。"❼

为首次核打击做准备

这些经验丰富的老兵们没有说出口的是，实际上拉姆斯菲尔德、切尼、布什及其同伙，他们的真正意图是另一个宏大计划而不在无赖的恐怖袭击。他们寻求的是全方位主导，是新世界秩序，是一劳永逸地消除俄罗斯的潜在竞争能力。

美国急切地部署导弹防御系统，当然不是为了对付朝鲜或恐怖袭击，它的目标是俄罗斯，在部分程度上，也是对付核能力远低于俄罗斯的中国。正如 49 位将军在 2004 年致总统的信中所说，美国已经拥有绰绰有余的核弹头，足以摧毁"无赖"国家或奥沙马·本·拉登的一千个导弹掩体或发射井。

2006 年 3 月，两位军事分析家基尔·利伯和达里尔·普雷斯在颇有影响的纽约对外关系理事会《外交》杂志中写道："如果美国的核现代化目标真的是对付无赖国家或恐怖分子，那么美国的核部队根本不需要 W-76 现代化计划中额外包含的上千枚钻地弹头。换句话说，当前和未来的美国核力量，实际上是为了对俄罗斯或中国实施先发制人的打击，以解除这两个国家的武装。”

两位军事分析家的结论是：“今天，近50年来第一次，美国处于取得核主导地位的边缘。可能很快，美国就能够在首次打击中摧毁俄罗斯和中国的远程核武器库。核力量对比的这个惊人变化，源自美国核系统的一系列升级、俄罗斯核武库的急剧下降和中国核力量现代化步伐的冻结。除非华盛顿改变政策，或者莫斯科和北京采取行动增加其核力量的规模和戒备等级，否则俄罗斯和中国以及整个世界，都将在未来的很长时间内生活在美国的核阴影里。”

有关五角大楼新近挑衅性的导弹防御部署计划，利伯和普雷斯补充说：“美国可能会部署的这种导弹防御系统，其价值主要体现在进攻上，而不是防御，是美国首次核打击能力的补充，而不是单独存在的导弹防御系统。如果美国对俄罗斯（或中国）发动核打击，被打击的国家仅能保住为数不多的核武器，甚至可能一枚都剩不下。到了那个时候，即使作用相对有限或没什么效能的反导系统，也足以应对任何报复性打击……”❽

这就是华盛顿的“欧亚大陆大博弈”的真正议程。自然，打个比方说，在美国不可逆转地捏紧俄罗斯的脖子之前就说这么明白，可能会有把华盛顿的手脚束缚住的风险，因此美国国务院以及国防部长盖茨试图用玩笑来淡化俄国人在慕尼黑的讲话，让这些话看上去像是普京狂乱的猜想。

全方位主导

为更好地理解过去10年或更长时间美国军事能力投送剧增所带来的巨大危险，有必要了解20世纪90年代以来美国军事态势和军事基地设施所发生的重大变化，在这个总体背景下再来看挑衅性的导弹防御计划。

美国官方军事战略是五角大楼确定的全方位主导思想，弹道导弹防御是其中的关键部分。

根据五角大楼的官方声明，全方位主导的意思是“当今使用军事力量的总体概念，为未来联合作战行动提供构想。为达成全方位主导，需要将美国武装力量的转型聚焦于那些可以提高联合部队在各种类型的军事行动中取胜的关键能力。全方位主导需要联合军事能力、作战概念、功能性概念和关键的、适应多样化的条件和目标的力量倍增因素”。

“全方位主导要求将军事行动与其他政府机构的行动整合为一体，注重与联盟和其他伙伴的兼容性。”❾

全方位包括整个陆地和空间，甚至包括网络空间。五角大楼表示，重点领域包括：“从公共领域实施作战：空间、公海、天空和网络空间”。❿

注　释

❶ Robert M. Bowman，USAF Lt. Col（ret.），*The ABM Treaty：Dead or Alive?*，in www. rmbowman. com/ssn/ABMTreaty2. htm.

❷ Jack Hitt，*Battlefield Space*，The New York Times Magazine，August 5，2001，p. 30ff.

❸Ian Traynor，*US in talks over biggest missile defence site in Europe*，Warsaw，July13，2004，The Guardian.

❹ American Enterprise Institute for Public Policy，Washington D. C. website，Radek Sikorski，on their official website，http：//www. aei. org/scholars/scholarID. 64/scholar. asp.

❺ Thomas Donnelly，Donald Kagan，et al.，*Rebuilding America' s Defenses：Strategy，Forces and Resources for a New Century*，The Project for a New American Century，Washington，. D. C.，September，2000. available in http：//www. newamericancentury. org/RebuildingAmericasDefenses. pdf.

❻ Ibid.

❼ Reprinted in Center for Arms Control and Non－Proliferation，*Briefing Book on Ballistic Missile Defense*，Washington，D.C.，May 2004，in http：//www. armscontrolcenter. org/resources/20040501 _ bb _ nmd. pdf.

❽ Keir A. Lieber and Daryl G. Press，*The Rise of US Nuclear Primacy*，Foreign Affairs，March/April 2006.

❾ US Joint Chiefs of Staff，*The National Military Strategy of the United States of America*，2004. Washington，D. C.

❿ Ibid.

第八章

“核战争狂博士”还活着

“好了，伙计们，我猜是这样。与俄国佬硬碰硬的核战斗打响了。”

——斯坦利·库布里克的电影《奇爱博士》中的康格少校

投弹完毕……

哪怕只是个念头，美国整个的导弹防御计划和首次核打击现代化计划也足以令人毛骨悚然。在小布什任内，它已不只是个概念，已经实战化，武器装置已经升空，这让人想起冷战时代的危险岁月——装载核弹的B-52轰炸机编队和三叉戟核导弹潜艇24小时处于战备状态。这是令人恐怖的核场景。

1964年，美国电影导演斯坦利·库布里克以一部辛辣的政治讽刺作品《奇爱博士》名垂电影史。奇爱博士是库布里克挑衅性的黑色幽默电影中的人物，他与冷战政策有关，说的是美国对俄罗斯出其不意的、先发制人的核打击。

（照片来源：维基百科）

■“奇爱博士”中的经典镜头：康格少校骑在核弹上

这部里程碑式的电影是有关核战争的政治讽刺，讲的是技术如何变得疯狂，主宰了人类。影片的主角奇爱博士是个古怪的坐轮椅的德国科学家，是总统的顾问（据说是以美国国务卿基辛格博士为原型），他有一只无法控制的机械手，总是不由自主地行纳粹军礼，做出要杀人的样子。

在这部电影的尾声，基地中响起了警报，特殊密码传输到装载核弹的B-52轰炸机编队，旁白最后宣布战略空军司令部已准备就绪，随即是代号为

“扔炸弹行动”的作战。

为了使美国免于遭到突然的核进攻，战略空军司令部庞大的B-52轰炸机群一天24小时保持升空状态。每架B-52战略轰炸机可以投掷50兆吨当量的核炸弹，轰炸能量相当于在第二次世界大战中所有交战军队所用炮弹和炸弹总能量的16倍。以美国为基地，美国的空中预警机部署在从波斯湾到北冰洋的广大区域，但它们有个共同的地理条件——距俄罗斯境内预定攻击目标2小时航程。

在一架B-52轰炸机的令人压抑的机舱里，一个呆头呆脑的机组人员在对故障自动恢复战位进行例行检查。这架战机的机长是康格少校，一个头脑简单、长得像大猩猩、操着浓重得克萨斯口音的牛仔，他正在翻阅《花花公子》杂志。另一位机组成员在摆弄一堆纸牌打发时间。电台操作员正在大口吃着什么，这时一组无线电信号出现在他眼前的屏幕上，他用绝密的飞机通信密码手册对其中的字母和数字进行了解码，内容是“计划R，翼侧攻击”。

康格少校对接收到的按计划R（R指“罗密欧”）翼侧进攻命令感到恼火，他问机组成员是不是在搞恶作剧，没有理会这个命令。“我告诉你们这些家伙多少次，不许在飞机里胡闹……我去过世界博览会，去过野餐，看过马术表演，这是我在耳机里听到的最愚蠢的东西。”康格少校坚持对消息和密码进行确认，自言自语地说：“一定是什么地方出错了。”这位轰炸机长猜测这个绝密命令可能是“某种忠诚度测验”。在验证了密码手册，解密消息，并从基地得到官方确认戈德堡收到的消息是确实的之后，康格少校宣布他们的确收到了实施R计划的命令：

“还没有人收到过‘开干’的命令。除非俄国佬已经用突然袭击在狠揍华盛顿和其他城镇，否则那些老打手们不会给我们下达执行R计划的命令。”

康格少校戴上宽边呢帽，严肃地扯着嗓子，好像在唱有小军鼓伴奏的《当约翰回家的时候》似的对机组成员宣布：

“好了，伙计们，我猜是这样。与俄国佬硬碰硬的黑（核，得克萨斯口音）战斗打响了。❶”

1964 年库布里克所虚构的因错误计算而可能导致的核大战，与 40 多年后的情况有着不同寻常的相似之处——一位来自得克萨斯的总统，喜欢在他的克劳福德农场扮牛仔，也同样用顽固的得克萨斯口音说“核”这个单词。遗憾的是，华盛顿 2007 年的核政策不是电影，而是现实。

在美军 49 位将领采取极不寻常的步骤给总统写信仅仅 4 周之后，华盛顿大胆的新政策可能导致的结果——有意或因错误估计导致核灾难的可能性——在 2007 年 6 月严重升级。

拉姆斯菲尔德的“8022 号作战计划”

2007 年 6 月，国防部长拉姆斯菲尔德批准了绝密的美国武装部队作战计划——“8022 号作战计划”（Conplan 8022），“这个计划为总统提供了快速的全球打击能力”。

“Conplan”这个术语，是五角大楼对应急作战计划的缩写。那么五角大楼的计划人员在准备什么样的“应急”行动呢？对朝鲜这样的小国（甚至伊朗）实施先发制人的常规打击？或对俄罗斯——最后一个既拥有可观核力量，又没有屈从于美国全方位主导的国家——全力以赴地进行先发制人的核打击？

“全球打击”这个词也值得注意。五角大楼用这个说法来描述特定的先发制人打击。自从冷战开始以来，五角大楼的作战计划第一次包含了核选择，这违背了传统的美国军事观念：用核武器进行防御，对敌人的进攻进行威慑。

某些人指出，“8022 号作战计划”与传统的五角大楼作战计划不同，传统的作战计划在本质上都是对侵略或袭击的反应。

与 2002 年侵略性的先发制人的布什主义一致，小布什的新“8022 号作战计划”也是进攻性的。它可能仅仅由于对紧迫威胁的“认知”而被激活，直接由总统命令实施而无需经过国会。美国开国者们在宪法里精心设置的“制衡”不见了，总统一个人就可以先发制人地发动核战争。

鉴于人们已经熟知五角大楼和副总统办公室在 2003 年有关伊拉克大规模杀伤性武器的错误或非真实“认知”，由此我们可以看到新“8022 号作战计划”意味着美国总统可能会针对任何一个他们认定的威胁，甚至是潜在的未经证实的威胁，下令发射核导弹。

遵照拉姆斯菲尔德 2004 年 6 月的命令，当时的参谋长联席会议主席理查德·迈尔斯上将签署命令，使“8022 号作战计划”处于可实施状态。经挑选的具有核打击能力的轰炸机、洲际弹道导弹、潜射导弹和“信息战”部队针对“敌国”境内未命名的重要目标进行了部署。

伊朗是这样的敌国吗？它从未对美国发动过进攻。朝鲜是这样的敌国吗？50 年来它从未直接进攻过韩国，更何况其他国家。中国是这样的敌国吗？只是因为中国在经济上影响太大？俄罗斯现在是敌国吗？因为它拒绝臣服，不甘心当布热津斯基所说的美国帝国的“附庸国”？没有明确的答案，但世界正在变得更紧张。

由于在美国内部没有对“8022 号作战计划”的公开论证，因此在广大的公众当中更没有讨论这些与潜在核战争有关的问题。

当全世界人民都衷心希望核蘑菇云的威胁永远留在过去的时候，2004 年 6 月拉姆斯菲尔德的命令让整个世界更加不安，正是由于核打击是“8022 号作战计划”的重要内容。

的确，冷战结束以来美国核武库的总数量在下降。不过，核战争的危险并没有下降，因为美国正在把世界带回因错误估计而导致核战争的危险边缘。

一些认真的人们不禁要问，为什么曾经是“自由灯塔”的美国，其政策已经完全处于军方的主导之下。这个问题的答案说来话长。

注　释

❶ Tim Dirks review in http：//www. filmsite. org/drst. html.

第九章

永恒战争状态的游说者

“在政府的各委员会里，我们一定要警惕军事-工业复合体施加不正当的影响，不论它是否有意为之。权力的错施滥用将导致灾难性的后果，这种可能性一直存在并将继续存在……我们决不能让这种组合的势力危及我们的自由和民主进程……”

——德怀特·艾森豪威尔总统的告别演说

军事-工业复合体来到华盛顿

第二次世界大战胜利后的几十年来，美国的霸权或主导地位依赖于两个支柱。第一个支柱是美元作为世界存储货币的地位。1971 年华盛顿单方面放弃美元与黄金挂钩的金本位之后，将石油和大多数硬通货用美元定价对保持美国资本的主导地位起了重大作用。石油和商品美元的主导地位进一步得到了华尔街银行在世界金融市场主导地位的支撑，特别是它们对金融衍生品交易的压倒性控制，这项生意每年涉及数百万亿名义美元。

美国霸权地位的第二个支柱是美国的压倒性军事优势，这种优势自 20 世纪 80 年代末以来尤为明显。这种主导地位与联系紧密的华盛顿特区内外的政治智库网密切相关，也与几个全球巨型防务承包商有关。这些防务承包商对美国政党的经费支持可谓一本万利——以此获得了巨大的影响力。这就是 1961 年艾森豪威尔总统在离任前的最后一次公开演说中提到的军事-工业复合体的现代版本。

在告别演讲中，这位美国驻欧洲前司令对他的同胞发出警告："在政府的各委员会里，我们一定要警惕军事-工业复合体施加不正当的影响，不论它是否有意为之。权力的错施滥用将导致灾难性的后果，这种可能性一直存在并将继续存在，"艾森豪威尔警告说，"我们决不能让这种组合的势力危及我们的自由和民主进程，"他接着说，"只有警觉和知情的公民才能将巨大的防务军事工业机器与我们和平的方法和目标恰当地结合在一起，从而使安全和自由共同繁荣兴旺。"❶

美国安全委员会

位于华盛顿特区的美国安全委员会（ASC）很少为人所知，但它却是对这个军事-工业复合体的政策倡议焦点影响最大的机构之一。非营利性质的美国安全委员会最初成立于1938年，这个组织对美国历史和美国的全球领导地位有重大影响，只是公众对此几乎一无所知。自二战结束以来，它几乎在每一个重要的对外政策或国家安全计划中都起到了显著的作用。

它的网站吹嘘道："美国安全委员会杰出的工作成绩应该会使所有美国人感到自豪。这是一个有关商业、劳工、学术界和政府的杰出代表长期共同努力的故事，在1956年把这个组织定名为美国安全委员会。这些人或是政治家，或处于行动的中心，或在权力的边缘。"

他们解释说："美国安全委员会的起源可以追溯到1938年。组成委员会的最初内部圈子包括当时美国主导机构中那些最有影响的人。"有趣的是，1938年最有影响力的美国政治圈子都活动在纽约对外关系理事会内外，这是洛克菲勒基金会出资的机构。那时他们进行了里程碑式的战争与和平研究，这是战后美国统治地位的蓝图，它把真正的意图掩藏在"非殖民化、自由企业和在世界推广民主观念"的幌子之下。许多人同时参加了美国安全委员会及其军国主义研究项目和对外关系理事会的战争与和平研究。这些人是新美国帝国的设计师，其中最有影响的倡导者之一是《时代》杂志的亨利·卢斯，他把新美国帝国称为"美国世纪"。

因此，美国安全委员会的创始理事会中有卢斯和他那位颇具政治影响的夫人克莱尔·布斯·卢斯。在二战后的冷战期间，《时代》和《生活》杂志的创办人卢斯，作为间谍头子艾伦·杜勒斯的密友，被视为中央情报局在媒体圈最有价值的消息来源。杰伊·洛夫斯通是美国安全委员会另外一个有影响的理事会成员。洛夫斯通是美国产业组织劳工联盟的国际事务部主任，他秘密地将中央情报局的数百万美元用于国际上（特别是在拉丁美洲）的反共活动。反动的芝加哥马歇尔百货公司主席休斯顿·麦克贝恩、西尔斯罗巴克材料公司总裁西奥多·豪泽、美国驻波兰大使阿瑟·莱恩他也是《见证波兰被出卖》的作者。

在书中他攻击美国和英国在20世纪40年代的德黑兰和雅尔塔会议上将波兰出卖给斯大林，这些人都是美国安全委员会的成员。出身苏格兰豪门的马尔科姆·汉密尔顿夫人，也是美国安全委员会的创建者。

美国安全委员会的创办者还包括一些战后时期最有名的军事鹰派。其中有中央情报局高级官员雷·克兰，他撰写了中情局那份臭名昭著的报告，该报告操纵民意，导致了美国采取军事行动，即后来发动的朝鲜战争。朝鲜战争对使美国战争经济永远正当化起了关键作用。

美国安全委员会名单中的人物还包括好莱坞媒体巨头沃尔特·迪斯尼，美国驻前苏联大使和战时罗斯福与丘吉尔的联系人艾夫里尔·哈里曼，参议员托马斯·多德，鹰派参议员亨利·杰克逊，道格拉斯·麦克阿瑟将军，国会众议院院长萨姆·雷伯恩，标准石油公司财富继承人和战时美国在拉丁美洲情报机构的领导人、后来任艾森豪威尔总统的国家安全事务助理纳尔逊·洛克菲勒，肯尼迪总统的顾问尤金·罗斯托，支持军方的参议员约翰·托尔，空军上将南森·特文宁，海军将领埃莫尔·朱姆华尔特。

据了解内情的消息来源称，美国安全委员会与“来自五角大楼、国家安全委员会及与中央情报局有关的机构”的官员共同工作。与它们一起讨论冷战战略问题的还有联合水果公司、标准石油公司、霍尼韦尔、美国钢铁、西尔斯罗巴克公司等许多大公司的老板，以及和中央情报局有联系的对外政策研究所、飞机工业协会（和约翰·梅达里斯将军一道把纳粹火箭科学家冯·布劳恩引入美国）、全国制造商协会、商业协会……❷

在冷战时期，美国安全委员会是个保护伞式的机构，它包括一些美国最具侵略性的军事组织。例如：

以实力求和平联盟　美国安全委员会的重要分支机构是以实力求和平联盟。它摄制了电影《〈限制战略武器条约〉综合症》，“反对参议院批准《限制战略武器条约》（SALT），认为吉米·卡特正在单方面解除美国的武装”。

美国第一委员会　主席是西尔斯罗巴克公司总裁兼AFC公司总裁罗伯特·伍德将军。伍德反对援助被纳粹德国包围的盟国。在德国对美国宣战数周之内，美国第一委员会在纽约集会，为他们所认为的轴心国可能在欧洲和远东取得的胜利进行宣传。

美国爱国者协会联盟 它是以实力求和平联盟的一个成员，推行各种种族主义或人种歧视的活动，包括1924年的《移民限制法》。臭名昭著的人种学家哈里·劳克林是该组织成员，他也是伍德将军领导下的约翰·伯奇协会创办的《人类事件》杂志的一员。

文鲜明牧师 统一教会的创建者，《华盛顿时报》的所有者，与韩国情报机构KCIA有密切联系。

全国共和党遗产集团委员会 各民族共和党俱乐部的联合组织，在共和党全国委员会（RNC）的监督下运作。20世纪50年代，德怀特·艾森豪威尔和理查德·尼克松的竞选战略之一是指责民主党人对共产主义过于软弱。解放东欧成为当时共和党竞选的重要内容。共和党全国委员会成立了相应的种族组织。❸

在整个冷战时期，美国安全委员会是宣传和游说的核心，支持军事-工业复合体，支持国家战时经济和国家安全机构在美国的中心地位。他们委婉地将其称为“保护自由企业体系”。这对1945年后美国永久性国家安全状态的形成起了决定性作用。

新军事-工业复合体

然而，随着时间的推移，特别是前苏联解体后，需要新的结构来推进同样的全球霸权——美国世纪——的宏大计划。

1999年，按照对《外政策焦点》的说法：“军事-工业复合体不会随着冷战的结束而消失。它只不过是重构自身。”“作为克林顿政府鼓励和资助下的军事-工业复合体快速并购的结果，三大武器制造商——洛克希德·马丁公司、波音公司和雷声公司，现在每年总共接到五角大楼300亿美元的合同。这意味着国防部花在从步枪到火箭上的所有经费中，每4美元就有1美元进了这三家公司的腰包。”

1999年，克林顿政府的五年防务预算计划要求武器装备采购费增加50%，这意味着到2003年，每年装备采购费用从440亿美元上升到超过630亿美元。

此外，军火工业发动了“协调一致的游说战役，目标是提高军费和扩大对外武器出口。这些动议的目的是瓜分利益，而不是出自在冷战后时代怎样最好地保卫美国的客观评估”。❹

在为2003年3月号《商业2.0》杂志撰写的文章中，伊恩·蒙特、戴维·弗里德曼和马修·梅尔提到了当时的“新军事-工业复合体”。他们提出：“这场战斗的性质与世人所能知道的根本不是一回事。”

2001～2002年阿富汗人见识了最新一代高技术武器，但也仅仅是见识了一下而已。协同行动的美军部队所发动的重要攻势，将充分展示美国进行更快、更轻便、更高明的战争的军事思想——在这种战斗中先进技术成为美军部队最致命的武器。五角大楼把这种军事思想称为“军事领域革命”（RMA）。其原因可能不仅因为五角大楼有新思维，也因为美国各大防务承包商所发生的微妙变化。在建造新型高技术武器装备的同时，美国也创造了新的军事-工业复合体。

“在军事开支问题上，由国会、五角大楼和防务承包商形成的传统铁三角联合起来推动昂贵的武器装备，这并不是新鲜事。”❺

然而，五角大楼的军事领域革命，决不是对同一个军事战略换了个更聪明的新词而已，它是一个使美国有能力完全控制地球上所有国家、所有潜在竞争者的战略。它是美国全方位主导、在新千年里创建“新美国世纪”的蓝图。

这项战略的指导者是一个隐士般的五角大楼长远战争政策计划人员——安德鲁·马歇尔，令人惊讶的是他已年届85岁，仍被外界视为不可捉摸。他在五角大楼里的绰号来自好莱坞电影《星球大战》里的“尤达”——一个神秘而有些异想天开的角色，绝地武士秩序的操纵者。他手下有大批绝地武士，有些是华盛顿最有权势的人，其中包括唐纳德·拉姆斯菲尔德和迪克·切尼。

注　释

❶ Dwight D. Eisenhower, *Farewell Speech*, 17 January 1961 in Public Papers of the Presidents, Dwight D. Eisenhower, p. 1035 - 1040.

❷ Russ Bellant, *Old Nazis, the New Right, and the Republican Party*: *The American*

Security Council – '*The Cold War Campus*: *The Heart of the Military – Industrial Complex*,' cited in www. sourcewatch. org.

❸ Ibid.

❹ *Military – Industrial Complex Revisited*, in www. fpif. org/papers/micr/introduction _ body. html.

❺ Ian Mount, David H. Freedman, Matthew Maier, *The New Military – Industrial Complex*, www. business2. com March 2003.

第十章

“尤达”的“军事领域革命”

“自从20世纪80年代以来，马歇尔先生一直是军事领域革命的倡导者。这个观念最初是苏军总参谋长奥加尔科夫元帅提出来的。”

——安德鲁·马歇尔博士的一位姓名不详的五角大楼同事

秘密地终结“相互确保摧毁”时代

2001年后，“军事革命”先后在阿富汗和伊拉克实施，然而动荡的种子却是数十年前尼克松时代种下的。当时美国主导势力开始评估越战的失败，探索和计划另一条道路，以把“美国世纪”安全地推向未来。

到了20世纪70年代初，美国有关可能对前苏联进行首次核打击的政策发生了显著变化。在鹰派总统国家安全事务助理、纳尔逊·洛克菲勒栽培起来的亨利·基辛格的支持下，尼克松开始终结冷战时期美苏之间“相互确保摧毁”(MAD) 核实力的恐怖平衡状态。尼克松决心谋求全球统治地位。

1962年10月的古巴导弹危机把世界带到核毁灭的边缘。用任何一个严肃的尺度来衡量，这都是世界历史上最危险的时期。前苏联把核弹头运进古巴，前苏联军舰舰长得到的命令是：在美军进行拦截的情况下，运用自己的判断力决定是否使用核武器。在这场严重的核摊牌之后几年，世界才逐渐从美国国务卿杜勒斯所说的核边缘政策的危险中退了回来。

然而，美国精英政治军事圈之外很少有人知道的是，美国向核统治地位发起冲击，谋求有把握地对前苏联进行可靠的首次核打击能力，起步于国防部长罗伯特·麦克纳马拉在1962年6月11日发布的命令。麦克纳马拉宣布：“……核战争爆发后，首要军事目标……应是摧毁敌人的军事力量。”五角大楼把它称为“打击军事力量”战略，在敌国核导弹发射之前将其全部摧毁。在此期间五角大楼规划了弹道导弹防御系统，以“清除”没有被消灭的少量前苏联导弹。他们认为，为使美国的首次核打击计划可信，弹道导弹防御起关键作

用，而首次打击能力对确保美国作为唯一的霸权、唯一相对其他国家拥有绝对实力和权威的全球性超级大国，具有关键意义。❶

1962～1974年，世界上大多数人都有一个错误的印象，认为美国遵守相互确保摧毁的规则，在古巴危机之后苏美双方达成了共识，即核战争是“不可能的”。然而实际情况是，对于尼克松总统和他的国家安全事务助理基辛格，以及军事-工业复合体的人们来说，核战争不仅是“可能的”，他们还决定使之可能，以确保美国的核统治地位。1974年1月，在“水门事件”丑闻危及其总统地位的时候，尼克松签署了《242号国家安全决定备忘录》（NS-DM－242），这份备忘录由基辛格起草，当时他掌握着美国对外政策，他本人既是总统国家安全事务助理又是国务卿。美国开始寻求使核战争成为“可能”。❷

然而，首次核打击面临着巨大的技术困难与巨大的成本问题。两大技术突破——一个是核弹头的小型化，使1枚导弹的战斗部可以装载17个核弹头，一个是极大地提高深空的导航卫星系统的打击精度——使美国能够首次部署打击军事力量的核战争力量，可以同时打击前苏联分散部署的加固导弹发射井、潜艇和战略轰炸机。

美国对首次核打击的追求并没有因尼克松“水门事件”而中止。1977～1980年，吉米·卡特总统发布了第18号到第59号系列总统令，要求研发可以击毁前苏联预警系统的反卫星武器，使用高度精确的“潘兴”II型导弹对前苏联领导层实施斩首攻击，形成几乎可以将所有前苏联核武器摧毁的首次核打击态势。

使整个政策最终成为现实的那个必要因素——弹道导弹防御系统——仍然是难点所在，因为必须用它来拦截在遭受美国首次核打击之后设法生存下来的、可以对美国目标进行报复性打击的前苏联导弹。

1972年美国和前苏联之间签署的《反弹道导弹条约》（ABM条约）对弹道导弹防御的研究开发设置了若干限制，但没有完全禁止在与这类系统相关的领域展开研究。由此，罗纳德·里根总统在1983年3月向世界宣布了战略防御倡议，即“星球大战”计划。

（照片来源：维基百科）

■ 1983 年 3 月 23 日，里根总统在白宫椭圆形办公室宣布着手实施“星球大战”计划

正如星球大战计划前负责人罗伯特·鲍曼中校指出的，反导防御过去是，在 2007 年仍然是“首次核打击能力中失落的环节”。尽管冷战在 1990 年结束，前苏联解体，前华约国家获得了独立，但美国政治军事主导势力一刻都没有停止过对核主导地位的追求。相反，华盛顿的权力精英们比以往更坚决地追求这个最终大奖：通过核主导地位寻求美国的全球统治地位。❸

拉姆斯菲尔德的马歇尔计划：最棒的技术

在尼克松时代，五角大楼雇佣了一位兰德公司的专家，他是历史上对美国军事政策影响最大的人，而事实上外部世界却对此人知之甚少。他几乎从不接受采访，而且从不理睬那些试图赶走他的对手。这个人就是安德鲁·马歇尔，就是他提出了“军事领域革命”。

对军事领域革命（五角大楼和华盛顿智囊圈把它简称为“RMA”）最有名的界定，是由五角大楼战略规划界的主导势力、美国国防部净评估办公室主任、神秘的安德鲁·马歇尔博士（“尤达”）提出的。（“尤达”）对军事领域革命的定义是：“新技术的创造性运用，与军事理论、作战思想、组织结构的重大变化相结合，导致战争性质发生重大变化，从根本上改变军事行动的特点与实施。”

在许多方面，马歇尔都是非同凡响的人物。2007 年他已年满 85 岁，是唯一不受常规退休规定约束的美国政府文职雇员。

1973 年尼克松总统第一次将这位五角大楼的“尤达”任命为净评估办公室主任，这个办公室是五角大楼的内部智囊，此后每位总统都重复了对他的任命，只有联邦调查局局长胡佛在任职时间上超过了马歇尔的任职奇迹。

马歇尔是拉姆斯菲尔德掌握的国防部里唯一一个几乎参与了整个冷战全程

的人。最早在1949年，他是兰德公司的核战略学家，后来于1973年来到五角大楼任文职官员。在兰德公司任核专家时，基辛格将他带到了美国国家安全委员会，当时这个机构由基辛格主管。就是在那时，在基辛格的推荐下，尼克松总统任命他为五角大楼的净评估办公室主任。

“此后他一直待在那儿，尽管有好几位国防部长都想赶走他。他的办公室的名称很平常，但做的却是大事：评估地区性和全球性军事力量对比，确定长远的趋势和威胁，”2001年《纽约时报》曾这样报道。

《纽约时报》注意到，在里根时代一些关键战略决策的背后都有马歇尔的身影，“他提出了关于持久核战争的战略——以武器现代化为基础，保护政府领导人免受对方首次核打击的伤害，以及‘星球大战’计划的早期设想——有效地拖垮了前苏联的战争机器。他还建议向阿富汗抵抗战士提供非常有效的“毒刺”导弹。

“支持者认为他是超凡脱俗的奇才，反对者认为他是个偏执狂甚至更糟，但大家公认他不喜欢长篇大论。在他主办的未来战争讨论会上，他含糊不清地讲了几句开场白，然后在接下来的两天里就沉默地坐着，皱着眉头，两臂抱胸。他的介入只是在会议的最后，他说，当谈到未来，最好不要因为站在缺乏想象力的一边而犯错误。有了这个经历，我更能理解为什么人们称他为五角大楼的‘尤达’。”❹

马歇尔是大约50年前在加州圣莫尼卡成立的兰德公司的发起人之一。用兰德公司核战略学家赫尔曼·康恩的话说，他们的任务是“设想不可设想的东西”。换句话说，他们进行战争模拟，设想可怕的场景。

马歇尔在芝加哥大学获得经济学学士学位之后，1949年在空军新设立的兰德公司找到了工作，与核专家赫尔曼·康恩和阿尔伯特·沃尔斯泰特一道工作，这两位核专家的观念是小布什政府新保守主义鹰派最初的指导性观念。在兰德公司期间，马歇尔和他的几个同事在1960年美国大选中起了重要但又隐蔽的作用。作为约翰·肯尼迪的顾问，他们设计了纯属编造的美苏“导弹差距”，肯尼迪以此在大选中击败了尼克松。❺

1968年，马歇尔接替詹姆斯·施莱辛格担任兰德公司战略研究部主任。

马歇尔着手制订了兰德公司各项战略研究计划的框架并确定了研究方向。由于这些工作，他于1972年完成了《与苏联的长期竞争：战略分析框架》报告。

正如一位分析家所指出的："自从20世纪80年代以来，马歇尔先生一直在倡导由苏军总参谋长奥加尔科夫元帅于1982年最先提出的军事领域革命观念。总体来说，军事领域革命认为技术进步已经改变了常规战争的根本性质。冲突不是由地面部队实施，新常规战争的实施几乎像核战争一样，由在遥远地方的战略防御系统和计算机控制，引导导弹打击敌人。

"原来人们熟悉的战场将不复存在，按照军事领域变革思路进行的战争，由间谍卫星和远程导弹进行，计算机病毒能够破坏敌人的进攻和防御系统，'分层'的防御系统将为美国提供使敌人无机可乘的防御。"[6]

在20世纪90年代克林顿政府的大部分时期，马歇尔和他的门生们在各种例行公事的官僚体制里并不得志。马歇尔在罗德岛的海军战争学院举办研讨会，提出当时尚不存在使军事领域变革成为可行政策的技术进步和政治气候。

接下来，在2000年总统大选中，小布什承诺"立即对我们的军队进行全面的审议"。在新政府开始运转几周之后，国防部长拉姆斯菲尔德下达命令，由他的老朋友马歇尔负责实施战略审议。

马歇尔了解拉姆斯菲尔德和切尼，因为这两个人都曾担任过国防部长，拉姆斯菲尔德在20世纪80年代，切尼在90年代初。马歇尔对这两个人对现代战争和军队运用的观念有巨大影响。

马歇尔的"绝地武士"

马歇尔的得意门生除了副总统切尼和国防部长拉姆斯菲尔德之外，还有常务副国防部长沃尔福威茨。华盛顿的一些人认为马歇尔是新保守主义分子。更准确地说，他代表了美国主导势力中的军事帮派，在1967年中东战争后五角大楼重新评估与以色列国防军的战略关系时，这些人支持新保守主义鹰派，并形成了他们的观念，使其成为美国政策圈中强有力的声音。

布什总统的整个军事战略都是由组织严密的马歇尔的门生们制定的，这些人被批评者称为"绝地武士"。仔细看看数十年来受马歇尔影响的主要门生们的名单就能说明一些问题，这里面有布什政府发动伊拉克战争的灾难性战略“震慑”行动的所有主要设计者。

马歇尔的“绝地武士”门生有：

唐纳德·拉姆斯菲尔德 两次成为马歇尔的老板，1977 年在杰拉德·福特总统时期任国防部长，2001 年再次出任国防部长，直到 2006 年 11 月为伊拉克乱局背黑锅而辞职。

拉姆斯菲尔德最初是个传统的战争鹰派，在 20 世纪 80 年代离开政府后的某个时候转变为新保守主义分子。他是有影响的“新美国世纪”工程的成员，这个华盛顿智库在 2001 年“9·11”事件发生前的 1998 年就在致克林顿总统的公开信里阐明了对萨达姆·侯赛因进行政权更迭的政策。

拉姆斯菲尔德与情报界以及大西洋研究所有密切联系，是彼尔德伯格集团的成员。他是新保守主义防务智囊安全政策中心的经费赞助人之一。2006 年 11 月他因伊拉克的乱局被迫辞职后，许多媒体分析家认为他是美国历史上最差劲的国防部长。1970 年 12 月他是尼克松总统的顾问，1971～1972 年是内阁成员。1973 年 2 月，拉姆斯菲尔德离开华盛顿任美国驻北约及防务规划委员会、核规划委员会的代表。

1974 年 8 月，他被召回华盛顿任新总统福特过渡班子的总管，在福特任众议院少数党领袖时，他就是福特在众议院的亲信。后来拉姆斯菲尔德成为福特的白宫办公厅主任（1974～1975 年）和第 13 任美国国防部长（1975～1977 年）。在此期间，他主持了美军向全志愿部队的过渡进程。作为国防部长，拉姆斯菲尔德寻求改变国防预算下降的趋势，加强美国的战略和常规部队。他断定，今后 15～20 年的美苏军事力量对比对美国不利，如果听任这种状况延续下去，“将造成世界的不稳定”。在民主党人卡特 1976 年当选总统后，拉姆斯菲尔德离开华盛顿。

在 2001 年返回华盛顿之前，拉姆斯菲尔德曾当过私企老板，是芝加哥制药集团西尔制药公司的首席执行官。这家公司生产有争议的阿斯巴甜（人造甜味剂）。后来他将西尔卖给了孟山都，从此成为百万富翁。他还是总部设在加州的吉利德科技公司总裁，该公司是“达菲”（Tamiflu）专利的所有者。当国防部长时，在有明显利益纠葛的情况下，拉姆斯菲尔德下令国防部大量购买“达菲”，以“预防”美军人员得禽流感，其实他非常清楚，这种药品根本不能抵抗 H5N1 型病毒。[7]

迪克·切尼　切尼被华盛顿圈内人普遍认为是布什-切尼政府的政策制定者，美国历史上最有权力的副总统。切尼组建了独立的国家安全委员会，与总统的国家安全委员会没有关系。在 1991 年第一次海湾战争之前，1989 年切尼任老布什总统的国防部长，这是他第一次与安德鲁·马歇尔一道工作。一些华盛顿知情者认为，作为副总统的切尼对政策的影响比总统还要大，在所有重大问题上小布什都依靠切尼的建议，以弥补他在对外政策经验方面的欠缺。

2001 年任副总统以来，切尼采取的行动有：在小布什总统第一任期，他支持以前的导师拉姆斯菲尔德出任国防部长。接下来，不顾国务卿科林·鲍威尔的反对，坚持让保罗·沃尔福威茨出任常务副国防部长，成为五角大楼的二号人物。同样，不顾鲍威尔的反对，他坚持由当时的美国企业研究所副所长、新保守主义分子和极端单边主义者约翰·博尔顿担任负责军控和国际安全事务的助理国务卿。据报道，切尼还是有争议、后来未能出任美国驻联合国大使的博尔顿的主要支持者。

据报道，副总统切尼在任命另外一个有争议的新保守主义分子艾略特·艾布拉姆斯出任国家安全委员会中东事务办公室主任上也起了关键作用。切尼的第一助手利比因非法向媒体泄露中央情报局高级间谍瓦莱里亚·普兰姆的信息而被起诉，并被大陪审团宣判有罪。据报道，是切尼设法使利比相信，如果他承担这个责任，总统会特赦他。据报道，在伊拉克战争开战之前，切尼多次出现在中央情报局总部，这可以认为是向中情局分析人员施加压力，影响他们对萨达姆·侯赛因与“基地”组织和大规模杀伤性武器之间关系的看法。

切尼还力主在拉姆斯菲尔德的五角大楼设立特殊计划办公室，由新保守主义鹰派、助理国防部长道格拉斯·费斯任主任。1981 年费思曾被指控向以色列提供五角大楼的秘密文件。据伦敦《卫报》报道，在联邦调查局怀疑费思将秘密材料交给没有资格接受该材料的以色列使馆官员之后，1982 年 3 月国家安全委员会前情报主任文森特·坎茨特罗将费思开除出国家安全委员会，取消

了他接触机密的资格。❽

2002 年 9 月到 2003 年 6 月，费思出任倍受争议的五角大楼特殊计划办公室主任。现在我们已经很清楚，这是一个搜集和制造假情报的机构，曾被指控操纵情报以支持 2003 年美国对伊拉克的入侵。据伦敦《卫报》报道：“这个右翼情报网设在华盛顿，对中央情报局的情报进行加工，为武力推翻萨达姆·侯赛因提供证据”。

费思的前助手卡伦·奎亚蒂克斯基中校称，特殊计划办公室是个“宣传站”，她亲眼“见证了特殊计划办公室里新保守主义的拥护者，把持精心设计的评估，通过压制和扭曲情报分析向国会和总统办公室提供事实上的假情报”。参议员卡尔列文在一份有关（费思主持的）特殊计划办公室的正式报告中，单独将费思列出，指责他向白宫提供的大量有关伊拉克与“基地”组织有牵连的材料不属实，在战后这些材料被证明是伪造的。❾

像马歇尔的其他门生、所谓的“绝地骑士”一样，切尼是新美国世纪工程的开创者之一，在成为副总统之前他就主张对伊拉克进行政权更迭。

扎尔梅·卡利扎德　马歇尔的又一个“绝地武士”。卡利扎德在阿富汗出生，后加入美国国籍。2000 年领导布什-切尼国防部过渡班子，后来成为国防部长拉姆斯菲尔德的顾问。他也是新美国世纪工程的成员，参加了 1998 年 1 月 26 日新美国世纪工程致克林顿总统的公开信上签名，敦促用武力推翻萨达姆政权。

2004 年 9 月，卡利扎德承担了影响即将到来的阿富汗总统选举的任务。据《洛杉矶时报》报道，“几位阿富汗总统候选人……都坚持认为美国大使及其助手在幕后积极推动，以确保亲美的卡尔扎伊取得令人信服的胜利。”一位总统候选人穆罕默德·莫哈埃说，卡尔扎伊曾经要求他和其他几个人退出选举，“他们一直在对所有候选人做同样的事。这就是为什么所有人都认为不仅卡尔扎伊是这样，而且整个美国政府也是这样。他们想让卡尔扎伊当选——这场选举不过是走过场。”

卡利扎德的外号叫“总管”，因为他对阿富汗政府的影响让某些阿富汗人想起英国殖民主义的淫威。据《洛杉矶时报》报道 ：“国民大会的代表们 2002

年提名卡尔扎伊担任过渡政府总统，批准了阿富汗的新宪法，也指责美国驻阿富汗大使的干涉，美国甚至为代表们对卡尔扎伊的支持提供经费。”[10]

在小布什任总统之前的很长时间，卡利扎德就是副总统切尼和常务副国防部长沃尔福威茨的门徒。他曾在布什第一任期，在赖斯领导下的国家安全委员会担任高级官员。

卡利扎德在布什的两届总统任期内的地位，使他处于几场重大战争的中心。2005 年 5 月 10 日，卡利扎德被提名为新的美国驻伊拉克大使，接替约翰·内格罗篷特。自 1984 年成为美国公民以来，卡利扎德担任过的其他外交职位包括美国驻阿富汗大使（2003～2005 年），自由伊拉克总统特使和无任所大使（2002 年），美国阿富汗特使（2001 年）。

此前，他曾是加州优尼科石油公司的特别顾问，负责在阿富汗处理与塔利班政府的关系，卡利扎德曾对华盛顿的同事表示，塔利班值得美国支持。卡利扎德为优尼科公司工作，与另一位阿富汗朋友卡尔扎伊一道，试图建造一条价值数亿美元的经过阿富汗的天然气管道。卡利扎德向华盛顿政府建议让卡尔扎伊担任阿富汗总统。

理查德·帕尔　帕尔在华盛顿圈子里因其诡异神秘的行为方式被称为“黑暗王子”，是马歇尔的另一个有影响的门生。帕尔曾是五角大楼的政策顾问（2004 年 2 月辞职）、媒体大享康拉德·布莱克的霍林格集团的前利库德集团政策顾问（这个集团拥有《耶路撒冷邮报》，帕尔是董事会成员）、智囊专家、伊拉克战争的狂热支持者。在最近的霍林格集团秘密聚会上，帕尔是特邀嘉宾，这表明了他在大西洋机构中的重要地位。

帕尔与美国企业研究所和新美国世纪工程有联系，这两个机构都是布什政府对外政策的主要幕后策划机构，特别是策划对伊拉克发动战争。

帕尔曾被指责是以色列的重要间谍。据报道，在他为支持国防的参议员亨利·杰克逊工作期间，一份“联邦调查局的窃听录音带记录了帕尔在以色列使馆与某人讨论秘密信息”。1983 年，帕尔在里根政府时期的五角大楼任职期间，因接受一家以色列军火公司的 5 万美元报酬受到抨击。帕尔解释说，这份报酬是他在进入政府之前在华盛顿的游说工作所得。

据美联社1985年12月24日报道，当帕尔还是里根政府的五角大楼官员时，曾被当时的阿拉巴马州参议员耶利米·登顿控告，指责其挑选斯蒂芬·布赖恩担任五角大楼助手。在约翰·萨格提供的电子邮件拷贝里，登顿指控布赖恩曾在很有势力的美国以色列公共关系委员会（AIPAC）工作，因试图为以色列政府获得信息而被调查，被迫辞去在参议院对外关系理事会的助手工作。美联社报道说，由于帕尔担保布赖恩没问题，联邦检察官驳回了这个案子。⑪

帕尔与常务副国防部长沃尔福威茨有密切联系。沃尔福威茨是偏执的新保守主义战争鹰派，后来担任世界银行行长。帕尔是以色列的狂热支持者和沙特阿拉伯的批评者，是国家安全犹太人研究所（JINSA）的顾问委员会成员。

保罗·沃尔福威茨　沃尔福威茨是马歇尔的门徒，切尼任国防部长时他曾在1989～1992年间与马歇尔共事。沃尔福威茨被认为是最狂热最好战的新保守主义分子。他是“沃尔福威茨主义”（也称“布什主义”）的主要提出者。

沃尔福威茨曾在多位总统任期内担任过公职。他在里根总统任期内曾任军事分析人员，先任国务院政策设计办公室主任，后在1982～1986年任负责东亚和太平洋事务的助理国务卿。1986年他被任命为美国驻印度尼西亚大使。在老布什总统时期，沃尔福威茨担任负责政策的助理国防部长。1977～1980年，他在卡特政府任国务院政策设计办公室主任，副助理国防部长。1973～1977年，沃尔福威茨在美国军控和裁军署任过各种职务，包括限制战略武器谈判的署长特别助理。值得注意的是，1970～1972年沃尔福威茨在耶鲁大学政治科学系任教，当时他的一个学生是利比，利比后来成为沃尔福威茨长期的政治盟友，是马歇尔、拉姆斯菲尔德和切尼周围的新保守主义分子集团的核心成员。

沃尔福威茨也是新美国世纪工程的长期成员，参与签署了1998年1月26日致克林顿总统的公开信，敦促推翻萨达姆政权。与帕尔类似，尽管没有任何银行从业背景，沃尔福威茨在2005年被布什总统提名任世界银行行长，他也是彼尔德伯格集团2000年聚会的特约嘉宾。

马歇尔在兰德公司的同事沃尔斯泰特是沃尔福威茨的父亲雅各布·沃尔福威茨的朋友和学术伙伴，为兰德公司工作到1962年，1964年到芝加哥大学任教。在那里他遇到了沃尔福威茨。沃尔福威茨被沃尔斯泰特的智慧和个性所吸引，开始在他的指导下工作。沃尔福威茨承接了沃尔斯泰特未竟的事业，沃尔斯泰特曾提出警告，要对重新武装起来的俄罗斯和有核武器的中国早做戒备，沃尔福威茨还考虑到了核战略演变的第三个因素：扩散。

在他有关中东核扩散的论文里，沃尔福威茨提出“美国的视野需要超越简单地为传统盟国对付共产主义集团提供防御”，要看到“拥有攸关美国经济的自然资源的那些地区，它们应成为美国战略保护伞的一部分”。他指的是石油资源丰富的阿拉伯国家和伊朗油田。沃尔福威茨写道：“有能力威胁这些地区的任何人都是美国的关切所在”。沃尔福威茨提出：“即使在中东仅仅出现了核武器的蛛丝马迹，也必须马上成为美国最严重的关切”，这是地道的沃尔斯泰特风格。

1969 年，在反导条约辩论最激烈的时候，沃尔斯泰特召集沃尔福威茨和另一个门生帕尔，来辅助搜集所需信息来打击那些支持反导条约的主张。在华盛顿州参议员和军事鹰派人物杰克逊的办公室里，沃尔福威茨和帕尔起草了一份报告。

沃尔斯泰特的两个年轻助手随即进入了华盛顿政界。沃尔福威茨在国防部中东事务机构任低级官员后很快得到提升，在福特和卡特总统时期任军控与裁军署署长。[12]

在克林顿政府时期，沃尔福威茨提出了对伊拉克和其他“潜在侵略国家”的新对外政策，用“先发制人的打击来消灭这些威胁，而不是遏制”。克林顿、老布什、鲍威尔以及老布什政府的其他官员没有采纳沃尔福威茨呼吁的“先发制人”，仍继续进行遏制。遏制同样是小布什任总统最初数月的政策。许多人认为沃尔福威茨的计划是“美国霸权的蓝图”，直到 2001 年 9 月 11 日恐怖袭击发生之前，他的“先发制人”政策仍剑在鞘中。恐怖袭击激活了鹰派以进攻来防御的主张。

2004 年总统大选之后，人们对沃尔福威茨在小布什第二任期的职位曾有种种猜测。CBS 新闻的大卫・库恩于 2004 年 11 月 4 日报道：“约翰・博尔顿的老板、国防部常务副部长保罗・沃尔福威茨被认为是可能代替康多利扎・赖斯的人选。作为伊拉克战争的设计师，沃尔福威茨因没有进行战后规划一直受到民主党的批评。总统国家安全事务助理不需经过参议院批准，因此民主党对沃尔福威茨的厌恶不会影响这一任命。”

博尔顿、沃尔福威茨和国防部长拉姆斯菲尔德确定了布什政府公然的单边主义先发制人外交政策。阿富汗和伊拉克是全新美国对外政策思想的第一个试验场，如果五角大楼新保守主义鹰派继续得势，那好戏还在后头呢。他们中的一员，中央情报局前局长詹姆斯·伍尔西提出“第四次世界大战”，他把冷战算作“第三次世界大战”。

在 2001 年进入小布什政府之前，沃尔福威茨是巴尔的摩约翰·霍普金斯大学保守的高级国际关系研究学院院长。他还参加了防务承包商休斯电子公司的特别任务小组，同时也在为英国石油阿莫科公司和军工巨头诺斯罗普·格鲁曼公司做咨询。

沃尔福威茨与军事-工业复合体的联系在布什政府里并不是例外。康·哈里南在 2003 年《外交政策聚焦》杂志中写道，在 2004 年总统大选之前不到一年，“据政治诚信中心的调查，在 30 位过去和当前有影响的防务政策委员会成员中，有 9 名成员与拥有 760 亿美元的防务承包商有联系。这份名单是名副其实的布什政府里的人员名录。代表诺斯罗普·格鲁曼公司的是白宫办公厅主任利比、助理国防部长费思、常务副国防部长沃尔福威茨、空军部长詹姆斯·罗奇、空军部助理部长纳尔逊·吉布斯。⑬

沃尔福威茨是受争议的 2002 年布什主义的主要倡导者，声称美国有权力发动“先发制人”的战争来保持其全球优势。1992 年 3 月，美国权威报刊《华盛顿时报》刊载了一份有意泄露出来的五角大楼内部文件。报上说：

> 在一份秘密的蓝图里，为进一步“确立这个国家在下个世纪的方向”，国防部呼吁采取协调一致的行动来保持美国的全球军事优势，阻止在欧洲、亚洲或前苏联解体后地区出现敌对的超级大国。这份 46 页长的备忘录将自身定位为“国防部长为 1994～1999 财年国防预算做准备的明确指南”。它公然蔑视有些外部分析提出的，在动荡的选举年过后，五角大楼应该放松对国防预算削减的抵抗。相反，它提

出了详细的论据，要求在20世纪90年代末以及更长时期，保持当前160万现役部队。

尽管注意到“冷战的结束使美军不再面对卷入每场可能的地区或局部冲突的压力”，但这份文件不仅要求保持而且主张扩展美国对外安全承诺，反对重要盟国加强自身安全的努力。

特别是，这份文件提出“美国对东欧的单方面安全保证”的前景，“最好与其他北约国家合作”，并设想“即使在不直接涉及美国利益的冲突中”，也要先发制人地或惩罚性地使用核、生物和化学武器。

负责政策的助理国防部长保罗·沃尔福威茨主持了这份报告的起草。尽管这份报告不提交给国会，也不是为了公开发表，它却代表了五角大楼最高层对不断增长的要求美国减少对外安全承诺呼声的回应。星期天的《纽约时报》对此做的最初报道提出，这份文件为在一个发生了根本改变的时代里美国在世界各地的军事介入“成为常态”提供了依据。

五角大楼框架的核心战略是，“建立和维护新秩序”，使之“足以保护发达工业国家的利益，以防止它们挑战美国的领导地位”，与此同时保持军事主导地位，有能力“慑止潜在竞争者产生争取更大地区地位或全球地位的想法”。这份文件提出：“尽管美国不能成为世界‘警察’，不能承担纠正每一个错误的责任，但我们将承担主要的责任——有选择地纠正那些不仅威胁我们的利益，而且威胁我们盟友的利益，或可能严重破坏国际关系的错误。”

这份文件的大部分内容与国防部长理查德·切尼和参谋长联席会议主席科林·鲍威尔将军的公开讲话相一致。这两位领导人都坚持认为今年的国防辩论将是决定后冷战安全架构的关键时刻，他们向国会进行了包含不同寻常的细节的吹风，提供了在1989年底华约解体后他们设计美军的依据。

与公开讲话类似，这份秘密备忘录强调了集体行动的优点和美国在促进对国际法的尊重，以及在“扩展民主的政府形式和开放的经济系统”方面的核心利益。与他们的公开讲话类似，这份文件描述了美国防务的重新定向，从应对前苏联的全球战争威胁转向应对潜在的地区性冲突。这份新备忘录还提出了美国的中心任务，即阻止敌对的超级大国的出现，这是个在外交上很敏感的话题，在公开辩论中没有刻意强调这点。

这份文件提出，这个目标“是新地区防务战略的主要考虑，要求我们努力预防任何敌对势力主导这样的地区——一旦该地区资源被他人牢固地控制，将足以产生全球性权力。这些地区包括西欧、东亚、前苏联和西南亚。”

这份文件在2月18号分发给各军种长官、世界各地的战区司令和其他五角大楼高层官员。这份备忘录几乎相当于如今的“防务规划指南”的最后草案。“防务规划指南”是国防部长陈述防务政策和战略的主要文件。⑭

当时这些想法被称为“沃尔福威茨主义”，即以先发制人的战争保护美国的全球性优势地位，在前苏联刚解体和认为冷战已经结束的数月里，这种想法显得过于露骨。1992年春，在最初看到被泄露到《纽约时报》的部分内容时，约瑟夫·拜登参议员感到极为惊讶和愤怒，公开指责这份文件是“实质上泛美世界（指美国霸权）的药方”。“防务规划指南”草案泄露了美国20世纪90年代的大战略，它所设想的美国新对外政策和军事政策令人震惊。在1991年海湾战争结束后起草的防务政策指南报告，要求美军对欧亚大陆采取先发制人的行动，防止任何潜在敌对强国的兴起，提出通过先发制人地打击那些被怀疑发展大规模杀伤性武器国家的政策。它提到了美国在海外进行军事干涉是个“常态”，甚至根本没提到联合国。

在当时的总统国家安全事务助理布伦特·斯考克罗夫特和国务卿贝克的坚持下，最终的“防务规划指南”有所软化，但这份草案的内容在它的两个主要作者沃尔福威茨、利比和他们的老板国防部长切尼心里占据着中心位置。

十年之后，尤其是在灾难性的”9·11”事件之后，理论变成了实践。当时切尼已经成为美国历史上最有权力的副总统，这份草案的两位作者，一个是国防部常务副部长，一个是切尼的参谋长和国家安全事务助理，他们开始进入布什政府对外决策制定的中心。⑮

艾略特·科恩 科恩是马歇尔的“绝地骑士”之一，一位有影响的新保守主义鹰派和伊拉克战争的主要倡导者，于2007年4月被康多利扎·赖斯任命为国务院顾问。这项任命让华盛顿的一些人感到吃惊，他们原以为赖斯会在中东推进外交而不是采用军事手段。

科恩是沃尔福威茨的密友和门生。

在“9·11”后不久，科恩就受到了国人的注意。他在《华尔街日报》专栏上发表了一篇题为“第四次世界大战”的文章——这个说法迅速被强硬的新保守主义分子（如中央情报局前局长和防务政策委员会成员伍尔西、《评论》杂志编辑诺曼·波德赫茨、安全政策中心主任（科恩是这个机构理事会成员）弗兰克·加夫尼）所采纳——将布什的“反恐战争”放在他所认为的适当历史背景之下，把敌人确定为“好战的伊斯兰教”。

在打败塔利班之后，科恩错误地指责萨达姆“曾帮助‘基地’组织”，提出华盛顿不仅要“干掉”伊拉克总统萨达姆·侯赛因，而且还寻求推翻伊朗现政权，用“温和或世俗的政府”将其取而代之，认为在这场战争中取胜的重要性丝毫不亚于消灭本·拉登。⑯像马歇尔圈子里的大多数成员一样，他也是鹰派新美国世纪工程组织的成员。

丹尼斯·罗斯 在老布什和克林顿政府中，罗斯都是中东巴以和谈的关键人物。在离开政府后，他进入华盛顿众多新保守主义智囊之一——华盛顿近东政策研究所。在里根政府时期，罗斯担任国家安全委员会近东和南亚事务主任、五角大楼净评估办公室副主任，1982～1984年任马歇尔的直接助手。罗斯还是新美国世纪工程的成员，同时任有影响力的亲利库德美国-以色列公共关系委员会（AIPAC）的执行理事、阿斯彭战略集团的成员，这个集团是私人智囊阿斯彭研究所的一部分，在柏林设立了一个在杰弗里·格迪敏（早期在美国企业研究所期间成为帕尔的党羽）领导下的有影响的办公室。

达夫·查海姆 2004年4月，查海姆离开国防部长办公厅助理国防部长（审计长兼首席财务官）的职位。在被小布什总统任命为助理国防部长之前，他是系统规划国际公司的首席执行官、纽约对外关系理事会成员。

查海姆1981年在里根政府时期进入国防部，负责为核战争准备防务规划指南。1999年查海姆再次应邀参加“火神派”组织，一个志愿为时任得克萨斯州州长提供国际问题咨询的对外政策专家团队。

2001年拉姆斯菲尔德起用了查海姆，因为他对查海姆在弹道导弹扩散方面的经验以及对空间的军事重要性的认识印象深刻。换句话说，查海姆符合拉姆斯菲尔德将空间军事化及通过反导防御建立美国核主导地位的那些计划的要求。

查海姆擅长的方向是西欧、中东和东亚研究，他还是以色列问题专家。他经常应邀提供有关以色列的政治评论，以及对国防和外交政策的评论。

1998年，查海姆参与签署了致克林顿总统的公开信，呼吁华盛顿采取“全面的政治和军事战略，以推翻萨达姆及其政权”，支持丑闻缠身但亲近新保守主义的伊拉克国民大会领导人查拉比。查海姆也是新美国世纪工程组织的创办者之一。

作为一个集团，马歇尔的门生们组成了新世纪最初几年美国决策圈最有权势的游说集团。他们鼓吹根本性的军事力量转型，部署导弹防御系统，进行空间军事化，以运用美国军事力量使美国及其最亲密的盟国彻底控制地球以及外层空间。它可能是美国历史上最危险的意识形态集团。

马歇尔的高技术战争构想

马歇尔最青睐的武器项目，包括各种精确武器、机器人装备、无人驾驶平台和与之类似的水下无人平台，以及可能改变城区作战局势的能够在建筑物之间爬行的小型装备。他还深度介入了对制药公司的经费支持，以研究神经和心理控制药品。2003年，就在对伊拉克的进攻开始之前，马歇尔接受了采访（这很罕见），他对记者说：“神经药理学……新型药品，可能会在相对较短的时间内即可投入使用，在2010年之前一定可以使用。这些药品和人体内的正常化学物质并无二致，只是具备改变行为和提高机能的特点。”[17]

阿富汗和接下来的伊拉克战争成为马歇尔的许多军事变革观念的丑恶的大

试验场。至少 10 年以来，他（们）的主张坚持不变，而军队则对两大进展逐渐适应，战争的性质处于周期性的大变动当中。

一大进展是远程精确打击武器更为完善，使军队可以在更远的距离作战，从而使航空母舰和空军基地等体量庞大、特征明显的武器平台变得更加脆弱。马歇尔提出，随着美国的对手获得越来越精确的导弹，战争或者从远距离进行，或者使用相对小规模的部队速战速决。另外一大进展是“信息战争”的兴起，在这种战争中最有价值的资产是更有效的传感器——卫星、机载相机、手持全球定位系统装备、侦察机器人，拥有这些传感器的一方将获得优势，可以更好地了解战场，更迅速地向指挥官提供信息。

在阿富汗，马歇尔看到许多情况符合他的理论。对这场战争的大多数记述都指出，在激光或卫星的引导下精确制导武器成功命中目标；成功的战场监视，把来自卫星、侦察机和无人机的雷达和红外成像信息传输到指挥部；无人驾驶飞机（如“捕食者”无人机）首次加挂反坦克导弹。这场战争还印证了马歇尔和其他改革者们的另外一个主张——各军种之间相互协作的价值。有代表性的案例是地面特种部队使用激光指示器为美国空军和海军的轰炸行动精确指示目标。

从马歇尔所处的有利位置看，或许阿富汗战争最令人激动的不是新技术，而是将新技术富有想象力地融入原有部队，产生了作战能力的飞跃。一个新旧技术搭配的成功案例，是一种名叫联合直接攻击弹药（JDAM）的精确制导炸弹，这是一种加装了价值 2 万美元的卫星制导设备的炸弹，把廉价的重力炸弹改变为精确制导武器，可以由 B-52 轰炸机投掷，这些武器的年头与飞行员父母的年纪相当。在阿富汗战争美国使用的所有弹药中，有 1/3 是联合直接攻击弹药（其中一枚偏离目标，炸死了 3 名美国突击队员，还几乎炸死了阿富汗过渡政府领导卡尔扎伊，显然地面目标指示人员把自己的位置坐标传给了轰炸机）。美军特种部队人员坐在马背的木制马鞍上用激光指示器定位目标。

马歇尔认为，新武器只有与新组织结构相结合才能真正具有革命性，带来成功，但军队往往做不到这一点。他把阿富汗战争的另一个明星“联合监视与目标攻击雷达系统”（简称“联合星”，Jstars），一个可以为指挥官提供战场图像的机载控制中心作为案例。马歇尔说，一个调研团队最近访问了“联合星”指挥部，发现这套系统最重要的因素是坐在屏幕前的人员对里面的信息进行判断，而这些人却都在计划早点退役。

“他们都是少校，认为自己永远不可能晋升中校，”马歇尔说，“如果你说信息技术是关键因素，那么你就不能允许这样一种体制存在，在这种体制中信息技术的专家也许会现实地想，他们这辈子都不可能晋升到中校。”在军队里，空中交通管制人员不是什么荣耀的岗位，也没什么回报。

在 2000 年年底的总统大选中，马歇尔的门生们被任命到布什-切尼新政府的重要岗位。印第安纳州前参议员、马歇尔战争革命的拥护者丹尼尔·科茨出任美国驻德国大使。小布什激情澎湃的军校演说的撰稿人理查德·阿米蒂奇成为鲍威尔的助理国务卿。拉姆斯菲尔德掌管五角大楼，副手是沃尔福威茨。[18]

“网络中心战”

在五角大楼 2005 年 12 月的“四年防务评估”（QDR）报告中，国防部长拉姆斯菲尔德强调了“网络中心战”对未来战争的重要性。这一构想在伊拉克战争中进行了大规模试验，如今从美国军事企图的角度看，结果是灾难性的。

这份四年防务评估报告反复强调拉姆斯菲尔德防务转型框架里那些主题的重要性，特别是强调“网络中心战”的优点。

“网络中心战”是由拉姆斯菲尔德出资安排美国海军来完成，其目的是：用信息技术将原本分散的各军兵种部队整合为统一的整体。拉姆斯菲尔德采纳的这个思想最初是沃尔特·马歇尔提出的，他的想法是创造出一个敏捷的全球联接网络，使联合部队的所有部分都能实现实时通信，以作战人员所需要的任何形式提供各种信息。

五角大楼实施“网络中心战”的责任人阿瑟·赛布罗斯基海军中将提出：“网络中心性可以使军事效能产生极大的飞跃。”但直到 2007 年，美军的“网络中心战”仍然处于初级阶段。2006 年 11 月共和党在国会中期选举中失败，拉姆斯菲尔德作为替罪羊被解职，他被指责使用过多资金来实现“网络中心战”，忽视了潜艇、轰炸机等传统战争工具。然而，如果五角大楼在重建基本的水、电和其他基础设施上投入更多资源，而不是使用信息技术引导对伊拉克目标的打击，结果恐怕只能是坚定伊拉克民众赶走美国占领军的决心，那么没人知道当前伊拉克的乱局会是什么样。

美国陆军的作战人员战术信息网（WIN－T）是“网络中心战”的重要组成部分。一位专家指出：“它是陆军为未来战争建立的一体化信息网络，含有天基、机载和地基三层体系结构，为高度分散和机动的部队提供全面的连接。”美国陆军将这项计划交给通用动力公司和洛克希德·马丁公司联合研发，总价值可能高达100亿美元，这两家公司原本是竞争对手。

“陆军未来作战系统”（FCS）计划是美国陆军主要的现代化计划，它是“系统之系统”，由许多要素组成，其中包括有人和无人驾驶地面与空中平台，更重要的是所有这些兵器都由先进网络联为一体。未来作战系统的最终成本可能高达1250亿美元甚至更多。这个项目是五角大楼历史上的第二大采办项目。⑲

受人尊敬的国际防务分析家格林·格雷博士，在美国陆军战争学院发表的一份报告上对拉姆斯菲尔德对“网络中心战”的迷恋提出尖锐批评。格雷认为：“当前的军事转型进程将使美军把已经做得极好的事情做得更好……更好地进行决定性机动和使用压倒性的精确火力。然而，这些特点虽然在对正规敌人的战争中很重要，但在非常规冲突中往往没有太大价值。在一场接一场的战争中，美国一直对其军事努力所得到的可怜政治回报感到吃惊。信息技术所引导的军事转型根本无助于美国解决其根深蒂固的问题，即在战争指导上体现出战略性和政治性。”⑳

根据2003年1～2月号《多国观察》的报道，小布什政府国家安全战略的所有重要因素——从先发制人的思想、在伊拉克的“政权更迭”，到侵略性的核态势、决意部署星球大战风格的导弹防御系统——都是在小布什政府上台之前成形的，大公司资助下的保守主义智囊，如安全政策中心、国家公共政策研究所和新美国世纪工程，提出和完善了这些观念。

信奉单边主义意识形态的新保守主义鹰派过去就与这些智囊有密切联系，与这些鹰派一伙的还有小布什政府的32位要员，这些人曾担任过美国最大的防务承包商的执行官、顾问或重要的股东。他们推动了小布什政府的对外政策和军事政策。

2001 年以来，军火游说集团对美国政策制定的影响，超过自 40 多年前艾森豪威尔总统首次对军事-工业复合体的危险提出警告以来的任何时期。

不仅是工业支持下的智囊渗透进了政府。美国顶级防务承包商的执行官、咨询顾问或股权持有人遍布小布什总统的国家安全团队。

利用“9·11”事件后美国公众的恐惧，军事-工业复合体推动了美国对伊拉克的战争以及美国永久侵略性战争态势，它们不受几乎所有其他联邦开支都要受到的预算制约。[21]

布什发动对伊拉克战争的理论支持，可以在美国政府 2002 年 9 月的国家安全战略报告中找到。这份战略报告提出：“尽管美国将继续寻求国际社会的支持，但必要时我们在采取单独行动上不会迟疑，我们会通过对恐怖分子实施先发制人的打击来行使自卫的权利，防止他们伤害我们的人民和我们的国家。”美国先发制人战争政策打开了全球单边主义战争的潘多拉之盒。[22]

先发制人的思想实际上是个错误的说法，先发制人意味着对一个已经准备发动进攻的国家抢先进行打击。布什的先发制人的适用面则没有限制，这意味着只要在未来某个时候某个国家或组织可能构成威胁，美国就有理由发动攻击。

对于有经验的军事战略学家和熟悉因错误估计而导致核战争的人们来说，对核主导地位的追求是美国军事优势中最危险的信号。五角大楼《2003 年核态势评估》报告已经明确表示，美国将永久性保留核武器。在好战的布什-切尼时期，美国宣布核武器政策的目的，已经从威慑性的最后手段，转变成美国军事武器库的中心因素和可以使用的因素。这就是俄罗斯总统普京 2007 年 2 月在慕尼黑发出警告的真正原因。

美国核政策的这种巨大变化，其源头可以追溯到大公司资助的智囊，如公共政策国家研究所（NIPP)。该研究所 2001 年 1 月发表的报告“美国核力量和军备控制的依据与需求”成为布什政府核态势评估的模板。布什政府 2003 年的报告和该研究所的报告都主张研发新一代“可以使用”的低当量核武器，扩展美国潜在的“打击目标清单”，扩大可能使用核武器的场景。

公共政策国家研究所的三个成员加入了小布什政府。他们是总统国家安全委员会的主管、鹰派分子史迪芬·哈德利、罗伯特·约瑟夫和国防部长特别助理及新保守主义分子斯蒂芬·坎彭。该研究所所长基思·佩恩——1980年以其臭名昭著的《胜利是可能的》核战争文章为人所知——被任命为五角大楼威慑概念顾问委员会主席，这个委员会帮助五角大楼完成核态势评估报告。

小布什2002年国家安全战略提出的“先发制人的战争”战略，可以追溯到新保守主义的新美国世纪工程，10年来这个组织的成员一直在推动这个战略。在2000年总统大选之前，新美国世纪工程公布了“重建美国防务”报告，这是布什-拉姆斯菲尔德五角大楼军事战略的蓝图，它还包括“政权更迭”这样的主张。

新美国世纪工程组织成立于1997年，由新保守主义领军杂志《每周标准》编辑威廉·克里斯托弗任项目主任。卡内基国际和平基金会高级研究员、《每周标准》执行编辑和华盛顿邮报专栏作家罗伯特·卡根也是新美国世纪工程组织的创办者之一。他是切尼的前助理和2006年美国驻北约大使维多利亚·纽兰的丈夫。

新美国世纪工程组织成员还有布鲁斯·杰克逊，他长期在洛克希德·马丁公司任执行官，2000年离开公司专门从事军事政策问题研究。新美国世纪工程秉持的原则是再现用军备建设带来的“里根政府的成功”，敦促美国回到“军力强大、准备充分的状态，能够满足当前以及未来的安全需求”。新美国世纪工程的主要报告由沃尔福威茨、切尼、拉姆斯菲尔德以及后来加入小布什国家安全团队的其他众多人物联名签署。最近，防务承包商洛克希德·马丁公司雇佣了新美国世纪工程的副主任和报告的主要起草者托马斯·唐纳利。

假想敌和秘密行动

在“重建美国防务”报告的结尾部分，新美国世纪工程组织提出了一个令人震惊的说法。到了整整一年后，即2001年9月11日发生了惊人事件后，人们才能感觉到这个说法是多么令人震惊。最初，小布什总统将“9·11”事件比作“新珍珠港”，但很快因下述理由放弃了这个说法。新美国世纪工程报告提出：

“美国不应当在试验新技术和作战观念的同时，简单地宣布处于‘战略间歇’之中。美国也不应当选择一个使美国与盟国利益渐行渐远的转型战略。例如，一个单纯地致力于提高从美国出发的保护性军事能力，可能会牺牲美军前沿基地，从而困扰美国的盟国，与美国更为宏大的政策目标相冲突。此外，**如果不发生灾难性的催化事件——类似于一个新的珍珠港事件，即使能够带来革命性变化的转型过程，也很可能是长期的。**”[23]

长期以来，美国和其他国家的主要情报机构已经非常擅长搞“假想敌”行动。这是一种己方发动的恐怖行动，但看上去像某些对手或敌人实施的行动，用情报行话来说，这是“假想敌”行动。在理想的情况下，实施这种行动的人不清楚他们代表谁在行动。在秘密情报机构的术语里，“假想敌”行动也叫“秘密行动”，由政府、公司或其他机构实施，这种行动被设计成好像是由其他人实施的。这种行动的名称来自军事领域，即悬挂其他国家的旗帜实施军事欺骗。

“假想敌”恐怖主义意味着恐怖分子认为他们在执行“帮助其事业”的命令，没有意识到长期以来他们的领导者已经被他们的敌人所控制。

巴勒斯坦在 1985 年劫持意大利的“阿奇里·劳罗”号游船，这是一次使恐怖分子失去信誉的成功“假想敌”恐怖袭击。这个行动的命令由以色列秘密机构下达，由以色列秘密机构安插在巴勒斯坦恐怖组织内部的特工组织实施。策划的细节已经由以色列秘密机构高层人员阿里·本-梅纳什（以色列前首相伊扎克·沙米尔的特别情报顾问）在他的《战争的利润》一书中披露。

这实际上是以色列的“黑色”宣传行动，目的是显示巴勒斯坦人是一伙穷凶极恶的残暴家伙。行动是这样实施的：以色列国防军拉斐尔·埃坦将军将指令下达给拉迪，现在已经到了让巴勒斯坦人发动袭击、实施暴行的时候，至于细节则没有透露更多。拉迪将命令传达给阿布尔·阿巴斯，他为了执行这个命令，从伪装成西西里黑手党的以色列情报官员手里拿到数百万美元。接下来，阿巴斯组织了一个小队袭击意大利游船。这个小队被告知，一定要残暴，向世界展示如果巴勒斯坦的要求得不到满足，他们会对其他手无寸铁的平民百姓做些什么。这伙人挑选了一个年迈的坐轮椅的美国犹太人列昂·克林霍福尔，杀死了他，将尸体抛入海中。他们向世界展示了残暴，这是以色列最成功的反巴勒斯坦宣传。[24]

“9·11”

常务副国防部长沃尔福威茨、国防部长拉姆斯菲尔德和其他人一道在2001年9月11日后立即呼吁对伊拉克发动军事进攻，而不是打击有嫌疑的恐怖袭击主谋奥沙马·本·拉登。这使许多敏锐的调查人员怀疑2001年9月11日的袭击是否在事实上是新美国世纪报告的作者所祈祷的“新珍珠港”事件。对难以捉摸的奥沙马·本·拉登是恐怖袭击事件主谋的指控，是不是一个“假想敌”行动？如果是，那么真正的“敌人”是谁呢？许多有经验的飞行员都认为，19个只拿着原始的裁纸刀、操阿拉伯语的恐怖分子，劫持4架复杂的波音商业飞机，并成功地控制了其中的3架，这几乎是不可能的。

（照片来源：维基百科）

■ 自由女神注视着遭受撞击的世贸中心

在“9·11”事件数月之后事态变得更为清楚，至少这场恐怖袭击被设计成以反恐战争的名义对伊斯兰世界发动战争的借口。正如20世纪90年代初哈佛大学教授塞缪尔·亨廷顿所提出的“文明的冲突”。

许多资深国际情报专家开始怀疑一种最黑暗的可能性，即“9·11”事件是一场“假想敌”行动。

德国国内情报机构“德国联邦宪法保卫局”前负责人埃希哈尔特·维特巴赫，在“9·11”事件发生不久对媒体表示，这场袭击的“极端精确”和“计划的复杂”，需要“数年时间来进行策划”。他说，这么复杂的行动需要国家情报机构的“规范操作模式”，看不出在汉堡学习过的嫌疑人穆罕默德·阿塔领导下的“松散恐怖分子团伙”具有这个能力。他指出，应该有许多人卷入了这一行动的策划，泄露出来的信息很少进一步暗示，这些袭击是“由国家组织的行动”。

1969～1994年任德国联邦议院议员期间，安德烈·冯·比洛负责监督三个德国秘密机构的议会委员会工作。冯·比洛对美联社表示，他坚信以色列情报机构摩萨德和美国中央情报局躲在“9·11”恐怖袭击的幕后。

他相信恐怖袭击的策划者使用了像巴勒斯坦恐怖分子阿布·尼达尔这样的“雇佣杀手”，冯·比洛认为尼达尔是“摩萨德的工具”、“斯塔西”（前东德秘密机构）雇佣的高级特工，或利比亚特工，他将狂热的恐怖分子，如巴勒斯坦和阿拉伯的“自由战士”组织起来实施恐怖袭击。

维特巴赫和冯·比洛都表示，对“9·11”事件没有进行像国会听证会这样的公开及官方调查，让人难以理解。美国副总统切尼拒绝了这种呼吁，坚持认为这将“分散”反恐战争的精力。只是到了2002年9月，恐怖袭击事件发生整整一年之后，美国国会而不是白宫组织了官方委员会来调查与2001年“9·11”有关的事件。这个国会委员会的两位联合主席是佛罗里达州参议员鲍勃·格雷汉姆和中情局前特工波特·高斯，后来小布什亲自挑选他领导中央情报局。

没有任何理由指望由格雷汉姆和高斯牵头的调查会遵循中立和诚实的原则。一位加拿大研究人员指出，2003年9月公布的最后调查报告忽略了受指控的“基地”组织劫机者与巴基斯坦某个秘密情报机构（ISI）之间的重要联系。

> 在9月11日的早晨，三位议员格雷汉姆、高斯和乔恩（访问巴基斯坦的国会代表团成员）正在国会山与艾哈迈德将军共进早餐。艾哈迈德是涉嫌“9·11”劫机犯的“金主”（联邦调查局的行话，意为“经费提供者”）。同时在场的还有巴基斯坦驻美国大使和美国国会参众两院情报委员会的几位成员。据一家媒体报道，这次聚会是8月末

访问巴基斯坦的“后续会谈”。

当世贸中心双子塔楼被袭击时，用参议员格雷汉姆自己的话说，巴基斯坦情报机构首脑默罕默德·艾哈迈德“对美国人民表达了感同身受的同情”。（斯图亚特新闻公司《新闻斯刊》佛罗里达维罗海滩，2001年9月12日）

格雷汉姆对艾哈迈德将军的描述，与《华盛顿邮报》的报道形成鲜明对照：

“在9月11日早晨，高斯和格雷汉姆正在和一位名叫默罕默德·艾哈迈德的巴基斯坦将军——很快就被解职的巴基斯坦情报机构首脑——共进早餐。艾哈迈德负责的间谍机构与奥沙马·本·拉登和塔利班过从甚密，并不光彩。”（《华盛顿邮报》2002年5月12日）

尽管联合调查搜集了大量的情报材料，但经过精心地剔除，公开（主流媒体以及非主流媒体）的大量的媒体和情报报告，虽确证了布什政策的关键人物卷入了政治伪装活动，却都被仔细地从联合调查听证材料上删掉了。”[25]

20世纪70年代曾直接在德国首相勃兰特手下负责协调德国各情报机构的霍斯特·埃姆克，在看到“9·11”事件的电视画面时，说这看起来像“好莱坞的作品……没有秘密机构的支持，恐怖分子不可能用四架劫持来的飞机实施这样的行动”。这是埃姆克的说法，尽管他不想指出任何一个机构。

俄罗斯军界最高级的人物之一、冷战老手列昂尼德·伊瓦绍夫将军对“9·11”事件做了更为直截了当的评价。在2006年年初布鲁塞尔的一次国际会议的发言中，伊瓦绍夫说：

……恐怖主义并不是独立于世界政治的什么东西，它只不过是构建只有一个司令部的单级世界的一种工具、一种手段，一个抹掉国家边界、建立新的世界精英统治的借口。正是这些精英构成了世界恐怖主义的核心要素，恐怖主义的意识形态和恐怖主义的“教父”。世界精英的主要目标是历史、文化、传统和自然的现实，现有的国家间关系体系，人类文明和民族身份构成的世界民族和国家秩序。

当今的国际恐怖主义是这样一种现象，它结合了国家和非国家政治结构，把恐怖的使用作为一种手段，通过恫吓人民、破坏心理和社会稳定、取消强力机构的抵抗、创造适当的条件来操纵他国政策和人民的行为，来达成他们的政治目标。

恐怖主义在新型战争中被作为一种武器来使用。与此同时，国际恐怖主义与媒体沆瀣一气，成为全球进程的管理者。正是媒体与恐怖的互利共生关系，使干涉国际政治和现实成为可能。

在此背景下，我们来分析2001年9月11日在美国发生了什么事情，可以得到下列结论：

（1）这些袭击的组织者是对破坏世界秩序感兴趣并有办法资助这个行动的政治和商业精英。这个行动的政治概念产生于那些对金融和其他资源的管理出现紧张的地方并得完善。我们得在全球和跨国层次的大资本的利益交汇之处寻找袭击的原因，在那些对全球化进程的节奏或其方向不满的圈子里寻找袭击的原因。与传统战争不同，传统战争的概念是由将军和政治家确定的，寡头统治和受制于寡头的政客发动了这次恐怖袭击。

（2）只有秘密机构及其当前的首脑，或那些虽已退休但仍在政府机构中有影响的首脑，才有能力计划、组织和实施这种规模的行动。一般来说，秘密机构创建、资助和控制了极端主义组织。如果没有秘密机构的支持，这些组织根本不可能存在，更不用说在保护措施那么好的国家发动这种规模的袭击。策划和实施如此规模的行动是极其复杂的。

（3）奥沙马·本·拉登和“基地”组织既不是“9·11”事件的组织者，也不是执行者。它们没有必需的组织、资源和领导。因此，必须创建一个职业的团队，阿拉伯敢死队员不过是用来掩盖这次行动的“替身演员”。

“9·11”行动将世界上事件的走向引领到跨国黑帮和国际寡头所选择的方向，也就是说，那些想控制全球的自然资源、世界信息流和金融流的人选择了事件发展的方向。这个行动也有利于同样寻求统治世界的美国经济和政治精英。

编造出有关四处流窜的“国际恐怖主义”无赖的流行神话，只不过是主宰世界计划中的一个理想工具。伊瓦绍夫对此做出了如下解释。

使用“国际恐怖主义”这个术语有下列目标：

掩盖在世界各地使用武力争夺对世界的统治和控制的真正目标；将人民的注意力转向针对看不见的敌人这类模糊不清的目标；摧毁基本的国际规范，在侵略、国家恐怖、独裁或民族解放运动等观念上颠倒黑白；剥夺人们与侵略者战斗和拒绝为国外情报机构工作的正当权利；建立放弃国家利益的原则，将军事领域的目标转向把反恐放在头等地位，改变军事联盟的逻辑来损害联合防务，以利反恐联盟；以反恐战争为借口，通过粗暴的军事统治来解决经济问题。[26]

另外有一些人则认为小布什、切尼和拉姆斯菲尔德要为“9·11”事件直接负责任。斯坦利·希尔顿曾是参议员鲍勃·多尔的办公室主任，现在是华盛顿一位受尊重的律师，他代理了数百个“9·11”事件的受害者家庭。

他起诉小布什总统卷入了“9·11”事件。在2004年9月10日的访谈中，希尔顿指出：“……我们正在起诉小布什、赖斯、切尼、拉姆斯菲尔德和米勒(联邦调查局局长)，他们不仅是‘9·11’事件的同谋者，而且下令实施了袭击行动……一年半以来我已经列举出更多证据，在我看来这毫无疑问是个政府行动，这是美国历史上最大的背叛和大屠杀行为。”

这位华盛顿律师坚信，这四架攻击飞机受“远程控制，正如我一年半前所说过的，有一个叫‘独眼巨人’的系统，是放置在飞机前端的一块芯片，它可以用地面控制来取代飞行员对飞机的控制。这个系统控制了这些飞机撞向世贸大楼”。[27]

这位律师永远不可能打赢这场官司，世人也永远得不到证据，特别是小布什政府断然拒绝立即成立独立的“9·11”事件调查委员会，坐视大多数重要证据被销毁，如世贸大厦的钢架支柱被迅速用舰船运往海外销毁成碎片。小布什的盟友、媒体编造出来的“9·11英雄”、纽约市长鲁迪·吉乌里尼，命令禁止纽约市消防队员在废墟中抢救他们死去同事的遗体，并逮捕了几个违抗这项命令的消防队员。

"新珍珠港"事件

在2001年9月11日对纽约世贸双子塔楼的灾难性袭击过后几个小时，小布什总统对世界宣称："我们遭到了自'珍珠港'事件以来从未遭到过的进攻。"白宫迅速放弃了继续援引"珍珠港"的做法。1941年12月日本发动的空中袭击，给了罗斯福总统要求国会向日本和德国宣战的借口。

在世贸中心遭袭击的背景下提到"珍珠港"，促使严谨的记者们回头找来2000年9月新美国世纪工程报告《重建美国防务》，包括切尼和拉姆斯菲尔德在内的报告作者在为美国防务态势转型陈辞时称：**"如果不发生灾难性的催化事件——类似'珍珠港'的事件，转型的过程可能很漫长。"**

拿"珍珠港"事件这个对所有美国人来说永志不忘的象征来打比方，是小布什总统一个要命的用词，带来大量难堪的问题，这些问题与小布什政府在"9·11"事件发生之前了解多少情况有关。

无论谁最终为"9·11"的袭击负责，无可否认的结果是，我们在美国看到了自从1941年12月珍珠港遭袭击，把美国带入对德国、日本和意大利的第二次世界大战以来还没有看到过的军事歇斯底里和国防动员。

1946年解密的美国国会听证会材料表明，关于日本对珍珠港的轰炸袭击，罗斯福总统和几位高级美国军官在美国舰队被轰炸之前几天就知道得非常清楚。这个事件本可以避免，从而挽救数千美国人的生命。罗斯福的冷血决定："让它发生吧。"把美国带入了一场他和他的高级计划人员算定会赢的战争。这是建立亨利·卢斯所说的"美国世纪"之战的第一枪。

在战争结束后的1946年，由肯塔基州参议员艾尔本·巴克利任主席的美国国会"珍珠港"事件联合调查委员会听取了美国陆军珍珠港委员会的报告。这份报告当时是"绝密"，几十年后才解密。这份报告是对罗斯福政府、罗斯福本人和陆军在太平洋战争中的大"英雄"麦克阿瑟将军的爆炸性控告。在1941年日本对珍珠港和美国陆军航空队基地的袭击中，美军死亡2403人，受伤1178人，损失18艘战舰，188架飞机。早在11月26日袭击发生之前两周，罗斯福就亲自得到了英国首相丘吉尔有关珍珠港即将面临袭击的紧急警告。罗斯福的反应是遣散了珍珠港舰队的空中防御，以确保日本偷袭取得成功。丘吉尔11月26日致罗斯福的信函，是两人通信中迄今仍以“国家安全”为理由唯一尚未解密的文件。

对珍珠港的灾难性袭击造就了罗斯福梦寐以求的开战理由。这是一场创建新美国帝国的战争。在把“9·11”事件作为“新珍珠港”事件做出反应上，美国军事机器没有浪费一分钟。对于美国军事工业及其在政府和国会的支持者来说，这一刻似乎梦想成真了。㉘

小布什的“新珍珠港”为反恐战争打下了基础。这是一场含义模糊不清的，没有明确定义的，针对每一块土地、每一个村庄的潜在敌人的战争。这场战争是为大规模提高军费开支定做的借口。在布什-切尼政府背后的军事-工业复合体迅速对此做出了反应。

注　释

❶ David R. Morgan, *Ballistic Missile Defense in the context of the evolution of US nuclear weapons policy during the past fifty years*, Testimony to Standing Committee on National Defense, House of Commons, Ottowa, March 19, 1999, in cndyorks. gn. apc. org.

❷ Ibid. See also National Security Council Institutional Files, *POLICY FOR PLANNING THE EMPLOYMENT OF NUCLEAR WEAPONS*, 17 Jan 1974, NSDM 242, in http://64.233.183.104/search? q=cache: xHvc_74xiroJ: nixon. archives. gov/find/textual/presidential/nsc/institutional/finding_aid. pdf+NSDM-6242+henry+kissinger+role+in&hl=en&ct=clnk&cd=3&gl=de&client=firefox-a.

❸ Ibid.

❹ James Der Derian, *The Illusion of a Grand Strategy*, New York Times, May 25, 2001.

❺ Ken Silverstein, *The Man from ONA*, The Nation, October 25, 1999.

❻ Elaine Lafferty, *Missile Defense is about money and it's here to stay*, Irish Times,

July 25, 2001.

❼ F. William Engdahl, *Bird Flu: A Corporate Bonanza for the Biotech Industry Tamiflu, Vistide and the Pentagon Agenda*, Global Research, November 6, 2005, in www. globalresearch. ca.

❽ Julian Borger, *The Spies Who Pushed for War*, The Guardian (London), July 17, 2003.

❾ Ibid.

❿ Paul Watson, *US Hand Seen in Afghanistan Election*, Los Angeles Times, September 23, 2004.

⓫ Jason Vest, *Turkey, Israel and the US*, The Nation, August 23, 2002.

⓬ Khurram Husain, *Neocons: The men behind the curtain*, Bulletin of the Atomic Scientists, November/December 2003.

⓭ Patrick E. Tyler, *Pentagon drops goal of blocking new Superpowers*, The New York Times, May 24, 1992.

⓮ Barton Gellmann, *Keeping the U. S. First; Pentagon Would Preclude a Rival Superpower*, The Washington Post, March 11, 1992.

⓯ Tom Barry and Jim Lobe, *The Men Who Stole the Show*, October 2002, in Foreign Policy in Focus, http: //www. fpif. org/papers/02men/index. html.

⓰ Jim Lobe, *Rice picks neo-con champion on Iraq*, Asia Times, March 6, 2007.

⓱ Douglas McGray, *The Marshall Plan*, WIRED, issue 11. 02, February 2003.

⓲ Ibid.

⓳ Scott Nance, *Analyst: Advanced Networks To Be Rumsfeld Legacy*, Defense Today, December 8, 2005.

⓴ Colin S. Gray, *Transformation and Strategic Surprise*, Strategic Studies Institute of the US Army War College, April 2005, in www. strategicstudiesinstitute. army. mil.

㉑ William Hartung, *The military-industrial think tank complex: corporate think tanks and the doctrine of aggressive militarism. (The Business of War)*, Multinational Monitor, Jan-Feb. 2003, in www. allbusiness. com/specialty-businesses/473260-1. html.

㉒ Ibid.

㉓ Project for the New American Century, *Rebuilding America' s Defenses*, Washington D. C., September 2000, in http: //www. newamericancentury. org/defensenationalsecurity. htm.

㉔ Ari Ben - Menashe, *Profits of War: Inside the Secret U. S. - Israeli Arms Network*, New York: Sheridan Square Press, 1992, p. 122. In a curious footnote to the Achille Lauro case, it was notable that the UN Naval officer who led the successful capture of the Achille Lauro hijackers in October 1985, was Admiral David Jeremiah, who on retiring became an active member of JINSA and other neo - conservative organizations close to the Likud Israeli right - wing. See Stephen Green, op. cit.

㉕ Michel Chossudovsky, The 9/11 Joint Inquiry chairmen are in "conflict of interest: Mysterious September 11 Breakfast Meeting on Capitol Hill, August 4, 2003, in http: //www. globalresearch. ca/articles/CHO308C. html.

㉖ Leonid Ivashov (General, ret.), *International Terrorism does not exist*, Axis for Peace Conference, Brussels, January 17, 2006, in physics911. net/ivashov.

㉗ Stanley Hilton, *Transcript: Alex Jones Interviews Stanley Hilton*, The Alex Jones Show, September 13 2004, in http: //www. prisonplanet. com/articles/september2004/130904hiltontranscript. htm.

㉘ Mark E. Willey, *Pearl Harbor: Mother of All Conspiracies*, ELibris Press, Philadelphia, 2001.

第十一章

军事工业——巴比伦之窗

“你现在看到的是这样一个世界：金钱、密谋、性和放纵群魔乱舞。在这里每个人都犯过罪。”“这里所揭露的一切正是观看古巴比伦场景——或罗马帝国后期——的窗口。”

——美国记者丹尼斯·霍普斯克关于军事工业界的论述

以“国家安全”之名，行主宰国家之实

1991年前苏联解体之后，美国军事工业及其在美国权力机构中的盟友们面临一个巨大的挑战，这就是在华约解体、让美国纳税人做出牺牲的理由显然已经不存在的情况下，怎么说服美国纳税人继续为国防开支掏更多钱。到20世纪90年代，军事工业集团在整个美国权力精英中拥有如此之大的权力，以至于在有关美国世纪的未来的总体政策辩论中，它的影响远远超过它自身的重要性。

随着2001年后军事工业集团在布什-切尼政府的国家安全、情报、国防和对外政策机构中占据了重要位置，新保守主义意识形态和他们在基督教右翼和军事工业的同盟军，决意要提高美国的全球军费开支，以形成前所未有的、对整个世界最具完整性的军事控制。他们自以为，前苏联的解体是其确保全方位主导的机会。

在这方面，他们取得了巨大成功。小布什政府在上台的头两年，寻求并得到了超过1500亿美元的新军费开支，其中绝大部分都在未受任何质疑的情况下得到国会批准。“9·11”事件所造成的恐怖气氛以及随后宣布实施的没有尽头的反恐战争，在华盛顿和全国造成这样一种政治氛围：任何不同意见甚至审慎的疑问都会被认为是破坏“战争努力”，甚至是叛国。

加上类似为伊拉克和阿富汗战争提供“补充预算”这样的隐藏费用，2007年美国的实际军费达到了令人难以置信的6540亿美元。这是从2001年布什政府刚上台时的3290亿美元基础上增长起来的，6年翻了一倍。❶

十家最大的美国防务公司获得的国防预算如下：

- 洛克希德·马丁公司 170 亿美元
- 波音公司 166 亿美元
- 诺斯罗普·格鲁曼公司 87 亿美元
- 雷声公司 70 亿美元
- 通用动力公司 70 亿美元
- 联合技术公司 36 亿美元
- 科学应用国际公司 21 亿美元
- TRW 公司 20 亿美元
- 凯雷集团，未知
- L-3 通信有限公司 17 亿美元❷

这十家公司各自的背景都进一步显示出它们的巨大权势。

洛克希德·马丁公司 这是一家多元化经营的企业，主要业务是为美国政府、外国实体和私人企业提供先进技术产品和服务，包括概念、设计、制造和系统集成。

洛克希德·马丁公司的前身是成立于 1909 年的格伦·马丁公司，它是飞机研究制造的先驱。洛克希德（Loughead）飞机制造公司成立于 7 年后，后来按发音改为 Lockheed 公司。这两家公司在航空技术的发展上起了重大作用，在两次世界大战中为美国和盟国提供了飞机和武器，此后洛克希德和格伦·马丁公司在喷气式飞机、火箭和航天领域取得重大跨越。总体上，这两家公司通过开发先进战斗机、导弹和航天飞行器成为国防工业的领军者。1995 年两公司合并后进一步巩固了这种地位。

1961 年格伦·马丁公司与马瑞塔公司（创建于 1913 年）合并，重新命名为马丁·马瑞塔技术公司。1993 年 4 月，马丁·马瑞塔公司与通用电气公司的航空航天部合并，得到进一步扩张。为了巩固其在美国民用和军用航天发射计划中的领导地位，1993 年 12 月 22 日马丁·马瑞塔公司与通用动力公司签署协议购买后者的空间系统分公司。

1994 年 8 月 29 日，洛克希德公司与马丁·马瑞塔公司宣布，两家公司将合并为洛克希德·马丁公司。1995 年 3 月 15 日最终成交。自 1995 年合并以来，洛克希德·马丁公司继续扩张，包括在 1996 年 4 月 23 日收购罗拉公司。洛克希德·马丁公司最近的扩张是在 1997 年 7 月 3 日宣布，它将与诺斯罗·普格鲁曼公司达成 116 亿美元的联合（并购）交易。

波音公司 波音公司是世界上最大的商用飞机制造商，同时也是一家主要的国防和航空航天承包商。这家公司与国防有关的研究开发业务包括制导导弹、洲际弹道导弹、轰炸机、军事运输机和航天与月球飞行器。

（摄影：J. Crocker）

■ 波音公司在芝加哥的新总部

波音公司是从第一次世界大战时期的一家小规模飞机制造公司成长起来的，在二战中为盟军提供轰炸机和运输机。二战结束后波音公司因参与导弹和航天计划迎来了大发展。它的研究和创新在轰炸机、导弹和发射系统上得到了应用，使它成为冷战时期美国战略发展的一个内在组成部分。在后冷战时期，波音公司继续研发和制造飞机、导弹和航天与月球飞行器。

波音公司的第一次并购是在 1960 年，购买了费城的直升机制造商威托尔公司。在越战时期，通过成为直升机的主要制造商，波音公司扩展了国防生产。近年来的重大并购实质性地促进了波音公司的成长。1996 年 12 月波音与罗克韦尔航空航天公司合并，两周后波音公司与其竞争对手麦道公司完成了价值 130 亿美元的合并，使波音成为世界上最大的一体化航空航天公司。

诺斯罗普·格鲁曼公司 该公司是军事侦察机、作战飞机、防务电子与系统、航空航天管理系统、信息系统、精确制导武器、海洋系统、空间系统和商业与军事航空结构的设计商、系统集成商和制造商。诺斯罗普·格鲁曼公司成立于 1994 年，这一年诺斯罗普公司购买了格鲁曼公司。同样在 1994 年，这家公司完成了对沃特飞机工业公司的并购，这是一家军事和商用航空结构的主要制造商。1996 年 3 月，诺斯罗普·格鲁曼公司完成了对西屋电子公司防务和电子业务的并购。

雷声公司 雷声公司是一家国际性的高技术企业，主要有四项业务：商用电子、防务电子、工程与建筑、航空和重要设备。1922 年成立于马萨诸塞州的剑桥，起初名为美国设备公司，在 1925 年更名为雷声公司。

雷声公司最初的专长是电子管领域。二战期间，雷声公司是电子管和成套雷达系统的主要制造商。战后，雷声公司成为导弹制导领域的先驱。这家公司还创造了用于拦截飞机和导弹的制导导弹系统。1964 年雷声公司启动了重大的多元化计划，通过增加商业运营扩大了业务基础。

从 20 世纪 90 年代并购 E－Systems 公司开始，雷声公司继续通过并购扩张。1996 年 4 月，雷声公司以 4.55 亿美元的价格购买了克莱斯勒公司的机载技术系统（CTAS）和电子空间公司（ESI）。这项交易在 1996 年 6 月完成，组成了新的雷声电子系统公司。1997 年 1 月 6 日，雷声公司购买了得克萨斯仪器防御系统与电子公司，据报道价格为 29.5 亿美元。1997 年 7 月 2 日司法部批准了这项并购。不到两周之后，雷声公司宣布与通用汽车公司的休斯电子防务业务（休斯飞机）合并，创建了价值 210 亿美元的实体。此前，通用汽车公司的休斯电子公司采购了通用动力公司的导弹系统和菲利浦公司的马格纳沃克斯电子系统公司。

通用动力公司 通用动力公司的主要业务是为美国政府及其国际盟友提供武器系统和服务。这家公司成立于 1952 年，前身是电子船舶公司。它的业务分为三大块：海事公司、作战系统公司、信息系统与技术公司等。海事公司包括电子船舶公司、巴斯钢铁公司（BIW）和美国海外海事公司（AMSEA）。作战系统公司包括通用动力陆地系统公司，通用动力防务系统公司和通用动力军火系统公司。信息系统与技术公司包括通用动力先进技术系统公司（ATS）和计算设备国际公司的三个营运子公司：通用动力信息系统公司（GDIS）、加拿大计算设备有限公司和英国计算设备有限公司。

陆地系统公司为美国政府和各外国政府设计制造 M1 系列“艾布拉姆斯”主战坦克。这家公司还承接现有装甲车辆的工程保养和升级服务。M1 的最新型号 M1A2 的制造启动于 1992 年。这家公司与美国陆军签订了为期 5 年的合同，每年将 120 辆 M1 坦克升级改造为 M1A2 型，现在是这项合同的第二个年头。陆地系统公司还承接了发展其他主要装甲车辆的计划。第一个是先进两栖攻击车计划，该公司已经承接了研发合同，包括原型设计和制造。第二个是重型攻击桥梁计划，该项计划处于研发过程当中，有望在 2010 年进入生产阶段。第三个是“十字军”自行火炮发展计划，该公司大约占总研发合同量的 25%。

1991 年，美国海军因陆地系统公司和麦道公司没有按期实现 A－12 飞机的开发，中止了与这两家公司的合同。法院于 1998 年 2 月 23 日做出了有利于承包商的裁决，承包商获得 1.2 亿美元并加利息的补偿。对这两家公司的起诉是美国政府安排的。

通用动力公司两个主要的子公司——通用动力陆地系统公司和巴斯钢铁公司——分别在 1982 年和 1995 年通过并购加入进来。1992～1994 年，该公司剥离了战术军事飞机、导弹系统和空间发射系统业务；1997 年 1 月 1 日购买了防务系统和军火系统公司原属于洛克希德·马丁公司的子公司的资产。1997 年 10 月 1 日，该公司购买了先进技术系统公司的资产，后者是朗讯技术公司的子公司。1997 年 12 月 31 日，通用动力公司购买了计算设备国际公司的资产，后者以前是赛瑞迪恩公司的分公司，它的主要业务是为美国、加拿大和英国政府提供电子和系统集成服务。先进技术系统公司是水下监视系统、信号处理、震动控制系统及相关技术的领军公司，主要为美国海军服务。经过这些并购，这家公司在 1998 年成立了第三家子公司，即信息系统与技术公司。该公司大约雇佣了 2.9 万人。

联合技术公司（UTC）　这是一家多元化经营的公司，产品包括航空母舰加热器和空调、汉胜航空航天系统、奥的斯电梯和自动扶梯等工业产品，普惠飞机发动机、西科斯基直升机、UTC 防火与安全系统以及 UTC 动力电池。2007 年 2 月辞去波兰国防部长职务，2008 年又担任了波兰外交部长职务的雷迪克·西科斯基，是波兰一个名门望族的后人。普惠在航空发动机、航天动力系统和工业燃气轮机的设计制造和服务方面是世界领先企业。

科学应用国际公司（SAIC） 这家公司是美军各军种、国防部各业务局、情报界和国土安全部、其他美国政府民事部门以及一些商业领域在科学、工程、系统集成和技术服务与方案设计领域的主要提供者。它在世界各地有 4.4 万名雇员，在 2006 年 1 月 31 日结束的财务年度中，它的年收益达 78 亿美元。

TRW 公司 2002 年 12 月 12 日被诺斯罗普·格鲁曼公司收购。参见诺斯罗普·格鲁曼公司。

凯雷集团 军事-工业复合体和美国全球力量投送的最秘密和最有权势的机构之一。这家公司成立于 1987 年，是世界上最大的私人公司之一，管理着超过 710 亿美元的资产。由于是私人资产管理公司，尽管事实上美国证券交易委员会前主席是该集团的一个董事，但它的业务对公众不开放。在 2003 年之前设在华盛顿特区的凯雷集团，总裁是中央情报局前常务副局长和后来的国防部长弗兰克·卡卢奇。在 2003 年接替他的是 IBM 公司董事会的前任主席刘易斯·杰斯特纳。

卡卢奇在普林斯顿大学与拉姆斯菲尔德住同一间宿舍，也是贝克的同学。除了卡卢奇和贝克之外，凯雷集团列出的董事或“顾问”，有些是世界上最有权势的人物，其中包括前总统老布什、前德国首相和德意志银行行长卡尔·奥托·波尔、前英国首相约翰·梅杰、前菲律宾总统菲德尔·拉莫斯、世界银行财务官和首席投资官艾福萨那·比齐罗斯、泰国前总理阿南·班雅拉春、空中客车公司前总裁路易·威登、韩国前总理朴泰俊、沙特阿拉伯王子阿尔瓦利德、金融家乔治·索罗斯、美国联邦通信委员会前主席和《纽约时报》董事会成员威廉·肯纳德、时代华纳公司的杂志事业部《时代》公司前总编和前《华尔街日报》高级编辑诺曼·珀尔斯汀、老布什竞选负责人佛瑞德·马莱克、基辛格-麦克拉蒂合伙公司（基辛格博士与克林顿前白宫办公厅主任合办的机构）总裁托马斯·麦克拉蒂以及彼尔德伯格集团成员和比利时银行总裁艾蒂安·阿维尼翁子爵。

2001 年 2 月，凯雷集团主席卡卢奇和美国副总统切尼、国防部长拉姆斯菲尔德会晤，当时凯雷集团正在筹划数十亿美元的防务项目。2001 年 10 月 31

日《卫报》报道："凯雷已经成为间接联系美国在阿富汗的军事政策与其名流雇员个人财产收入之间的线索，它的名流雇员里有现任美国总统的父亲。"凯雷集团处于美国战争机器的核心。凯雷集团旗下的公司为美国军队制造装备、车辆和弹药。它的那些名流雇员长期以来巧妙地达到了双重目的，一方面帮助大富豪建立向该集团投资的信心，另一方面又为该公司的军工企业铺平道路。在凯雷集团超过数百万美元的投资者中，包括奥沙马·本·拉登家族的成员，这些人同时也与老布什有密切的商业往来。

与凯雷集团有密切往来的军工企业中包括联合防务公司，这是一家总部设在维吉尼亚的公司，制造美国海军在阿拉伯海使用过的那种导弹发射系统，也制造其他一系列武器发射系统和作战车辆，包括招致了很多批评的"十字军"自行榴弹炮，这种火炮因效率不高注定要被取消，但 2001 年国防部长拉姆斯菲尔德保留了它，为他以前的普林斯顿大学室友卡卢奇和凯雷集团赢得了数百万美元利润。联合防务公司还拥有一家瑞典军火制造商波佛斯公司。

根据英国《卫报》奥利弗·伯克曼和朱莉娅·博格的调查，在当选总统之前，小布什总统也与凯雷集团有联系。1990 年小布什被提名为凯雷集团的第一个并购案——一家名为凯特空的航空食品公司——的董事。他在 1992 年离开董事会，后来成为得克萨斯州州长。当选州长后不久，小布什提名几个控制得克萨斯教师退休基金董事会的人在政府任职。该董事会决定将 1 亿美元的公共资金投到凯雷集团。

L－3 通信公司 L－3 通信公司是指挥、控制、通信、情报、侦察和监视系统，政府服务，飞机现代化与维护（AM&M）的主承包商，在工业领域拥有最广泛的专业化产品基础。L－3 还是与本土防御和服务有关的一系列新兴市场的主要供货商。L－3 提供信号情报（SIGINT）和通信情报系统，是情报、监视和侦察（ISR）领域的主要供货商。把信号情报和通信情报与人力情报结合起来，可以为作战人员提供实时战场感知信息。L－3 公司拥有范围极广泛的产品，包括先进电子器件、航空、海洋和动力系统、遥感、微波、卫星通信与天线、光电/红外传感器、精确作战系统、模拟和训练、保密与探测、海上动力，以及在国防工业领域广泛使用的空、海、陆和空间控制产品。[3]

这个美国军事-工业复合体在首都华盛顿特区组织成有强大势力的游说组织，它有能力对国会及与国防相关的主要委员会的成员施加巨大的政治影响。冷战使它得以建立起可怕的游说和宣传机器，很少有政治人物能逃脱它的影响。反恐战争只会以无法想象的方式扩大其军事机器，对俄罗斯的新冷战将是他们梦寐以求的理想场景。至 2008 年 8 月这个梦想看起来即将成真。然而对于五角大楼以外的世界，这不是梦想，而是噩梦。

美国军事-工业复合体的政治机器的核心是它们的官方机构——国防工业协会（NDIA)。这个机构在自己的网站上吹嘘："美国领军的防务工业协会，提升国家安全，倡导先进技术和优势武器、装备、训练，支持作战人员和一线反应人员，促成一个既有活力又反应灵敏的政府-产业国家安全团队，为产业和政府就国家安全问题交流信息提供合法并合乎道德的平台。"

"巴比伦*之窗"

2006 年突然曝光的涉及主要军工企业和国会议员的丑闻，表明权力与腐败盛行于有势力的美国防务游说集团、政府和国会有影响的成员之间。围绕共和党筹款人和赌场老手杰克·艾布拉莫夫在 2005 年因逃税与贿赂被起诉而入狱，一些事件浮出了水面。艾布拉莫夫作为内政部顾问在小布什的过渡团队工作过，他作为前白宫的朋友、腰缠数百万的赌徒和游说人，牵扯到与权力网之间的腐败交易之中。他的同谋者还包括：

（照片来源：维基百科）

■ 2004 年 9 月 29 日，艾布拉莫夫在美国参议院出席听证会

· 防务游说人布伦特·威克斯 阿诺德·施瓦辛格州长的财务联合总管和布什总统的国家财政联合总管——布什的"马前卒"。威克斯的身份是联邦防务承

* 人类最早的奴隶制国家，大约公元前3500 年产生于世界的东方，位于今天的伊拉克一带。——译注

包商和游说人。2007年2月，由于共和党众议员兰迪·坎宁安的贿赂丑闻，一个联邦大陪审团指控威克斯和中央情报局前执行局长（2006年）凯尔·福戈犯有阴谋、诈骗和洗钱罪。政府指控福戈利用他对中央情报局的影响，把生意交给威克斯。威克斯被控以现钞、支票、宴请、接送服务、公司专机旅游、住房、家具、游艇和海上装备、卖淫服务、休假和娱乐等方式向坎宁安行贿。这个起诉还指控福戈不正当地向威克斯提供有关中情局的绝密信息以及关于竞争对手的“其他情况”，为他的朋友威克斯获得合同施加影响。作为小布什的华盛顿内部及周围弥漫着邪恶气氛的例证之一，有人指证当时的中情局第三号人物福戈参加了威克斯在华盛顿特区周边宾馆套房的纸牌晚会，被控有妓女提供服务。

• **加州共和党众议员兰迪·坎宁安**　坎宁安是众议院拨款和情报委员会的高级成员，拿军事合同作交易，得到价值240万美元的古玩、现金和“其他好处”，据称涉及接受两家防务承包商老板MZM公司的米切尔·韦德和ADC公司的威克斯提供的嫖娼服务。坎宁安安排MZM公司得到了1.6亿美元的五角大楼合同，ADC公司从9000万美元的五角大楼和其他合同中得到好处。对坎宁安的正式起诉列举了他的部分罪状：支付给妓女A和妓女B两个小时服务费600美元；在哈浦纳海滨王子酒店举行豪华晚宴；给妓女A 500美元小费；为妓女A和妓女C一小时的卖淫服务支付600美元（“依照坎宁安的要求，在第二天晚上威克斯为这位国会议员安排了另外一位妓女”）。2006年3月3日坎宁安因接受240万美元贿赂被联邦法庭判定有罪，服刑期为8年零4个月。坎宁安在被判有罪的国会成员中领刑期最长。2005年7月在宣布不再寻求连任时，坎宁安对媒体说：“……在国会履行职责期间我一向诚实行事。”

• **俄亥俄州共和党众议员鲍勃·奈伊**　2007年1月因接受艾布拉莫夫的贿赂被判处两年半徒刑。奈伊承认接受过数千美元的赌博筹码，在文件里仅说筹码提供者是“外国商人”。这个人是在叙利亚出生的商人（在伦敦赌场的绰号叫“肥仔”），他请奈伊和他的两个助手坐飞机到伦敦在赌场里“潇洒”了一夜。“肥仔”图的是什么？他开的一家公司正在寻求将美国制造的飞机和飞机部件卖到伊朗，希望奈伊能够帮忙避开美国法律对伊朗出售类似部件的限制。

"肥仔"为奈伊和他的朋友提供了数千美元的赌博筹码。那一夜赌博后奈伊拿着5万多美元离开赌场。

• **众议院多数党前领袖汤姆·迪莱的前助手托尼·鲁迪** 2006年3月认罪，承认与艾布拉莫夫合谋。在本书写作过程中，审判仍在进行。与此同时，小布什总统的好朋友、前众议院多数党领袖迪莱正在得克萨斯面临洗钱罪的指控。

• **大卫·萨法维安** 布什政府总务局的前主管，在被查实掩盖与艾布拉莫夫的非法交易后，被判18个月监禁。萨法维安正在为2006年6月对他的宣判上诉。

• **迈克尔·斯坎隆** 艾布拉莫夫的前生意伙伴和多数党领袖迪莱的助手，2005年11月认罪，密谋为印第安部落和赌场有关的游说活动向政府官员行贿。

• **尼尔·沃尔茨** 奈伊的前办公室总管，离开政府为艾布拉莫夫工作，2006年因密谋用旅行和其他好处向奈伊和其他人员行贿而获刑。

• **微软公司** 1998年，微软为游说H-1B签证向艾布拉莫夫每月支付6万美元。艾布拉莫夫在1998年仅从微软游说项目中就拿到70万美元，他最初的游说对象主要是多数党领袖迪莱。[4]

获奖的美国调查记者霍普斯克，将布什-切尼时代华盛顿史无前例的骄奢淫逸、腐化堕落描述为："自古罗马的异教徒荒淫无度的狂欢晚会以后，无出其右者。"他指出："你看到的是这样一个世界：金钱、密谋、性和放纵群魔乱舞。在这里每个人都犯过罪。""这是观看古巴比伦场景——或罗马帝国后期——的窗口。"[5]

披露出来的情况包括：指控游说人艾布拉莫夫提出可以安排加蓬总统邦戈与小布什见面，费用是900万美元，分多次汇到设在马里兰名叫"草根互动"的洗钱公司，作为共和党选举的贿赂。小布什确实在2004年5月26日会见了这位总统，联邦调查局仍在追查900万美元的去向。

艾布拉莫夫是小布什的主要筹款人之一，他是布什的"马前卒"。奇怪的是，艾布拉莫夫和迪莱都声称"上帝"在背后支持他们的行动。艾布拉莫夫说："我感觉到钱源源不断地来到我的手上，好像上帝把它们放在这里。"迪莱说："我坚信我是无辜的，对我的那些指控是无中生有。我们相信是上帝在控制一切，他也确实为热爱主的人一劳永逸地安排好了一切。"❻

然而，艾布拉莫夫的背景更有趣的部分在于，他与其他骗子是有区别的：很少有人知道他与一个非常秘密的机构有关联，这个机构就是国家政策委员会。这个机构在操纵美国公众和他们的情感，在支持对模糊不清、含义不明的"恐怖主义敌人形象"发动无休无止的十字军东征中，起着核心的作用。

注　释

❶ Source Watch, *Military - Industrial Complex*, in www. sourcewatch. org. Anup Shah, World Militay Spending, in www. globalissues. org.

❷ Ibid.

❸ Federation of American Scientists, *United States Weapons Manufacturers*, *Top Ten Defense Contractors Fiscal Year 2002*, in www. fas. org.

❹ Associated Press, *Those caught up in the Jack Abramoff public corruption case*, Feb. 26, 2007.

❺ Daniel Hopsicker, *Going to Babylon by Cadillac*: *Was San Diego US Attorney fired for knowing too much*, March 8, 2007, in www. madcowprod. com.

❻ Rodrique Tremblay, *Decadence*, *waste*, *corruption in the new American Empire* [*Part II*], in Online Journal, March 12, 2007, in www. onlinejournal. com.

第十二章

创建“末日决战”军队

“我知道我的上帝比他的大。我知道我的上帝是真的，他的只是个神像……敌人是精神上的敌人。那是一个黑暗的王国，敌人的名字叫撒旦……不要让媒体和自由主义者动摇你的信仰。为美国祈祷吧，我们将获得胜利。”

——威廉·博伊金将军，美国国防部负责情报的副国防部长助理

越南综合症和黑暗的政治

1975 年 4 月西贡（现胡志明市）陷落，越南战争结束。这是美军、军事-工业复合体和美国权力机构的最大灾难。越战既是美国历史上最漫长的战争，也是美国历史上首个重大的军事失败。

耻辱远不止于世界上最强大的军队被一个小国的装备很差但士气高昂的穷人游击队所打败，事实还在于美国人民已经厌倦了在没人能说清理由的情况下让自己的儿子上战场送死。拥护战争的保守主义右翼将这种反应称为“越南综合症”，所有这些都是美国精英们要面对的重大问题。

没有愿意作战的士兵，就不可能动员美国去打未来的战争，特别是在找不到明确的对美国的直接威胁的情况下。而事实几乎从来就是这样，他们也知道得很清楚，确实不存在对美国的直接威胁。

（照片来源：维基百科）

■ 美国深陷越南战争泥潭，民间反战运动风起云涌

晚间新闻无休无止地播放美国年轻人被装进裹尸袋送回国的画面，林登·约翰逊总统因此而败选。他的继任者，共和党的理查德·尼克松在就职时发誓要赢得“体面的和平”，而实际结果是美国从西贡屈辱地撤回。

正是在这种背景下，美国的

权力机构，至少是其中的军事机构，通过美国政府特别是情报界的一些部门，开始了秘密行动，以在美国公众的一部分人中人为地造成一种永久性支持战争的派别。

1973 年尼克松将从合格男性公民中招募士兵的征兵制改为全志愿兵役制或雇佣兵役制，这在一定程度上是为了降低中产阶级男性被征召上战场的数量，在尼克松看来这是促使反战运动不断升级的重要因素。❶

为了平抑越战后公众中出现的强烈反战情绪，美国权力机构在 20 世纪 50 年代后期转而启动了一个计划，这个计划的目的是扩大美国在整个拉丁美洲的军事影响及私人公司的利益。

为洛克菲勒们向美洲传福音

从 20 世纪 50 年代初开始，势力强大的洛克菲勒家族使用美国新成立的情报机构来扩展他们在整个南美的家族利益。纳尔逊·洛克菲勒曾在二战时期在罗斯福总统新设立的美洲内部事务协调员办公室任公职，当时他只有 32 岁。

与美国纳税人的钱一道，据报道洛克菲勒家族投入数百万美元，用于各种各样的战时工程。表面上这么做是为了消除纳粹在拉丁美洲的影响，但实际上投入这些钱的更重要目的在于他们心里念念不忘的其他利益。❷

这段经历对战后的洛克菲勒家族非常有益。他们已经在整个南美大陆组织起具有最高政治影响力的网络，从而为他们巨大的战后商业利益服务。

洛克菲勒家族用来推进商业利益的最诡异方法之一，是利用名为基督教圣经的翻译人员、实为基要派福音传教士，与中央情报局和美国国务院共同采取行动。这些人潜入亚马逊丛林最核心的区域，这里富有未开采的金属矿藏和其他原材料财富，包括从厄瓜多尔到巴西再到哥伦比亚的石油。

20 世纪 50 年代后期，洛克菲勒兄弟做出了一个重大决定——支持具有超凡魅力的基要派福音牧师葛培理，开始利用福音派为家族的政治议程服务。

洛克菲勒家族决定支持“葛培理的十字军东征”，并像推销一款新车型一样专业地为此进行营销宣传，作为其在发展中国家反对“不信上帝的共产主义”的武器。洛克菲勒兄弟纳尔逊、戴维、劳伦斯和约翰·洛克菲勒三世把这次十字军东征看作是为美国的商业利益和商业伙伴撬开大门的楔子。

1957 年，洛克菲勒兄弟不事声张地拿出 5 万美元启动了格雷厄姆在纽约的十字军组织。在当时刚出现的电视媒体以及洛克菲勒家族的隐蔽支持和广泛的商业关系的推动下，该组织迅速发展，大获成功。结果自 1925 年臭名昭著的“斯科普斯猴子案”审判之后，基督教基要派再一次抬头，并以狂热的反共面孔公开露面，招摇过市。❸

他们精心挑选美国商业巨头来支持新格雷厄姆的福音运动，但他们的动机显然不是传播基督教信仰。这些商业巨头有克里夫兰·道奇铜矿公司的继承人菲尔普斯·道奇；洛克菲勒大通曼哈顿银行的杰里米·米尔班克和乔治·查普恩；《时代》、《生活》杂志的亨利·卢斯，他在 1941 年《生活》杂志著名的社论中提出“美国世纪”即将到来；IBM 的托马斯·瓦特森；洛克菲勒家族在东部航空公司的合作者埃迪·里肯巴克。

美国的权力精英，至少是那些与势力强大的洛克菲勒家族联系密切的集团，在 1957 年确认了世界范围内的宗教“复兴”对“保证美国在自由世界的道德领导地位”是必要的。不过，这场宗教复兴需要精心培育，并在必要时给予经费支持，以推进大银行和企业精英的利益。

美国最重要的大企业和银行业精英洛克菲勒家族与基要派基督徒传教活动的结合，后来被证明是在发展中国家扩展美国世纪霸权的决定性命运的最有效武器之一。葛培理牧师还与洛克菲勒家族的另一项计划——卡梅伦·汤森创办的暑期语言学院（SIL）以及它的姐妹机构威克利夫圣经翻译机构——有密切联系。

中央情报局和暑期语言学院

在 20 世纪 30 年代，威廉·卡梅伦·汤森创建了暑期语言学院，更为人们所熟知的名称是“威克利夫圣经翻译人员培训班”。从冷战时期的 20 世纪 50 年代开始，卡梅伦的暑期语言学院最先向亚马逊这样遥远的地方开展语言培训和传教活动，其目的不是为了传播基督教，而是为了洛克菲勒家族及其商业伙伴的商业利益。

在20世纪50年代，没有任何人比纳尔逊·洛克菲勒更能在美国政界的最高层次代表军事-工业复合体的了。在杜鲁门时代，作为负责拉丁美洲事务的助理国务卿，洛克菲勒在创建美国领导下的美洲国家组织中起了核心作用。

纳尔逊·洛克菲勒还开启了向这个地区的国家销售武器的过程。他看到一个事实：战后英国在阿根廷和南美其他地区的影响被严重削弱，并有意识地利用了这一点。1945年后，南美注定要在美国政府的帮助下沦为洛克菲勒家族帝国事实上的附属品。美国政府的权势集团和基督教福音派的意识形态走卒们合力为洛克菲勒家族的生意伙伴开辟道路。❹

二战时期，纳尔逊·洛克菲勒曾做过罗斯福总统在拉丁美洲地区秘密情报活动的协调人。战后，他把遍布拉美的庞大情报网转变为私人生意网。纳尔逊·洛克菲勒秘密地支持汤森圣经“翻译人员”，利用他们在当地丛林原住民中建立名义上的基督教团体，使这个地方成为“对耶稣安全的地方”。

这里当然也成了对洛克菲勒的标准石油公司安全的地方，因为他们显然是耶稣特殊的朋友。除了在亚马逊地区的秘鲁、厄瓜多尔、哥伦比亚、委内瑞拉、巴西和玻利维亚，中央情报局支持的暑期语言培训班还活跃在危地马拉、墨西哥和东南亚。1954年，中央情报局在危地马拉成功实施了颠覆活动，推翻了经自由选举产生出来的、主张改革的民族主义者雅各布·阿布尼兹政府。这个颠覆活动由中情局局长艾伦·杜勒斯亲自负责，他还是美国联合果品公司的董事会成员。

这家公司在危地马拉的土地面临着被阿布尼兹政府国有化并重新分配给没有土地的农民的危险。联合果品公司幕后的人在用大块的土地来种植香蕉和其他经济作物，同时还控制着开采地下矿藏资源（通常是石油资源）的权利。❺

汤森的暑期语言学院也在危地马拉建立了机构，当时它已经是葛培理福音派传教机器的一个内在组成部分。像格雷厄姆一样，汤森也得到了从《时代》杂志的亨利·卢斯到极端保守的《读者文摘》老板杜威·华莱士家族这些美国最有权势的集团的支持。❻

汤森用捐赠的飞机组织了一个航运队，向石油资源丰富的亚马逊丛林深处运送传教士，建立福音教会的阵地，形形色色的中情局专家也很快接踵而至，伴随中情局专家一同来到的，还有最先进的现代技术和复杂的心理营销技巧。

大背叛：中央情报局和洛克菲勒信教了

从全国福音协会迪恩·麦格里夫的履历中可以清楚地看出，中央情报局等美国情报机构如何利用汤森和类似的福音派组织来传播美式资本主义的福音。在1997年6月15日的《政治中的宗教》第一卷中收录了麦格里夫的履历。

迪恩·麦格里夫，“宗教与政治研究所和安提帕事工协会”（ISRP & ANTIPAS Ministries）主席：

> ……1979年，他开始在伊利诺斯州惠顿市的全国福音协会从事世界救助工作，他签署的第一笔捐赠是来自美国国际援助总署（USAID，他发现在很大程度上，这不过是中央情报局的掩护机构）的75万美元，以帮助传教士进行社区发展计划。
>
> 就是在这个时候，他开始意识到美国政府——通过各种中情局的掩护机构——如此深入地卷入了不仅在拉丁美洲而且在整个世界的传教活动。在此期间，他在亚洲、拉丁美洲和非洲很多地方旅行，为传教士举办研讨会，帮助他们进行各种“发展计划”。后来他与“为饥饿者提供食物”组织合作，负责在玻利维亚提供援助并促进其发展的工作，同时实施帮助东南亚难民安置到玻利维亚丛林的计划。这些人在越南战争期间在泰国的营地为中央情报局服务。❼

这不过是中央情报局庞大而血腥的资金支持的冰山一角。它在美国以“重生派”福音运动死灰复燃的分支组织“支配主义”（Dominionism）而闻名。

到20世纪70年代初，这项计划的重点是在美国各地建立“重生派”福音教堂之类的活动上，但这些特殊的教堂有秘密的政治议程，名为“支配主义”。这场新运动也被它的成员称为“约耳的军队”或“第三次浪潮”。这是一种异教运动，在1949年曾被“神召会总委员会”宣布为异教。不过，它对于动员“基督的战士”为军事-工业复合体和美国权力精英的战争而效命是个强有力的工具。❽

从1980年大选共和党右翼保守主义获胜开始，罗纳德·里根总统选用福音派原教旨主义者担任一些内阁职务并成为他最亲密的顾问，信奉福音教派的那些州在大选中总是支持保守的共和党候选人，一直到2004年支持小布什的连任。

对于没意识到这个过程的大多数美国人来说，很难理解为什么自20世纪70年代初以来的30多年时间里，许多美国基督教堂的活动内容已经转型。电视福音主义，被称为“电视福音布道活动”，对教区信众进行的蛊惑人心的政治宣传，使福音派基督教原教旨主义教会（其中最有名的是五旬节教会）成为在美国发展最快的教会，而传统的天主教和基督新教都在挣扎着保住自己的信众。

敢于直言、组织严密的基督教教会少数派和规模更小的团体，之所以转变为好战的“重生派”福音运动，与权力精英的议程密切相关，这场运动的领导成员得到了权力精英的资金援助，它被称为一场“革命”。这场革命迎合了美国军事-工业复合体和情报界创建一支事实上的帝国军队的努力，这支帝国军队甘愿为权力精英的全球军事目标流血牺牲。

“支配主义”进入军队

传统上基督新教原教旨主义教会在美国南部较贫穷的州势力最强大，这些州是所谓的“圣经地带”。这个习惯用语用来指代极端保守的“美南浸信会”派势力最强大的地区，它代表了许多其他教派，如基督会、神召会以及五旬节派。

处在圣经地带核心的是从维吉尼亚、阿拉巴马、南北卡罗莱纳、佐治亚、密西西比、路易斯安那、得克萨斯到俄克拉荷马的地带。这个地区正是绝大多数美军全志愿士兵的兵源地，对五角大楼的战争计划人员和在2001年9月后一直掌握美国战争机器的新保守主义智囊来说，这真是太方便了！右翼绝对论基督教信仰者与极端民族军国主义沆瀣一气，联起手来。

威廉·博伊金中将在国防部长拉姆斯菲尔德手下任负责情报的副国防部长助理，他的个案说明了美国宗教绝对主义新文化是如何与军事征服混杂在一起的。

博伊金将军是代尔塔精英特种部队成员，他曾领导过 1980 年 4 月灾难性的伊朗人质救援行动。博伊金把这次行动称为“我职业生涯里最大的败笔，因为我们没能将 53 名美国人救回国”。尽管如此，他的“信仰得到了强化”，他相信自己见证了一个奇迹：“在沙漠里那些与我们在一起、祈求上帝保佑的人，在那天晚上没有一个人被杀或受伤。”

在 20 世纪 90 年代，博伊金在中央情报局任负责特种活动的副局长，并晋升为准将。后来他被调回五角大楼的陆军参谋部，任负责作战、战备和动员的副主任。

2003 年，他被任命为负责情报的副国防部长史蒂芬 ·坎彭博士的副手，坎彭是个极端狂热的新保守主义分子，就是他主持编造了萨达姆·侯赛因拥有大规模杀伤性武器的所谓证据，2003 年美国国会以此为依据投票授权布什总统对伊拉克宣战。

博伊金来自北卡罗来纳州的农村圣经地带，是个信仰“重生派”基督教的犹太复国主义者。20 世纪 90 年代初他在灾难性的摩加迪沙行动中曾指挥过打击奥斯曼·阿托领导的穆斯林军队，事后他对 CNN 表示：“那个穆斯林军阀上了 CNN，他嘲笑我们，说我们永远也抓不住他，因为真主会保护他。你知道吗，”博伊金告诉 CNN，“我知道我的上帝比他的大。我知道我的上帝是真的，他的只是个神像。”[9]

2003 年 6 月，博伊金将军对一个记者宣称：“敌人是精神上的敌人。那是一个黑暗的王国，敌人的名字叫撒旦。”他后来说：“我们永远不会离开以色列……我们中的许多人为天国烦恼，天国是对你的奖赏，在这里你是打击敌人的战士，”他接着说，“但那些信仰主的人将会恢复力量。他们将会像雄鹰一样展翅翱翔；他们将不知疲倦地奔跑，勇往直前……没有上帝，就没有希望。不要让媒体和自由主义者动摇你的信仰。为美国祈祷吧，我们将获得胜利。”[10]

这些言论几乎违背了美国政教分离的宪法理念。博伊金得到了国防部长拉姆斯菲尔德、总统小布什和参谋长联席会议主席的公开支持。这表明，福音派基督教右翼的影响已经深入美国军方的最高层。

美军军事宗教自由基金会的创建者米凯·温斯坦，是美国空军学院的名誉学员，曾在美国空军担任了十年的军法署署长和军事律师。他在一次访谈中说：“……这种狂热的支配主义基督教已经像海啸一样横扫五角大楼承认的所有737个美国军事机构……遍及世界132个国家。其中70个在欧洲，11个拥有核武器。”[11]

温斯坦列举了各种机构，包括“军官基督教教友会”和“基督教军事教友会”，它们是美军内部极端宗教运动的隐蔽机构。他指出：“……这些机构有三重目标，在它们眼里这些目标比它们宣誓捍卫和支持美国宪法更为重要。第一个目标——它们对此不加掩饰，就写在它们的网站上——是‘想看到美军在精神上转型……’”

温斯坦的结论是：“让我把这事挑明。我们正在与基督教塔利班打交道。”[12]这个基督教塔利班有独特的根源。

“神迹与奇迹”

到20世纪80年代，中央情报局在拉丁美洲和世界各地频频掀起伪基督教狂热，它们在这方面已经变得很在行。不仅仅是美国的基督教原教旨主义（与约翰·阿什克罗夫特、帕特·罗伯森、约翰·哈格、杰里·法尔维尔之流的主张类似），对执法和司法机构的最高层产生了宗教影响。与此同时，在英国，这种事情也在进展当中。

2004年1月29日，哈顿爵士公布了英国政府科学家和生物战专家大卫·凯利死亡的英国政府官方报告，正式的说法是英格兰的凯利博士死于自杀。哈顿爵士2003年8月以来一直在主持对生物学家凯利死因的漫长调查。

同一天，英格兰教会的报纸刊载了哈顿的简介，说他是英国圣三一布普顿圣公会教堂成员。

凯利的死亡很离奇，充满争议。他曾是英国国防部的雇员、生物战专家和联合国派驻伊拉克的前武器核查官员。早些时候凯利曾与英国广播公司(BBC)《今日》栏目记者安德鲁·吉利根谈论过英国政府在伊拉克大规模杀伤性武器的档案，引发了托尼·布莱尔政府的重大政治丑闻。布莱尔是小布什对伊拉克发动战争的铁杆支持者。

在出席了英国议会审查他有关伊拉克没有大规模杀伤性武器的说法的委员会听证会几天之后，人们发现凯利已经死亡。

凯利曾告诉BBC，他反对布莱尔政府在2002年8月的声明，该声明称伊拉克有能力在得到授权命令的45分钟之内向战场发射生物和化学武器。⑬

凯利不承认在最后送交阿拉斯泰尔·坎贝尔的文件里包含这种声明。坎贝尔是布莱尔首相的信息主管，是臭名昭著的“花言巧语博士”。尽管凯利抗议这份文件里并没有坎贝尔所说的毫无根据的声明，但它却成为布莱尔和小布什政府对伊拉克先发制人的战争最关键的理由。

由北爱尔兰心理健康协会前主席哈顿主持的“哈顿调查”，在名义上是对凯利死亡背景进行的公开调查。但调查结论是凯利系自杀身亡，并称他并没有说过BBC的吉利根引述过的那些话。凯利不可能复活，没有机会再质疑哈顿的结论了。

英国议员、自由民主党成员诺曼·贝克用了一年时间来调查凯利死亡事件，根本不接受哈顿的结论，认为有关死因的官方说法难以置信，因为这意味着凯利选择了一种极不可能和没有效率的死亡方式。贝克宣布，凯利最可能的死因是被谋杀。

哈顿的教会——圣三一布普顿圣公会教堂——可能没有接到通知，但事实上哈顿显然参与了对一位证人可能遭谋杀的掩盖活动，这个证人会使布什-切尼战争鹰派和布莱尔陷入极度窘迫的境地。布莱尔政府选择了这个“无可指责”的人来令人信服地使自己免于遭到在伊拉克问题上运用造假情报的指责。哈顿也是与英美军事计划有密切关系的、高度政治化和极受争议的教会运动的成员。

哈顿的圣三一布普顿圣公会教堂，以开创“启发课程”（the Alpha Course）而闻名遐迩。这个课程的始作俑者是该教堂“圣笑运动”的关键人物尼基·冈贝尔牧师。这是一个奇怪的运动，在美国各地的神召会中得到了推广，其中包括阿拉斯加州长莎拉·佩林最初上的教会——瓦西拉神召会。⑭

自20世纪90年代末以来，每年在美国举办5000多场“启发课程”（the Alpha Course），这些讲习班由各种背景的教会赞助。其中包括浸礼宗、长老宗、罗马天主教会、救世军、路德宗、循道宗，神召会和圣公会。超过 100 万美国人和加拿大人参加了这些活动，相关材料在海外被翻译成数种语言。

“多伦多赐福”

在 20 世纪 80 年代早期，圣三一布普顿圣公会教堂就已经在英格兰声名狼藉。当时有报道称，人们被超自然力升到半空中后撞到墙上。这个反常的现象在集会欢迎已故的研究“教堂增长”的美国专家约翰·温伯来访时出现过。温伯曾创办过葡萄园教会，一个在加州阿纳海姆市的普通的小宗教派别。阿纳海姆市是滋生伪宗教新团体的温床。

温伯在著名的、极端保守的富勒神学院教授一门有争议的“神迹与奇迹”（“Signs and Wonders）的课程时，改进了他的技巧和理论。

富勒神学院位于加州的帕萨迪纳，自称是世界上最大的多教派神学院。它产生过基督教右翼政治名人，如比尔·布莱特（校园基督教十字军运动的创办者），以及金俊坤，他是韩国校园基督教十字军运动的发起人。布莱特是 2002 年兰德公开信的联署人，宣布了 2003 年入侵伊拉克的“正义战争依据”，此举为小布什总统正在计划的对伊拉克的入侵提供了神学根据。

查尔斯·富勒是一个反动的加利福尼亚“桔王”和富勒神学院的创建人，他也是卡梅伦-汤森暑期语言学院的最重要支持者之一。这个组织曾帮助中央情报局和纳尔逊·洛克菲勒的跨国企业在拉丁美洲许多部落灭绝之前搜集他们的人类学和心理学信息。富勒也曾协助创办美国基督教浸信会全国协会。[15]

冈贝尔牧师热情地欢迎在英格兰发生的有争议的“圣灵显现”的反常现象，他认为这些现象证实了他的教会达到了新的精神高度。基督教作家约翰·芒福德牧师和大卫·派切斯牧师公开宣传这些事件。芒福德和他的妻子埃利诺在英格兰的伦敦创办了葡萄园教会。在此期间，冈贝尔牧师为他的教众完成了最初版本的“启发课程”。

1994 年 1 月，葡萄园教会所属多伦多机场教堂（这家教堂刚好设在皮尔逊国际机场旁边）声称亲历了基督的“再生”。在圣三一布普顿圣公会教堂发生过的同样的事情，在加拿大被看作是“新鲜事”。人们看见参加集会的人像蛇一样在地板上滑行，像狗一样叫，用头去撞墙。这就是第三次福音主义浪潮运动，这场运动最终推出了 2008 年美国大选副总统候选人之一——萨拉·佩林。

来自冈贝尔的教众开始往返于多伦多之间，以把这个“与上帝建立更深关系”的方法带回英国。参加这个活动的人们声称他们运用机场教堂所说的“浸泡祈祷”的技巧可以获得力量。

一种奇怪的杂交就这样开始了。

数千人乘飞机赶到多伦多参加集会，据估计到 1995 年 9 月已达 60 万人，其中包括来自世界上几乎所有国家的 2 万名基督教领导人，他们来到这里希望获得“再生”。几家加拿大和外国电视新闻报道了在这个教堂发生的事，播放了一段录像，一个人无意识的腹部痉挛影响了许多人。同年，英国的 4000 个教堂参加了圣三一布普顿教堂迎接“可互行施涂油礼”活动，它们得到了“多伦多赐福”。[16]

支配主义和“基督教帝国主义”的兴起

“多伦多赐福”运动不仅在加拿大迅速扩散，而且在美国传播得尤为迅速。在美国，灵恩派福音教徒，如异常受欢迎的詹姆斯·多布森牧师组织“重在家庭”团体来传播这一教义，有时也被称为支配主义。

支配主义运动的领军人物是迈克尔·布朗，他是佛罗里达州潘赛科拉市布朗斯维尔牧师复兴学校的校长。为了呼应校园基督教十字军运动的创始者比尔·布莱特在 1994 年提出的挑战，他号召数千名学生在雨中站在泥水里，开始爱、同情、神圣和牺牲的革命。

这场革命的哲学家是布朗，他写过《耶稣的宣言：革命的号召》，与华盛顿特区的号召（反恐战争）相配合。在这本书里他宣称：“（我们的社会已经）到了崩溃点，它要求我们必须革命，否则美国就完了。上一代人反文化的造反已经令这一代人厌恶。”布朗接着说：“耶稣的到来不是为了建立一个可爱的礼拜天早晨的宗教。他的到来是为了建立上帝的王国——来粉碎敌人的权力，解放被奴役的人。这里已经有准备好了的一代人，他们要激进，他们要疯狂，他们做好了任何准备，准备打破规矩。如果我唤起这种热情，并把它导向对耶稣的神圣、激情和爱，那么我们将改变社会。”

布朗在1971年耶稣运动过程中成为基督徒，那时他把自己描述为“曾经是注射海洛因、吃摇头丸、叛逆的、犹太摇滚鼓手”。现在布朗呼吁的革命将把教堂以及社会从里到外、从上到下翻个底朝天。

“这不是一场枪、炸弹、暴力或仇恨的革命，而是一场耶稣的革命，用福音来进行战斗，用上帝的爱，用圣灵的力量，用激进的神圣，用牺牲、同情和勇气来战斗。它以持续的方式影响社会。”他强调要么现在就开始，要么永远也开始不了，现在是少说多做的时候。“历史在急切地期待我们的下一个行动。这是我们一直在等待的时刻。因此，拥抱它吧——用生命或死亡 。革命不会等待。”*[17]

这看上去很像是20世纪60年代“犹太人耶稣”运动的翻版，布朗这样在网站中描述自己：“艾瑟恩事工的创办人和主席，致力于向以色列、教会和各国传递忏悔和复活的消息。他在1971年遇见主，当时是个16岁的注射海洛因、吃摇头丸的犹太摇滚鼓手。从那时以来，他在美国和整个世界布道，写了20本书，其中一些书已经译成10多种语言。他致力于促进召集神圣的信徒的活动，在大地上点燃精神的、道德的和文化的革命。[18]

布朗在北卡罗莱纳的康科德创办了一所名叫“圣火”（FIRE）的宗教学校，还做过富勒神学院的访问教授。在一盘名为《我们的双手沾满鲜血》的录像带里，布朗声称：“拯救以色列意味着耶稣的返回、正义的复活、教会的复兴和地球的重建。”[19]这是基督教犹太复国主义“末日”运动的消息。布朗还作为固定演说人定期在多布森“重在家庭赢得爱”集会上发表演说。这是一个在他们的文化革命中抱成一团的组织。

约耳的军队

布朗是支配主义的一部分，它也自称为“第三次浪潮”或“约耳的军队”。

---

* 来源：《灵恩》杂志，2000年11月，第54 - 62页。——译注

在新千年开始之际，支配主义运动已经成为当代美国福音主义发展最快的运动。

一位熟悉第三次浪潮运动或支配主义的神学研究者这样描述它："第三次浪潮是威廉·布兰汉姆等人在20世纪五六十年代领导的莱特·雷恩帐篷复兴聚会的神学复兴。它的观念基础是，在末日时期，一群基督徒将会获得超自然的力量，他们将统治现在的教会和世界。世界上的基督徒将被重新组织为五重职分（Fivefold Ministry），教会在上帝指派的先知和使徒的权力之下重新进行组织。年轻一代将组成'约耳军'，起来与邪恶作战，为上帝重新夺回地球。"[20]

约耳军运动的前身已经在1949年被神召会总委员会宣布为邪教，在2000年的决议中再次遭到谴责。它被定为邪教的原因包括：

- 过度强调摸顶赐福或由先知而获得的神秘力量。
- 错误的说教，认为教堂在建立当今使徒和先知的基础上。
- 倡导"新秩序"这样极端的说教，举行忏悔和解脱活动，声称普通人的组织拥有专属于基督的权力。
- 把掌握语言当作传教服务的特殊工具以及与此类似的错误说教。
- 极端活动和非基督徒的活动，通过说话技巧的手段给予或授予个人权力。
- 对经文的扭曲或歪曲解释，与我们通常接受的教义和实践相冲突。[21]

根据1949年4月20日神召会高级长老会的信件，雷恩运动的特征是"把油涂在手上"；教众唱"主的歌"；歌唱圣灵；强调"上帝在做新事"；体验重于讲解；谴责那些诋毁这场运动的人。

尽管被定性为邪教，但这并不能阻止这个运动的组织者宣传和推广这场情绪化的运动。那些推动者只不过更为小心谨慎一点，经常变换活动的名称，以掩盖其本来的面目。

萨拉·莱斯利是一位前基督教右翼领导人和支配主义神学的反对者，她这样描述支配主义的意识形态：

> 拯救的福音通过创建"上帝的王国"来实现，这是一个既存在于

字面上也存在于实际中的王国，要在当今时代在全球“推广”。某些支配主义都将新约的王国比作旧约的以色列，用这种方式来提供理由，以便拿起剑或用其他惩罚性手段去对他们王国的敌人发动战争。

支配主义的教义说人们可能被胁迫进入这个王国。他们把根据圣经专属于耶稣基督的责任和权力交给教会。这包括信徒们难以理解的深奥信仰，信徒可以使基督“附体”，从而发挥基督的作用在地球上建立他的王国统治。过度强调了人的努力；上帝治权的思想被贬低。[22]

《我们的复仇：教会支配一切》是支配主义者艾尔·德加的著作之一，书名可谓标新立异。莱斯利引用了书中的段落：“统治神学建立在三个基本信仰之上：撒旦通过引诱亚当和夏娃篡夺了人对地球的统治；教堂是上帝从撒旦手里夺回支配权的工具；在教会获得对地球上政府和社会机构的控制，从而取得统治权之前，耶稣不会回来。”[23]

支配主义极端好战。它的基调是“前进，基督的战士”，但这些战士并不是在“纸上谈兵”，他们是冲向真正的战争，冲向美国权势集团认为对他们建立世界新秩序有用处的战争。

莱斯利进一步指出，她所看到的是，在整个美国各种新教教派中支配主义扩散的背后有一条主线，那就是欺骗：

支配神学是邪教。因此它很少公开说出上述定义所包含的东西。在犹太教复兴运动的营地之外，福音派支配主义给自己包上温和的外衣，每次都换一件包装以利用大众媒体宣传。这是一个历时几十年的缓慢过程。很少有福音教徒知道“支配主义”这个词，也不清楚它意味着什么，这是因为支配主义为了顺利地推销自己，提出了各种各样的其他术语，以掩盖它的真正议程。许多福音教徒（甚至更为保守的基要派教徒）可能会遵循支配主义的说教而完全没意识到它的谬误……

为了更有效地宣传他们的计划，支配主义者领导人先是提出新的教会学、末世学和救世神学，这些学说的传授对象是福音基督教各主要教派之外的信众。接着在20世纪90年代，“信守诺言的人”运动被用做“打破围墙”的工具，也即打破各教派的分野，把支配主义输出到广泛的福音教派各分支中。这个战略相当有效，渗透了新教的主流教派。支配主义者在选择领导人上非常慎重，这些领导人被训练成“转型”（支配）的“催化剂”，他们以博学的形象使媒体产生错觉，使其他教派的人显得像操南方口音、照本宣科讲圣经的基要派傻瓜。”㉔

到2000年大选时，支配主义教派或“约耳的军队”、“第三次浪潮”神学已经被巧妙地转化为布什共和党的有效选举机器。这并非偶然，小布什总统的父亲老布什曾在20世纪70年代任中央情报局局长，当时中情局不仅在国外，而且在国内也培植这一势力。到2008年，通过福音教副总统候选人、阿拉斯加州州长佩林，支配主义已经成为共和党候选人约翰·麦凯恩背后的重要选举力量。㉕

信守支配主义者的承诺

莱斯利提到的基督教右翼最成功的群众运动之一，是一个奇怪而极具争议的组织“信守承诺者”，该组织在20世纪90年代初在美国社会爆炸性地扩展。

“信守承诺者”是仅限男性参与的运动，从1991年在科罗拉多州博尔德的科斯新闻中心的4200人起家，席卷整个美国。1997年10月它的影响达到高峰，有100万人在华盛顿上街游行。这些人热衷于像纽伦堡那样的群众集会，在家庭、教会和社区取得领导地位。

在《信守承诺者：另一种特洛伊木马》一书中，菲尔·阿姆斯写道：

> ……自从审判日以来，真正的教会还不曾遇到对它的权威、教义和使命这么大的挑战，这是一个大欺骗的时刻，欺骗的来源是数量如此之多的表面上看来充满活力的、正当的团体和“基督”的代言人……这种宗教复兴，正在试图将所有有信仰的人和所有人的信仰转化为一支庞大的上帝的军队，“为了耶稣和他的教会夺取世界”。显然，这不仅具有奥威尔式的特点，而且在对上帝时间表的先知式强调

方面又符合圣经的传统…… 这个运动对上帝的话轻薄无礼、漫不经心……但对某些信奉者来说，信守诺言者所表达的立场与上帝的话之间存在巨大的、根本性的清晰反差，这些有神圣辨别力的极少数人受到巨大的精神伤害，因为那么多著名的基督教领导人以默许与合作的态度卷入了这场对圣经真理的屠杀。[26]

信守承诺者在名义上由比尔·麦卡特尼创建，他是密执安大学橄榄球队助理教练。20 世纪 60 年代初，也是在密执安大学拉尔夫·马丁和史蒂夫·克拉克创建了“神的话语”运动。

当麦克特尼接到了任科罗拉多大学橄榄球队主教练的邀请时，他是作为安·阿伯“神的话语”组织的代表被派前往的。不久，麦克特尼成功说服葡萄园教派的牧师詹姆斯·赖尔于 1990 年发起了男人的运动——“信守承诺者”。“信守承诺者”有三大资金来源：多布森的“重在家庭”组织，布莱特的“校园基督十字军”组织和总部设在科罗拉多的“领航员”组织。

这个运动还得到了大公司的有力支持。提供支持的有：德沃斯家族的安利，在宗教右翼政治上活跃的一家密歇根公司，达美乐比萨饼店的创建者托尼·莫纳汉，他与“神的话语”运动和科斯的遗产基金会渊源很深，后者是由啤酒业大亨的约瑟夫·科斯创办的非常保守的组织。有了这些重要的资金支持，这个运动在 7 年时间里从 87 人发展到 100 万人。[27]

在 20 世纪 80 年代，好战和政治性很强的基督教右翼对美国国内政策和对外政策产生了巨大的政治影响，其中的关键在于一个名为国家政策委员会（CNP）的极秘密的精英组织。这个名称是精心设计出来的。

国家政策委员会

据称，国家政策委员会与彼尔德伯格集团一样神秘，但按某些人的看法，前者比后者更有影响。

国家政策委员会创建于里根时期的 20 世纪 80 年代初，是几家相当有势力的机构的联络纽带。它被美国广播公司（ABC）的马克·安宾德描述为“对外关系理事会的保守主义版本”。

国家政策委员会的成员包括约翰·辛格劳将军、运输大王彼德·格雷斯、得克萨斯州亿万富翁纳尔逊·亨特、右翼遗产基金会的埃德温·小福伊尔纳、基督教广播网的帕特·罗伯逊牧师、杰里·法威尔、蒂姆·拉海约和老布什周围的大多数基督教右翼头面人物。

国家政策委员会的精英成员中还有许多重要的政治人物，包括特伦特·洛特参议员、唐·尼克尔斯参议员、前司法部长埃德·米斯、伊朗门丑闻中的诺斯中校和右翼慈善家埃尔斯·普林斯，她是埃里克·普林斯的母亲。埃里克王子创办了黑水公司，这是一家有争议的私人保安公司，曾因在伊拉克杀死大量无辜平民而被起诉。

从某个方面看，国家政策委员会在成员的挑选上眼光很开阔，它的成员甚至包括统一教会的文鲜明牧师 。据报道，它的精英成员名册里还有科学教会。

国家政策委员会成员、共和党战略家加里·鲍尔是联系该委员会和共和党的纽带。鲍尔的家庭研究委员会在《科学保证书》上签名，支持在加州的学校中取消心理学课程，代之以罗恩·哈伯德的排除有害印象精神力疗法（Dianetics，又译为“戴尼提”）。也是这个鲍尔，在文鲜明1996年举办的世界和平与统一家庭联盟大会上发表过演说。[28]

宗教研究者保罗和菲利浦·柯林斯这样介绍国家政策委员会：“它看上去是权力精英中的多个派别设计的机构，用来鼓动善意的基督徒在被蒙蔽的情况下支持精英们的倡议。也可以认为它是一项宗教改造计划，将基督教的形而上学本质清空，按照精英在社会和政治上的需要重新界定其原则和概念。这个看法得到了如下事实的支持：国家政策委员会的许多成员同时也是其他组织的成员，或与权力精英有直接联系的有违法记录的企业。”[29]

为了将公共辩论引导到国家军事、外交以及国内政策的方向，美国权势集团不得不创建以大众为基础的组织，以违背绝大多数美国公众利益的方式来操纵公共舆论。显然，建立国家政策委员会就是这种大众操纵的核心组成部分。

国家政策委员会是数十亿美元的防务承包商与像犯有重罪的共和党筹款人杰克·艾布拉莫夫这样的华盛顿游说者和基督教右翼之间的关键链条。它是支持五角大楼全球战争议程的右翼军事政治势力和操控了大部分美国外交和防务政策的新保守主义势力之间的新轴心枢纽。

艾布拉莫夫、迪莱和布什政府的很多高层共和党人都曾是国家政策委员会的成员。有关这个组织的细节很少泄露到公众中去。国家政策委员会不发表媒体声明，只进行秘密会晤，从不主动说出成员的名字。在一年的时间里，成员们至少秘密开三次会，协调各自机构的活动，以形成合力，有效地改变国家政策。国家政策委员会成员普莱斯勒说：“国家政策委员会允许人们相互认识，通过相互认识使各自的运动成为一个整体。”[30]

宪法第一修正案研究所发言人斯基普·波蒂厄斯谈到国家政策委员会时说：“自 1981 年成立以来一直处于保密之中的国家政策委员会，其成员是实质上的右翼强硬派名人。”由右翼的华盛顿政策执行者、政客、金融家及其核心的强硬宗教人员组成的国家政策委员会，其成员名单至今仍是高度机密。波蒂厄斯在该研究所的网站上列出了国家政策委员会成员的部分名单。他补充说：“在这里组织者和行动者与经费支持者见面，他们为实施计划提供经费。”

从一开始，“国家政策委员会版的基督”就与委员会的成员们玩世不恭的言辞融为一体，“我经常回想起当我们与祈祷者和一些非常善良的人一起在达拉斯创建这个组织时，那一天似乎上帝真的和我们在一起，”右翼筹款人、国家政策委员会成员理查德·维戈威尔曾这样说。[31]

国家政策委员会成员汲取最初的教训，到 20 世纪 90 年代他们将活动的重心从国家层面的运动转向在美国各地发挥影响。帕特·罗伯森的基督教联盟执行主任拉尔夫·里德在 1990 年 3 月 14 日对《华盛顿邮报》说：“基督教社区在 20 世纪 80 年代倒退了。当我们试图改变华盛顿时，应该把重点放在各州，与基督徒真正关系重大的战斗应发生在邻居之间、校园、市议会和州立法机构上。”

黎曦庭（Tim LaHaye），是极受欢迎的系列小说《末日迷踪》（Left Behind）的作者，是国家政策委员会的最初创办人之一。他的妻子是“关注美国妇女”组织的领导人。在 1989 年 12 月 15 日的一次访谈中，黎曦庭对《今日基督教》杂志说：“在 20 世纪 90 年代，宗教右翼将由一系列独立的、由本地发起和赞助的组织构成，这些组织将结为同盟。”在黎曦庭的这本书里，伊拉克具有特别的作用，因为他相信世界末日的善恶大决战将从反对基督教的大本营巴比伦（现在的伊拉克）开始。[32]

国家政策委员会、黎曦庭和文鲜明

在名义上的基督教保守主义的外表之下，国家政策委员会实际上是各种成员的联盟。其中包括许多与下列机构或其下属机构有直接关系的成员："马耳他骑士"组织、对外关系理事会、文鲜明的统一教会、科学教会、中央情报局、普世凯旋教会、三K党、坦普尔顿基金会以及其他一些非同寻常的机构。[33]

韩国的文鲜明牧师是布什家族秘密政治机器中的一个关键"部件"，在为国家政策委员会提供资金支持方面起了至关重要的作用。活动一般都通过文鲜明的掩护机构（如"美国自由联盟"）进行。在两年之内，文鲜明为美国自由联盟提供了超过500万美元的资金。这个组织的大多数成员也属于国家政策委员会。[34]

值得注意的是，文鲜明本人声称是"失败的"耶稣基督的合法继承人。在他写的书名"低调"的《主说》里（"主"指他自已），文鲜明这样介绍他构想的一种"宗教全球化"：

> 我的梦想是组织一个基督徒政党，包括基督新教、天主教和所有的宗教教派，这样共产主义势力在我们面前将不堪一击。我们必须清除腐败的政客，上帝的子民必须统治世界。宗教与政治的分离是撒旦最喜欢的……遵照我的命令，欧洲人和整个世界的人们都来美国居住，他们难道不听从我吗？接下来会发

（照片来源：维基百科）

■ 声称继承了耶稣遗志的文鲜明牧师及夫人韩鹤子女士

生什么呢？我们用一只胳膊拥抱宗教的世界，用另一只胳膊拥抱政治的世界。有了这个伟大的思想意识，如果你还没信心去做，那你最好去死！㉟

文鲜明声称1935年“主”在复活节那天在他的面前显灵，在一个幻象里向他解释耶稣没能完成使命，要求他接过真正的天父的地位，拯救世界。耶稣死在十字架上，他的复活并没有完成拯救世界的任何使命。文鲜明优雅地从“可怜的失败了的耶稣”手里接过斗篷。㊱

根据传统的基督教神学，文鲜明宣称他是真正的耶稣，这即便不是亵渎也是邪教。不过，对于国家政策委员会的成员来说，显然只要文鲜明先生能出钱，这些都无所谓。

文鲜明用数百万美元资助了大量掩护机构。他资助了世界宗教会议，其中包括伊希斯圣约、神智学社各团体和浸礼宗在内的基督教组织。然而，文鲜明资助的最有影响的组织是国家政策委员会。

根据其自己材料的说法，国家政策委员会成立于1981年里根政府上台的初期。创建者是黎曦庭，一个工于心计的“重生派”教徒，其创作的宗教幻想小说《末世迷踪》获得了巨大成功。

在20世纪70年代末，黎曦庭曾参与创办了杰里·法威尔牧师*的最初的“道德多数派”。黎曦庭和他的妻子贝弗利，开始通过他们的婚姻咨询公司、“家庭生活研讨班”从事反堕胎运动。1979年，贝弗利创办了“关注美国妇女”组织，作为对激进的“全国妇女组织”（NOW）的一种抗衡。

要想了解国家政策委员会及其会员组织的真正议程，需要更近距离地看看黎曦庭夫妇的掩护机构“关注美国妇女”组织。该组织声称它的目标是“通过教育、法律辩护、立法计划和在中美洲的人道主义援助**及代表信仰这些价值观的男人和女人的其他活动，来保存、保护和促进传统的、犹太教和基督教共有的价值观。”㊲

---

* 法威尔牧师是美国著名的布道者，创办了多所教堂和神学院。——译注

** 他们支持诺斯和老布什在20世纪80年代的中情局活动。——译注

在1976年的著作《精神受控制的女人》(*The Spirit Controlled Woman*)一书中，贝弗利写道："精神受控制的女人是真正自由的女人，因为她们'完全服从'于她们的丈夫。""关注美国妇女"组织用祷告来激励它的成员采取行动，达到反对同性恋、反对婚前性行为、反对《平等权力修正案》的目标。[38]

到2001年年初小布什任总统开始，地方性民间基层活动都受到国家政策委员会的幕后操纵，并经由它们组织协调，在基督教右翼中形成了一架政治机器，从而能够控制总统和国会议员的选举。

黎曦庭有关"被提"、"末日善恶大决战"和主题类似的"终结时期"的《末日迷踪》系列丛书卖了1亿多本。"9·11"的劫后余波使黎曦庭的书畅销了好几个月。

尽管参与国家政策委员会活动的人都来自美国，但他们的组织和影响在宗教和政治上都遍及到全球。它的成员包括致力于改造社会的公司老板、电视福音主义者、国会议员、前军方将领、政府高官、"智库"领导者。有许多成员是实业界的领袖，其中包括木材、石油、采矿、商业、房地产等行业，也包括电台、电视及报刊社和出版社的媒体老板。[39]

国家政策委员会的成员还有里根政府的前司法部长埃德·米斯，小布什政府的司法部长、前联邦调查局特工约翰·阿什克罗夫特，克莱恩·斯考森博士，700俱乐部电视台(TV 700 Club)的帕特罗伯森牧师*，道德多数派的领导人法威尔。共和党极端保守主义政治活动家，如格罗弗·诺奎斯特、加里·鲍尔、菲利斯·施拉弗莱和伊朗门事件主角诺斯中校，都是秘密的国家政策委员会成员。

所有在里根-布什时期的20世纪80年代最早出现的新共和党右翼的重要领导者，都是国家政策委员会的成员。其中包括威廉·贝内特，里根-布什时期的新保守主义缉毒主管和教育部长、前共和党国会议员杰克·肯普，遗产基金会研究员、前州长拉马尔·亚历山大和美国驻联合国前大使和新保守主义分子珍妮·柯克帕特里克。

---

* 罗伯森牧师是美国著名电视布道家，创办多家基督教机构。——译注

许多在20世纪90年代来自右翼针对克林顿总统的攻击，都得到了国家政策委员会支持者的资助，其中包括得克萨斯石油大亨和银行业操纵者纳尔逊·亨特、得克萨斯石油百万富翁卡伦·戴维斯、安利公司的理查德·戴沃斯、啤酒大王约瑟夫·库尔斯、非常保守的遗产基金会出资人保尔·威瑞奇和匹兹堡石油百万富翁及银行业继承人理查德·斯凯夫。这些成员中的一些人都曾秘密出资，与布什家族的朋友诺斯中校一道，帮助中美洲的反政府武装。[40]

另一位有影响的国家政策委员会成员是艾伦·戈特利布，他是美国自由联盟的理事会成员。据称这个联盟是文鲜明的统一教会的掩护组织。在《搞垮经济》（*Trashing the Economy*）——一部透露如何通过政治性的大众邮件为保守的基督教候选人筹资的书中，戈特利布写道：

> 直邮信件所包含的信息必须诉诸三个低级感情：恐惧、仇恨和报复……筹资信件的邮寄人必须向你展示一场危机——一个问题不起作用……这场危机必须让你害怕……如果你不害怕，你就不会寄钱……接下来直邮信件必须向你描述一个可恨的人，你可以把愤怒集中在他身上……一旦你感到害怕，并受驱使去恨这个可恨的人，那么成功的直邮信件必须为你提供一个报复这个可恨的人的方法——掏腰包拿出捐款。报复越让人从心底满足，直邮信件带来的捐助就越多。所有这些都必须装扮成一个有崇高道德感的样子，但你没意识到，它作用在你较低的感情层面。

弹劾克林顿显然是国家政策委员会所策划和指使的另一项计划。1994年，国家政策委员会发起了一项活动，通过揭露克林顿总统所谓的非法和不道德的活动，暴露"遍布克林顿政府的邪恶"。

国家政策委员会的政治性分支机构"国家政策委员会行动公司"（CNP Action Inc.）向所有成员散发了名为"克林顿年鉴"的录像拷贝。据称这个录像记录了比尔·克林顿与许多女人的艳遇。录像里的一个备忘录说："这是最近更新的'克林顿年鉴'。这盘录像带记录了克林顿任州长时期和任总统时期的许多非法和不道德的活动。看了这个录像带后，把它送给你的朋友、亲戚、生意伙伴、政府官员或媒体从业人员。让尽可能多的美国人了解'遍布克林顿政府的邪恶’。比尔·克林顿必须对他的行为负责。”[41]

1994年9月12日有个私下的备忘录也指示全国政策委员会的成员去“接触你能够影响的参议员和众议员”。克林顿的性丑闻最终导致了对他的弹劾指控，并且使克林顿的副总统戈尔在大选中输给了名不见经传的得克萨斯州州长、重“家庭价值观的重生派基督徒”小布什。

乔治·布什作为得克萨斯州州长，在1999年大选之初出席了全国政策委员会的会议，以赢得他们的支持。唐纳德·拉姆斯菲尔德出席了全国政策委员会在华盛顿特区的聚会。

资助全国政策委员会的一个关键人物是福音派牧师黎曦庭，他在1979年在加州的桑提创建了“创造研究所”，并鼓励法威尔创建“道德多数派”组织，他是这个组织的理事。在20世纪80年代，黎曦庭创建了美国传统价值联盟和宗教自由联盟。1998年他创建了“灾前被提研究中心”，该中心致力于编造有利于对《圣经》进行时代论的、灾前被提解释的材料。[42]

共和党政治战略家韦瑞奇曾说过：“没有黎曦庭，我们所说的宗教右翼不可能得到这么大的发展，也不可能发展得这么快。”

黎曦庭的声誉曾遭到沉重打击。当文鲜明受到逃税指控时，黎曦庭为他提供帮助。这时黎曦庭与他的妻子一道拿了文鲜明和他的统一教会信众几十万美元的事曝光了。

黎曦庭试图与文鲜明划清界限，但为时已晚。当黎曦庭试图重振其鼓时，他的声望已经严重受损。但黎曦庭确实进行了重新组织活动——在《末日迷踪》数百万美元销售收入的支持下，在“9·11”之后的气氛里，以及在黎曦庭的朋友、“重生派”总统小布什的帮助下。

黎曦庭的议程是法威尔牧师的翻版。这是美国所谓宗教右翼的核心——恢复美国的“绝对价值观”：重视家庭，反堕胎，反同性恋，维护异性婚姻（“亚当和夏娃，而不是亚当和史蒂夫”），支持在公立中小学校进行祷告，赞同在任何时间任何地点悬挂张贴宗教符号和饰物，如十诫；这一切当然是为了强大的“国防”。[43]

在20世纪80年代中期，美国众议院前共和党多数党领袖迪莱和正统犹太人艾布拉莫夫都是全国政策委员会的成员。正如《国家》杂志报道的，“在2002年7月，(共和党) 鲍尔和拉比 ·丹尼尔·拉宾——基督教右翼事件的核心人物——创办了美国基督教和犹太人联盟 (AACJ)。”

这个联盟理事会成员有多布林牧师、罗伯森牧师、法威尔牧师和艾布拉莫夫。拉宾的组织“走向传统 ”，管理着美国基督教和犹太人联盟，在2000年从艾布拉莫夫的一个赌博业客户那儿收到2.5万美元；从艾布拉莫夫本人和他的顾客那儿收取7.5万美元；接着，根据艾布拉莫夫的书面指示，以每月5000美元的薪水雇佣托尼·拉迪的妻子。当时拉迪是迪莱的办公室副主任，后来替艾布拉莫夫游说，被列入后者被判有罪的指控名单里。[44]

神圣的十字新军

法威尔和罗伯森都是美国的“电视福音主义者”和基督教犹太复国主义者，在2001年9月11日后公开呼吁对伊斯兰展开圣战。罗伯森后来还主张暗杀委内瑞拉的民选总统雨果·查维斯。[45]

约翰·哈吉是一位政治上十分活跃的福音教会牧师，在得克萨斯圣安东尼奥的磐石教会有1.8万名教众。他在2008年大选中公开支持麦凯恩，他在《耶路撒冷倒计时》(*Jerusalem Countdown*) 一书中宣称，与伊朗的对抗是世界末日善恶大决战和基督再次降临的先决条件。哈吉主张美国必须与以色列联合，对伊朗进行先发制人的军事打击，以完成上帝的计划。关于小布什，哈吉是这样说的：“总统对以色列的支持完成了圣经的命令，保护了犹太国家，在基督再次降临时将起到关键作用。”[46]

圣战中的触摸屏幕投票机

国家政策委员会纠集了重要的共和党游说人员，如格罗弗·尼奎斯特、加里·鲍尔和加州百万富翁霍华德·阿曼森。在1995年退休之前，阿曼森在加州瓦莱西托的迦克墩研究所理事会担任了23年理事，1981年2月2日的《新闻周刊》说这家研究所是宗教右翼的智库。

阿曼森还是美国第二大电子触摸屏投票机公司电子系统与软件公司

(ES&S)的大股东，据估计这家公司与迪堡公司占有了美国“黑箱”电子投票机 80% 的份额。据信，在 2004 年大选中，来自迪堡公司和 ES&S 公司的触屏投票技术在俄亥俄州计票中作弊，使结果有利于乔治·布什，从而确保了小布什再次当选。[47]

20 世纪 80 年代初，鲍伯和托德·尤罗舍维奇兄弟创办了 ES&S 公司的前身——Data Mark 公司，1984 年得到了极右的阿曼森家族的资金支持。据《奥马哈世界导报》报道，阿曼森购买了 68%的股份。后来威廉和罗伯特·阿曼森兄弟向 Data Mark 公司注入了新资本，公司名称改为美国信息系统公司(AIS)。[48]

迦克墩研究所创办于 1965 年，阿曼森的捐赠超过 100 万美元。这家研究所大力倡导它的创办人约翰·拉什都尼的信仰——“现在就动手，建立支配主义、犹太教复兴运动的王国”。拉什都尼也是国家政策委员会的成员，他 2001 年 2 月 8 日去世，被称为“基督教犹太教复兴运动之父”。这个信条认为，只有基督徒才应该支配地球上的所有事物和国家，法律应根据旧约法规制定，其中包括对许多违反旧约法规者判处死刑的规定。

阿曼森、诺斯中校、约翰·辛格劳伯少将和其他与伊朗门丑闻有关的人，以及前三 K 党成员理查德·肖夫都是国家政策委员会的成员。阿曼森还是一个储蓄和贷款银行财产的继承人。[49]

还有一些国家政策委员会成员可以在下面几个名义上的基督教组织中找到，多布森的“重在家庭”组织、布莱特在全美许多大学里的校园基督十字军组织、罗伯特·维纳的“祈祷引领的基甸（勇士）”组织、青年基督徒组织、“世界展望国际”、与中央情报局有瓜葛的威克理夫圣经翻译会、葛培理福音协会、“美国仲裁者”组织、“国际灵恩圣经事工组织”、全国宗教广播协会、“信守承诺者”组织，以及许许多多名义上的基督教组织。[50]

声称是“免税、教育性质”的国家政策委员会的潜在影响，在 1984 年以来的美国政治中是无以伦比的，大多数单纯的美国公民还都不知道这个组织。普通美国人的宗教也被操纵，用于政治目的。

"重生派"拉丁美洲暗杀队

在富勒的神学院在美国推广权力福音主义很久之前，富勒手下的各种人员和许多国家政策委员会成员，已经在拉丁美洲以他们的方式进行"传教"了。

他们对拉丁美洲感兴趣的原因，显然是想利用这个地区作为搞乱正统宗教的实验室，特别是将天主教改变为"神迹与奇迹"新宗教运动及其分支灵恩派或支配主义的宗教组织。[51]

这场复兴运动的领导者理查德·里斯提出，导致多伦多赐福运动的诸多因素之一，是"在北美复兴运动爆发之前，在1993年末，由于约翰和卡罗尔·阿诺特与克劳迪奥·弗兰德佐（Claudio Freidzon）的接触，在阿根廷的施涂油礼活动达到了新的高度……"

彼得·瓦格纳在富勒神学院得势之前，曾于1954～1970年和他的妻子多丽丝·瓦格纳在玻利维亚活动，瓦格纳说他已经与富勒有20多年的交情。"在成为富勒神学院的教师之前，瓦格纳和他的妻子多丽丝一起，在玻利维亚为主的福音主义服务，建立教堂、在神学院教书、管理传教活动。"根据《美国中情局资料》对暗杀队的报道，在玻利维亚，"1966年10月至1968年10月，《大赦国际报告》说有3000～8000人被暗杀队杀害。"[52]

福音派的教友迪恩·麦格里夫也在玻利维亚工作，"帮助曾在越南战争中为中央情报局设在泰国的营地作战的东南亚难民，将他们安置到玻利维亚丛林中去。"1997年，麦格里夫仍在拉丁美洲执行各种计划，那时这些地区已经成为洛克菲勒家族和跨国公司所征服的帝国了。

美英情报机构与教会组织之间的联系是显而易见的。研究人员吉姆·基思的文献表明，在圭亚那的琼斯镇灾难发生之前，吉姆·琼斯牧师就有曾为美国海军情报机构效命的背景，显然这场灾难是中央情报局心理控制计划"出了错"。[53]

在美洲和南非的"重生五旬节派"运动得到了英国情报机构的指导，这可以追溯到20世纪初。对基督徒与在中美洲的暗杀组织的联系的研究表明，早在30多年前情报人员就卷入了这些秘密行动。

据推测，美国、英国和以色列情报机构在拉丁美洲开展这些活动的目的，是为了研究和完善有效地使用新的宗教运动（尤其是“神迹与奇迹”这种类型的宗教运动）进行破坏或颠覆活动的技能。

并不太为人所知的是，同一个美国情报机构会调过头来实施针对美国公众的计划。再也找不到比这更好的方式，来创建为五角大楼鹰派服务的“为了基督去杀人”的全球性军队，这是极大的讽刺同时又是犯罪。危地马拉的“重生派”将军里奥斯·蒙特就是他们早期的楷模。

危地马拉的里奥斯·蒙特和中央情报局

北爱尔兰的研究人员汤姆森发现，广为报道的20世纪80年代在危地马拉对数千当地玛雅人后代的屠杀，与美国情报机构的“重生派”行动脱不了干系。20世纪70年代中央情报局和联合果品公司出钱支持危地马拉的长期内战，在1982年一次成功的军事政变中，埃弗拉因·里奥斯·蒙特将军被扶上台，成为危地马拉总统。

蒙特很早就皈依了“神的话语教会”，成为基督徒。这个教会是由美国“福音拓展”宗教组织的加州传教士在危地马拉建立的，而表面上他们到危地马拉来，是为了在1976年大地震后向这个国家提供人道主义援助。

蒙特领导了一个有1000多名成员的领导力培训学校。他在危地马拉掌权后得到了国家政策委员会成员的支持。其中包括罗伯森、法威尔、吉米·施瓦格特和“青年传教”组织的罗伦·坎宁汉。

到1982年，在里奥斯·蒙特将军的统治下，超过1000个玛雅人社区被废弃或毁坏。据估计，有好几万人遭到蒙特军队的残暴种族灭绝扫荡。根据《秘密行动公告》的说法，1977～1986年间以色列曾向危地马拉提供了大量财政援助，据报道以色列情报机构从蒙特将军的神的话语教会（已经发展到危地马拉全国250个教区）招募人员，帮助以色列从事间谍活动和施加酷刑。[54]

根据危地马拉的消息来源，到2002年，各种在美国支持下的非天主教宗教派别已经吸引了超过30％的人口。梵蒂冈官员对此感到吃惊，曾说过危地马拉已经变成“美国基督教基要派向拉丁美洲渗透的某种试验场”。[55]

1999 年，墨西哥天主教大主教罗哲诺·巴拉甘宣布，基要派在拉丁美洲的传播令人担忧，其根源可以在 1969 年 8 月纳尔逊·洛克菲勒致尼克松总统的信中找到。纳尔逊·洛克菲勒是标准石油公司的继承人，二战时期美国在拉美地区的情报头子。这份洛克菲勒文献指出，在第二次梵蒂冈委员会之后，“天主教已经不再是美国和保证南美大陆社会稳定的可靠盟友”。洛克菲勒坚持“在拉丁美洲必须用基督教代替天主教”。[56]

老布什是 20 世纪 70 年代的中央情报局局长、洛克菲勒家族的长期盟友，不仅在拉丁美洲而且在美国国内对原教旨主义教派的扩散起到了关键作用。[57]

一份奇怪的圣塔菲文件

美国对拉丁美洲政策的蓝图由“美洲间安全委员会”（CIS）发表于 1980 年。

“美国持枪人”协会主席、国家政策委员会成员拉里·普拉特是 1976 年设立的美洲间安全委员会的秘书长。普拉特既是“私人”组织——如美洲间安全委员会和文鲜明组织的“考萨国际”（CAUSA）——的情报管道，又作为非正式的招聘机构，为里根政府早期在中美洲的罪恶战争提供人员。20 世纪 80 年代，CIS 发表了很有影响的报告《80 年代的新美洲间政策》，也被称为“圣塔菲文件”。

这份圣塔菲文件，是纳迩逊·洛克菲勒主持的有关美洲问题的洛克菲勒文件的后续报告，最初的名称是“美洲间关系：新秩序之盾和美国上升为世界强国之剑”。

伯恩·福切罗在他的著作《教派黑手党》（*Sect Mafia*）里对圣塔菲文件进行了分析，提出这份报告详细阐释了在世界范围内创建宗教教派的计划，其真正使命是为全球大公司的金融利益腐蚀基督徒的集体良知，使他们愿意接受自由市场的议程。

根据这项战略，像里奥斯·蒙特世界教会这样的福音派组织被用作中央情报局的掩护机构，“负责启动意识形态斗争”，通过宗教现象，即心理战行动，反复向受众灌输其预定的意识形态，而对于抵制这种影响的基督教团体将通过

“分而治之”的手段将其搞垮。[57]

福切罗描述了这个反复灌输盎格鲁-撒克逊意识形态的过程：

在类别上，在“操纵神秘的组织和教派”方面，最高奖赏可授予美国著名的情报机构……1980年5月，多位共和党重要人物签署了一份秘密文件，这份文件注定要指导美国的对外政策，尤其是中央情报局和国家安全局的对外政策。这份文件的名称是“美洲间关系：新秩序之盾和美国上升为世界强国之剑”。尽管这份文件详细提出了战略性建议，其标题已清晰表明了它的目标，但它仍然是保密的，在情报界只称它为“圣塔菲报告”。

这个计划从里根政府开始执行，在老布什政府得到继续，到比尔·克林顿政府内的共和党人仍在实施这个计划。这个计划实际上是一项20世纪50年代美国就已经确定下来的政治战略的延续，这个政治战略是在“洛克菲勒报告”的指导下制定的。“洛克菲勒报告”指出：“为了打赢霸权（控制）压倒良知的战斗，有必要开始用美国生活方式的基本价值观影响拉丁美洲，通过控制平民社会的传统社会结构——家庭、学校和教会——来达成这个目标。”

这份“圣塔菲报告”进一步推进了这个方案，清晰地提出美国的权势在全世界扩展的途径之一是宗教活动。这份文件具体解释了为什么美国必须通过宗教现象主动进行意识形态斗争，它的目标是赢得对良知的控制。

这些教派活动的最新进展是这项战略的一个基本要素。在同一主题上，“圣塔菲报告”关注在宗教领域已经做的工作：“……得益于在人口控制方面所做的工作，在越南获得的经验通过国际开发署人员和其他美国机构输出到了拉丁美洲，特别是危地马拉。某些宗教教派由心理战专家创办，任务是控制政治言论和良知。”[58]

福切罗补充道：

在法国，该领域的领军人物和无可争议的专家是巴黎大学人种学和人类学系教授乔瑟斯·加西亚-瑞兹……为了确认这个难以置信的美国操纵世界大众，特别是拉美大众的政策，他引证了两个其他来源。第一，“法国大众福音传教”组织，在题为“有关拉美新教宗派的定义”的文献里写道：“这些教派都由美国制造，都得到了外来资助；它们是反复灌输盎格鲁-撒克逊文化意识形态的工具，引导大众对美国中产阶级生活方式的向往……”

第二个来源是墨西哥内政部长的报告，这个报告解释说：“为了统治不发达社会并将其美国化，这些宗教教派以十分巧妙的方式发挥作用。通过宗教布道在平民社会里挑起意识形态斗争。”这是一个事实，最著名的福音派和灵恩派在拉丁美洲的独裁统治中起到了中流砥柱般的作用。像危地马拉的神的话语教会，或在阿根廷的“神圣普世”教会这样的教派，都与北美的组织有直接的联系，如700俱乐部（中央情报局指导下培养领袖的真正“神学院”），P. T. L. 电视（由帕特·罗伯逊在维吉尼亚创办），葛培理福音协会，世界展望国际组织……所有这些美国的宗教组织都是拉美的教派源源不断的资金来源。”[60]

多伦多机场教堂的约翰·阿诺特牧师透露，1993年年末他到阿根廷访问，拜访了在布宜诺斯艾利斯郊区的王中之王教堂的克劳迪奥·弗兰德佐牧师，这次访问“重振了他的精神”，把他对宗教的理解提高到了新的高度。他说这直接导致了1994年1月开始的“多伦多赐福”现象。

当时，阿诺特依附于约翰·温伯及加州的“葡萄园”教派。加西亚-瑞兹教授认为：阿根廷的神圣普世教会教派是又一个罗伯森资金捐助的受益者，它同时也从葛培理的福音协会、“世界展望国际”组织获得资助，所有这些组织和人都是国家政策委员会的成员。

在美国对教会和准教会组织的渗透至少可以追溯到第二次世界大战时期。根据“托比特文件”，这份用笔名威廉·托毕特公布的文件，在讨论暗杀肯尼迪总统的阴谋时，提出联邦调查局局长埃德加·胡佛的朋友和特工卡尔·麦金太尔（来自新泽西科林伍德的原教旨主义牧师）以“美国基督教教会委员会”（ACCC）的名义组织了一个间谍情报机构，在美国和拉丁美洲大多数地区部署了以传教士和牧师身份活动的特工。

1943～1964 年，在胡佛的直接指挥下，阿尔伯特·奥斯本（化名约翰·博温和欧文），自称是巡回牧师、得克萨斯州拉雷多第一浸礼教会成员和美国基督教教会委员会传教士。他同时掌控着一个经过严格训练的职业杀手团队，以墨西哥为基地，为美国间谍机构和世界各国实施政治暗杀。在此期间，据说奥斯本在墨西哥的普韦布洛开了一家专门招收男孩的慈善学校。[61]

作为美国基督教教会委员会对外关系部的美国主任，基督教作家弗朗西斯·谢弗博士在二战时期的 1942～1945 年去了几趟欧洲，于 1948 年举家搬到了瑞士，并于 1955 年在洛桑郊区创办了莱比茵基督教徒资源和隐居中心。它吸引了来自世界各地的访问者，在 20 世纪六七十年代其名声达到顶峰。在 1974 年的会议上，葛培理牧师吹捧谢弗的运动，说他看到了所谓的福音派“洛桑运动”的诞生，呼吁宣讲福音，让全世界皈依基督教。[62]

圣灵的礼物

建立冒牌的精神基地以加强对社会的操纵这件事，在英国可以追溯到二战期间英国驻华盛顿空军武官爵士维维安·加百利上校，是他创办了一个叫“国际基督教领袖”的组织。

在 20 世纪 60 年代，国际基督教领袖组织英国分支机构的领导人是欧内斯特·威廉姆斯，当时他还是英国海军部的领导成员和坎特伯雷福音主义委员会大主教团成员。他与英国情报特工哈罗德·布雷德森密切合作，曾到美国对罗伯森进行亲自指导。他们这个特殊的福音派世界很小，而且很黑暗。

1978 年在坎特伯雷召开的国际会议由英国女王伊丽莎白的大主教唐纳德·科根主持，这个会议发起了将灵恩派“圣灵的礼物”实践传播至全世界的十字军。这个会议由英国国教教会正式出面指导，率领一群美国福音派教徒参加这个会议的是拉尔夫·小海恩斯将军，他是 1967～1968 年的美国陆军副参谋长。[63]

海恩斯将军曾负责美国国内军事秘密接管计划“花园计划”行动，这是在 20 世纪 60 年代后期为应对黑人、穷人骚乱和反战的示威活动，准备在美国实施戒严法的计划。海恩斯在1971年离开陆军后，与罗伯森的英国情报导师布雷德森建立了密切的关系。

另一个在灵恩派运动中很活跃，尤其是在非洲战争区域很活跃的英国组织，是“基督教团结国际”(CSI)，其领导人是卡罗琳·考克斯男爵夫人，她从苏丹发出的报告使华盛顿的许多人考虑在这个国家采取军事行动。

在20世纪90年代，有关化学“大规模杀伤性武器”的错误情报曾使克林顿总统下令轰炸了苏丹的阿司匹林制药厂，这个难堪仅是略微影响了支持这个行动的小团体的热情。在1997年8月美国五旬节派杂志《神力》上，考克斯说她和许多基督教团结国际理事会成员很欣赏“在各派中崇拜神力的非常有表现力的方式”。[64]

在发生举世瞩目的悲剧性的校园枪击案之前，据说位于科伦班中学附近高档商业区的一个葡萄园教派，曾非常卖力地在那个区域的年轻人中开展活动。研究人员看到了大量的与官方调查完全不同的证据。在一个集会上，遇难年轻人的父母拿出了自己掌握的此前未公开的大量目击者的证据。对比官方的调查，有人使用了“掩盖”这个词。[65]

正如电视福音传道者中的高级人员所证实的，受操纵的基督教礼拜仪式可以欺骗成百万的人。这是蓄意进行的社会改造工程，把人类转变成做试验的豚鼠，使他们的生活最终变成廉价的商品。

中央情报局也信宗教……

1963年肯尼迪总统遇刺后，宗教和伪宗教教派在美国爆炸性地蔓延开来。

从小的教派到大的教会，宗教一直在美国社会里起着特殊的作用。尤其是，宗教往往与好战的爱国主义、支持美国在“世界的使命”或它的“天定命运”联系在一起。美国情报界在秘密支持基督教福音派运动内的许多伪宗教活动中表现得很活跃。

“富人总是用许多方法来积累财富，但直到20世纪70年代中叶，这些方法才合成为一个精心组织起来的有凝聚力的有效机器，”已故的调查记者史蒂夫·坎加斯这样写道：“在1975年之后，律师顾问集团、游说集团、智库、保守主义基金会和公关公司构成了顺畅运转的机器，产生了整体效应（“整体大于所有的部分之和”），把最富有的1%的人口送进了享乐的天堂。”在此时期，老布什是中央情报局局长。

“有趣的是，这套机构的根源可以追溯到中央情报局，”坎加斯继续写道，“这并不是说这个机器属于正式的中情局行动，有代号和签字文件（尽管目前可能还没看到这样的证据，但中情局在国内的行动以前都是不可想象的，现在可以表明确实存在这种可能性），但我们已经掌握的事实表明中情局在这里施加了重大影响。”

坎加斯指出了具体的人名：“它的主要创建者是欧文·克里斯托、鲍尔·威里奇、威廉·西蒙、理查德·斯凯夫、弗兰克·莎士比亚、威廉·小巴克利、洛克菲勒家族以及更多的人。几乎所有创建这个机器的人都有中情局背景。”克里斯托随后还创建了影响巨大的“新保守主义”政治运动。

坎加斯接着写道：“在20世纪70年代，这些人运用了他们在冷战时期学到的宣传和行动技巧，将它们运用到“阶级战争”中。美国版的这个机器与用来与共产主义战斗的外国版机器非常相似，这也是顺理成章的。中情局专家和无孔不入的实业阶级所取得的成功远远超过他们最大的预期。1975年，美国最富裕的1%的人占有美国22%的财富。到1992年，他们的财富占有比例翻了一倍，达到42%——这是20世纪最大的贫富差距。”[66]

调查记者丹尼尔·霍普斯科从另外一个消息来源确认，20世纪60年代后期，在越战时期的社会动荡中，中央情报局秘密参与了所谓“耶稣运动”的创造。

霍普斯科采访了国家政策委员会成员帕特·马特里斯纳。马特里斯纳是耶利米电影公司的总裁和“支持诚实政府的公民”组织的主席。在采访中，他承认中央情报局策划了“耶稣革命”行动，马特里斯纳讲述了他本人在这次行动中所起的重要作用：“1965年我接到了‘详细的命令’，到伯克利建立与马里奥·萨维欧的‘自由言论运动’相抗衡的力量，于是我创办了‘校园基督十字军组织’。”

霍普斯科说：“在黑暗的多疑时期，尤其在20世纪60年代，中央情报局在某种程度上控制了我们的心理，任何人如果对此有所怀疑，都会从马特里斯纳的直白回答中得到证明，因为很显然，他是真诚的，我没理由怀疑他告诉我的不是真相。”[67]

家族简史：洛克菲勒栽培了布什家族

自从20世纪初标准石油公司取得垄断地位以来，洛克菲勒家族在美国的权力集团中就是最有权势的家族王朝，它的权势远远超过其他家族。它资助各种卫星家族，作为所谓“东海岸权力集团”的一部分，以推进它们的权力扩张计划。布什家族就是这样的家族之一。

（照片来源：维基百科）

■ 2005年1月6日，布什家族在白宫红厅聚会庆祝老布什夫妇金婚之喜

乔治·沃克和塞缪尔·普雷斯科特·布什是老布什乔治·赫伯特·沃克·布什的祖父辈，在第一次世界大战期间及之后，创建了布什家族王朝。沃克是圣路易斯的金融家，通过战争合同发了大财。1919年，他受铁路大王继承人艾夫里尔·哈里曼的雇佣，成为华尔街W. A. 哈里曼公司总裁，20世纪20年代初这家公司在石油、船舶、航空和锰业投资，有一部分生意在德国和俄罗斯。塞缪尔·布什经营在俄亥俄的公司“七叶树”钢铁铸件公司，生产军火。1917年，他来到华盛顿，负责联邦战争工业委员会的小型武器及弹药业务。这两个人都见证了后来被称为军事-工业复合体的兴起。

普雷斯科特·布什是康涅狄格州的参议员，在第二次世界大战期间作为公司老板因参与了军火生产而发了横财，他的儿子和孙子后来都成为美国总统。他所拥有的其中一家公司，得克萨斯德莱塞工业公司主要制造轰炸东京的燃烧弹，并为原子弹工程制造气体扩散泵。普雷斯科特的儿子老布什后来也为德莱塞公司做事，接下来，在20世纪70年代当上了中央情报局局长、副总统，最终当了美国总统。老布什的工作重点之一，是军火买卖和与伊朗、伊拉克、沙特阿拉伯和阿富汗塔利班的秘密军火交易。

艾森豪威尔总统在 1961 年告别演说中，曾警告军事-工业复合体的极其危险的权力，那个权力在老布什和小布什执政时期主导了美国。在新千年最初的年代里，没有哪个家族王朝在把美国转变为战争国家这一点上起到了这样强有力的作用。

除了与有势力的哈里曼银行和铁路财团有长期联系之外，布什家族还与洛克菲勒家族控制的美国石油工业有密切关系。布什家族与约翰·洛克菲勒和标准石油公司的关系可以追溯到一百年前，当时洛克菲勒成功地说服用铁路（这些铁路部分为哈里曼所有）运输他们的石油，因而从“七叶树”-博凯钢铁公司购买重型装备，这使塞缪尔·布什的“七叶树”博凯钢铁铸件公司赚了大钱。20 世纪 20 年代，乔治·沃克帮助重建前苏联的石油工业，当时年仅 22 岁的得克萨斯德莱塞工业公司老板普雷斯科特·布什因而获得了国际石油生意经验，哈里曼家族持有这家公司的部分股份，这家公司与洛克菲勒的石油生意也有密切的联系。

到了老布什 1948 年从耶鲁大学毕业时，他也为德莱塞工业公司工作。在耶鲁大学，像他的父亲普雷斯科特和他的儿子小布什一样，老布什也加入了非常有影响的秘密团体骷髅会。通过他的父亲普雷斯科特，老布什得到了在德莱塞工业公司的工作。在这家公司工作了几年之后，老布什与休·利特克一道创建了自己的海上石油开采公司——扎巴达钻井。许多研究人员都认为，在 1953 年老布什通过他在耶鲁骷髅会的联系已经成为一名秘密的中央情报局特工。[68]

在中央情报局任职期间，布什代表洛克菲勒集团在宗教运动的创建和系统扩散上起了重要作用。这些宗教活动的名称叫“重生的基督徒”。布什在得克萨斯的经验让他非常清楚如何操纵经济上贫穷的南方各州信仰简单的白人受众。

1976 年老布什当上了中央情报局局长。他与韩国的文鲜明之间的关系正好可以追溯到这一时期。这种联系如此密切，如此长久，以至于调查者怀疑文鲜明的组织是中情局的计划之一，在美国中情局不能合法活动的地方，由这个组织出面。

文鲜明在卡洛斯·梅内姆当阿根廷总统时，亲自来到布宜诺斯艾利斯举办他的西班牙语版《华盛顿时报》（*Tiempos del Mundo*）发布会，正是美国前总统老布什担当文鲜明的主旨发言人。老布什声称：“我想向文鲜明牧师致敬，他是《华盛顿时报》的创办人，也是西班牙版华盛顿时报的创办人。”

这并不是一次偶然的露面。离开白宫后，老布什经常在文鲜明发起的集会上讲话，对于一个富有、也从不缺乏公开演讲机会的前总统来说，这是很奇怪的举动。1995 年 9 月，老布什在亚洲为“世界和平妇女联盟”做了 6 次演说，这个组织由文鲜明的妻子韩鹤子领导。1996 年夏天，老布什在与文鲜明有联系的“世界和平家庭联盟”华盛顿集会上也曾发表讲话。[69]

老布什在布宜诺斯艾利斯露面的费用在 10 万～50 万美元之间。与统一教会有密切联系的消息来源称，老布什和文鲜明的交易总额有数百万美元，其中一个消息来源称，老布什拿到了 1000 万美元。[70]

据报道，自 20 世纪 70 年代以来，经由文鲜明之手交到华盛顿政客和右翼共和党的金钱总额高达数十亿美元。没人能够确认这些巨额资金的来源。有人认为这些钱来自富裕的日本金主，也有人认为这些钱来自非法的毒品交易。但没人对这些钱的数额之巨大提出异议。几十年来，文鲜明用从亚洲秘密搞来的数十亿美元来影响美国的政治，但公众或美国政府却没有对此提出质疑。

文鲜明身上的盲点特别奇怪，因为早在 20 世纪 70 年代美国政府内就有说法，认为文鲜明的组织是韩国中央情报局（KCIA）的掩护机构。韩国中情局是中央情报局在冷战时期帮助设立的。自从 20 世纪 70 年代被文鲜明购买后，《华盛顿时报》的损失已经超过 10 亿美元。

文鲜明、老布什和共和党宫廷政变

来自文鲜明组织的黑钱，其影响不仅在于资助如法威尔牧师的重生福音派组织的发展或国家政策委员会，还直接改变了共和党传统上的温和右翼立场。

1983 年，共和党温和的里彭学会指责该党新右翼已经与统一教派达成了“利益联盟”。里彭学会主席、众议院银行委员会共和党主席、众议员吉姆·利奇公布了一项研究，指出大学共和党国家委员会在1981年“乞求和接受”了文鲜明统一教会的钱。这项研究还指责里德·欧文的“媒体精确性”组织从文鲜明提供的廉价或志愿人员身上谋利。[71]

利奇指责统一教会已经“渗透到新右翼和它想控制的共和党，也渗透了媒体”。利奇的新闻发布会被一项指责打断，当时的大学共和党领导人和文鲜明资助的国家政策委员会成员格罗弗·诺奎斯特指责利奇撒谎。很快诺奎斯特担任了“美国税务改革”组织的领导，在2003年伊拉克战争即将爆发之前，他是小布什的白宫常客。[72]

为了自身的利益，《华盛顿时报》抨击利奇的指责是“谎言”，并嘲笑里彭学会是“共和党的失去信誉和无关紧要的左翼小分支”。[73]

重要的是，在文鲜明资助下新右翼夺取对共和党的控制这个过程，与起领头作用的新保守主义分子离开民主党的过程相重合，他们在共和党的里根政府、后来的老布什政府以及小布什政府里，为战争和防务政策奠定了基础。

现在我们终于可以看清楚，为什么2006年的共和党与艾森豪威尔甚至尼克松时期的共和党，存在如此根本的差异。

这个转型，是理解2001年后右翼鹰派布什政府的侵略性和单边政策的关键。2001年9月之后发生的事件并不单纯是对“9·11”事件的惊恐反应。这个反应是美国政治中长期的保守主义运动社会转型的一部分，这个转型包括从传统宗教基础到共和党领导层的转变。实际上，这是在洛克菲勒家族的政治势力以及中央情报局和布什王朝推动下的一场静悄悄的政变。

老布什帮助文鲜明的拉美独裁者

20世纪80年代初期，有许多关于文鲜明组织的大规模践踏人权的报告，文鲜明利用与阿根廷和乌拉圭军事独裁者的友谊，在这两个国家进行了大量的投资。文鲜明与阿根廷的将军们是非常亲密的朋友，根据1984年11月16日的一封电报，文鲜明因在马岛战争中向阿根廷军阀提供的帮助获得了荣誉勋章。

1996年文鲜明在巴拉圭购买了大片农业用地，阿根廷《民族报》1996年

11 月 19 日报道，文鲜明与乌拉圭的前独裁者阿尔弗雷多·斯特罗斯纳曾讨论过这些投机生意。

老布什任美国副总统的时候与文鲜明关系密切，这对老布什非常有用。为了逃避可能的弹劾，他当时正在诺斯中校的伊朗门毒品换枪支的非法活动问题上撒谎。

当记者和国会开始调查诺斯对尼加拉瓜反政府武装的秘密支持及与毒品走私的关系时，文鲜明的报纸领导了对调查的反击，“有关（反政府武装）毒品走私的故事被告发为政治阴谋”是《华盛顿时报》头版文章的副标题，它抨击美联社 1986 年 4 月 11 日的报道，该报道提及在迈阿密的联邦政府机构调查反政府武装的毒品和枪支案。[74]

在马塞诸塞州民主党参议员约翰·克里 1986 年发现了更多反政府武装走私毒品的证据时，《华盛顿时报》立即载文抨击克里，说他在徒劳无益地进行政治迫害，称克里的反-反政府武装的努力是大而无当的、昂贵和徒劳的。

当克里揭露了越来越多的反政府武装的罪行之后，文鲜明的《华盛顿时报》开始用头版文章恫吓克里的助手，指责他们妨碍司法。一篇《华盛顿时报》的文章声称：“克里的助手们破坏了联邦调查局的调查。”这篇文章从一个断言开始：“联邦执法官员说，为参议员克里工作的国会调查人员严重损害了联邦政府在去年夏天对毒品的调查，他们为了寻找所谓的尼加拉瓜抵抗组织毒品走私的证据，干扰了证人。”[75]

随着伊朗门丑闻的扩散，老布什公开声明“他没参与这件事”，越来越站不住脚。文鲜明的报纸调转枪口，把火力对准了伊朗门事件的美国特别检查官劳伦斯·沃什，攻击沃什滥用经费、坐头等舱、在套间里吃饭。

老布什、诺斯和中情局毒品

国家政策委员会另外两个成员的露面——辛格劳伯将军和他的密友诺斯中校（他属于国家政策委员会的执行委员会和州长理事会）——进一步显示了美国情报机构与文鲜明、老布什和国家政策委员会的阴暗联系。

中央情报局负责暗杀控制的费利克斯·罗德里格斯是老布什长期的朋友，

1970年跟他的中情局老板泰德·沙克利曾到过东南亚。沙克利和唐纳德·格雷格将罗德里格斯安插到沙克利和其同事在印支战争期间经营的大规模暗杀和毒品交易活动中。

约15年后，这三个人，罗德里格斯、沙克利和格雷格成为伊朗门非法武器丑闻中“交易”的核心部分。

1983年3月17日，时任副总统的老布什在白宫秘密会晤了格雷格和前中情局关系人罗德里格斯。格雷格后来被老布什总统任命为美国驻韩国大使，远远地离开了华盛顿。

作为1983年3月会面的结果，美国国家安全委员会制订了秘密计划，向尼加拉瓜的反政府武装提供援助，罗德里格斯负责经营反政府武装设在萨尔瓦多的补给仓库。在写给里根的国家安全事务助理罗伯特·麦克法兰的备忘录中，格雷格提出，可根据1970～1972年在越南经营“反越共”行动的经验制订此计划。格雷格补充说：“罗德里格斯撰写了附件里的计划，他在越南就追随我，并实际执行了‘反越共’计划。”[76]

1984年12月21日，老布什与格雷格和罗德里格斯再次会晤。通过这次见面，格雷格把罗德里格斯介绍给了诺斯。后来，老布什在写给诺斯的便条中曾说：“感谢罗德里格斯的献身精神，他为人质事件和中美洲问题不知疲倦地工作。”

中情局特工沙克利曾资助种植鸦片的苗族部落，并使用毒品交易所得资助他的杀人小队。他组建了军事援助团“特种行动团”（MAG-SOG）这一政治暗杀组织，辛格劳伯将军是指挥官，诺斯和理查德·西科德是该组织中的官员。作为中央情报局“凤凰行动”的一部分，至1971年，沙克利-辛格劳伯-诺斯集团在东南亚约杀害了10万名平民。[77]

1984年，辛格劳伯领导一个五角大楼小组，奉命为在中美洲实施军事行动提出建议。该小组的报告敦促美国重视非常规和反暴乱战争策略。

在里根政府时期，辛格劳伯为了他“私人”的、向反政府武装提供武器的活动，接受白宫和国家安全委员会官员的帮助和指导。他指证国家安全委员会前助手诺斯是他与白宫的联络人……在诺斯的保险柜里发现的图表显示，在

“西方目标”执行主任琳达·奎尔的名字上标有“西方目标”字样。这个标记说明奎尔与“考萨国际”一道工作（文鲜明统一教派的政治分支机构，它的负责人是朴柏希）。[78]

中央情报局负责行动的前常务副局长迈克思·休格尔也是国家政策委员会的成员。休格尔曾领导中情局规模最大的业务局，负责秘密行动和秘密的反情报行动。

20 世纪 90 年代《华盛顿邮报》的一篇文章曾透露休格尔与朴柏希的儿子乔纳森·帕克一道工作。朴柏希是文鲜明组织里的二号人物和《华盛顿时报》基金会的主席。身为韩国中情局上校的朴柏希曾在韩国驻华盛顿使馆任武官。[79]

休格尔和乔纳森·帕克曾经试图用文鲜明统一教会的资金组建一个大集团，把整个华盛顿特区的独立广播机构都控制起来。1990 年，他们买下并控制了所有独立广播机构（除一家之外），其中包括设在国家新闻大厦的卫星和独立广播机构。

他们为全美多达 200 家电视台（包括 CNN）提供有报道价值的事件或对华盛顿重要官员采访的原始胶片或成品胶片。任何了解编辑业务的人都明白，这些可以在宣传上发挥多么大的作用。中央情报局前负责秘密行动的头子休格尔拥有“新闻联接”公司，这是媒体集团的一部分，在 20 世纪 80 年代，CNN 的华盛顿局所有的摄像工作人员都是从“新闻联接”派来的。[80]

在美国这些黑暗的宗教和与情报机构有联系的网络的核心，是为数不多的名义上的基督教会和福音主义的分支组织，它们称自己为“基督教犹太复国主义者”，犹太复国主义和表面上的基督徒的奇怪混合。这些团体的信仰的中心，是对任何反对其右翼意识形态议程的人持极端好战和强烈敌对的态度。它是美国军事-工业复合体及其战争机器的完美伙伴。

注　释

❶ Stephen Ambrose, Nixon, Volume Two: *The Triumph of a Politician 1962 - 1972*. New York, Simon & Schuster, 1989, pp. 264 - 266.

❷ William Stevenson, *A Man Called Intrepid: The Secret War*, New York, Ballantine Books, 1976, p. 173.

❸ Gerard Colby, Charlotte Dennett, Op. Cit, pp. 292 - 295.

❹ Gerard Colby et al. , Op. Cit. , pp. 164 - 178.

❺ Ibid. , pp. 321 - 322.

❻ Ibid. pp. 288 - 289.

❼ Barbara Aho, *Antipas: A CIA Front*, accessed in http: //watch. pair. com/antipas. html.

❽ Ibid.

❾ Lt. Gen. William G. Boykin, quoted in *The Holy Warrior General Called a Religious Fanatic Finally Speaks Out*, CBS News: 60 Minutes, September 15, 2004, accedded in http: //www. cbsnews. com/stories/2004/09/15/60II/main643650. shtml.

❿AP, *Rumsfeld defends general who commented on war and Satan*, www. CNN. com, October 17, 2003.

⓫ Mikey Weinstein, '*We're dealing with a Christian Taliban*,' September 7, 2007, accessed in www. informationclearinghouse. info/article18334. htm.

⓬ Ibid.

⓭ BBC, *In Depth: The Hutton Report*, 15 August 2007, accessed in http: //news. bbc. co. uk/2/hi/in _ depth/uk/2003/david _ kelly _ inquiry/default. stm.

⓮ Sarah H. Leslie, *Dominionism and the Rise of Christian Imperialism*, accessed in http: //www. discernment - ministries. org/ChristianImperialism. htm.

⓯ Colby and Dennett, op. cit. , p. 123.

⓰ Reverend C. D. Thomson, *Lord Hutton's Famous Church*, March 19, 2004, in http: //www. missingpersons - ireland. freepress - freespeech. com/lord% 20Huttons% 20church. htm.

⓱ Michael L. Brown, *The Jesus Manifesto: A Call to Revolution*, accessed in http: //www. icnministries. org.

⓲ Michael L. Brown, *ICL Ministries* website, in http: //www. icnministries. org/about/about. htm.

⑲ Ibid.

⑳ Bruce Wilson, *Sarah Palin's Churches and the New Wave Apostolic Reformation*, in http://endtimespropheticwords.wordpress.com/2008/09/09/sarah-palins-churches-and-the-third-wave.

㉑ Rev. Ron Stringfellow, *Latter Day Deception*, 1997, accessed in http://www.christian-witness.org/archives/cetf2001/latterrain01.html. Ron Stringfellow has a web site at http://www.gentle.org/Medina/index.html.

㉒ Sarah H. Leslie, *Dominionism and the Rise of Christian Imperialism*, accessed in http://www.discernment-ministries.org/ChristianImperialism.htm.

㉓ Ibid.

㉔ Ibid.

㉕ Bruce Wilson, Op. Cit.

㉖ Phil Arms, *Promise Keepers: Another Trojan Horse*, Shiloh Publishers, Houston, pp. 50-51, 70.

㉗ Dr. John A Mackay, *Case Study - The Promise Keepers*, as quoted by *Religion in Politics*, Vol. I, No. 1, accessed in http://www.the-tribulation-network.com/denemcgriff/Apostasy/recognizing_deception_and_apostasy_chapter_6.htm.

㉘ Paul and Phillip Collins, *The Deep Politics of God: The CNP, Dominionism and the Ted Haggard Scandal*, February 19, 2007, accessed in http://www.conspiracyarchive.com/Commentary/CNP_Dominionism.htm.

㉙ Ibid.

㉚ Cited in http://www.publiceye.org/ifas/cnp/pressrelease.html.

㉛ Online Journal, *Cover lifted on secretive conservative group*, Great Barrington, Mass., Aug. 1, 1996, in http://members.fortunecity.com/editor_oj/CNP/Cover_lifted/cover_lifted.html.

㉜ Robert Dreyfuss, *Reverend Doomsday——According to Tim LaHaye, the Apocalypse is now*, Jan. 28, 2004, Rolling Stone.

㉝ SeekGod.ca, *The Council for National Policy: What It Is*, in www.seekgod.ca/cnp.htm.

㉞ Chey Simonton, *Sun Myung Moon/Unification Church Front Groups and Christian Right*

Political Leadership, EFF Baker Program, September 4, 1997, in http://watch.pair.com/moon.html.

㉟ Sun Myung Moon, quoted in Chey Simonton, op. cit.

㊱ Chey Simonton, op. cit.

㊲ Concerned Women for America website, in http://www.cwfa.org/history.asp.

㊳ Barbara A. Simon, Esq, *Council for National Policy's radical agenda*, Online Journal, November/December 1996, in http://members.fortunecity.com/editor_oj/CNP/Radical/radical.html.

㊴ Ibid.

㊵ Database of Council for National Policy, *Past/Present Officers & Prominent Members Index*, accessed in http://watch.pair.com/cnpdbase.html.

㊶ Skipp Porteous, *Council for National Policy tied to Paula Jones*, January/February 1996, in http://members.fortunecity.com/editor_oj/CNP/PaulaJones/paulajones.html.

㊷Robert Dreyfuss, Op. Cit.

㊸ Doug Krieger, *Why The Dems Can't Stand Tom Delay & Tim Lahaye*: Part I, in www.the-tribulation-network.com/dougkrieger/delay_lahay.htm.

㊹ The Nation, in www.thenation.com/doc/20060220/blumenthal.

㊺ Rev. Pat Robertson, *The* 700 *Club*, Christian Broadcasting Network, September 19, 2006, cited in http://mediamatters.org/items/200609210004.

㊻ Rev. John Hagee, *McCain' s Pastor Rev. John Hagee urges Holy War vs all Muslims*, quoted in Salon, February 28, 2008, accessed in http://www.liveleak.com/view?i=4cd_1206563587.

㊼ Bob Fitrakis, *Diebold, Electronic Voting and the Vast Right-Wing Conspiracy*, February 25, 2004, The Free Press, Columbus, Ohio.

㊽ Ibid.

㊾ Ibid.

㊿ Database of Council for National Policy, Op. Cit.

51 Barbara Aho, *The Elijah Revolution-Antipas: Another Jesus Revolution?*, in http://watch.pair.com/antipas.html#fruit.

52 Ralph Winter and Jay Gray, *Perspectives on the World Christian Movement*, in Ecumenical curriculum for the U. S. Center for World Missions, cited in http: //watch. pair. com/antipas. html.

53 Joe Holsinger, *Statement to the Forum Entitled 'Psycho - social Implications of the Jonestown Phenomenon*, 23 May 1980, Miyako Hotel, San Francisco, cited in Daniel Brandt, Cults, Anti - Cultists, and the Cult of Intelligence, NameBase NewsLine, No. 5, April - June 1994, in http: //www. namebase. org/news05. html.

54 Zenit, *Guatemala: A Testing Group for U. S. Religious Sects*, in Zenit. org, July 30, 2002.

55 Ibid.

56 Nelson A. Rockefeller, *The Rockefeller Report on the Americas: The Official Report of a Presidential Mission for the Western Hemisphere*, Chicago, Quadrangle Books, 1969. http: //www. jfklink. com/speeches/rmn/publicpapers/1969/rn _ contents _ papers 1969. html.

57 Zenit, Op. Cit.

58 Burn Fourchereau, *La Mafia Sects (The Sect Mafia): The Sects, Powerful Tool of the Secret Services*, translated by Suzanne Rini, quoted in Barbara Aho, The Council for National Policy, accessed in http: //watch. pair. com/cnp. html.

59 Ibid.

60 Ibid.

61 Rev. C. D. Thompson, Op. Cit

62 Ibid.

63 Ibid.

64 Ibid.

65 Ibid.

66 Steve Kangas, *The Origins of the Overclass*, http: //www. aliveness. com/kangaroo/L - overclass. html.

67 Daniel Hopsicker, *Inside Mellon - Scaife's Conspiracy*, Mad Cow Productions, in http: //www. madcowprod. com/3rdIssue/PuppetMaster. htm.

68 Kevin Phillips, *Bush Family Values: War, Wealth, Oil*, February 8, 2004, The Los

Angeles Times.

⑲ Washington Post，Sept. 15，1995，and Washington Post，July 30，1996.

⑳ Robert Parry，*The Dark Side of Rev. Sun Myung Moon*，*Part* 1，*Hooking George Bush*，July 28，1997 in http//educate - yourself. org/cn/sunmyongmoon1part28jul97. shtml.

⑪ Ibid.

⑫ Ibid.

⑬ Ibid.

⑭ Ibid.

⑮ Washington Times，Jan. 21，1987.

⑯ Robert Parry，Op. Cit.

⑰ Ibid.

⑱ The Council for National Policy：Past/Present Officers & Prominent Member Profiles，in www. watch. pair. com/database2. html.

⑲ Ibid.

⑳ The Council for National Policy：Selected Member Biographies，in http：//www. seekgod. ca/cnp. ho. htm＃hugel.

第十三章

基督教犹太复国主义奇怪世界里的士兵

“世界政治正在进入一个新阶段，人与人之间的巨大分歧和国际冲突的主要来源将是文化……各种文明的分界线将变成未来的战线。在这个文化冲突方兴未艾的时代，美国必须与所有具有相似文化的国家结为同盟，并尽可能广泛地扩张其价值观。对于异质文明，西方应当尽力去适应，但在必要时也要有进行对抗的准备。”

——塞缪尔·亨廷顿，“文明的冲突”，1993 年

为世界末日善恶大决战祈祷

如果不了解美国权势集团的一个小派别与以色列右翼的利库德游说集团一道创建的政治权力基础，就不可能理解美国的外交政策在20世纪50年代的艾森豪威尔时代和2001年后的小布什之间，怎么会有这么大的差别。这个权力的基础围绕着基督教重生派右翼而建立起来。

利库德-美国战略联盟最显著和最自相矛盾的特征是来自美国形形色色的基督教教派和组织对以色列好战和扩张的狂热支持。在宗教派别的背后，是一架直接与特拉维夫和华盛顿权力中心相联系的组织良好的政治机器。

1977年，约拿·马拉奇博士领导下的以色列情报机构，开始悄悄研究美国形形色色的基督教组织，根据它们在基督教信仰上怎样看待以色列的存在，对这些教派进行分类。

这些以色列的研究人员在美国南部各州找到了最肥沃的土壤。这些州传统上以棉花或烟草行业的奴隶制为基础，数代以来这些地方的白人精英都相信他们比黑人优越，也比天主教徒和犹太人这样的白人优越。这些白人新教教徒，不论是南方浸礼宗、循道宗还是二战后在南方发展壮大、数量众多的“重生”买恩派，都适合在以色列的问题上加以操纵。所需要的，只是对它们的神学理念进行某些调整。

具有讽刺意味的是，许多重生派基督徒都反对犹太人或犹太教。他们的以色列新朋友非常了解这一点，并带着嘲讽的想法推进一个战略联盟。他们在华盛顿创建以色列或亲以色列的智库，而这些不断壮大的重生派基督教选民将会对此给予支持。

在正常情况下，美国的基督教犹太复国主义者只是美国众多声称自己是基督教的小教派之一。“9·11”恐怖袭击所造成的震撼，以及名义上属于基督教重生派的小布什总统对这一事件蛊惑人心的操纵，极大地改变了教派影响力的对比，使基督教犹太复国主义成为美国政治中一股强大的政治力量，因为他们中的大多数人是中上层的白种共和党人。他们已经建立了完善的国家政策机构，他们的影响力成为决定性的因素，这些因素往往会决定谁在大选中获胜。

正如犹太学家芭芭拉·塔奇曼在著名的关于英国犹太复国主义的著作《圣经与剑》中所说，基督教犹太复国主义的根源可以追溯到英国的帝国意识形态。一些非常著名的英国权势人物，如帕默斯顿爵士、巴尔弗爵士和谢夫特斯伯利，他们把支持犹太人在巴勒斯坦建国当作刻意设计出来的意识形态的一部分，而在这种意识形态里最奇怪的是他们声称英国人是上帝的“选民”，是“以色列失落的部落”。它为英帝国主义提供了一个强有力的伪宗教依据。

基督教犹太复国主义的根源

约翰·纳尔逊·达比是一个改变了信仰的爱尔兰牧师，他死于 1881 年，在创建一种新的基督教犹太复国主义派别时创造了“被提”这个观念。在他的构想里，他称为“重生的基督徒”的特殊之人将在基督再次来临之前被带到天国——这就是他们的“被提”之时。达比还将以色列作为他奇怪的新神学的核心，声称一个真正属于犹太人的以色列将成为“上帝实施的世界末日善恶大决战这一最后战斗的中心工具”。

达比在美国游历很广，这为他的奇怪教派赢得了追随者，开创了美国的基督教犹太复国主义，这其中包括美国著名的圣经翻译者赛勒斯·斯考菲尔德、在芝加哥创办了穆迪圣经研究所的德怀特·穆迪和 20 世纪 30 年代的布道者比利·桑迪。1909 年斯考菲尔德出版了《斯考菲尔德圣经》，书里的脚注根据达比的基督教犹太复国主义世界来解释圣经段落。到 20 世纪末，《斯考菲尔德圣经》已经成为美国所有基督教犹太复国主义和重生派信徒的教育基础，重生派成为美国发展最迅速的教派。

像法威尔牧师和罗伯森牧师这样的基督教犹太复国主义者，其发迹可以追溯到英国秘密情报机构和英国权势集团的一项计划。这项计划的目的，是利用犹太教来推进英国在北美的帝国势力。在20世纪50年代及以后的美帝国主义时期，美国基督教犹太复国主义只不过是采纳了这个意识形态，并给它起了个美国名称。它是第二次世界大战期间丘吉尔和罗斯福建立起来的英美特殊关系的宗教对应物。

这些古怪的基督徒把自己称为基督教犹太复国主义者，小布什2000年竞选总统时，他们充当了活跃的核心投票机器，他们鼓吹的思想与主张爱人类和宽容的传统基督教福音存在显著区别。他们鼓吹仇恨与战争，相对于现代基督教，他们主张的这种好战的信仰与12世纪血腥的十字军东征更相似。它生长的土壤是南北战争后美国南方白人对黑人、对天主教徒以及对“劣等犹太人”（很有讽刺意味）的刻骨的种族仇恨。他们信奉在即将到来的世界末日善恶大决战中，信奉上帝的选民将升到天国而“异教徒将在相互的屠杀中死亡”。

一位巴勒斯坦的基督徒这样描述他们：“在政治层面上，基督教犹太复国主义粗糙且过度简单化，持有不加掩饰的偏见。它支持以色列右翼中最极端的政治立场，故意忽视其他集团包括巴勒斯坦基督徒的政治现实、利益甚至存在。在其总体的偏见中，它还忽视国际法及伦理原则的要求，侵犯人权，违背正义。”❶

在“9·11”袭击之后的几个月里，罗伯森牧师在布道中公开声称穆斯林“比纳粹更坏”。在2002年11月的基督教广播网讲话中，罗伯森宣称，“阿道夫·希特勒很坏，但穆斯林想对犹太人做的事更坏。”尽管这些话引起许多公众的抗议，但自称是上帝子民的罗伯森拒绝收回他的讲话。他将《古兰经》与希特勒的《我的奋斗》相提并论，认为两者都是统治世界的蓝图。这些消极言论无法医治“9·11”后这个仍处在震惊中的国家的伤口，也不可能赢得国外朋友的支持。

在2002年10月CBS的《60分钟》电视节目中，罗伯森的基督教犹太复国主义战友法威尔牧师宣称：“我认为穆罕默德是个恐怖分子，一个崇尚暴力的人，一个好战的人……”布什的反恐战争被他的基督教犹太复国主义支持者定义为对伊斯兰的神圣“十字军东征”。伯纳德·刘易斯爵士提出的“文明的冲突”这个说法，被哈佛大学教授塞缪尔·亨廷顿所采用，写入发表在1993年《外交》杂志上的一篇著名文章《文明的冲突》之中。他宣称在前苏联解体之后，世界上的主要冲突将在对立的文化和对立的宗教认同之间爆发。

在1993年的文章中，亨廷顿提出，“世界政治正在进入新阶段，人与人之间的巨大分歧和国际冲突的主要来源将是文化。文明——最高形式的人类组织——将宗教、历史、语言和传统彼此区别开来。这些分歧根深蒂固且越来越重要。从南斯拉夫到中东再到中亚，各种文明的分界线将变成未来的战线。在这个文化冲突方兴未艾的时代，美国必须与所有具有相似文化的国家结为同盟，并尽可能广泛地扩张其价值观。对于异质文明，西方应当尽力去适应，但在必要时也要有进行对抗的准备。”❷

早在1991年前苏联解体仅几个月之后，美国权势集团就将新的“敌人”确定为伊斯兰教。这是2001年反恐战争的前奏，一场不太加以掩饰的对伊斯兰教的战争。

作为对法威尔和罗伯森反伊斯兰教狂热的响应，富兰克林·格雷厄姆牧师，著名的基督教福音主义者和布什家族的朋友葛培理的儿子，宣称在“9·11”之后，伊斯兰教是“一种非常邪恶和恶毒的宗教”。美南浸信会前主席杰里·瓦因斯称先知穆罕默德是所有可能想到的名字中最邪恶的。所有这一切都是为了让处于恐惧中的美国人加深对伊斯兰世界的仇恨，为小布什的反恐战争加油。

格雷厄姆控制了一个名叫“善普施基金会”的组织，他是小布什总统亲密的宗教顾问。2003年，格雷厄姆得到美国占领当局的允许，将他的反伊斯兰教的福音派基督教传播到伊拉克，企图使当地人信仰他的狂热基督教教派。❸

根据作家格雷斯·哈尔赛尔的说法，基督教犹太复国主义认为：“以色列所采取的每一个行动都是上帝精心安排的，应该得到我们的宽容、支持甚至赞美。”❹ 所有这些听起来都太像是对信众超过10亿人的伊斯兰教发动的新神圣十字军东征。

在美国的利库德基督教犹太复国主义

梅纳赫姆·贝京的利库德政府 1977 年认识到美国总统卡特对巴勒斯坦人权包括其独立国家地位的主张后，利库德及其在美国的新保守主义同盟开始在卡特自由的民主党之外寻求支持。以色列工党支持以土地换和平，但利库德支持大以色列，它应包括被占领的巴勒斯坦领土西岸和加沙，他们将这两个地方称为“犹地亚”和“撒马利亚”。当时，在欧文·克里斯托、帕尔等人周围支持利库德的新保守主义分子脱离了民主党，建立了他们后来称为“新保守主义”的组织，并在共和党里根政府内建立了基础，里根本人深受基督教右翼的影响。

1978 年，耶路撒冷的希伯来大学教授约纳·马拉奇发表了他对美国福音派新教组织的重要研究，名称是“美国的原教旨主义与以色列：原教旨主义教会与犹太复国主义和以色列国的关系”。

马拉奇发现大量美国基督教新教派，大多数在南方各州的农村，通过对圣经的一种奇怪的逐字解释将他们的神学与以色列国联系在一起。他们的牧师都曾在穆迪圣经学院或极端保守的得克萨斯约翰·沃尔伍德达拉斯神学院接受训练。他们勤奋地研读 1909 年斯考菲尔德注释过的《圣经》，在它的注脚里他们用神秘的预言解释《圣经》。

1977 年后，利库德领导人和被挑选出来的以色列宗教领导人，开始努力把美国最狂热地信仰神赋超能且往往也是最易被腐蚀的基督教组织的领导人介绍到以色列，从而建立了与利库德领导人和美国基督教右翼之间的直接联系。

贝京到华盛顿与原教旨主义牧师一道参加“为以色列祈祷早餐”，这些美国牧师包括道德多数派领导人法威尔牧师和基督教联盟与基督教广播网创建者罗伯森牧师。当一位犹太人指出这些基督徒反对犹太人时，据报道贝京严厉地回击说他只关心效果，他们在美国支持以色列。

保守主义基督徒对以色列的支持，主要基于他们认为在《圣经》中随处可见的“末日时代”犹太人的作用，认为“在我们所知道的世界末日”犹太人将起到重要作用。

基督教犹太复国主义最经常引用、以此来支持他们的末日预言的，是詹姆斯王钦定版《圣经》的下述段落：

* 撒迦利亚书 12：3：“那日，我定使耶路撒冷成为万民的负重之石，凡举起它的都将粉身碎骨，纵然万民都群起攻击她。”这段的含义是，犹太人将回到以色列。这发生在以色列建国的 1948 年。此后，地球上所有的国家都将集合起来反对以色列。某些人相信我们今天已经接近了那个时刻。但上帝将使耶路撒冷成为一块不可移动的岩石。这即将过去，因为戴维营和谈发现耶路撒冷的未来地位变成了一块主要绊脚石。

* 撒迦利亚书 12：9－10：“那日，我必设法消灭前来攻击耶路撒冷的万邦。我必将那施恩之灵、为人恳求之灵，浇灌大卫之家和耶路撒冷的居民。他们必仰望我，他们（用矛）刺扎的那一位；他们必为他悲悼，如悲悼独子，复为他哀矜，如哀矜长子。”许多保守主义基督徒把这解释为犹太人将归化，接受耶稣成为他们的主和救星，从而变成基督徒。

* 启示录 4：4：“围绕王位有 24 个座位：在这些座位上我看见有 24 个年长者，他们身穿白色的衣服，他们的头上戴着金色的头冠。”保守主义基督教徒把这 24 位看作古老的“12 以色列部落”的 12 位主教和 12 位使徒。为了强调他们的团结，他们围绕上帝的宝座坐了一圈。在当时所有人都被认为是基督徒。

* 启示录 7：3－4：“你们不可伤害大地、海洋与树木，直到我等在吾神众仆的额上盖了印。日后，我听说，以色列子孙各支派中盖了印的数目，共有 14.4 万。”

* 启示录 14：1－4：“我望了又望，见一只羔羊站在锡安山上，同它又有 14.4 万人，都有其父之名写在额上……这些人未曾沾染妇女，他们仍是童身。羔羊无论往哪里去，他们都跟随他。他们是从人间赎来的，当作初熟的果子，献给神和羔羊。”

这些段落似乎暗示 14.4 万个犹太人改信基督教。他们将把上帝的名字写在额头上，是羊羔即基督的追随者。有些基督徒对这些段落的解释是，它们暗示有 14.4 万个犹太人已经改信基督教，接着试图使以色列其他犹太人也改信基督教。❺

绝大多数美国和国际基督教会对基督教犹太复国主义的神学主张都持强烈的批评态度。在中东代表东方和东正教基督教会的中东教会委员会，指责基督教犹太复国主义，“侵略性地把一种旁门左道的基督教信仰表达和对《圣经》的错误解释强加给别人，这些错误解释服从于当前以色列国的政治议程”。他们说，基督教犹太复国主义“摒弃了基督教的团结和各宗教间的理解”。

上帝“选民”的“狂喜”

其实在 1800 年后期赫泽尔创建现代犹太复国主义之前，基督教犹太复国主义就已存在。在 1600 年英国内战时期某些将不同政见的新教教派就相信他们自己是上帝的“选民”，是“以色列失落的部落”。

许多重要的英帝国主义者都是基督教犹太复国主义者，其中包括帕默斯顿、沙夫茨伯里、劳埃德·乔治和巴尔弗爵士。巴尔弗发表了《1917 年巴尔弗宣言》，在英国保护下的巴勒斯坦给了犹太人一个家园。对他们来说，意识形态使英帝国主义正当化为宗教使命。

基督教犹太复国主义断言上帝已经把以色列的土地给了犹太人民，为了迎接上帝的再次降临，所有犹太人必须返回以色列，准备进行世界末日善恶大决战的最后之战，这类似于在善的力量与恶的力量之间一种摩尼教的一决雌雄。

他们承认这将摧毁地球。他们甚至称之为末日时代。但对基督教犹太复国主义者来说，“好消息”是他们作为真正信仰上帝的人，将在一种神圣的“狂喜”中突然升到天堂。他们将会逃过世界末日善恶大决战的肮脏核子大屠杀。

他们的神学是一种危险的摩尼教绝对主义，黑对白、善对恶，毫无疑问在他们领导下的美国和以色列的联盟将与“恶”势力战斗，尤其是与伊斯兰教和穆斯林战斗。这使人想起小布什在“9·11”刚过后不久，在谈到“新十字军东征”时宣布，“你要么与美国站在一起，要么与美国作对”。

具有讽刺意味的是，在他们支持以色列的外表之下，像法威尔和罗伯森这样的基督教犹太复国主义者都满怀嘲讽地使用他们与以色列犹太人的联系，来推进他们自己反犹太人的计划。

乌里·阿弗纳瑞是以色列和平集团的领导人，这样描述这些所谓的以色列的基督教朋友们的神学："按照他们的神学信仰，犹太人必须在巴勒斯坦集合，在它全部的领土上建立犹太人国家，目的是使耶稣基督的再次降临成为可能……这些福音主义者不喜欢公开说出接下来会发生什么：在（主）到来之前，犹太人必须改信基督教。那些不改的人将在世界末日决战的大屠杀中消失。这基本上是一种反犹太人的说教……"也就是说那些坚持旧约信仰的犹太人将被斩尽杀绝。[6]

基督教重生派极端保守主义投票人有组织的游说集团在2004年帮助小布什赢得了连任。在2003年进行的对美国投票集团的研究表明，基督教右翼在美国构成最大的活跃社会运动团体，也是小布什的共和党最大的选票来源。[7]

2004年10月19日，东南浸礼派神学院院长丹尼尔·阿金博士发表了一封公开信，这封信由72位福音派领导者共同签名，敦促美国人民"在挑选总统候选人时，使用《圣经》的价值观"。这封信援引同性恋、干细胞研究和所谓的民主党对"恐怖分子"的保护作为支持共和党而不支持民主党的理由。最重要的基督教犹太复国主义右翼都签了名，把对布什和沙龙的支持作为对"实现圣经的预言"的支持。

近年来基督教右翼在美国兴起的一个关键的新因素是，他们致力于有组织的政治影响，而不仅仅是宗教性的生活方式和教堂祷告。

1979年，国家政策委员会成员和基督教犹太复国主义领导人法威尔牧师，创建了一个名叫"道德多数派"的组织，目的是"为了道德和社会问题将基督教教会动员起来，鼓励信教的人们参与政治进程"。

"道德多数派"迅速成为家喻户晓的名字。通过它神赋超能的公众领导人法威尔，该组织动员了数千个教堂和数百万登记选民组成了基督教政治集团，后来被称为基督教右翼。

很快那些渴望得到支持和获得潜在选票的政客找到法威尔。反过来，法威尔也根据对以色列利库德的接受程度来评定各候选人，与此同时他与以色列利库德集团的关系也变得密切起来。法威尔乘豪华的私人飞机前往美国各地，这是他访问以色列时利库德集团首相梅纳赫姆·贝京送给他的礼物。

大约与此同时，20世纪70年代后期，基督教右翼正式成立，某些以色列组织开始认识到与在美国的基督教右翼犹太复国主义者结盟，可以对美国政治施加更大影响，从而提升他们的形象和国际影响。

基督教右翼对以色列国的狂热态度和它在美国的强大影响力，吸引了以色列利益集团的注意力。某些以色列政治组织尽管很清楚基督教右翼完全相反的社会和宗教观点，他们仍然认为与基督教右翼犹太复国主义者的联盟是在美国政治和美国主流社会塑造以色列正面形象的关键要素。

犹太裔美国领导人最初反对与基督教右翼的联盟，认为这个运动可能产生负面影响。然而，随着基督教右翼的正式成立巩固了这场运动在美国作为一个有影响的政治集团的地位，这种担心很快消散，各种以色列政治集团认识到与这个集团的结盟将有利于他们的政治利益。❽

那些美国宗教发言人声称，上帝告诉了他们，美国是否应该与伊拉克开战。2003年2月5日在一篇标题为《我们应该对伊拉克发动战争吗?》的文章里，罗伊·莱因霍尔德记录了与上帝就此问题的讨论："许多人都对美国和各盟国即将与伊拉克的摊牌心存疑虑，不知道是否值得，是不是在做正确的事情。""2003年2月1日星期六，我举起手开始祷告，对主说……我想知道我父上帝的旨意对伊拉克是打还是不打……主说：'我的话是与伊拉克开战'。"莱因霍尔德补充说："我把上述内容放在我的留言板上，许多人想知道的是，'上帝说要与伊拉克打仗的理由是什么?'我并没有问这个问题，因为我个人只是接受上帝的旨意。"

基督教犹太复国主义者充满了原始仇恨的意识形态，声称得到上帝对他们本人的支持，这代表着美国政治危险地摆向极端右翼。布什总统周围的某些圈子和他信任的政治顾问卡尔·罗夫，利用美国人的恐惧心理和在类似同性恋这样的问题的不确定性，试图将美国改造成为一个核心的神权政治国家，这与大多数美国人的希望完全背道而驰。在布什还是得克萨斯州州长的时候，罗夫就是布什与基督教右翼犹太复国主义者之间关系的设计师。

重建所罗门神殿

美国的基督教右翼犹太复国主义者和他们的联盟制订了可能引发新世界大战的长期宏大计划。某些新保守主义分子说，这场战争开始于 2001 年 9 月 11 日。他们把它称为第四次世界大战，声称冷战实际上是第三次世界大战。

这些圈子想摧毁在耶路撒冷的神圣的阿克萨清真寺，在同一位置重建圣经中的所罗门神殿，在那儿恢复动物祭祀。布什政府和卡尔·罗夫的一位亲密顾问迈克尔·莱丁是这个危险的疯狂构想的核心人物。

（照片来源：维基百科）
■ 建在圣殿山上的阿克萨清真寺成了基督教激进势力的眼中钉

20 世纪 70 年代，在美国的基督教活动因新“电视福音主义者”而发生了根本改变。其中包括法威尔牧师和他的道德多数派、罗伯森牧师和一年给他带来数亿美元收入的免税电视“700 俱乐部”广播公司，以及作家哈尔·林赛及其围绕世界末日善恶人决战的最后之战（今天的以色列）有关文明终结的《狂喜》（*Rapture*）系列小说。这些自称为“重生派”的基督徒着手控制美国的无线电波。后来才日渐清晰，这些组织中的许多人，其中包括反伊斯兰的法威尔和罗伯森，与以色列右翼有密切的联系，有些人还与中央情报局有联系。

最近去世的格雷斯·哈赛尔，在精神上曾被基督教原教旨主义者所俘获，与小布什在得克萨斯同一地区长大，这一地区原教育主义十分盛行。后来她在 20 世纪 60 年代成为美国白宫的讲话拟稿人，再后来成为一名勇敢的记者，她将她最后的时光投入于揭露法威尔和其他所谓的“重生派”基督徒与以色列右翼的危险关系。

20 世纪 80 年代，为了了解席卷美国的“重生派”现象，哈赛尔随同法威尔率领的一个团组来到以色列。她这样描写道：“我的好奇心让我提出问题，为什么像法威尔这样的基督徒为世界末日祈祷？难道我们必须在总体上摧毁这个世界，以进入‘新天国或新地球’吗?”她的发问令人警醒。

1983年当她继续对以色列和圣地的联合《圣经》之旅时，发现法威尔早就成为以色列右翼的亲密朋友。哈赛尔注意到一个奇怪的事实，法威尔的旅行并非集中在对圣地的基督教遗址的参观，而是完全在以色列的引导下只参观涉及以色列感兴趣的地方。此外，以色列政府送给法威尔个人一架李尔私人飞机作为礼物，供他在美国旅行使用。

法威尔和其他美国基督教重生派原教旨主义者说，他们相信“上帝的旨意”是以色列在中东地区建立更大的统治区域，这将把世界更近一步地带到《圣经》上的“末日审判”，届时“真正信主的人”将在神秘的“狂喜”中得到拯救，“被带到天国，而不信主的人将在世界末日善恶大决战的最后之战中被消灭，不会得到拯救”。按照法威尔和他的朋友们的说法，这场战斗将是犹太人与穆斯林之战。

哈赛尔采访了许多积极参与致力于“加快”世界末日大决战的美国人。其中之一是俄克拉荷马州石油商人、再生派基督教右翼犹太复国主义者，特里·瑞森霍弗，他与里根时期的白宫关系很近。瑞森霍弗毫不隐讳自己的观点，他资助在以色列和其他地方的人在伊斯兰最神圣的地点耶路撒冷的阿克萨清真寺的位置上重建被毁掉的所罗门神殿，即所谓的第三圣殿。

1985年，瑞森霍弗是美国犹太人-基督徒合作论坛主席，与论坛负责人道格·克里格和“美国拉比”大卫·本-阿米一道负责论坛的工作，本-阿米是以色列沙龙的密友。瑞森霍弗还是耶路撒冷圣殿基金会主席，这家基金会的“唯一目的是在当今的伊斯兰圣地上重建神殿”。

瑞森霍弗挑选斯坦利·古德福特做他的神殿山基金会国际董事。古德福特是恐怖主义组织“斯特恩帮”的前成员，被本-古里安指责为纳粹。据以色列报纸《话报》的说法，古德福特1946年7月在耶路撒冷的大卫王酒店放置炸弹，炸死100多个英国人。

瑞森霍弗在有关古德福特的访谈中对哈赛尔吹嘘说：“他是一个非常坚定的恐怖分子，他具有为圣殿扫清障碍的能力。”古德福特的一个副手对哈赛尔说：“他是控制圣殿山、控制耶路撒冷的人。”

谁控制了耶路撒冷，谁就控制了以色列这块土地。这是对麦金德爵士下述名言的歪曲：“谁控制了中欧，谁就控制了心脏地带；谁控制了心脏地带（俄罗斯等），谁就控制了世界岛；谁控制了世界岛，谁就控制了世界……”

1998年，一家以色列通讯社在圣殿山网站上贴了一条消息，宣布它的目标是“解放”阿克萨清真寺周围的穆斯林寺庙。他们宣称“现在重建圣殿的时机已经成熟”。接着他们呼吁以色列政府“结束异教的伊斯兰对清真寺所在地的占领”。他们在1998年声称：“建立第三圣殿的时机快到了。”

2000年9月，以色列的沙龙率领一大群以色列警察来到阿克萨清真寺，这是蓄意的宗教挑衅，导致了巴勒斯坦人的再次暴动。沙龙的朋友们已经秘密挖掘了通往阿克萨清真寺的地道，据称是为了在适当时机炸毁这个伊斯兰圣地。对于某些人来说第三圣殿计划不是幻想，尽管它极其愚蠢和疯狂。

已故的联合国巴勒斯坦代表团前高级顾问伊萨·纳赫勒博士警告说，基督教福音主义者与基督教右翼犹太复国主义者之间有一个“罪恶的阴谋”，就是摧毁阿克萨清真寺。他确认美国的基督教福音主义者和犹太恐怖分子已建立了耶路撒冷圣殿基金会。纳赫勒补充说，这个基金会要执行的计划体现在它们出版的一个小册子里，其中提及“准备在耶路撒冷重建第三圣殿……”

他确认，在圣殿山阴谋集团中有一个人后来成为小布什总统最重要的保守主义分子，他就是华盛顿内部的知情人迈克尔·莱丁，他与布什的政治顾问罗夫关系密切。纳赫勒指出：“芭芭拉和迈克尔·莱丁在1984年6月8日共同发表了一篇文章，标题是《基督教和犹太原教旨主义的共同之处在哪里？圣殿山密谋》。

纳赫勒说：“……古德福特把基督徒视为合乎逻辑的盟友，因为他相信‘基督教原教旨主义者就是现代真正的犹太复国主义者’。在古德福特看来，正是基督徒意识到‘我们正在走向地球历史的关键时刻，他们想帮助实现预言，因而要加快主的再次降临’……正如一位犹太领导人去年夏天在耶路撒冷对我们说的：‘他们相信一旦圣殿建好之后，耶稣将再次降临。我们希望最先看到主的到来。让我们建造圣殿，看他长的什么样’。”

纳赫勒接着说，“……这种对耶稣即将降临的狂热信仰，看来是最近在耶路撒冷被捕的24个激进犹太民族主义团伙的部分动机。他们的罪名是谋杀、策划谋杀、非法持有从以色列军队盗窃的武器和炸药、恐怖主义组织成员。”

“……我们还知道，被捕的人中有一个是以色列军队的后备役飞行员。这位飞行员皈依了宗教，对他的共谋者提议下次他再被征召时偷一架F-16战机，用它轰炸在圣殿山的穆斯林清真寺。这个团伙否决了他的计划，因为这有可能毁坏哭墙，而这位飞行员在以色列也找不到降落的地方。作为替代方案，这些密谋者决定在圣殿山使用炸药。”

莱丁在华盛顿的新保守主义智库企业研究所，与理查德·帕尔和其他新保守主义分子头面人物一道工作，同时也是白宫政治战略家罗夫的顾问。莱丁还是布什新美国世纪蓝图计划中的核心人物之一，这一计划的目标是美国统治世界。

哈赛尔参加了1986年福音主义者法威尔率领的另一次对圣地的访问。她写到了有关摧毁阿克萨清真寺和圆顶清真寺的计划。“这个夺取耶路撒冷圣地的计划组织得更严密，资金更充裕，在耶路撒冷和美国得到了更多人的支持。”她报道说：“‘他们在最接近圣殿山的地方积极地、不动声色地购买了地产’，他们认为这项任务极其重要。他们有研究圣殿研究所，制订了精细的计划，对圣殿进行测量。”哈赛尔补充说：“至少有7位拉比，他们中包括‘信仰者集团’定居运动最著名的领导人，这些拉比向有关组织和人员提供咨询，并随时跟踪了解这些活动的各阶段情况和犹太恐怖组织的各种计划。负责准备用于炸毁圆顶清真寺和阿克萨清真寺炸药的李夫尼说，奥瓦迪亚·尤素福拉比特地表示赞同这个主意。没有一个以色列拉比谴责试图毁掉清真寺的图谋。”哈赛尔还说：“看来以色列领导人肯定与美国的犹太福音主义者迈克·伊万斯有联系，他在一个小时的电视专题节目录像中，戴着犹太无边便帽与一位以色列考古‘专家’一起来到清真寺的地下，这位专家打开一扇门，宣称‘就是这里，圣地中的圣地’。”❾

自从1984年一篇文章指名道姓地提到具体人，如里瑞森霍弗，正在筹集巨资为试图毁掉大清真寺的犹太恐怖分子辩护以来，美国福音主义者为摧毁这座清真寺提供资助的资金支持系统一直在地下活动。“在耶路撒冷，法威尔率领的850名基督徒的导游在哭墙告诉我们，我们正在观看的是圣殿的遗址，将来新圣殿也建在这里。”哈赛尔说。

哈赛尔采访了达拉斯神学院院长约翰·沃尔伍德博士，他是法威尔1985年在耶路撒冷召开的“预言会议”上的演说人。他对《圣经》的解释是，上帝希望基督徒帮助犹太人建立犹太神殿。他和其他重生派基督徒明白圆顶清真寺和阿克萨清真寺的意义，但林赛说：“无论它是不是一个障碍，圣殿是肯定要重建的，这是预言要求的。”法威尔和所有重要的美国电视福音主义者在布道中都声称，犹太圣殿“必须”重建。

作为其神学的一部分，他们接受一种被称为时代论的神学，它要求七次分配或七个时期的安排。最开始是将所有犹太人集合到巴勒斯坦，包括建造圣殿。林赛在《消失的伟大星球地球》一书中写道：“在它的历史活剧中，只剩下一件事，为以色列的出场充分准备好舞台。这就是根据摩西法律，在老地方重建朝拜的圣殿，在莫里亚山上。在这里曾两次建造过神殿。”[10]

因此，在美国有一个庞大的支持体系，支持犹太恐怖分子为摧毁阿克萨清真寺所采取的任何行动，所有重要的美国电视福音主义者均明确地称它为“上帝的行动”。

哈赛尔补充说：“那些绝大多数基督教徒和犹太人称之为疯狂的少数只占以色列总人口的比例不会超过5%，然而却具有摧毁伊斯兰教在耶路撒冷最神圣的清真寺的能力，这个行动可能轻而易举地引发俄罗斯和美国都将卷入的世界范围的战争。”

这些狂热的前千禧年时代论已经主导了美国的福音主义和原教旨主义，特别是通过达拉斯神学院和穆迪圣经学院的影响。这场运动在福音主义圈子里，尤其在美国，特别是自1967年以来，支持的人数一直在增长。这个现象与阿以“六日战争”及几年后林赛的著作《消失的伟大星球地球 》的出版相吻合。

他们对《圣经》预言的理解主要来自丹尼尔、泽卡赖亚和启示书，其中最关键的是这个断言：犹太神殿将在圣殿山上重建，这是主再次降临、恢复以耶路撒冷为中心的以色列王国的前奏。这个具有决定意义的事件也被视为点燃世界末日善恶大决战的导火索。

这些信仰破坏了穆斯林阿拉伯国家与基督教阿拉伯国家之间的关系，使他们对可以追溯到十字军东征时代的西方军事冒险主义之复活充满恐惧。

1967 年的分水岭战争

1967 年“六日战争”及其后果，是福音派基督徒对以色列和犹太复国主义的兴趣发生转变的分水岭。在以色列取得 1967 年军事胜利之前，法威尔一直没有公开谈论过现代以色列。此后，法威尔完全变了一个人。他进入了政治，并成为犹太复国主义国家的热心支持者。1967 年，美国深陷越南战争中。许多人都有一种失败、无助和灰心丧气的感觉，其中包括法威尔，他现在用崇敬的眼光看待以色列，在他们看来以色列军力强大、不可战胜。

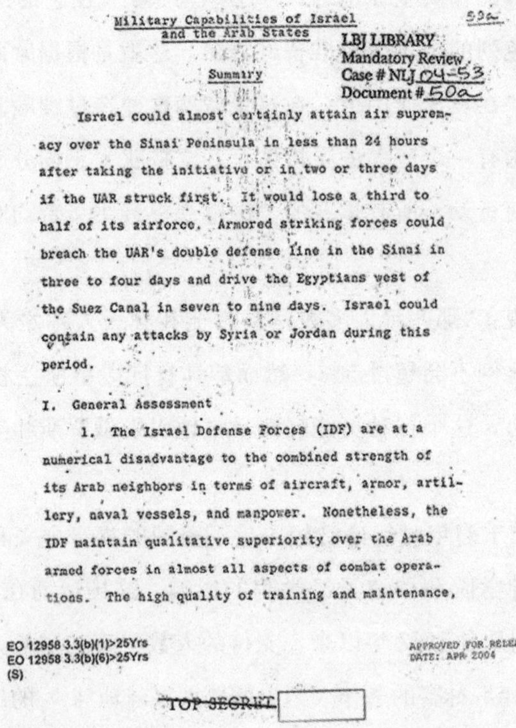
Military Capabilities of Israel
and the Arab States

59a

LBJ LIBRARY
Mandatory Review
Case # NLJ 04-53
Document # 50a

Summary

Israel could almost certainly attain air supremacy over the Sinai Peninsula in less than 24 hours after taking the initiative or in two or three days if the UAR struck first. It would lose a third to half of its airforce. Armored striking forces could breach the UAR's double defense line in the Sinai in three to four days and drive the Egyptians west of the Suez Canal in seven to nine days. Israel could contain any attacks by Syria or Jordan during this period.

I. General Assessment

1. The Israel Defense Forces (IDF) are at a numerical disadvantage to the combined strength of its Arab neighbors in terms of aircraft, armor, artillery, naval vessels, and manpower. Nonetheless, the IDF maintain qualitative superiority over the Arab armed forces in almost all aspects of combat operations. The high quality of training and maintenance,

EO 12958 3.3(b)(1)>25Yrs
EO 12958 3.3(b)(6)>25Yrs
(S)

APPROVED FOR RELEASE
DATE: APR 2004

~~TOP SECRET~~

（照片来源：维基百科）

■ 美国中央情报局对 1967 年第三次中东战争的评估报告

以色列1948年建国，1967年夺取耶路撒冷和西岸，两次打败了阿拉伯联军，逐渐被新一代美国和欧洲的时代论前千禧年派视为《圣经》预言的重要实现。

格雷厄姆的岳父纳尔逊·贝尔是权威的保守福音主义喉舌《今日基督教》的编辑，他在1967年的一篇社论里写道："两千多年来，耶路撒冷第一次完全掌握在犹太人手里，这令《圣经》的信徒兴奋不已，使他们对《圣经》的准确性和有效性重获信心。"

基督教犹太人搞定了小布什

在小布什2001年1月入主白宫之后，美国基督教右翼这个奇怪的派别获得了前所未有的影响力。在布什还是得克萨斯州州长时，为他所谓"有同情心的保守主义"（曾迷惑了许多美国选民）计划充当顾问的，是一个有影响的新保守主义者、得克萨斯大学教授、《世界》杂志的编辑马文·奥拉斯基。

奥拉斯基在国内的位置与费思或莱丁相当，他是深得小布什信任的顾问，他的著作《美国同情心的悲剧》是小布什在考虑国内问题时提到过的唯一有价值的书。

在奥拉斯基看来，美国同情心的"悲剧"在于是否存在同情心。他认为，问题不是出在"伟大社会"或"新政"，而是出在简·亚当斯身上。在亚当斯这个怀有虔诚宗教信仰的妇女将她有关"同情心"的情感观念带到赫尔大厦之前，宗教团体向穷人散发祷告小册子，而不是食品，并强迫穷人参加教堂活动而不是为他们提供避难所。因为只有上帝能够拯救穷人，除了精神上的拯救之外任何别的东西都弊大于利。

小布什的大选策划者及肮脏政治阴谋的策略家卡尔·罗夫将奥拉斯基介绍给小布什，这导致2000年大选中小布什以"富有同情心的保守主义"为竞选口号，声称这是小布什的"以信仰为基础的倡议"。

奥拉斯基背离犹太宗教，改信了激进的基督教。奥拉斯基在谈到他自己与布什，相对于民主党竞争对手约翰·克里时，他写道："我们俩都可以说，也的确如此，是我们没有拯救过自己，只有上帝才能拯救罪人（我可以肯定地补充说，在所有的罪人中，我的罪最大）。既然获得了再生，我们就无须证明自己了。作为被拯救的人，我们不必成为拯救者。”⑪

对此，小布什对记者鲍伯·伍德沃德曾说过一段令人震惊的话：“我不需要解释我为什么要这样说。这是当总统的乐趣……我不觉得需要向任何人做解释。”

小布什声称曾从20世纪80年代的酗酒和吸毒中亲身获得拯救，他在身边有许多像奥拉斯基和罗夫这样的人。罗夫在小布什周围建立了一架政治机器，其核心是对基督教福音主义和700万基督教犹太复国主义者的狂热支持。他们认为沙龙和以色列的侵略是为了《圣经》预言的世界末日善恶大决战的最后一战。这个集团给小布什发动以“反恐战争”为伪装的对伊斯兰的战争提供了依据。

美国主要媒体很少注意到，沙龙对小布什的再次当选起了推波助澜的作用。在2004年大选两周之前的10月17日，沙龙与美国基督教福音派教徒之间的私人联络人耶希尔·埃克斯坦拉比，举行了第三届年度祈祷日和与以色列团结的活动。他站在罗伯森的重生派门徒拉尔夫·里德的旁边，里德是小布什在东南部选区的协调人。埃克斯坦和里德召集了以色列驻美国的21位外交代表到美国主要的保守主义教堂参加活动。

美国作家迈克思·布卢门撒尔认为，最近几年来，福音派对以色列的支持急剧上升。对大多数福音派教徒来说，以色列是一块“契约”之地，由上帝与亚伯拉罕之间的契约将这块土地授予犹太人；对许多人来说，以色列也代表着主再次降临的最终降临之地。尽管这种说法准确地讲对犹太人算不上友善——根据前千禧年派的神学，一旦《圣经》上说的以色列住满了新的定居者，当基督降临时，犹太人必须接受他，否则将被毁灭——福音派神学在以色列的利益决定了他们坚决反对向巴勒斯坦出让任何土地，因此，他们成为沙龙及其右翼利库德党的天然盟友。

埃克斯坦拉比将基督徒和犹太人国际联谊会（IFCJ）办成了一个慈善的大本营，每年向以色列捐赠数千万美元。他与下列人物建立了密切的关系：包括像罗伯森和鲍尔这样受欢迎的右翼福音派领导人，像在赖斯的国家安全委员会中负责中东政策的艾布拉姆斯这样的白宫新保守主义分子，以及埃克斯坦及其盟友，在促使小布什政府放弃所谓的和平路线图，支持沙龙、奥尔默特对巴勒斯坦的残酷占领上起了重要作用。

埃克斯坦宣称："自从'9·11'以及以色列占领区的巴勒斯坦人起义以来，犹太人已经变得越来越务实；他们觉得以色列的生存受到威胁，他们已经认识到，与我们勇敢而自豪地站在一起的一群人是福音派组织。"

1988年，埃克斯坦在纽约帮助共和党总统候选人罗伯森"化解犹太人对其竞选的反对"——并将他和大量的支持者培养为以色列的支持者。1986年，罗伯森将非基督徒比作一群白蚁，理应受到"神用烟熏"；后来他在《新世界秩序》这本书里宣称，共产主义是"德国犹太知识分子的发明"。尽管罗伯森可能不是特别喜欢世俗的犹太自由主义者，但他一直是狂热的基督教犹太复国主义者。在他的布道和预言著作中，把犹太人在耶路撒冷的存在和以色列在1967年的胜利视为预示基督再次降临的奇迹。

1996年，埃克斯坦在华盛顿建立了基督教和犹太教价值中心，由正统犹太教参议员乔·利伯曼（现在是来自康涅狄格州的独立参议员）和福音派参议员山姆·布朗拜克共同担任主席。按照埃克斯坦的说法，他这个现已没有活动的机构，"在共同关切的问题上使根本不相容的组织找到了共同基础"。

基督徒和犹太人价值中心几乎完全由右翼福音教徒构成，如家庭研究委员会主任鲍尔、美南浸信会执行主任理查德·兰德和罗伯森的瑞金大学政府学院院长凯·詹姆斯。詹姆斯曾任布什的人事管理办公室主任。其他参与者包括像艾略特·艾布拉姆斯、威廉·克里斯托和里根政府的教育部长威廉·贝内特这样的新保守主义分子。这个中心实质上是新保守主义福音派文化战争的指挥部。

埃克斯坦将他的重点转到为基督徒和犹太人国际联谊会筹资上，这个联谊会是他创办的。1999年，他已经在以色列定居，带着摄制组坐着敞篷卡车在圣地周游，为美国的福音派教徒制作筹资影片。

温和的以色列人对美国福音派的钱涌入以色列感到不安。在以色列《国土报》的一次采访中，一位批评者指责埃克斯坦的基督徒与犹太人国际联谊会试图"制造一种以色列依赖（福音派资金）的态势，从而控制我们。他们在福利、归化、犹太人移民到以色列和教育方面投入大量资金，并寻找我们的弱点"。

埃克斯坦的筹资录像在罗伯森的基督教广播网及覆盖美国心脏地带的付费地方网里拥有大量的观众。基督徒与犹太人国际联谊会拥有约 35 万捐赠者，2007 年向以色列的 250 个项目发放了 2000 万美元，包括一个有装甲的、移动牙科诊所，为占领区的以色列定居者提供服务。目前，基督徒与犹太人国际联谊会是以色列的第二大非政府捐赠组织，仅次于准政府的“为了以色列的犹太人机构”。

2000 年沙龙和布什同时掌权后，他们建立了亲密的关系。沙龙任命埃克斯坦为顾问，积极寻求福音派的支持，比他的前任有过之而无不及。2002 年秋，沙龙在耶路撒冷对 3000 名福音派旅游者说：“我现在就告诉你们，我们爱你们。我们爱你们中的每一个人!”

同年，沙龙邀请小布什的顾问加里·鲍尔到耶路撒冷与他的内阁举行私下会晤。鲍尔后来说：“我走了许多地方，听了大量有关他们面临的问题的介绍。”“在会晤中……我试图说明，他们在美国拥有比他们或许还没有意识到的更为广泛的支持基础，他们应该对这个事实敏感，即有比他们所想象的更多的美国人认为以色列是天然盟友。”为了说明这一点，鲍尔交给沙龙一封表达支持的信件，信上签名的有美国福音派的头面人物，如查尔斯·科尔森、国家政策委员会成员法威尔和“重在家庭”组织领导人多布森。

埃克斯坦和他的福音派盟友发起了激烈的游说闪电战，向布什施压，反对布什参与自卡特总统以来每位美国总统都参与的巴以和平进程。

2002 年 4 月在华盛顿广场举行的“与以色列一条心”的全国集会上，这个活动达到了新的高潮，这场集会有 10 万多人参加。作家伊利·威西尔和纽约市长鲁迪·朱利亚尼发表了尖锐的谴责巴勒斯坦恐怖分子的讲话。福音派广播主持人叫喊：“我们永远不会放弃戈兰高地。我们永远不会划分耶路撒冷。”这个集会与里德和埃克斯坦发起的“祈祷日”和“与以色列一条心”的时间正好吻合，那年他们发动了 1.7 万个福音教堂为以色列祈祷。

埃克斯坦有许多密友在白宫任职，他发挥了草根力量的杠杆作用。2003 年 7 月，埃克斯坦带了 20 个原教旨主义福音教会的头面人物来到白宫，与国家安全事务助理赖斯和她的中东事务顾问、新保守主义分子艾布拉姆斯举行

“不事声张的会议”。他们陈述了坚决反对巴以路线图的意见，而赖斯表示小布什政府对他们的立场表示同情。埃克斯坦回忆说：“她解释说，小布什的信仰促使他采取了某些重要立场。我认为这就是小布什对人民有这么大的吸引力的原因所在。”

然而，小布什的信仰对某些人具有警示意味。以色列《国土报》2003 年 6 月报道了在亚喀巴会议（小布什试图获得巴勒斯坦对与以色列达成停火协议的支持）期间小布什对巴勒斯坦权力机构总理阿巴斯说的一番话。阿巴斯回忆说，小布什告诉他：“上帝告诉我打击基地组织，我打击了他们。上帝接着告诉我打击萨达姆，我也做了。现在我下决心解决中东问题。如果你帮助我，我会行动；如果你不帮助我，选举就要来了，我得把重点放在选举上。”⑫

2006 年 9 月，在为 11 月国会选举造势的过程中，在谈到伊拉克战争时，小布什对一群友好的美国保守派记者宣称：“在美国许多人把它看作是善与恶的对抗，包括我。”⑬ 这位美国总统要么是一位极出色的演员，为了赢得基督教右翼的关键选票而逢场作戏，要么显示出他在心理上的不稳定。这两种可能都值得警惕。

2003 年 3 月初，国家安全委员会中东顾问艾布拉姆斯与自封的“神权”游说组织“使徒国会”的领导人会晤，以减轻他们对小布什在认可沙龙加沙撤离计划问题上悬而未决的态度的关切。据报道，像已故的“宗教圆桌会议”负责人埃德·麦卡蒂这样的福音主义领导人曾与白宫公共关系联络官、小布什 2000 年大选的发言人蒂姆见面，就对以色列政策问题举行过数次未留下记录的会议。

当小布什政府在 2003 年 6 月批评以色列悍然暗杀哈马斯领导人阿卜杜勒·阿齐兹·兰提西时，鲍尔向 10 万名追随者发送电子邮件，呼吁向白宫施加压力，支持以色列。“我们向白宫潮水般地发送电子邮件和传真，主张以色列像我们一样有同样的保卫自己的权力。”

鲍尔的影响力使他在 2003 年支持以色列的游说大本营“美国以色列公共事务委员会”（AIPAC）的年度会议上成为主旨发言人，他的讲话赢得听众起立和长时间鼓掌。在反对中东和平路线图和沙龙的加沙撤离计划上，鲍尔在为以色列定居者团体游说方面也发挥了领导作用。

通过他的政治行动委员会“为工作的家庭而斗争”，鲍尔积极地从保守的基督徒中为小布什竞选拉赞助。

虽然埃克斯坦说他是注册过的民主党人，但他却转而站到小布什一边，并敦促其他犹太人站过来。他说：“我个人认为犹太社区和美国应该为小布什投票，因为我认为他对恐怖主义更强硬。如果没有对‘恐怖分子’的全面对抗，上帝原谅我，我们所知道的西方文明就会走向终结。”[14]

布什、基督教犹太复国主义和共济会

在理解美国与右翼以色列犹太复国主义者的关系，以及以色列与基督教犹太复国主义者（如法威尔、格雷厄姆牧师、罗伯森、多布森、鲍尔和其他支持右翼以色列利库德政策的美国人）之间的联系上，最难以解释清楚的一点是神秘的国际共济会组织的作用。

共济会被界定为一个秘密或神秘的协会，有关它的目标甚至对其大多数成员都是保密的，这些成员往往是不知情的低级成员，意识不到自己被幕后之手操纵。据信在美国最有势力的共济会团体是苏格兰仪式最高委员会，也称为“古已有之的苏格兰典礼”，现在它的世界总部设在华盛顿特区。

布什家族的重要顾问詹姆斯·贝克三世，是得克萨斯州贝克和博茨（Baker & Botts）法律事务所和凯雷投资集团的成员，也是共济会会员，小布什和他的父亲老布什都是共济会的高级成员。

共济会是个秘密网络，允许幕后操纵许多东西。一旦共济会会员的身份被外界所知，他们的权力将会消失，因为别人会看穿他们的阴谋诡计，如暗杀、战争、敲诈、欺骗，以及最为重要的，毁掉普通人的真正宗教信仰的计划。

盎格鲁-撒克逊共济会组织两个最重要的分支组织之一，“古已有之的苏格兰典礼组织”，起着特殊的作用。它的历史可以追溯到很久之前，但在19世纪后半叶，它的领导者是美国南方邦联的将军阿尔伯特·派克。派克创建了三K党，这是美国内战后通过种族仇恨和恐吓控制南方的苏格兰典礼组织的秘密组织。[15]

苏格兰典礼组织在以色列有个活跃的分支，尽管它名义上是基督教协会，但它自称其传统可以追溯到“早期建造了所罗门王神殿的共济会会员”。美国基督教犹太复国主义者集中在南方，来自相似的白人种族主义阶层，并积极支持那些寻求在神圣的阿克萨清真寺所在地重建所罗门第三圣殿的以色列狂热分子，由此引发世界末日善恶大决战的最后之战，这些事实不可能是巧合。所有证据都表明，美国和英国的苏格兰典礼组织一直在支持摧毁阿克萨清真寺和重建所罗门圣殿的犹太主张。

实际上，有间接证据表明，支持以色列右翼政策的许多有组织的美国基督教右翼得到了“苏格兰典礼”领导层的秘密支持。最近南方浸信教大会曾发生激烈的争论，因有人称约 50 万成员同时也是共济会会员，而据说其中多数属“英格兰典礼”组织。南方浸信教组织以其对黑人的种族仇恨而闻名。在罗斯柴尔德支持下在南非建立采矿帝国的塞西尔·罗德斯，也是“苏格兰典礼”组织成员。帕默斯顿爵士也是这个组织的成员，他本人是英籍以色列人。

一轮“错误的明月升起”

韩国牧师文鲜明是一个自称为新弥赛亚（救世主）的狂热分子。他的统一教会的兴起，与中央情报局与韩国中央情报局之间的交易有紧密的联系。现有证据已经显示，在 20 世纪 70 年代老布什任中央情报局局长时，曾致力于在美国培植统一教会的势力。

当今基督教右翼的许多头面人物与文鲜明的统一教会有密切联系，其中包括多布森、前家庭委员会领导人鲍尔、创建了基督教联盟的里德以及大量在美国的以色列利库德集团的重要朋友。这令人更加怀疑，基督教右翼与以色列的联盟有“苏格兰典礼”共济会组织卷入的明显迹象。

另外一个藏在幕后对小布什的白宫有重要影响的秘密组织是使徒议会组织。

2004 年 5 月，在为赢得犹太人选票而作出的高调露面中，小布什总统在有 4000 多人参与的美国以色列公共事务委员会（亲以色列的游说组织）年会上说：“通过保卫以色列的自由、繁荣和安全，你们也在服务于美国的事业。”

2004 年 3 月下旬，在一个几乎未曾公开报道的集会上，国家安全委员会近东和北非事务主任艾布拉姆斯和小布什政府的其他官员与使徒议会组织（在政治上有势力的基督教原教旨主义集团）成员会谈了两个小时，向他们保证小布什政府对以色列的支持是不会动摇的。

美国以色列公共事务委员会与使徒议会之间似乎很少有共同点。然而，一个共同的关注——以色列的安全，使两者走到了一起。

据《洛杉矶时报》报道，小布什在美国以色列公共事务委员会上的39分钟讲话，“数次被欢呼和掌声所打断，有两次，至少有1/3的在场听众高呼‘再干四年！’”

尽管小布什政府官员定期与基督教原教旨主义者见面已经不是新闻，但听到这次显然并不想上报纸头条的特殊会晤仍然令人惊讶。只是在“乡村之音”记者里克·帕尔斯坦从“长老会牧师罗伯特·厄普顿签名的秘密备忘录”了解到“细节”之后，这件事才曝光。

当帕尔斯坦向厄普顿牧师询问这封电子邮件和集体会晤的情况时，这位牧师告诉他：“你提到的每一件事都是你不应该知道的”。使徒议会组织的执行主任厄普顿，对他自己随意出入白宫而感到自豪：“我们与白宫有经常性的接触，”他对帕尔斯坦说，“我每周至少一次通过电话听情况介绍……两周之前我在白宫……当时我们在和总统谈话。”

尽管政府官员与原教旨主义者之间的谈话涉及一系列文化战争的主题，其中包括同性婚姻的危险，但这些“世界末日基督徒”所关心的主要问题，是小布什政府对以色列和巴勒斯坦的政策。

使徒议会声称自己是个“充满精神、目标明确的运动，在全国范围内代表使徒共同的心声”。按照帕尔斯坦的说法，这个组织“高调反对巴勒斯坦建国的主张”。他说：“他们担心，以色列从加沙撤退正使建立巴勒斯坦国成为可能。他们反对撤退的依据是，旧约中所说的以色列都属于犹太人。他们相信，只有保证以色列领土完整，大卫的圣殿重建之后，基督才会再次降临地球。”[16]这就是新千年美国政治中势力最强大的政治力量的意识形态。

自1973年“十月战争”以来的30多年里，美国的这个宗教联盟导致了显著而又巨大的社会转型。据估计，到2004年，有2600万美国人认为自己是基督教原教旨主义者，其中大多数支持基督教犹太复国主义立场。《时代》杂志和CNN的联合民意调查表明，59%的福音派被调查对象相信世界末日善恶大决战、“狂喜”体验和“反基督”的兴起是真实的历史发展进程，这一切将在不远的将来发生。在实现这些预言性事件上以色列将发挥最重要的作用，许多原教旨主义基督徒认为以色列是上帝最喜爱的国家。这是基督教犹太复国主义运动及其在布什政府内的盟友受大众欢迎和拥有政治影响力的肥沃土壤。[17]

到新千年时，基督教犹太复国主义已经成为美国国内支持好战的右翼亲以色列利益的最大潜在基础。

“泰德牧师”的忏悔

最有影响的右翼美国福音主义者之一是泰德·哈格德牧师。2006 年 11 月美国国会选举之前一桩丑闻的曝光迫使他辞职，此前他与布什的白宫有密切联系。他在美国空军学院所在地科罗拉多斯普林斯附近，创建了拥有 1.1 万人的“新生命教会”。

泰德牧师很乐意让人知道每个周一他都与小布什总统或他的顾问交谈。泰德是个帅气的 48 岁的印第安纳州人，他还是美国基督教浸信会全国协会的主席，这个组织有 4.5 万个教堂和 3000 万信众，是美国最有势力的宗教游说集团。哈格德将“自由市场”经济与“重生派基督教”混合在一起，提出了自己的一套主张，显然白宫认为这套主张有用处。[18]

2006 年 11 月美国国会选举数天之前，泰德的“重生极乐”的精彩世界和政治影响戛然而止。共和党人因本党国会议员的一系列性丑闻和男色丑闻面临灾难性的打击。2006 年 11 月，在选举开始几天之前，泰德因被一位过去的男妓迈克·琼斯指证是同性恋并吸毒，辞去或被免掉了所有的领导职位。起初哈格德否认认识琼斯。但随着媒体调查的深入，他承认了某些指证，如购买脱氧黄麻碱（一种兴奋剂），是真实的。[19]

如果把福音派右翼网络、以色列利库德集团和圣殿山狂热分子作为一个整体来看，可以更清楚地认识到，为什么包括伊拉克政权更迭、伊朗或黎巴嫩政权更迭在内的美国对中东政策，会把以色列作为美国的一个内在组成部分来看待。据华盛顿媒体的报道，华盛顿还在悄悄支持以色列加入北约。

美国情报界和军方与以色列之间的关键链条，是信仰混乱的宗教团体和智库所组成的黑暗世界，他们给自己取了个有误导作用的名字——新保守主义者。

注　释

❶ Jonthan Kuttab, *The Challenge of Christian Zionism*, Cornerstone, Issue 32, Spring 2004.

❷ Samuel P. Huntington, *The Clash of Civilizations*? Foreign Affairs, New York Council on Foreign Relations, Summer 1993.

❸ For background see Grace Halsell, *Forcing God's Hand*: *Why millions pray for a quick rapture -and destruction of Planet Earth*, Crossroads International Publishing, Washington D. C., 1999. Dr. Daniel Akin, , '*Christian Leaders Urge 'Biblical' vote for Bush*,' October 10, 2004. www. annointed. net. Barbara Tuchman, *Bible and Sword*, New York, 1956. Prof. Donald Wagner, *Christian Zionists*, *Israel and the 'Second Coming*, The Daily Star, October 9, 2003.

❹ Grace Halsell, op. Cit. Grace Halsell, herself from a conservative evangelical Christian family, documented the nature of Jerry Falwell, Pat Robertson and the U. S. Christian Zionists in relation to the Likud in her book, "Forcing God's Hand. She traveled with Rev. Jerry Falwell to Israel to study the movement's leading political figures first hand, and documented such things as the gift to Falwell of a private jet in 1978 by the Begin government to help him build support in the U. S.

❺ Ontario Consultants on Religious Tolerance, *CHRISTIAN ZIONISM*: *CHRISTIAN SUPPORT FOR THE STATE OF ISRAEL*: *THE POLITICS AND THEOLOGY OF ARMAGEDDON*, in www. religioustolerance. org/chr isra. htm.

❻ Uri Avnery, *Two Souls*, Ma'ariv, June 8, 2002.

❼ Chip Berlet and Jean Hardisty, *Drifting Right and Going Wrong*, NCJW Journal, Winter 2002, pp. 8 - 11.

❽ Rammy M. Haija , *THE ARMAGEDDON LOBBY*: *DISPENSATIONALIST*

CHRISTIAN ZIONISM AND THE SHAPING OF US POLICY TOWARDS ISRAEL - PALESTINE, [HLS 5.1 (2006) 75 - 95], ISSN 1474 - 9475, Project MUSE, Doctoral Candidate in Sociology, Virginia Polytechnic Institute and State University.

❾ Ibid.

❿ Dr. Issa Nakhleh. "*The Criminal Conspiracy between Christian Evangelists and Zionist Terrorists to Destroy the Al Aqsa Mosque.*" In www. palestine - encyclopedia. com.

⓫ Mark Schmitt, *On Marvin Olasky*, The Decembrist, August 28, 2004, in mark-schmitt. typepad. com.

⓬ Al Kamen, *Road Map in the Back Seat?*, Washington Post, June 27, 2003.

⓭ The Buffalo News, September 13, 2006.

⓮ Max Blumenthal, *Born - Agains for Sharon*, October 30, 2004 in www. salon. com. *Prophecy and the Millennium*, The Dorking Readers, 26 June, 1997.

⓯ General Albert Pike, *Morals and Dogma of the Ancient & Accepted Scottish Rite*, 1871, Charleston, South Carolina.

⓰ Bill Berkowitz, *Christian Zionists, Jews & Bush's Re - election Strategy*, in Working for Change, June 3, 2004.

⓱ Rev. Dr. Donald Wagner, *A Christian Zionist Primer*, Cornerstone, Issue 32, Spring 2004, in http: //www. sabeel. org/documents/cs32. pdf.

⓲ Jeff Sharlet, *Soldiers of Christ: Inside America's most powerful megachurch with Pastor Ted Haggard*, Harpers Magazine, May, 2005.

⓳ Collen Slevin, *Ousted Evangelist Confesses to Followers*, ABC News, 2006 - 11 - 05, p. 1.

第十四章

奇怪的鹰派

“对美国来说，对恐怖主义最现实的回应就是毅然承担自己的帝国角色。”

——迈克思·布特，载于新保守主义杂志《每周标准》，2001 年

拼凑起来的美国新保守主义

如果说有广大群众基础的基督教犹太复国主义的狂热信徒和拼凑起来的再生教派的皈依者，是布什政府“拯救世界”的反恐战争背后的强大力量，那么它的“大脑”则是盘根错节的智库，在华盛顿被称为新保守主义智库。这些智库是二战后美国特有的现象，其目的是用私下的操纵，来取代民选政府和传统上由大学进行的中立研究，从整体上改变美国和世界的进程。

围绕把以色列作为美国“特殊盟国”的政策，一些数量不多但联系紧密、右翼意识形态色彩浓厚、自称为新保守主义者的好战分子，将共和党全体和一部分民主党右翼分子黏合在一起。通过对一系列国内外政策智库的控制，也通过他们作为以色列右翼网络与美国基督教政治右翼之间联系人的作用对国会和白宫施加影响，这些人的作用被成倍地放大，是不能仅仅以人数来衡量的。

就大多数情况而言，由新保守主义分子领导的政治右翼关注的，是力主美国军事和外交霸权——反恐战争进一步强化了这个重点。新保守主义战略家连同鹰派扭曲了对全球化的公开辩论与克林顿时期已形成了鲜明对照。他们不关心全球经济中的社会和环境标准，只关心在确保美国利益这个重点，尤其是能源资源，如果有必要不惜采取军事手段，以此确保美国经济继续占据主导的优势地位。❶

2001 年 9 月 11 日后美国的公众舆论主张美国应该承认它是个“帝国”这样一个事实，不要试图隐藏这一点，而要像一个真正的帝国那样去运用权势；无论欧洲或阿拉伯盟友是否支持，都要对伊拉克发动单边战争；要坚持全心全意地支持沙龙对阿拉法特领导的巴勒斯坦权力机构的敌视政策，这些都是美国新保守主义分子的核心政策主张。

2001年发表在新保守主义杂志《每周标准》上的一篇反响很大的文章“美国帝国的例证”中，迈克思·布特提出“美国对恐怖主义最现实的回应就是毅然承担自己的帝国角色”。他反对下列观点：“美国必须变成一个友善温和的国家，必须放弃在海外不切实际的使命，必须变得像……‘一个共和国，而不是帝国’，”他认为，“实际上这种分析是倒退：‘9·11’袭击是美国不全面参与世界事务和胸无大志所造成的结果。解决这一问题的办法是使我们的目标更为远大，在实现目标时更坚定。”

在“9·11”袭击仅几天之后，布特就瞄准了萨达姆·侯赛因和伊拉克。在袭击刚过去的时候，还很少有人公开谈论这一点。布特的话显示了华盛顿新保守主义分子的不加掩饰的侵略性。“接着谈谈伊拉克。萨达姆·侯赛因是个小人，1991年当美国的军事胜利给了伊拉克人民机会时，他们起来反抗他。但老布什政府拒绝向巴格达进军，当萨达姆镇压什叶派教徒和库尔德反抗者时，美国政府却袖手旁观。这是美国历史上的耻辱时刻，老布什政府抛弃反萨达姆的人，超过了1975年我们对南越的抛弃。现在我们有了改正这个历史性错误的机会。”

“有关萨达姆·侯赛因是否卷入了‘9·11’袭击的辩论根本没有谈到关键点上，”布特接着说，“谁在乎萨达姆是否参与了这个暴行？这么多年来，他已经实施了许多暴行——从用毒气杀害库尔德人到入侵科威特——他被处死1000次也不为过。但这并不是废黜萨达姆是否具有正义性的问题，这是自卫的问题：萨达姆正在努力获得大规模杀伤性武器，如果有机会他或他的同党会对美国及其盟国使用这些武器。”❷

2003年对伊拉克的入侵是新保守主义分子在布什-切尼政府里的权力顶点，也是其崩溃的开始。

美国政治中的新保守主义根源可以追溯到20世纪70年代的冷战时期。一个新保守主义分子说服罗纳德·里根把前苏联贴上了“邪恶帝国”的标签。然而，他们对前苏联的主要不满，是它拒绝允许俄罗斯犹太人移民到以色列。向前苏联施压使其释放前苏联犹太人以换取其急需的美国经济援助的杰克逊-瓦尼克（Jackson - Vanik）修正案，就是新保守主义分子活动出来的。

20 世纪 70 年代拼凑起来的新保守主义运动的几个主要创建者，如欧文·克里斯托，脱胎于 20 世纪 30 年代的托派运动。在冷战的最初岁月，克里斯托曾为中央情报局工作，这使一些人怀疑整个新保守主义行动实际上是美国权势集团、军事工业复合体和石油利益集团的计划，为在军事上夺取庞大的未开采的中东石油制造借口。

新保守主义者并不是都有犹太背景，尽管这似乎是他们最强有力的要素。“新”（neo）字来源于希腊词汇 neos 或 new，指他们对美国与以色列特殊关系的外交政策的单方面的支持。更准确地说，新保守主义分子支持的是以色列内部的某些极端派别，如以沙龙、内塔尼亚胡和引起了巴勒斯坦人反抗的狂热的定居者运动为核心的利库德集团。

新保守主义分子随时准备发动战争，而不是维护和平。他们对以色列的温和派，像工党、“立即和平”组织或其他温和的以色列人，不会起到什么作用。自由主义金融家乔治·索罗斯，本人是个在匈牙利出生的犹太人，就公开反对新保守主义分子及其以色列右翼盟友的咄咄逼人、破坏稳定的计划。[3]

兰博共和党人

据报道，克里斯托对好莱坞电影《兰博》成为走红的大片感到欣喜若狂，正如他所说：“这证明美国人热爱战争。”新保守主义的意识形态类似神学上的摩尼教，持善与恶对立的二元论立场。由于巧合，新保守主义分子眼里的“邪恶轴心”恰好与以色列的某些死敌相一致——以色列是善的，伊拉克和伊朗是恶的，这是他们的基本前提。

在克里斯托的《国家利益》杂志和《评论》杂志编辑诺曼·波德霍雷茨的周围，有一个写作班子，他们撰写支持越南战争的文章，反对 20 世纪 70 年代初的新左派政策。他们聪明地选择国内问题来赢得美国人的认可，大力批判色情、同性恋、毒品和犯罪，这些主张为他们赢得了传统保守主义各阶层的支持。他们正在打开的是通向巨大、危险和异常精明的特洛伊木马的大门。

“阿拉伯裔美国人研究所”所长詹姆斯·佐格比对新保守主义的评论是，这是一群知识分子异类，得到了“数量虽少但极有影响的作家、媒体评论员、政治活动人和学术界……的支持。由于倡导者施加的影响，它已经能够操纵共和党内部的政策辩论。当今的美国报纸社论和电视访谈被新保守主义分子操纵。他们在小布什政府内部占据了一些关键岗位。”❹

委婉地说，最后一句话低估了现实。新保守主义分子以一种前所未有的方式把持了小布什政府里的关键政策岗位。这些人包括国防部副部长沃尔福威茨，他是帕尔的密友，属于对伊拉克的强硬战争鹰派；在五角大楼负责规划的道格拉斯·费思，他也是新保守主义分子帕尔的盟友；国务院助理国务卿博尔顿，此人是威廉·克里斯托的密友，后来被提名为美国驻联合国代表（未果）。

暗地里还有许多讲话撰稿人在活动，包括总统讲话撰稿人，声名狼藉的“邪恶轴心国”提出者——白宫的大卫·弗洛姆、约瑟夫·沙坦、马修·斯卡利、副总统切尼办公室的约翰·麦康奈尔，以及切尼的办公室主任利比。所有这些人都是克里斯托的朋友和新保守主义核心分子。❺

批评者声称，在小布什政府初期，在内部，尤其是鲍威尔的国务院，任何试图在中东采取一碗水端平政策的举动，都会立即被安插好的人泄露给新保守主义媒体网络。这个网络包括《纽约时报》的威廉·沙费、《华盛顿邮报》的查尔斯·克劳萨默、《华尔街日报》编辑罗伯特·巴特利。所有这些人都是以帕尔为核心的新保守主义分子的密友。

2001年9月20日，威廉·克里斯托，新保守主义创始人及最有影响的人物之一欧文·克里斯托的儿子，曾在他的网络杂志《每周标准》上发表了一封致总统的公开信。英国媒体巨头鲁珀特·默多克——新保守主义和以色列右翼军事行动的坚定支持者，给了克里斯托1000万美金创办这个杂志，作为美国新保守主义分子的喉舌。

在2001年的这封公开信里，克里斯托列出了新保守主义的行动计划。他把摧毁本·拉登恐怖网络的努力称为“一个关键目标，但决不是唯一目标”。克里斯托在世贸中心和五角大楼被炸9天之后，立即转向有关伊拉克的主题，要求“下决心将萨达姆·侯赛因从台上赶下去……给予伊拉克反对派全力的军事和资金支持，美国军队应给其提供一个‘安全区’。”

克里斯托的公开信还要求美国“报复”叙利亚和伊朗对黎巴嫩真主党的支持。接着，针对以色列和巴勒斯坦权力机构，克里斯托透露了他关心的主要问题：“以色列过去是、现在仍然是美国打击国际恐怖主义最忠诚的盟友……美国应全力支持我们的民主伙伴（即以色列）。我们坚持主张巴勒斯坦当局停止恐怖主义活动，美国不应再向它提供帮助。”

克里斯托的战争呼吁得到了41个新保守主义分子头面人物签名，其中包括前禁毒主管威廉·贝内特、诺曼·波德霍雷茨及他的妻子德科特、“历史终结”论者弗朗西斯·福山、安全研究中心的弗兰克·加夫尼、《每周标准》的罗伯特·卡根及他的妻子维多利亚·纽兰，纽兰在被提名担任美国驻北约代表之前在切尼的对外政策班子里工作。这个名单里还包括查尔斯·克劳汉默、珍妮·柯克帕特里克和理查德·帕尔。

“黑暗王子”

新世纪最初几年，在主导布什-切尼军事和外交政策的新保守主义分子集团中，影响力最大的是帕尔。他在为参议员亨利·杰克逊（Henry Jackson）担当助手时，因对冷战时期裁军持鹰派反对立场，他在里根时期美国国务院政府里的对手给他起了个外号——“黑暗王子”。1969～1980年，帕尔是华盛顿选区民主党参议员杰克逊的助手。作为助手，帕尔为1972年国际谷物协议（IGA）起草了“杰克逊-瓦尼克修正案”，或称为“俄罗斯小麦交易”，这是尼克松与前苏联达成的协议，它首次通过法律把贸易协议与移民的基本人权挂钩。

在2005年丑闻爆发前，帕尔也是《耶路撒冷邮报》的董事，这份报纸属于霍林格报业集团，该报业集团拥有加拿大和美国的许多报纸，也包括保守的伦敦《每日电讯》报。

帕尔的老窝是新保守主义的华盛顿智库企业公共政策研究所，简称为企业研究所（AEI）。他与新保守主义伙伴莱丁和欧文·克里斯托都在那里工作。

帕尔经常攻击其他政派的对手，其中包括国务卿鲍威尔，帕尔似乎在为总统代言。联合国伊拉克前核查官斯科特·里特在2002年表示他对萨达姆已经开发出核弹有所怀疑，帕尔就说里特“不平衡”，暗示他有精神紊乱。

据报道，帕尔乐于利用他的影响获得利益。1981～1987年，帕尔任里根政府负责国际安全政策的助理国防部长。有报道说他建议美国陆军从一家以色列公司购买一种武器系统，此前这家公司曾付给了他50万美元咨询费，此事令他遭到广泛批评。帕尔承认在加入里根政府的当月接受了这笔费用，但声称这是在加入政府前的劳动所得，他已经将这项咨询工作告知美国陆军。❻

这仅是帕尔卷入的众多资金和利益纠纷丑闻中的一个。帕尔曾因在防务政策委员会任职期间受聘担任“环球电讯”公司顾问而受到非议。《纽约时报》报道：“涉及这件事的律师们今天说，即使当他在为五角大楼就战争问题提供建议时，具有很大影响力的防务政策委员会主席理查德·帕尔仍保留着一家电信公司‘环球电讯’的雇员身份，帮助这家公司说服五角大楼，不要对它提议向国外出售该公司持反对意见。”

帕尔所得的酬劳是75万美元，在交易被批准之后还将得到另外60万美元。对利益冲突的关切，使资深民主党人寻求通过五角大楼监察长调查这件事。

帕尔坚持说他没有违背任何道德规范，但他还是决定在2003年3月26日辞去防务政策委员会主席一职。为了挽回面子，他在辞职报告里写道：“他拒绝接受他与‘环球电讯’公司交易的任何补偿金，过去服务所得将捐献给在伊拉克战争中死亡或受伤的美国士兵家庭。”还有一则报道称：“‘环球电讯’公司也宣布帕尔先生已经决定终止与该公司的联系。”

“环球电讯”公司事件引发了对帕尔商业行为的进一步审视。2003年3月29日《纽约时报》报道称，帕尔在2001年作为顾问卷入了与劳拉空间和通信公司的交易，当时这家公司面临着将火箭技术转让给外国的指控。“环球电讯”公司事件也同样是因为这家公司想出售给与该国有联系的一家公司，国防部表示反对，而“全球沟通”公司想避免这个麻烦。

2004年2月，帕尔从防务政策委员会彻底退出。❼

帕尔没有领薪的政府职位。他的唯一官方联系是不拿薪水的防务政策委员会主席，直至经济丑闻迫使他在2004年辞职。2001～2002年阿富汗战争期间，帕尔公开攻击英国外交大臣杰克·斯特劳将伊朗拉入反恐战争的努力是“失败和令人难堪的”。当时伊朗已经在新保守主义的“邪恶”名单上。

当小布什总统在2002年4月宣布沙龙的以色列部队必须离开约旦河西岸的巴勒斯坦自治领土时，帕尔告诉CNN说，向以色列施压是“一个政策转变，一个非常不希望看到的变化。我不相信这是总统的政策，它来自国务院”。❽

2002年10月2日，在德国《商报》上，帕尔呼吁，如果德国希望改善与美国的关系，那么就请施罗德辞职。2005年施罗德下台，带有鲜明支持布什倾向的保守主义者默克尔成为德国总理。

道格拉斯·费思，两种忠诚和假情报

费思是帕尔的老朋友和生意伙伴。他自己就足够写一本书。在2001年“9·11”事件之前，他就是推翻萨达姆·侯赛因的狂热支持者。他是“新美国世纪工程”在1998年致克林顿总统的公开信（呼吁制定推翻萨达姆·侯赛因及其政权的军事战略）上签名的新保守主义对外政策鹰派之一。与他一道签名的还有其他几个后来在布什政府第一任期内任职的新保守主义分子，其中包括帕尔、拉姆斯菲尔德、沃尔福威茨、扎尔梅·卡利扎德、彼得·罗德曼、约翰·鲍尔顿和达夫·扎克海姆。

他们中的许多人也曾在里根政府任职，其中包括费思。他曾在20世纪80年代初任国家安全委员会的中东专家。费思后来转到国防部，任助理国防部长帕尔的法律助手。1984年费思任负责谈判政策的副助理国防部长。20世纪80年代后期，费思和帕尔成为率先提出建立更密切的美国-土耳其外交和军事关系以及增强土耳其与以色列关系的政策倡导者。

费思1986年离开华盛顿和国防部来到以色列，创办了费思和泽尔法律事务所，他的顾客包括重要军事承包商诺斯罗普·格鲁曼公司。1989年，费思创办了另一家国际顾问公司，为包括土耳其在内的客户提供游说服务。

像帕尔一样，费思的私人商业交易在华盛顿引起了怀疑。1999年，他的费思和泽尔事务所与以色列的泽尔·戈德伯格（ZGC）公司结盟，创建了Fandz国际法律集团。在2003年下半年的某个时候，Fandz集团的网站吹嘘它已经“建立了与刚刚结束的伊拉克战争有关的问题和机遇特别工作团队……正在帮助当地建筑和物流公司与来自美国及其他盟国的承包商合作，实施伊拉克基础设施和其他重建项目”。

当时《华盛顿邮报》专栏作家艾尔·卡曼写道：“有兴趣的人可以在www.fandz.com网站上找到这家公司。Fandz.com吗？是的，就是过去华盛顿费思和泽尔法律事务所的网站，道格拉斯·费思是负责政策的副国防部长，同时也是这桩生意的负责人，什么生意呢？伊拉克重建生意。我们完全可以预计ZGC公司将十分完美地帮助美国公司在与伊拉克重建项目的有关问题上协调和美国政府的关系。”❾

与其他新保守主义分子的典型风格一样，在公开场合里费思从来不提及他的犹太复国主义信仰。相反，在国会作证以及在主要媒体的专栏版中，费思总是主张美国对中东的政策应以关心人权和民主为指导方针。按照费思的说法，以色列永远都不应与阿拉伯国家或巴勒斯坦权力机构进行认真的谈判，因为它们“不民主”。此外，叙利亚、伊朗和伊拉克对人权的违背为美国和以色列的侵略性政策提供了合理依据，这些政策的目标是推翻不民主和压迫人民的政府。他认为，从确保民主的以色列的国家安全这个名义出发，以色列的占领是合理的。

2000年，费思与他人联合创办了“统一的耶路撒冷”组织，这是一个私人的美国-以色列组织。出于对戴维营和谈趋于和解的警觉，著名的以色列人士及其在美国的支持者赋予了这个组织明确的目标，即“挽救统一的耶路撒冷，作为以色列不可分割的首都”。这个设在耶路撒冷的组织的其他联合创办人包括大卫·斯坦曼，他是国家安全事务犹太学会主席，安全政策中心理事、中东论坛州长理事会成员；多尔·戈尔德，他是沙龙的首席顾问；纳坦·夏兰斯基*，此人是以色列耶路撒冷和散居犹太人事务部部长，“统一的耶路撒冷”组织的现任主席。

---

* 纳坦·夏兰斯基，原名阿纳托利·鲍里索维奇·夏兰斯基，生于前苏联的顿涅茨克，前苏联犹太裔不同政见人士，一度被捕，1986年通过间谍交换到达西方，后移民以色列。——译注

"统一的耶路撒冷"组织积极为基督教犹太复国主义分子提供活动场所。2003 年 5 月，该组织在华盛顿特区举办了不同宗教信仰的犹太复国者峰会，把形形色色的基督教犹太复国主义者召集在一起，其中包括"美国价值"组织的加里·鲍尔、基督教联盟的罗伯塔·库姆斯、MEF 的丹尼尔·派普斯和美国犹太复国主义者组织的莫特·克莱因。

费思曾多次陷入丑闻。1982 年他因涉嫌向以色列提供情报，在接受联邦调查局调查的阴影下离开国家安全委员会。这只不过是拉开了他由丑闻和操纵所构成的变幻莫测的生涯的序幕。

操纵伊拉克大规模杀伤性武器事实

在小布什的第一个任期中，《纽约客》的调查记者西摩·赫什将公众的注意力导向了费思的特殊计划办公室。在"9·11"恐怖袭击事件之后，费思和沃尔福威茨立即开始操纵情报，来满足布什-切尼政府全新的外交和军事政策的需要，其中首当其冲的是对伊拉克实施政权颠覆。

在美国遭受自珍珠港事件以来最严重的袭击之后，美国国防部副部长沃尔福威茨和副助理部长费思与国防部长拉姆斯菲尔德和副总统切尼密切配合，但并没有把重点放在涉嫌策划对美国发动袭击的奥沙马·本·拉登恐怖分子网络的所在地，显然他们有另外的情报重点。这个组织松散的团队很快变成五角大楼特殊计划办公室（OSP），主任是艾布拉姆·沙克西，此前他在兰德公司和国家战略信息中心供职。

遵照拉姆斯菲尔德的指令，这个秘密情报团队的目标是，"寻找伊拉克的敌对意图和与恐怖分子间的联系"。显然，特殊计划办公室的任务是制造五角大楼和副总统所需要的情报，以此来对总统和国会施压以发动对伊拉克的战争。

与此同时，五角大楼启动了一项反情报行动，建立了一个战略情报办公室来支持提出先发制人战争的布什主义。这个影子似的办公室的目标是进行宣传，对来自伊拉克的信息进行反宣传，但很快就被解散了。国会议员们表达了他们的关切，反情报办公室不会把自身限制在破坏美国对手的情报上。批评者警告说，这样一个秘密的反情报办公室，无论有意还是无意，都有可能会对美国公众和政策界扩散假情报，为计划好的侵略进行准备。后来的事态恰恰如此。

费思统一管理为伊拉克战争动员而提供“战略性情报”的活动。作为五角大楼对中东事务政策的最高官员，费思拥有对国防部近东和南亚局的监管权，该局局长是美国海军退役军官威廉·鲁蒂，长期以来主张对伊拉克的军事入侵。

特殊计划办公室与伊拉克被判有罪的金融骗子艾哈迈德·沙拉比及流亡的伊拉克国民大会保持密切的联系，伊拉克国民大会是美国新保守主义分子培植的组织，一旦美军进入巴格达，它将取代萨达姆政权。沙拉比曾向五角大楼保证，美国的入侵将得到伊拉克抵抗运动的广泛支持，这使美国政府顶层官员和新保守主义分子相信这次入侵行动“易如反掌”。

特殊政策办公室还依赖以色列总理沙龙办公室设立的一个秘密小组提供有关伊拉克的情况。与沙拉比一样，沙龙也支持美军入侵伊拉克，并与沃尔福威茨和费思等新保守主义分子保持密切的联系。2004 年 8 月，联邦调查局报告说它正在调查五角大楼向以色列泄露情报的事件。媒体报道的涉案五角大楼官员是劳伦斯·富兰克林，费思将他从国防情报局调入特殊计划办公室。20 世纪 90 年代后期，富兰克林是美国驻特拉维夫大使馆武官办公室的预备役上校，他涉嫌向美国以色列公共事务委员会和以色列提供有关伊朗的秘密情报。联邦调查局也在调查富兰克林和其他国防部官员是否将秘密信息泄露给了艾哈迈德·沙拉比和伊拉克国民大会。

新美国防务主导地位的蓝图

费思的军国主义倾向以及与军事-工业复合体之间的密切联系一向都不是秘密，其中包括他在 20 世纪 80 年代与帕尔一道进行的政策性工作，在小布什政府中作为火神派的成员与拉姆斯菲尔德、沃尔福威茨和副总统切尼做的事，在 20 世纪 90 年代他为诺斯罗普·格鲁曼公司和其他防务承包商进行游说，以及他在安全政策中心和国家安全事务犹太研究所的突出地位。

费思是安全政策中心的理事会主席，这个新保守主义政策研究所主张提高军事预算、部署导弹防御系统和空间武器系统，以及在中东和东亚采取强硬政策。

费思还支持美国退出军备控制协议的条约。1995 年费思参与撰写的安全政策中心备忘录，主张美国退出反导条约。这在小布什政府时期变成了美国的官方政策。该研究所的其他报告，如反对全面禁止核试验条约、化学武器公约和国际刑事法庭的报告，也如出一辙。

费思是美国和以色列反导系统的早期支持者，他声称以色列和美国都将从继续发展导弹防御系统中受益。在费思看来，以色列将直接从海基、宽域反导系统中受益，该系统将对在美国帮助下研发的以色列自己的导弹防御系统起补充作用。费思写道，内塔尼亚胡知道“鼓励以色列在美国国会的朋友支持这些系统，他会在美国培育出对此持有好感的范围广泛的势力，这些势力由美国国会的共和党领导，认定导弹防御是美国军事最严重的弱点”。费思没有提到的是，这样一个全球导弹防御系统的最主要受益者，除以色列外，将是像诺斯罗普·格鲁曼公司这样的军事承包商，而费思自己的法律事务所正是为诺斯罗普·格鲁曼公司效劳的。[10]

利库德背景与双重忠诚

费思自称是犹太复国主义者——不是工党的犹太复国主义者，而是与利库德党和美国犹太复国主义组织有密切联系的右翼犹太复国主义者。20 世纪 90 年代，他直截了当地批评过老布什和克林顿政府的中东政策，认为这些政策基于错误的“立即和平”和“以土地换和平”的政策框架。相反，他向以色列和美国呼吁“以实力求和平”计划——援引新保守主义分子自 20 世纪 70 年代以来就使用的说法，它后来成为“安全政治中心”的口号。

中东信息中心将费思描述为一个“带有极端反阿拉伯偏见的意识形态分子”，发现“在克林顿政府时期，费思一贯反对巴以之间的任何谈判协议”。

1997 年，美国犹太复国主义者组织（ZOA）在年度晚宴上向达尔克·费思和他的儿子道格拉斯·费思授勋，称两个费思是“著名的犹太慈善家和支持以色列的积极分子”。达尔克是犹太复国主义青年组织“贝塔”的激进分子，该组织由意大利法西斯主义者墨索里尼的崇拜者译夫·雅博廷斯基创建，它的成员模仿法西斯组织的样子穿深棕色制服，高呼军国主义口号。它与修正主义运动有密切联系，后者在波兰发展成为希鲁特党，再后来演变成利库德集团。

费思还因在1996年参与以色列先进战略与政治问题研究所组织的一项研究而闻名。新保守主义分子帕尔和大卫·沃姆瑟也一道参加了这项研究。这项研究敦促放弃当时正在进行的和平进程，其名称是“干脆的告别：保卫国家的新战略”。这项研究建议当时的以色列当选总理内塔尼亚胡“与土耳其和约旦密切合作，遏制、破坏和反击”地区性威胁，帮助推翻萨达姆·侯赛因，打击“在黎巴嫩的叙利亚军事目标”，在适当时候直接打击叙利亚的军事目标。

（照片来源：维基百科）
■ 1936年，“贝塔”德国分部的成员在柏林集会

费思是纽约对外关系理事会成员，新保守主义安全政策中心、犹太人研究基金会和先进战略与政治问题研究所（在耶路撒冷）的前主席，“统一的耶路撒冷”组织的合伙创建人，国家公共政策研究所导弹防御研究小组的领导人，国家安全事务犹太研究所的前顾问，费思和泽尔公司的前律师总管，诺斯罗普·格鲁曼公司的前律师。⑪

一个不那么干脆的告别

在美国入侵伊拉克之后，当时任五角大楼顾问委员会主席的帕尔声称：“在这种情况下国际法阻碍了正确行动”。他认为“与联合国规则相一致的对付萨达姆的实用机制尚不存在”。在当时，这番话激起了战争批评者的反对，这些人正确地指出，美国政府违背了美国在使用武力合法性上的官方立场。

回到1996年，很少有人知道帕尔主持过一个研究小组，其中包括新保守主义同伙费思和沃姆瑟，这个小组为即将上台的以色列利库德集团总理内塔尼亚胡提出了一份战略报告："干脆的告别：保卫国家的新战略"。这份报告的主要建议围绕使以色列偏离社会主义原则，变得更加自立，"培养替代阿拉法特独自掌控巴勒斯坦社会的势力"，并与约旦和土耳其更密切地合作。这份报告还提出，将伊拉克的萨达姆·侯赛因赶下台应是以色列的一个关键目标，建议向黎巴嫩进行武装渗透，指责阿拉伯国家不民主。

这份报告的6位作者中的3位——帕尔（IASPS 团队领导人）、沃姆瑟和费思——帮助制定了小布什政府的中东战略，小布什政府对以色列总理沙龙在巴以冲突问题上采取强硬政策给予了有力支持。帕尔任五角大楼防务政策委员会主席，费思任负责政策的副助理国防部长，沃姆瑟成为副总统切尼的首席中东顾问（在离开国务院之后，他曾在负责军备控制的助理国务卿新保守主义鹰派博尔顿手下工作）。

"面向2000年的新以色列战略"研究小组的其他成员包括国家安全事务犹太研究所的詹姆斯·考尔伯特、中东媒体研究所（MEMRI）的沃姆瑟和华盛顿近东政策研究所的乔纳森·托罗普。华盛顿近东研究所由美国以色列公共事务委员会的一位董事创办。

作为以色列-美国对中东政策新框架的指导原则，这份报告建议利库德新政府采取下列行动：

> *改变它与巴勒斯坦关系的性质，包括为了自卫坚持在巴勒斯坦全境内有进行搜捕的权力，培养替代阿拉法特独自掌控巴基斯坦社会的势力。
>
> *塑造与美国关系的新基础——强调自立，在共同关切的方面进行成熟的战略性合作，进一步推进西方价值观。
>
> *以色列有机会进行干脆的告别；它可以在全新的思路基础上塑造和平进程和战略，这就是恢复战略主动，为以色列运用每一种可能的能量重建犹太复国主义创造空间，其起点必须是经济改革。[12]

1997年，费思和其他美国右翼犹太复国主义者表达了对内塔尼亚胡政府没有"取消奥斯陆进程"的失望心情，这是费思在美国犹太人委员会的新保守主义杂志《评论》上写过的话。

接下来费思简述了从根本上脱离他所谓的“立即和平”的谈判框架。取而代之的是，费思建议内塔尼亚胡兑现“以实力求和平”的竞选口号。“不履行奥斯陆协议将促使以色列改正这个协议所固有的最严重错误：武装数万名巴勒斯坦权力机构‘警察’”。费思声称：“巴勒斯坦安全部队加重了以色列面临的恐怖主义问题。”

费思主张以色列“降低对立即实现和平的期望”，并“保持清醒和强大的防务力量”。后来沙龙领导下的利库德集团在以色列上台，费思和其他犹太复国主义者，如沃尔福威茨、艾布拉姆斯以及拉姆斯菲尔德和切尼这样的军国主义者，在小布什的政府里控制了美国的中东政策。在美国的支持下，以色列“干脆地打破”了奥斯陆框架协议。⓭

注　释

❶ Tom Barry and Jim Lobe, op. cit.

❷ Max Boot, *The Case for American Empire: The most realistic response to terrorism is for America to embrace its imperial role*, The Weekly Standard, October 15, 2001, Volume 007, Issue 05.

❸ George Soros, *On Israel, America and AIPAC*, in The New York Review of Books, Vol. 54, No. 6, April 12, 2007.

❹ Dr. James Zogby, *Understanding America's Right*: Part I, Washington Watch, May 13, 2002, www. aaiusa. org/wwatch.

❺ Jason Vest, *The Men from JINSA and CSP*, in The Nation, September 2, 2002.

❻ Jeff Gerth, *Aide Urged Pentagon to Consider Weapons Made by Former Client*, New York Times, April 17, 1983.

❼ Maureen Dowd, *Perle's Plunder Blunder*, The New York Times, March 23, 2003.

❽ Joshua Micah Marshall, *Inside Job*, The American Prospect, December 17, 2001.

❾ Al Kamen, in Washington Post, September 20, 2003.

❿Right Web, *Profile: Douglas Feith*, July 12, 2006, in http: // rightweb. irc - online. org/profile/1146.

⓫ Asia Times Online, *Profile of a Neo - Con: Douglas Feith*, September 14, 2004, in http：//www. atimes. com/atimes/Front _ Page/FI14Aa02. html.

⑫ Douglas Feith，Richard Perle et al.，*A Clean Break*：*a New Strategy for Securing the Realm*，The Institute for Advanced Strategic and Political Studies（IASPS），Jerusalem，1996，www. israeleconomy. org/strat1. htm.

⑬ Ibid.

第十五章

全方位主导还是丧心病狂

“潜在的最危险局面是中国、俄罗斯，可能还有伊朗，结成‘反霸权’大联盟，这将是一个因共同怨恨而不是共同的意识形态联结起来的反美同盟。……为避免这种情形……需要美国同时在欧亚大陆的西部、东部和南部展示地缘战略技巧。”

兹比格涅·布热津斯基（奥巴马竞选顾问）❶

欧亚大陆地缘政治

在布什任总统的 8 年里，美国军事力量发生了根本性转变。包括伊拉克和阿富汗战争及血腥的战后余殃在内，五角大楼的官方预算达到空前的规模。在宣布进行反恐战争从而对国防开支造成影响之前的 2001 财年，年度军费开支是 3330 亿美元，用于支付在全球“捍卫民主”的军火和人力费用，即所谓的美国“国家安全利益”。到 2009 年军费开支已经翻了一倍，包括伊拉克和阿富汗战争费用在内高达 7110 亿美元。❷

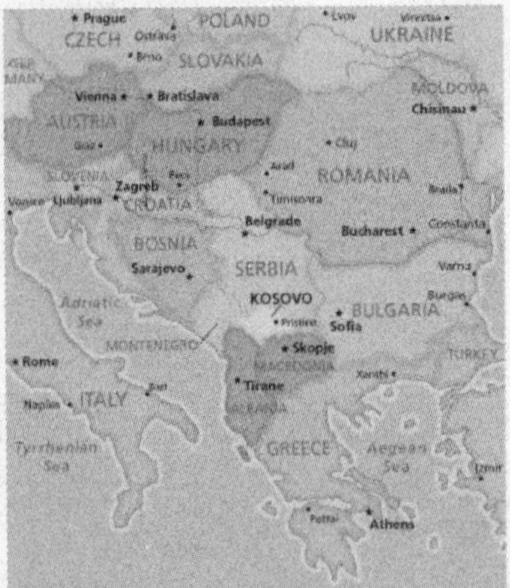

■ 美国及北约对科索沃的控制

与世界其他国家的军费相比，美国的军费更为惊人，远远超过其他国家。2008 年，美国军费相当于军费排名位于美国之后的世界前 45 个国家军费的总和。五角大楼及相关部门的军费占全世界军费总额的 48%，差不多世界上每一美元的军费开支里，就有美国的半个美元。与潜在对手相比，美国的军费比俄罗斯、中国多 10 倍，比伊朗多几乎 100 倍。中国的军费每年不足 700 亿美元，相当于美国军费的 1/11*。

美国的军费连同其所有北约盟国以及日本、韩国和澳大利亚等亚太关键盟

---

* 2009 年中国全国人大通过的军费预算为 4808.86 亿元人民币，不足 700 亿美元。——译注

国的军费总额高达 1.1 万亿美元，占世界军费总额的 72%。[3] 如果仅从美元和武器装备来看，这个世界早已是在美国全方位主导战略之下的无助的附属殖民地了。

在小布什任内的 8 年里，美国的海外永久军事基地无论在中东、中亚还是整个非洲都有了巨大的扩展。五角大楼开发和使用了武器库中的每一件武器，在伊拉克进行粗暴的直接军事征服，在乌克兰和前苏联高加索地区富含石油资源的格鲁吉亚进行更具“软实力”色彩的政权更迭，扶持亲美的独裁者上台，支持科索沃这样的失败国家。

美国压倒性军备建设的战略焦点是对付欧亚大陆的潜在对手，更直接地说就是针对俄罗斯和中国。

科索沃：巴尔干地区的华盛顿黑手党国家

华盛顿承认巴尔干地区的分离省份科索沃的怪异之举表明，2001 年后，美国已下决心不择手段地将军事触角延伸至全球所有关键的战略地区。

2008 年初，与塞尔维亚相邻的科索沃宣布“独立”。当时正在坦桑尼亚访问的小布什总统立刻宣布：“科索沃人现在独立了。”尽管遭到欧盟几个国家的反对，但华盛顿很快正式承认科索沃是个独立国家。看来美国国务院并不在意，科索沃独立及对它的承认公然违背了联合国有关科索沃的决议，它把整个联合国国际法体系当成了笑料。[4]

科索沃新政府的领导人被国际刑警组织和德国联邦情报局认定为罪犯，他们是科索沃有组织犯罪集团的头领，组织贩毒、敲诈和卖淫。华盛顿对这些事很清楚，但却置若罔闻。

（照片来源：维基百科）

■ **2008 年初，科索沃宣布独立，街头竖起的标语写着“NEWBORN”（新生）**

科索沃是前南斯拉夫和后来的塞尔维亚的一部分，现已成为事实上的北约保护国，由

有组织犯罪团伙的头领、总理哈希姆·特哈契控制，这样做是为了让美国不受干扰地控制从中东到巴尔干的广大地区。❺

20 世纪 90 年代，39 岁的哈希姆·特哈契曾是克林顿总统的国务卿马德琳·奥尔布赖特的私人党羽，当时只不过是个流氓头子。所谓的科索沃“解放军”从一开始即得到美国国防情报局、英国军情六局和有关报道提及的德国联邦情报局的支持。❻

在 1999 年北约对南斯拉夫的战争中，科索沃“解放军”直接得到了北约的支持。当时，有消息称绰号为“毒蛇”的哈希姆·特哈契曾下令除掉他在科索沃“解放军”内部的几个对手。❼据说，他用在巴尔干地区贩卖毒品的收入购买了科索沃“解放军”所需的武器。❽

从这里产生了一个疑问，即为什么华盛顿、北约、欧盟和德国政府如此急切地让科索沃的分离行为正当化？答案并不难发现，一个由有组织犯罪网所控制的科索沃更易为北约掌控。1999 年，五角大楼对塞尔维亚狂轰滥炸后，立即在临近马其顿边界的科索沃的乌拉塞维克地区获取了一片 1000 亩的土地。五角大楼将在此修建邦德斯蒂尔军营的合同交给了哈利伯顿公司，而迪克·切尼当时正是该公司的老板。邦德斯蒂尔军营所在地后来成为美国最大的海外军事基地之一，这里也是中央情报局虐待犯人的地方。

特哈契对美国和北约的依赖决定了他将遵照主子的意图制定对外政策，从而保证了美国在具有战略重要性的东南欧建立牢固的军事控制。这是北约试图巩固对欧亚大陆，尤其是对俄罗斯的控制的重大步骤，这使欧亚大陆的力量对比进一步倾向美国。

毫不奇怪，莫斯科不会对此表示欢迎。五角大楼试图将整个大中东地区军事化，在科索沃的行动不过是这个更大、更危险计划的一部分。美国亲自挑选了萨卡什维利当格鲁吉亚总统，控制该国的对外政策，包括对欧盟的政策以及 2008 年 8 月挑起格俄军事冲突的政策。这场冲突有再次挑起冷战的危险，更糟糕的情况也有可能出现。

格鲁吉亚疯狂的军事闹剧

2008 年 8 月，格鲁吉亚总统萨卡什维利在制造了数月的紧张气氛后，下令入侵分离的南奥塞梯共和国。这不是孤立的行动，他曾于入侵南奥塞梯前3周在乌克兰会见过小布什总统的前战略顾问卡尔·罗夫，并与共和党总统候选人约翰·麦凯恩保持电话联系。2008年7月10日，他还在第比利斯会见了美国国务卿赖斯，而此前一天赖斯刚刚与捷克政府签署了允许美国在捷克部署先进反导雷达系统的协议。据报道，俄罗斯问题专家出身的赖斯支持萨卡什维利发动进攻，尽管在公开表态时有所保留。[9]

战争开始后的几天内，萨卡什维利和他那位拥有格鲁吉亚和以色列双重国籍、讲一口流利希伯莱语的国防部长共同向媒体表示，格军感谢以色列提供的武器和训练，特拉维夫的以方官员却因此而感到难堪。格鲁吉亚“重组部”部长特穆尔·雅克巴什维利对希伯莱的以军电台表示：“以色列应为自己的军队训练了格军而感到自豪。”欧洲外交界对此深感不安。有报道称，以色列自2000年起向格鲁吉亚出售了价值约2亿美元的军事装备，包括遥控飞机、火箭、夜视装备和其他电子装备，以色列高级军官还负责培训格鲁吉亚军事人员。[10]

（照片来源：维基百科）

■ 击败格鲁吉亚军队的南奥塞梯军民举行盛大阅兵式

以色列声称，格鲁吉亚的主要武器进口国不是以色列，而是美国和法国。据与以色列情报机构摩萨德联系密切的以色列 Debka 网站（http://www.debka.com）报道：

> [Debka] 独家军事来源，以色列在冲突中的利益：对耶路撒冷而言，更重要的是里海的石油和最终抵达土耳其杰伊汉港的天然气管线，而不是俄罗斯的管线。以色列与土耳其、格鲁吉亚、土库曼斯坦和阿塞拜疆之间反复进行密集的谈判，希望该管线通过土耳其，并最终抵达以色列在阿什凯泽的石油港口和红海的埃拉特港。石油和天然气可在此港装入超级油轮，经印度洋送往远东。[11]

在此过程中，以色列迅速宣布中止向格鲁吉亚销售武器。外交渠道有消息称，以色列主要是担心俄罗斯会向伊朗出售先进的反导导弹作为报复。[12]

数月后，乌克兰议会的一个特别调查委员会就亲北约的维克托·尤先科总统卷入非法武器销售案展开调查。委员会发现，尤先科与非法武器销售有牵连，并向税务部门隐瞒了非法收入。在格俄冲突爆发后，乌克兰仍向格鲁吉亚提供武器。乌克兰议会特别调查委员会主席瓦列里对媒体称，委员会掌握的文件确认，乌克兰在格俄冲突后仍向格鲁吉亚输送武器。他说有文件显示，在冲突结束后的 2008 年 9 月 22 日，伪装成人道主义救援物资的弹药和火炮被用船运到了巴统。

该委员会还发现武器销售的收入被挪用，一大笔钱没有划入国家财政部和国防部的账户。据估算，乌克兰 3 年内销售的军火价值高达 20 亿美元，但正式公布的收入仅为 8.4 亿美元，余款很可能被尤先科及其朋友中饱私囊。[13]

2004 年后，由流氓独裁者掌控、事实上附庸于华盛顿的乌克兰和格鲁吉亚政权被拙劣地装扮成了“民主政府”，这是一种“独裁民主”。当法律妨碍到美国支持的尤先科和萨卡什维利的国内计划时，法律就变得无关紧要了。

华盛顿在巴尔干把水搅浑并唆使乌克兰与俄罗斯作对的同时，还在其他地区，尤其是非洲展开了针对中国的石油和原材料争夺大战。

非洲司令部、中国和资源战争

布什总统签署设立美军非洲司令部之后数周，矿产资源丰富的非洲大陆发生了一系列事件：刚果共和国发生战乱，石油资源丰富的几内亚湾和苏丹南部达尔富尔出现地区冲突，索马里“海盗”对红海和印度洋通道造成越来越大的威胁。如何处理这些问题将成为新任总统奥巴马在军事和对外政策上关注的焦点。[14]

大多数地理学家认为，非洲大陆拥有地球上最丰富的矿产资源。随着中国、俄罗斯、印度和其他潜在的“竞争者”开始与非洲各国建立联系并获得资源，华盛顿的反应非常明晰——动用军事手段。

美军非洲司令部于 2008 年 10 月 1 日运作后不久，刚果共和国的基武省就出现新的重大危机。基武与苏丹南部达尔富尔地区的共同之处在于对中国未来的战略原材料供应具有战略上的重要性。华盛顿的政策非常明晰，要有能力在必要时切断中国等潜在对手的重要矿产和石油交通线，用军事术语来说，美国意在获取该地区的“战略遏制”态势。

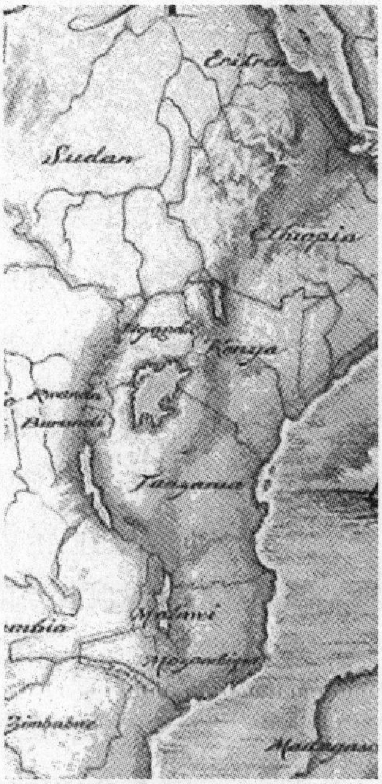

■ 非洲大裂谷

非常奇怪的是，与在达尔富尔问题上的表态不同，华盛顿无人提及刚果共和国发生的种族灭绝事件，尽管刚果的死难人数远远超过达尔富尔。据国际救援协会统计，1998 年以来的 10 年里，540 万刚果人死于战乱，其中多数死于刚果东部。在这个地区，叛军头目劳伦特·恩昆达一直在对国际承认的民选政府发动资源战争。劳伦特·恩昆达声称，他保护了少数民族图西族免遭 1994 年卢旺达大屠杀后逃到刚果的胡图族军队残部的迫害。[15]

刚果民主共和国东部最激烈的交火发生在 2008 年 8 月，当时恩昆达领导下的武装“全国保卫人民大会”（CNDP）强迫刚果民主共和国政府军（FARDC）从其靠近基武湖的阵地撤退，导致成千上万的平民流离失所，促使法国外交部长贝尔纳·库什内尔发出了该地区面临“大规模屠杀”的警告。

与得到华盛顿支持的卢旺达独裁者保罗·卡加梅一样，恩昆达也是图西族人。联合国维和部队报告称，在刚果东北部矿产丰富的基武地区没有对少数民族的迫害。而当地消息称，该地区针对各族刚果人的袭击每天都会发生，劳伦特·恩昆达的部队要对其中的大多数袭击事件负责。[16]

离奇的辞职

2008 年 9 月，刚果民主共和国 83 岁的总理安托万·基赞加辞职，导致这个国家的局势进一步陷入混乱。接下来在 2008 年 10 月——一个令人怀疑的时刻，联合国刚果特派团(MONUC)维和部队司令、西班牙的维森特·迪亚兹·德·维莱加斯中将宣布辞职。他声称对刚果民主共和国总统卡比拉的领导能力“失去信心”。

卡比拉是刚果的首任民选总统，曾亲自推动刚果与中国谈判，达成90亿美元的贸易协定，这显然不是华盛顿希望看到的结果。2008年4月，卡比拉接受了比利时《晚报》的采访，表示现在中国是刚果最重要的贸易和发展伙伴。中国的影响有望进一步扩大，而欧洲的影响会因此削弱。此前不久，一个比利时政府代表团在对刚果的正式访问期间提出人权问题和腐败，卡比拉总统认为这不但傲慢，还具有挑衅的意味。显然比利时政府代表团忘记了比利时在殖民统治刚果时期践踏人权的恶劣记录。[17]这家报纸援引卡比拉的话说，刚果已经作出了“不可逆转的决定”，选择中国而不是欧洲和刚果的前宗主国比利时作为优先合作伙伴。[18]

在比利时《晚报》采访后不久，恩昆达发动了新的攻势。长期以来恩昆达一直是曾在美国受训的卢旺达总统卡加梅的党羽。所有迹象表明，在恩昆达手下制造的刚果大屠杀中，美国在幕后起了重要的作用。恩昆达本人曾是前刚果军官、教师和“基督复临安息日会”牧师，但看来他最擅长的是屠杀。

恩昆达的装备精良和相对有纪律的部队大部分来自邻国卢旺达，而美国军事顾问在卢旺达十分活跃。恩昆达部队的其他成员来自刚果北基武省的少数民族图西族。对这支刚果叛乱武装的补给、资金和政治支持来自卢旺达。据美国《旁观者》杂志报道：“长期以来，卢旺达的保罗·卡加梅总统是恩昆达的支持者，在推翻卢旺达的胡图人独裁统治中，恩昆达曾是卢旺达领导人的情报官员。”[19]

刚果新闻机构宣布，恩昆达发起的战斗并不是为了保护他的图西族兄弟，“他真正的目的是占领矿产资源丰富的北基武省，掠夺那里的资源，充当由图西族人领导的卢旺达基加利政府的代理人。卡加梅想在刚果东部占据一个立足点，这样卢旺达可以继续从掠夺和出口钶和钽铁矿等资源中牟利。了解这个地区的许多专家都认为，劳伦特·恩昆达在保罗·卡加梅的帮助下继续在刚果制造混乱是为了掠夺矿产资源。[20]

胡图族和图西族之间的种族灭绝：美国的角色

1994 年 4 月卢旺达胡图族总统的专机被击落，法国的一个法庭在 2006 年裁定此事的组织策划者是卡加梅。专机被击落成为大屠杀的导火索，在卢旺达成千上万的胡图族人和图西族人被无辜杀戮。[21]

这场大屠杀的最终结果是，美英支持的独裁者保罗·卡加梅牢固地控制了卢旺达。此人是个凶残的军事强人，曾在美国堪萨斯州利文沃斯堡的陆军指挥与参谋学院受训。克林顿政府没有采取任何行动阻止大屠杀。更可恶的是，克林顿政府竟公然阻止联合国安理会的行动。据后来解密的一份五角大楼备忘录透露，当时美军方已预料到卢旺达会发生“大规模流血事件”，但却宣布在和平恢复之前美军不会介入。[22]

自 20 世纪 90 年代以来，时任总统的老布什和国防部长切尼就曾支持图西族游击武装“卢旺达爱国阵线”（RPF）从邻国乌干达制造动乱，以控制卢旺达，推翻法国支持的卢旺达总统哈比亚利马纳（Hbyarimana）。卡加梅被美国从利文沃斯堡派回非洲，出任卢旺达爱国阵线的第二号领导人，并在第一号领导人“顺理成章地死亡”之后成为头号人物。他与美国五角大楼、中央情报局和国务院建立了密切的联系。时任美国国务卿的奥尔布赖特称卡加梅为“希望的灯塔”，只是她忘了说这个“希望的灯塔”要照亮的是谁。[23]

1994 年种族大屠杀结束后，卡加梅一直在秘密支持恩昆达，其目的是以保卫少数图西族人为借口不断向富有矿产资源的刚果北基武省进行渗透。卡加梅多次拒绝让这些图西族难民回卢旺达的要求，他显然是担心因此失去占领基武省矿产的由头。

按照加拿大研究员米歇尔·楚苏多夫斯基的说法，1994 年图西族与胡图族之间的平民大屠杀是“法国与美国之间没有宣战的战争”。由于支持乌干达和卢旺达军队以及直接干涉刚果内战，华盛顿对刚果东部发生的种族屠杀负有直接责任，其中数万人在难民营里丧生。

米歇尔·楚苏多夫斯基指出：“保罗·卡加梅将军是华盛顿的工具。非洲人的生死对他和华盛顿来说无关紧要。卢旺达的内战和种族屠杀是美国对外政策的内在组成部分，这些都是围绕精确的战略和经济目标所策划的。”[24]

卡加梅的前情报官员恩昆达率领装备精良的武装力量攻占了刚果东部的戈马，这显然是一个将矿产最丰富的地区从刚果分裂出去的计划。随着美国在非洲扩大军事存在，2007 年又组建了非洲司令部，美国已经准备好开始新一轮的资源掠夺。这次美国扶持的卡加梅及其手下恩昆达起了过河小卒的作用。

是大猩猩保护区还是游击队

现场采访和根据信息自由法案得到的文件档案清楚表明，五角大楼与国务院的国际援助署一道，将用于在刚果韦伦加国家公园（位于石油和矿产资源最丰富的刚果东部）保护大猩猩的数百万美元的国际援助资金秘密用于支持反叛武装。显然，将大猩猩（gorilla）这种动物与手拿武器的武装分子（guerilla）混淆起来是蓄意的欺骗。

调查结果表明，美国国际援助署正式支付给大猩猩国际基金会和国际保护组织的资金被挪用了，这两个机构没有任何关于这 500 万美元的开支审计文件。显然，美国国际援助署将用于保护大猩猩的美国纳税人的钱，转用于掠夺矿产资源和向刚果北基武省的各种组织提供武器装备。[25]

乌干达和卢旺达是五角大楼近年来在非洲的两个主要军事伙伴。2007 年，约 150 名美军特种作战人员在乌干达从事军事活动，美国和英国的军事顾问帮助训练乌干达军队。[26]据推测，美军非洲司令部将继续强化这些活动，为的是对抗中国在刚果民主共和国的影响。为此美国不惜使用各种手段，包括将保护大猩猩的资金用于购买武器。

美国国际援助署是美军非洲司令部重要和正式的合作伙伴，这使美军非洲司令部有别于其他只注重军事的美军司令部。简言之，美军非洲司令部的作用是将军事硬实力和粮食援助等所谓的“软实力”结合起来，控制那些资源丰富的非洲国家。

在小布什执政 8 年中，五角大楼与众多非洲国家政府签署了基地协定，其中包括博茨瓦纳、加蓬、加纳、肯尼亚、摩洛哥、纳米比亚、圣多美和普林西比、塞内加尔、塞拉利昂、突尼斯、乌干达和赞比亚。此外，美国副总统切尼曾任老板的哈利伯顿公司通过其子公司 KBR 与阿尔及利亚国有石油公司（Sonatrach）合作成立了一家合资公司，负责扩建在塔曼拉塞特省和布萨达的空军基地。[27]设立美军非洲司令部就是为了使美国在整个非洲大陆的军事存在连成一体。

目标：中国

随着中国飞速的工业化，确保每一种必需矿产资源的安全供应已成为中国国策的重点。如果说 20 世纪 90 年代，法国是美国在非洲中部发动“代理人战争”的秘密目标，那么到了 2008 年初，中国就是美国控制非洲中部资源最丰富地区的最现实的且不断扩大的威胁。[28]

1997 年，洛朗·卡比拉率领武装部队结束了蒙博托 32 年的恐怖统治，扎伊尔共和国改名为刚果民主共和国。当地人将这个国家称为刚果（金）。

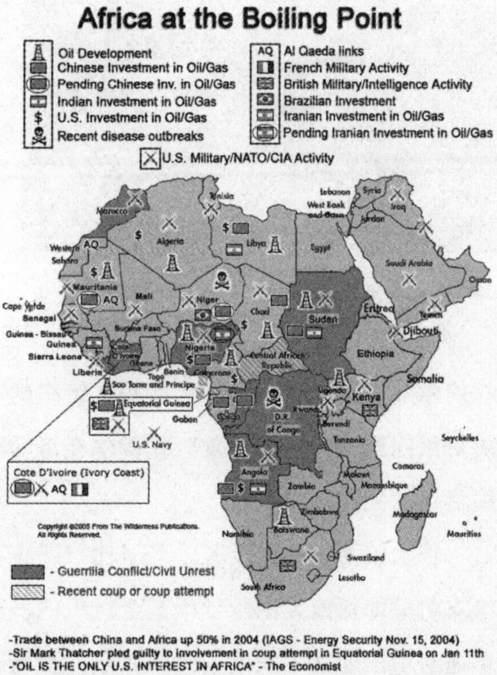

■ 非洲石油掠夺示意图

刚果的北基武省蕴藏着世界上一些最具战略重要性的矿产资源。刚果东部边界毗邻乌干达和卢旺达，处于非洲大裂谷的东部边缘。地理学家认为，非洲大裂谷是地球表面矿产资源最丰富的地区。非洲大裂谷是全球地表最大的裂缝，从北方的黎巴嫩经莫桑比克海峡直到非洲大陆南部，绵延四千余英里（约 6437 公里），拥有可能是世界上最肥沃的火山土和最大的矿藏。谁控制了它，谁就名副其实地坐拥一座金山。[29]

刚果民主共和国拥有世界上超过 1/2 的钴矿、1/3 的钻石矿，更为重要的是它还拥有世界上 3/4 的钶铁矿和钽铁矿。钶和钽是制造计算机芯片和集成电路的主要原材料，电脑和其他现代电子设备都离不开它们。[30]

美国矿业公司（America Minerals Fields，Inc.）深深卷入了1996年卡比拉在刚果内战中夺取政权的斗争。这家公司的总部设在阿肯色州的霍普，是当时的美国总统克林顿的家乡。这家公司的许多重要合伙人是克林顿任阿肯色州州长时的老朋友。

（照片来源：维基百科）

■ 亚非两洲交界处的埃及西奈半岛地处于非洲大裂谷的核心地带

在法国支持的扎伊尔独裁者蒙博托下台后不久，当时以扎伊尔东部戈马为基地的卡比拉与包括美国矿业公司在内的美国和英国公司重新进行了矿产资源开发的谈判。美国控制的国际货币基金组织在关键时刻切断了蒙博托政权的资金流，以血腥的代价结束了蒙博托的腐败统治。[31]

华盛顿对卡比拉并不是特别满意，2001年卡比拉被离奇暗杀。1997年4月蒙博托总统逃离扎伊尔前仅1个月，国际货币基金组织的一份报告提议，将“彻底和迅速地解决货币问题”作为“恢复”扎伊尔经济的药方，实际上等于解除了蒙博托对该国货币的控制。

作为蒙博托的继承者，老卡比拉终止了向美国公司转让矿产的交易，并拒绝支付蒙博托拖欠国际货币基金组织的债务，这惹恼了美国。老卡比拉当权后迅速与中国建立了联系，访问北京并受到热烈的欢迎。[32]

国际货币基金组织关于国有矿产私有化的强制要求为美国及有关矿产公司攫取刚果宝贵的矿产财富打开了大门。国际货币基金组织在老卡比拉掌权仅几个月后，就要求刚果政府冻结公务员工资，以“恢复宏观经济稳定”，从而使老卡比拉成为外国“保护者”的俘虏。受剧烈通货膨胀的影响，当时刚果公务员的工资已经减少到每月1美元。与国际货币基金组织相比，中国“不附带任何条件的经济援助”对刚果的吸引力可想而知。

按照加拿大研究员楚苏多夫斯基的说法，国际货币基金组织的要求等于是让刚果全体人民永远深陷于贫困的深渊。这些要求从一开始就排除了实际意义上的战后经济重建，这等同于继续给刚果内战火上浇油，而内战已致使近200万人死亡。老卡比拉的儿子约瑟夫·卡比拉子承父业，成为首任民选总统，而且看起来比他父亲更加关注刚果的民生。

2008年10月27日，美军非洲司令部司令沃德将军在华盛顿特区的国际和平行动协会发表讲话时提出，非洲司令部的使命是，“与美国政府相关机构及国际伙伴合作，通过军事交往计划、军方发起的活动和促进非洲稳定安全的其他军事行动来维持美国与非洲的安全接触和美国的对外政策”。[33]

值得注意的是，沃德的这番话是在私营军火公司的集会上讲的。这些私营军火公司在小布什政府时期迅速扩张，其中较为著名的是戴恩公司和黑水公司，后者曾因其雇员在伊拉克和其他地方的许多命案更名为低调的Xe公司。[34]

显然，那些“旨在促进非洲稳定安全、支持美国对外政策”的军事活动，实际目标是封锁中国在非洲地区不断扩大的经济存在。

事实上，各种各样的华盛顿消息来源公开提出，美军设立非洲司令部是为了对抗中国在非洲不断扩大的影响，其中最明显的是中国在刚果民主共和国的存在。在刚果，中国用援助、生产共享协议和矿区使用费来换取可靠的原材料供应。中国人更精明，不向非洲提出国际货币基金组织野蛮独断的要求，也不制造经济混乱，而是提供大量信贷、软贷款来建造公路和学校，赢得当地人的好感。

彼得·菲姆是一位华盛顿内幕的知情人，曾做过美国国务院和国防部顾问。他认为，美军设立非洲司令部的目的之一是“保护石油和非洲盛产的其他战略资源……这项任务需要确保那些拥有这些资源的非洲国家没有不利于美国的弱点，也就是要确保中国、印度、日本或俄罗斯这些利益相关的第三方得不到当地国家的特别优待。”

2007年在美国国会为支持创建美军非洲司令部作证时，与美国新保守主义“保卫民主”基金会有密切联系的菲姆称：

“自然资源使非洲成为中华人民共和国热烈追逐的目标。过去20多年中国年均9%的经济增长带来了几乎无法满足的对石油和其他自然资源的需求。当前中国每天进口约260万桶原油，其中76.5万桶、约占进口总量的1/3来自非洲，尤其是苏丹、安哥拉和刚果（布）。那么还有什么奇怪的吗？……或许近年来没有其他地区像非洲一样如此关系到中国持续发展的战略利益。去年，中国政府发表了首份官方白皮书，阐述了对非洲政策的基调。

“今年，在中国国家主席胡锦涛对非洲8个国家进行12天访问之前（这是他担任国家主席以来第三次访问非洲），胡锦涛宣布了为期3年总额30亿美元的对非优惠贷款和经济援助。这些款项还没有包括胡锦涛在2006年历史性的北京中非合作论坛峰会上宣布的30亿美元贷款和出口信贷，有近50个非洲国家的元首和部长来到中国首都出席了那次峰会。

“不管是有意还是无意，许多分析家预计非洲，特别是拥有丰富石油资源的非洲西海岸国家，将日益成为美国与中国进行战略竞争的战区。他们认为，中国是在全球舞台上唯一有可能与美国势均力敌进行竞争的国家，美国和中国都在寻求扩大在非洲的影响，以确保获取资源。”[35]

值得注意的是，在2008年10月底，恩昆达装备精良的部队包围了刚果北基武省的戈马，要求刚果民主共和国总统卡比拉与他进行谈判。恩昆达向卡比拉提出的要求包括取消与中国达成的关于投资90亿美元组建两国合资企业的协议。这项协议将使中国得以大规模开采铜矿和钴矿。作为交换，中国将投资60亿美元修路，建造水电站、医院、学校和修建连接南部非洲、加丹加省和刚果大西洋港口马塔迪的铁路。中国还将另外投资30亿美元开发新矿区。这是迄今中国与非洲达成的最大规模单一协议，中国将由此获得自身工业发展所需要的宝贵自然资源。例如，1000万吨铜和40万吨钴将用于制造电池、螺旋桨叶片、磁铁和化学物品。这是互惠互利的贸易，中国称之为“双赢”，而不是像过去几年来西方列强对刚果民主共和国提供的附带苛刻条件的援助，这是单纯的生意。[36]

奇怪的是，华盛顿和大多数欧洲媒体避而不提这项重要的中国-刚果协议的细节。美军设立非洲司令部启动了美国在非洲与中国的对抗。

奥巴马的国家安全议程

奥巴马就任总统后最初几个月的作为表明，无论他本人的倾向如何，他都不会挑战美国权势机构的基本战略议程，尤其是军事和对外政策议程。

这就是奥巴马留任小布什的国防部部长罗伯特·盖茨的真实含义。在留任国防部部长后不久，盖茨在公开讲话中声明，他继续支持在波兰和捷克部署挑衅性的导弹防御系统。2009 年 3 月，盖茨告诉记者，美国的导弹防御计划可以"保护俄罗斯"免遭伊朗可能的导弹袭击，这种说法连五角大楼都不相信。[37]

■ 罗伯特·盖茨（前排右）

此外，奥巴马任命北约盟军前最高司令詹姆斯·琼斯四星上将为总统国家安全顾问。琼斯在创建非洲司令部中起了关键作用，在离开北约之后成为主要国防承包商波音公司的董事会成员。他是小布什和切尼所代表的军事工业-石油复合体的骨干成员。[38]

在美国新政府的国家安全官员和顾问班子中，获奥巴马提名的还有丹尼斯·布莱尔四星海军上将，他出任国家情报总监，即所谓的"情报沙皇"。布莱尔是太平洋舰队前司令，同时也是亚洲尤其是中国问题专家。

1999 年，克林顿政府要求印度尼西亚的维兰托将军阻止杀戮东帝汶平民。作为美军太平洋舰队司令的布莱尔却公然违抗本国政府的指令。印尼人权委员会指控，1999 年在东帝汶犯有"反人类罪"的大批印尼军官接受过美军的训练，维兰托也受到了牵连。在太平洋舰队司令任内，布莱尔用了大量时间来恢复与雅加达的军事联系，在 2002 年最终取得了成功。[39]

奥巴马和阿富汗：“地缘政治大奖”

2009 年 2 月，奥巴马就任总统后颁发的第一批命令中，就下令在春季向阿富汗增派 17.5 万美军部队。这是所谓的向阿富汗-巴基斯坦“快速调遣部队”计划的一部分，与此前有争议的美军向伊拉克增兵有关。奥巴马试图给这次部队调动提供正当的理由，然而多数美国人对此感到困惑，他们不明白既然美军已将“反恐战争”的焦点从本·拉登转向伊拉克，为什么还要待在阿富汗。奥巴马称：“塔利班在阿富汗卷土重来，基地组织在阿富汗-巴基斯坦边界地区肆无忌惮的破坏行动威胁到了美国。阿富汗不断恶化的局势没有引起足够的战略关注和指导，没有得到急需的资源保障，此次增兵是为了稳定那里的局势。”[40]

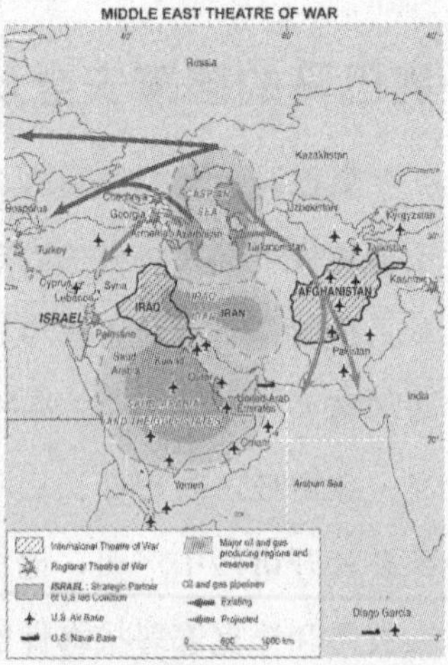

■ 2001 年来美国对中亚的军事布局对中国和俄罗斯产生深刻影响

奥巴马没有把自己的阿富汗政策的全部真相告诉美国人。“卷土重来的塔利班”实际是利益上存在显著差异的若干独立组织的混合体。其中所谓的“黑塔利班”是一些外国雇佣兵，他们为了金钱到阿富汗制造恐怖袭击，进行杀戳。目前，还不清楚究竟是谁为他们出钱，但有传言说这些出资人也曾在 1979 年为本·拉登在阿富汗与俄国人作战提供经费。

（照片来源：维基百科）

■ 奥巴马当选美国总统的第二天即前往白宫拜会小布什

另一类是真正的阿富汗人，他们在经过 30 年不间断的战争之后，仍准备拿起武器反抗任何外国占领者，不论这些占领者是美国、德国还是其他国家。第三类人只不过是生活没有任何着落的阿富汗人，他们不时地拿起武器去抢劫，以养活自己饥饿的家人或亲戚。在五角大楼的宣传里，所有这些人都是塔利班，而且全都与神秘的基地组织有联系。[41]

美国在阿富汗的存在并不是为了在托拉波拉的山洞里搜寻神秘莫测的本·拉登。布什政府很久以前就宣布不再对本·拉登感兴趣。美军在阿富汗的目的与地缘政治有关，是为了对中国和俄罗斯构筑地缘政治包围圈。

奥巴马竞选期间的外事顾问布热津斯基早在1997年就曾提出，美国后冷战时期军事和对外政策的主要目标是控制欧亚大陆的中央地区，其中包括阿富汗、巴基斯坦及与两国相邻的前苏联加盟国。“谁控制或主导了进入这个地区的通道，谁就最有可能赢得这个地缘政治和经济大奖。”布热津斯基认定这个大奖自然应归华盛顿所有。[42]

与报道美国对伊拉克的占领不同的是，美国媒体很少注意到阿富汗，有些人称它为“被遗忘的战争”。很少有人知道自从2001年底占领阿富汗以来，切尼的哈利伯顿公司帮助美军在中亚和中东修建了至少19个新军事基地，在阿富汗就有大大小小14个空军基地，其中巴格拉姆和信丹德空军基地已经转变成多用途军事基地，那里部署的空中和空间监视系统可以监测从中国到俄罗斯的整个欧亚大陆的空中交通情况。用一位防务分析家的话说，阿富汗已变成“一个巨大的陆基航空母舰”。[43]

一位俄罗斯分析家认为，2001年后，美国和北约以反恐战争之名“在阿富汗及整个中东和中亚地区建立了强大的军事基地网，从而在欧亚大陆的心脏地带建立了自己的军事、地缘战略、地缘政治和地缘经济桥头堡。反恐战争成为美国和北约在这个地区建立军事立足点并长期维持下去的借口”。

毫不奇怪，俄罗斯变得越来越警觉，小心地注视着美国派遣更多部队进入阿富汗。自2002年初推翻塔利班之后，美国通过遍布在这个国家的基地网，事实上成为阿富汗的占领者，塔利班统治时期曾被禁绝的鸦片交易再次兴旺起来，而且势头前所未有。当美国官员被问及这个问题时，他们通常会回答说这不是他们的责任。值得注意的是，这些毒品大多数流向了俄罗斯，2002年后吸毒成为俄罗斯的严重问题。美国占领阿富汗以及在美国占领军鼻子底下兴旺发达的鸦片生意，在莫斯科看来一定就像新版的鸦片战争。[44]

美国本土的军事化

在奥巴马的情报和对外政策团队中，出身军事工业权势集团的官员占据了压倒性多数，与此相呼应的是另一个值得警惕的现象，这就是美国国内的军事化进程。在小布什总统任内，“9·11”事件被用来突破国会的束缚。美国国会当时已陷入瘫痪，宪法规定的分权与制衡原则被破坏，最典型的就是《爱国者法案》和《国土安全法案》获得通过。

据国防部官员说，五角大楼下令在2011年前美国国内将训练2万人的部队以“帮助各州和地方官员应对核恐怖袭击或其他国内灾难”。美国国防部在国内安全中发挥的作用出现了戏剧性变化，这一点得到了国会的支持：国会居然批准在国内使用武装部队并划拨经费。此举直接违背了《地方保安队法》。这部法律制定于美国内战结束后的19世纪70年代，明文规定五角大楼的职责是保卫美国免遭外敌入侵，禁止在国内使用武装部队。五角大楼在美军深陷伊拉克和阿富汗、兵力严重不足的情况下提出重新在国内部署和使用军队，让许多人认为是准备推行警察国家的计划，对预期会发生的公众抗议进行控制，他们预料随着经济形势的恶化一定会发生公众示威游行活动。

五角大楼计划在2011年9月之前组建三支快速反应部队，随时准备应对国内紧急情况。第一支4700人的部队部署在乔治亚州的斯图沃特堡，在2008年10月已具备了行动能力。这支部队的核心是陆军第3步兵师第1旅级战斗群，该部刚结束为期15个月的任务从伊拉克返回，而伊拉克不太适合为执行国内任务的美军部队提供理想的训练环境。五角大楼计划征召另外两支作战部队，充实当前近80支共6000人的国民警备队和预备役部队，这些部队将在全国范围内与地方和各州官员一起工作。所有这些部队都将接受训练，以应对美国国内发生化学、生物、放射、核或高性能炸药爆炸袭击事件。

根据美联邦政府官方《联邦公报》披露，新规则允许某些政府文职人员使用美军部队在国内采取行动，以防止“环境损害”、应对“特殊事件”和“其他国内活动”。这是一个值得警惕的刻意模糊化的规定，其背后真正的意图并未对公众公开。

正是那些“其他国内活动”引起了许多民权组织的警觉。民权组织提出，新规定可以用来逮捕参加游行示威的工人，比如在芝加哥刚被解雇的工人，他们和平地占据了以前工作的工厂，抗议美国银行在削减对公司贷款的同时，却把数十亿美元纳税人的钱用来解决次级房贷问题。

不久前，美国国防部公开了“对民事当局的防务支援计划”的新规定。该计划提出：“新规定明确了当国内出现需要国防部门支援的紧急情况、特殊事件和其他国内活动时，民事当局遵循怎样的程序可以得到国防部的支援；建立了修正的政策指南，对国防部有关机构的民事支援职责作了规定。”

根据美国宪法，美国军队的国内职责在本质上是镇压“暴乱”，打击侵略者，确保所有各州保持共和政体。但新规则对军队国内职责的规定远远超过了老规则。它在实质上允许在国内使用军事力量来处理社会问题。根据法学专家的看法，与此相关的条款缺乏宪法依据。宪法学教授赫伯特·提图斯认为，在有可能出现潜在的损害或伤害时，国防部新国内计划公然允许政府限制自由，这相当于“不是根据证据对谋杀罪嫌疑人提出起诉，而是怀疑谁犯谋杀罪就将他关押定罪，以防止其危害生命”。[45]

当时作为总统候选人时的奥巴马和后来的白宫办公厅主任都曾呼吁，国家民事安全部队至少应像美军现役部队一样强大，有同样充足的资金保障。在此背景下，在国内部署美国军队的决定更令人警觉。[46]

2008 年 11 月，美国陆军战略研究所在《防务战略发展》上公布了一份文件“所知与未知：非常规‘战略震撼’”。此文件几乎没有引起任何关注，但却非常清晰地提出，人们对可能发生的国内经济社会“‘动荡’知之甚少，但实际上它的危害最大”。该文件警告说：“明智的做法是将国内的灾难性社会混乱归纳为‘战略震撼’”；这种震撼可能会“发展到迫使国防部出兵保卫国内安全，对人口进行控制，从根本上重新界定军队在国内的作用”。[47]

2009 年号召“变革”的奥巴马就任总统 3 个月后，许多人已经看得越来越清楚，唯一发生的“变革”只是表述不同而已。看来，华盛顿的唯一议程显然仍是保持唯一超级大国地位——全方位主导世界。当前还不清楚的是，“大萧条”以来最严重的经济危机，将在何种程度上影响华盛顿的决策者们推进这个计划的能力。对华盛顿以及全世界来说，现在已到了必须作出战略选择的时候，越战以来美国内政的败坏已为所谓的美国世纪敲响了丧钟。一个好战的国家要结束孜孜以求的军事计划并不是一件容易的事，但这对于整个世界的生存，以及对美国作为一个能够继续正常运转的民主政体来说，都是至关重要的。

注 释

❶ Zbigniew Brzezinski, *The Grand Chessboard: America's Primacy and its Geostrategic Imperatives*, New York, Basic Books, 1997, p. 55.

❷ Travis Sharp, *US Defense Spending, 2001 - 2009*, Center for Arms Control and Non-Proliferation, Washington D. C., accessed in http://www.armscontrolcenter.org/policy/securityspending/articles/defense_spending_since_2001/.

❸ Ibid, *Global Military Spending*.

❹ Robert Wielaard, *Kosovo recognition irritates Russia and China*, The Associated Press, February 19, 2008.

❺ Guenther Lachmann, *BND Kosovo affair: German spy affair might have been revenge*, Die Welt Online, November 30, 2008, accessed in http://www.welt.de/english-news/article2806537/German-spy-affair-might-have-been-revenge.html. In their February 22, 2005 report then marked 'Top Secret,' the German BND, its equivalent to the CIA, described the band around Thaci as follows: 'Uber die Key-Player (wie z. B. Haliti, Thaci, Haradinaj) bestehen engste Verflechtungen zwischen Politik, Wirtschaft und international operierenden OK-Strukturen im Kosovo. Die dahinter stehenden kriminellen Netzwerke fördern dort die politische Instabilitöt. Sie haben kein Interesse am Aufbau einer funktionierenden staatlichen Ordnung, durch die ihre florierenden Geschäfte beeintr chtigt werden können. (OK = Organisierte Kriminalität or Organized Crime): ['*In regard to the key players (for example Haliti, Thaci, Haradinaj) there exists the closest of links between political life, the economy and international organized crime structures in Kosovo. The criminal network behind them produces political instability. They have no interest whatsoever in building a functioning orderly state which might possibly threaten their booming business.*'].

❻ The Scotsman, Glasgow, 29 August 1999. Canadian researcher, Michel Chossudovsky, reported, 'Confirmed by British military sources, the task of arming and training of the KLA had been entrusted in 1998 to the US Defence Intelligence Agency (DIA) and Britain's Secret Intelligence Services MI6, together with "former and serving members of 22 SAS [Britain's 22nd Special Air Services Regiment], as well as three British and American private security companies." (Michel Chossudovsky, 'Osamagate,' October 9, 2001, accessed in http://www.globalresearch.ca/articles/CHO110A.html.

❼ Chris Hedges, *Leaders of Kosovo Rebels Tied to Deadly Power Play*, *The New York Times*, June 25, 1999.

❽ Jerry Seper, "KLA finances fight with heroin sales Terror group is linked to crime network," *The Washington Times*, Washington, D.C., May 3, 1999.

❾ Yalta European Strategy (YES), *5th Yalta Annual Meeting*, Yalta, Ukraine, 10-13 July 2008, accessed in http://www.yes-ukraine.org/en/programyes5.html. Helene Cooper and Thom Shanker, *After Mixed US Messages, a War Erupted in Georgia*, The New York Times, August 12, 2008.

❿ Peter Hirschberg, *Georgia: Israeli Arms Sales Raise New Concerns*, IPS, August 12, 2008, accessed in http://ipsnews.net/news.asp? idnews=43524.

⓫ Debka File, *Israel backs Georgia in Caspian Oil Pipeline Battle with Russia*, August 8, 2008, accessed in http://www.prisonplanet.com/israel-backs-georgia-in-caspian-oil-pipeline-battle-with-russia.html.

⓬ Peter Hirschberg, Op. Cit.

⓭ ZIK, *Ukraine continued supplies of arms to Georgia even after the conflict erupted - Valery Konovaliuk*, October 8, 2008, accessed in http://zik.com.ua/en/news/2008/10/08/152825.

⓮ Daniel Volman, *Africom: From Bush to Obama*, December 3, 2008, accessed in http://pambazuka.org/en/category/comment/52409.

⓯ Congo News Agency, *War Crimes in the Congo by Laurent Nkunda and Paul Kagame*.

Congo News Agency, October 30, 2008, accessed in www. congoplanet. com.

⑯ Ibid.

⑰ The irony of a Belgian government attacking a Congolese government's human rights record was not lost on Kabila. Belgium's colonial history in the Congo is one of the most brutal of the European colonial powers in the period before the Second World War. Belgian King Leopold actually carried out systematic torture and murder of Congolese on his rubber plantations until his death in 1909. See Genocide Studies Program, Yale University, Belgian Congo, accessed in http: //www. yale. edu/gsp/colonial/belgian_congo/index. html.

⑱ *Belgian paper: Kabila says China is now key trade partner for Congo at expense of EU*, The International Herald Tribune, April 24, 2008, accessed in http: //www. iht. com/articles/ap/2008/04/24/europe/EU-GEN-Belgium-Congo-China. php.

⑲ George H. Wittmann, *Another Congo Crisis*, November 21, 2008, American Spectator, accessed in http: //spectator. org/archives/2008/11/21/another-congo-crisis.

⑳ Congo News Agency, Op. Cit.

㉑ Second Lt Aloys Ruyenzi, *Major General Paul Kagame Behind the Shooting Down of Late President Habyarimana's Plane: An Eye Witness Testimony*, Norway, July 5, 2004, cited in Keith Harmon Snow, Hollywood and the Holocaust in Central Africa, Global Research, October 16. 2005, http: //www. globalresearch. ca/index. php? context=va&aid=1096.

㉒ Robert E. Gribbin, *In the Aftermath of Genocide: The US Role in Rwanda*, iUniverse, 2005, p. 78. Also see, Memorandum from Deputy Assistant Secretary of Defense for Middle East/Africa, through Assistant Secretary of Defense for International Security Affairs, to Under Secretary of Defense for Policy, "Talking Points On Rwanda/Burundi", April 11, 1994. Confidential, Source: Freedom of Information Act release by the Office of the Secretary of Defense. Accessed in http: //www. gwu. edu/~nsarchiv/NSAEBB/NSAEBB53/index. html.

㉓ Wayne Madsen, *Jaded Tasks: Blood Politics of George Bush & Co.*, Oregon, Trine Day Publishing, 2006, pp. 25-27.

㉔ Michel Chossudovsky, *The US was behind the Rwandan Genocide: Rwanda: Installing a US Protectorate in Central Africa*, Global Research, May 8, 2003, accessed in http: //www. globalresearch. ca/articles/CHO305A. html.

㉕ Georgianne Nienaber and Keith Harmon Snow, *Are USAID Gorilla Conservation Funds*

Being Used To support Covert Operations in Central Africa, Global Research, September 20, 2007, accessed in http: //www.globalresearch.ca/index.php? context=va&aid=6828.

㉖ Ibid.

㉗ Daniel Volman, Op. Cit.

㉘ Daniel Volman, *The Security Implications of Africa's New Status in Global Geopolitics*, African Security Research Project, Washington, DC, accessed in http: //74.125.77.132/search? q = cache: kH8I2Gk5KC4J: ruafrica.rutgers.edu/events/media/0809_media/volman_nai.doc+Vice+Admiral+Robert+Moeller, +United+States+Africa+Command: +Partnership, +Security, +and+Stability, +Keynote+Address+at+the+Conference+on+Transforming+National+Security: +Africom%E2%80%94An+Emerging+Command&cd=2&hl=en&ct=clnk&lr=lang_en&client=firefox-a.

㉙ Anthony Smith, *The Great Rift: Africa's Changing Valley*, New York, Sterling Publishing, 1988.

㉚ *The Minerals of the Democratic Republic of Congo*, accessed in http: //euromin.w3sites.net/Nouveau_site/gisements/congo/GISCONe.htm.

㉛ William Reno, Warlord Politics and African States, Boulder, Lynne Rienner Publishers, 1998, p. 174.

㉜ *President Jiang Zemin Met with DRC President Joseph Kabila*, Ministry of Foreign Affairs of the Peoples' Republic of China, March 25, 2002, accessed in http: //www.fmprc.gov.cn/eng/wjb/zzjg/fzs/gjlb/2959/2961/t16485.htm.

㉝ General William E. 'Kip' Ward, *Ward Speaks at International Peace Operations Association Annual Summit*, Washington, D.C., Oct 27, 2008, accessed in http: //www.africom.mil/getarticle.asp? art=2233.

㉞ Bruce Falconer and Daniel Schulman, *Blackwater's New Frontier: Their Own Private Africa*, Mother Jones, March 11, 2009.

㉟ J. Peter Pham, *Testimony of Dr. J. Peter Pham - US House of Representatives Africom Hearing*, Washington, DC, August 3, 2007, accessed in http: //www.gbmnews.com/articles/1097/1/Testimony-of-Dr-J-Peter-Pham---US-House-Africom-Hearing/Page1.html.

㊱ Tim Whewell, China to seal $9bn DR Congo deal, BBC News, April 14, 2008, accessed in http: // news. bbc. co. uk/2/hi/programmes/newsnight/7343060. stm. For details of Nkunda''s demands on this, see Agence France Press, *DR Congo's Nkunda attacks China to boost political kudos*, November 19, 2008, accessed in http: // www. google. com/hosted-news/afp/article/ALeqM5g46hr8I4livXoIREvisopoJiyNkA.

㊲ Robert Gates, *Gates on Missile Defense*, accessed in http: // www. dodvclips. mil/?fr_story=FRdamp343479&rf=sitemap.

㊳ *Boeing Director Gen. James Jones Resigns Board Seat*, Boeing Corp., accessed in http: // www. boeing. com/news/releases/2008/q4/081215b_nr. html. *Enrique Hernandez Jr. Elected to Chevron Board of Directors; Gen. James L. Jones Resigns Following National Security Adviser Appointment*, Chevron, December 2008, accessed in http: // www. chevron. com/news/press/release/? id=2008-12-10. Retrieved on December 10, 2008.

㊴ Bradley Simpson, *The Skeletons in Dennis Blair's Closet*, Counterpunch, December 26-28, 2008, accessed in http: // www. counterpunch. org/simpson12262008. html.

㊵ Barbara Starr, *Obama approves Afghanistan troop increase*, CNN News, February 18, 2009, accessed in http: // edition. cnn. com/2009/POLITICS/02/17/obama. troops/.

㊶ Yuri Kroupnov, *The Path to Peace and Concord in Afghanistan: The Problem of Afghanistan for Russia and the World*, *Russian Institute for Demography, Migration and Regional Development*, Moscow, March 10, 2008, accessed in afghan. idmrr. ru/afghan. idmrr. ru_eng. pdf. .

㊷ Zbigniew Brzezinski, Op. Cit., p. 140.

㊸ Yuri Kroupnov, Op. Cit., pp. 15-16.

㊹ Ibid., p. 6.

㊺ Bob Unruh, *US troops' new mission: America's 'special events': Proposal would allow civilians to activate Army to prevent 'environmental damage,'* WorldNet News, December 13, 2008, accessed in http: // www. worldnetdaily. com/index. php? pageId=83477.

㊻ Ibid.

㊼ Nathan P. Freier, *Known Unknowns: Unconventional "Strategic Shocks" in Defense Strategy Development*, Strategic Studies Institute United States Army War College, November 4, 2008.

后 记

麦金德的噩梦和新冷战

在我写本书的结束语时，世界正在面临着新的冷战，无论奥巴马还是麦凯恩当选，都注定了下一届美国政府重走1946～1990年间的冷战老路。这次美国的主要对手不是前苏联及其东欧卫星国了，这次美国是要单挑俄罗斯。

华盛顿鼓励格鲁吉亚这个小国对分离的南奥塞梯发动军事进攻，其结果是可以预见的。俄罗斯除了进行军事干涉，支持南奥塞梯反对渴望加入北约的格鲁吉亚之外，别无选择。这场行动被美国和许多西方宣传机构描述为俄罗斯无缘无故地对弱小而无助的格鲁吉亚发动侵略，实际上它是被用来在俄罗斯和欧盟国家之间拉开一个新的铁幕。如同此前一个世纪或更长时间一样，德国对欧洲的未来将再次起决定性作用。

美国精英权力圈子实际上是一个靠泥足支撑的帝国，正在分崩离析。只不过在60年以前美国经济还为世界所羡慕，但现在已风光不再。它只是一个债务膨胀、去工业化和大体破产的昔日倒影了。美国的金融体系正因华尔街历史上最大的败笔而喘不过气来，在政府的帮助下，抹掉了在2002～2007年房地产泡沫最后的狂欢中担保的几千亿（甚至是几万亿）美元一文不值的债券。

对于企图维持其全球权势的华盛顿权力精英来说，剩下的唯一选择是使用军事力量——全方位主导。

在短短的几年时间里，华盛顿的所做所为让英国地缘政治之父哈尔福·德麦金德爵士的噩梦成真，研究和理解麦金德权力公式的兹比格纽·布热津斯基、亨利·基辛格和其他美国冷战外交政策的老手担心的最恐怖的一幕出现了。

以俄罗斯和中国为中心，加上处在重要地位但目前作用甚微的印度，资源富裕、人口众多的辽阔的欧亚大陆心脏地带，历史上首次一反传统，转而在相互之间建立经济和军事联系。推动这些联系的力量是世界上越来越有侵略性的美国。

新兴的欧亚大陆地缘政治合作的驱动力量显而易见。中国拥有世界上最多的人口，经济在以两位数增长，急切地需要可以保证能源安全的可靠伙伴；俄罗斯，一个能源巨人，需要不受制于华盛顿控制的可靠贸易通道，以发展和重建其散了架的经济。这些互补的需要形成了华盛顿和美国战略家所界定的新冷战的种子，这一次是围绕能源，主要是石油和天然气。正如较早时候的冷战一样，军事能力是硬通货。

到 2006 年，莫斯科和北京已经作出决断，加强与其欧亚大陆邻国的合作。它们都同意借助在 1998 亚洲危机之后于 2001 年合作创建的、进展不大的松散组织——上海合作组织（简称上合组织，SCO）。从地缘政治的角度看，上海合作组织有特别重要的成员。它们是盛产石油的哈萨克斯坦、乌兹别克斯坦、吉尔吉斯斯坦和塔吉克斯坦，以及中国和俄罗斯。北京和莫斯科开始把上合组织看做对付越来越专横的美国强权政治的新生平衡力量，这个组织在讨论能源合作甚至军事互助防御。

越来越危险的美国对外政策的压力，正在造就一个本来不太可能出现的横跨欧亚大陆的“非自愿的联盟”，中国、哈萨克斯坦甚至伊朗之间这种欧亚大陆合作的潜力正在转化为现实。然而，这个联盟的弱点是军事能力不足，容易遭受美国和北约战争叫嚣的恫吓。在地球表面只有一个强国——俄罗斯，拥有能够提供军事安全的核军事基础及技术诀窍。这就是美国在格鲁吉亚煽动战争的真正原因。

俄罗斯熊正在打磨核武器尖牙利齿

随着北约部队从各个方向逼近俄罗斯边界，随着美国 B-52 轰炸机和携带潜射弹道导弹的核潜艇部署到俄罗斯周边的战略阵地，华盛顿不断扩展其新的导弹防御系统，从格陵兰到英国、澳大利亚、日本，现在甚至延伸到了波兰和捷克共和国。俄罗斯政府作出了回应，这一点也不奇怪。

显然，华盛顿计划人员认为，曾经强大的前苏联军队仅剩下一个空壳，冷战结束以来俄罗斯的军事戒备状态是可笑的。但俄罗斯一直没有放弃它的王牌——战略核力量。即使在叶利钦时代整体经济乱作一团时，俄罗斯也从未停止研制第一流的军事技术。

2003 年 5 月，小布什单方面撕毁了与莫斯科签署的双边反导条约，随即入侵阿富汗，将巴格达炸服。数月之后，俄罗斯总统在致全国的年度国情咨文中宣布了一条新消息。普京第一次公开说出需要通过新型武器推进俄罗斯核威慑的现代化，“这保证了俄罗斯及其盟国的长远防御能力”。

作为对小布什政府撕毁反导条约和第二阶段削减战略武器协议的回应，俄罗斯也停止撤除和销毁 SS-18 多弹头分导式导弹。第二阶段削减战略武器协议要求美俄双方在 2007 年全面撤除多弹头分导式洲际弹道导弹。

从那时起，俄罗斯开始重新部署 SS-18 导弹，将服役寿命延长到 2016 年。满负荷装载的 SS-18 导弹射程 11000 公里。此外，俄罗斯重新部署了机动轨道发射的 SS-24 M1 核导弹。

在 2003 年预算中，俄罗斯政府将 SS-27 或圆点-M 单弹头导弹的资金保障作为“重点”，国防部恢复 SS-27 和圆点-M 导弹的发射试验。

2006 年 12 月，普京对俄罗斯记者说，部署新型机动洲际弹道导弹圆点-M 对俄罗斯的国家安全至关重要。他宣布：“维持战略平衡，意味着我们的战略威慑力量必须能够有把握地消灭任何潜在的侵略者，无论它拥有什么样的现代武器。”他心里想的首先是华盛顿和美国的核主导地位。

俄罗斯国防部长伊万诺夫同时宣布，今后 10 年俄军将再部署 69 枚圆点-M 导弹系统。在慕尼黑讲话后不久，普京任命他的克格勃老朋友伊万诺夫为第一副总理，主管整个军事工业。

俄罗斯国防部长在报告中称，截至2006年1月，俄罗斯拥有927个核武器发射装置和4279枚核弹头，美国有1255个核发射装置和5966枚核弹头。在地球上没有任何其他国家拥有如此规模的核打击能力。自冷战结束以来，美国所有外交、军事和经济政策秘密的终极目的是，彻底瓦解俄罗斯，使它不再是一个能正常运转的国家。

2006年4月，俄军试验了K65M－R导弹，这是一种高超音速、可变轨的新型导弹，可用来穿透美国导弹防御系统。这项试验是为陆基和潜射弹道导弹配备统一弹头计划的一部分。

4个月前，俄罗斯成功试验了布拉瓦洲际弹道导弹，这是圆点－M导弹的海军型号。它从位于白海的一艘台风级弹道导弹潜艇上发射，在飞行了1000英里后成功命中了堪察加半岛上的模拟目标。2008年开始，俄罗斯北风级潜艇将装备布拉瓦导弹。

俄罗斯战略火箭军司令尼古拉·索洛夫索夫将军在俄罗斯的卡普斯京亚尔导弹试验基地谈到K65M－R的成功试验时表示，美国的导弹防御计划“将破坏战略稳定。美国计划部署的导弹防御系统的规模相当大，俄罗斯有正当的理由担心它对核威慑参数有消极影响”。他指的是美国对全方位主导——核主导地位的追求。

新的世界末日善恶大决战正在向2008年底走来。可以预计，美国的单边对外政策将激起俄罗斯的重大回应。每一天，由于错误估计而导致全球核大战的风险都在上升。无法估计在何时，哪一位美国总统会决定下令对俄罗斯发动先发制人的核打击，以防止俄罗斯重新建立相互威慑的态势。

新世界末日善恶大决战不是小布什的基督教狂热分子所祈祷的能带来“圣徒升天”的大决战，而是一场俄罗斯和美国点燃地球，或许会毁灭人类文明的那种世界末日大决战。

具有讽刺意味的是，2003年后华盛顿窘迫的伊拉克战争和飞涨的世界石油价格，使俄罗斯得以开始重建崩溃的经济和军事能力。普京的俄罗斯不再是一个向邻居乞讨的前超级大国。它正在使用石油武器，重新打造它的核武器。

小布什时代的美国在经济上已经空壳化，负债务累累，它已开始用最后一张牌——巨大的军事能力来支持美元和唯一超级大国的地位。或许世界还从未面临过各种力量和事件如此危险的汇合。由于这一切都是在军事术语掩盖下所采取的行动，所以在美国和大多数西欧国家被压制的战略辩论中，几乎没人意识到，驱动华盛顿政策的那种疯狂已经变得多么危险。

威廉·恩道尔

2008 年 9 月

附录A
“盘根错节的理事会”：新保守主义智库

“盘根错节的理事会”

理查德·帕尔这个人本来可能只是个无足轻重、头脑简单、四肢发达的人物，但在他背后是一部组织精良的机器，由擅长无情打击政治对手的华盛顿智库和媒体人员组成。帕尔在华盛顿施加影响的机器内核由一些智库构成，其中包括弗兰克·加夫尼的安全政策中心、帕尔的美国企业（公共政策）研究所、国家安全事务犹太研究所（JINSA）、克林顿的中东特使丹尼尔·罗斯（Dennis Ross）的华盛顿近东政策研究所、迈拉芙·沃姆瑟（Meyrav Wurmser）的哈得逊研究所（她的丈夫大卫·沃姆瑟是帕尔的密友，在帕尔的美国企业研究所负责中东研究）。

帕尔等一小撮人，同时在若干政策研究机构的理事会里任职，从而强化了有大量不同的声音在倡导同一个美国对中东鹰派政策的印象。例如，哈得逊研究所的中东政策主任迈拉芙·沃姆瑟，又是中东论坛的成员。她还为帕尔的《耶路撒冷邮报》撰稿，并与别人合作创办了中东媒体研究所（MEMRI），据伦敦《卫报》一篇文章最近报道，这是以色列军事情报机构的一项计划，为美国议员提供经过精心筛选的阿拉伯媒体的消息，以影响他们对中东问题的看法。

帕尔和迈克尔·莱丁（Michael Ledeen）都是国家安全事务犹太研究所理

事会成员，后者是伊朗门事件的风云人物诺斯与以色列之间的联系人。在加入小布什政府之前，约翰·博尔顿和道格拉斯·费思也是该理事会的成员。莱丁呼吁对以色列在中东的敌人进行“总体战”，不仅包括对伊拉克的政权进行颠覆，而且还包括对伊朗、叙利亚、沙特阿拉伯和巴勒斯坦权力机构进行政权颠覆。他在 2002 年 9 月 24 日发表在伦敦《金融时报》的一篇文章中就表达了这样的主张：“真正的对手是中东的暴君。”❶

政策智库，尤其是军事和外交智库的新保守主义网络值得注意。如果不了解这些网络和智库的作用，就难以弄清 2001 年以来美国防务和外交政策的重大变化。这些网络是某种“盘根错节的理事会”，联系密切的成员在一张错综复杂的阴谋网里幕后操纵着政策。

这些新保守主义智库使一小群新保守主义鹰派拥有了与他们的人数不相称的巨大能量。其中最重要的是下列机构：

美国企业研究所

设在华盛顿的美国企业研究所（American Enterprise Institute for Public Policy Research，简称 AEI），是新保守主义政策的中心或司令部。企业研究所是小布什第二个任期公共政策的主要设计机构之一，提出了包括在 2007 年向伊拉克增兵 2 万的建议。20 多位企业研究所成员要么是在小布什政府的政策岗位任职，要么是政府某个小组或委员会的成员。美国企业研究所因其新保守主义和支持犹太复国主义政策而遭到批评。2003 年 5 月 18 日，BBC 以“战争党”为题报道了美国企业研究所成员大卫·沃姆瑟的新保守主义者妻子迈拉芙·沃姆瑟（她同时是哈得逊研究所的成员），她指出“我们中的许多人是犹太人”，“实际上我们所有人都亲以色列，一些人比另外一些人更亲”。

美国企业研究所所长布鲁斯·科夫纳（Bruce Kovner）：出身俄罗斯犹太移民家庭，是一家大型对冲基金卡克斯顿（Caxton Associates LLC）的总裁，这家对冲基金管理着企业研究所的投资。卡克斯顿是个新保守主义分子，据说有 25 亿美元的个人财产。他是帕尔和切尼的密友。近年来，下列重要的新保守主义分子担任了美国企业研究所的学者和高级研究员：

约翰·博尔顿（John R. Bolton）：前美国驻联合国临时常任代表。

林恩·切尼（Lynne Cheney）：副总统迪克·切尼的妻子，美国企业研究所高级研究员。切尼女士与军事-工业集团有很深的关系，1994～2001年1月任洛克希德·马丁公司董事，在此期间得到50万美元的报酬。洛克希德·马丁公司是布什-切尼反导弹系统的主承包商。❷

大卫·弗拉姆（David Frum）：作家和布什总统讲话撰稿人（“邪恶轴心”即为他的发明）。

雷维尔·马克·格雷希特（Reuel Marc Gerecht）：新美国世纪中东计划主任、中央情报局前中东问题专家。

纽特·金里奇（Newt Gingrich）：共和党成员，1995～1999年任美国众议院主席，是美国企业研究所的信息技术、军事和政治高级研究员。

阿扬·阿里（Ayaan Hirsi Ali）：前荷兰政客，妇女权力活动家，伊斯兰主义及伊斯兰教教法（Shar'ia Law）的批评者。

弗里德里克·卡根（ Frederick Kagan）：军事历史学家，与他的兄弟罗伯特·卡根（新美国世纪工程组织的创办者之一）和他的父亲、新保守主义同伙唐纳德·卡根（Donald Kagan），都在2000年的新美国世纪工程报告《重建美国防务》上签了名。

吉恩·柯克帕特里克（Jeane Kirkpatrick）：前美国驻联合国常任代表，在2006年去世前为美国企业研究所高级研究员。

欧文·克里斯托（Irving Kristol）：企业研究所高级研究员，以新保守主义的“教父”著称。政治期刊《公共利益》和外交期刊《国家利益》的创办者。他的儿子威廉·克里斯托（William Kristol）是新美国世纪工程组织创办者之一和主要成员。

迈克尔·莱丁（Michael Ledeen）：与伊朗门事件有牵连，与小布什的政策顾问卡尔·罗夫关系密切；与他的妻子芭芭拉一道倡导在耶路撒冷圣殿山上重建所罗门圣殿。

艾伦·梅尔策（Allan Meltzer）：与米尔顿·弗里德曼（Milton Friedman）一道提出货币主义理论，认为通货膨胀完全是货币供给增长的结果。

乔舒亚·穆拉维捷克（Joshua Muravchik）：常驻学者，研究中东政治、民主、新保守主义和社会主义史。

查尔斯·默里（Charles Murray）：1994年有争议的书《贝尔曲线》的作者之一，认为黑人在智力上低劣。

迈克尔·诺维克（Michael Novak）：宗教、哲学和公共政策研究员，企业研究所社会和政治问题主任。

诺曼·奥恩斯坦（Norman Ornstein）：国会分析员和政治评论员。

理查德·帕尔（Richard Perle）：前助理国防部长、国防部防务政策委员会主席。

拉多斯瓦夫·西科尔斯基（Radostaw Sikorski）：2007年2月前担任波兰国防部长，倾向新保守主义。2002～2005年为美国企业研究所常驻研究员，新大西洋计划执行主任。

弗雷德·汤普森（Fred Thompson）：美国田纳西州前参议员，在企业研究所研究"国家安全与情报"（中国、朝鲜和俄罗斯方向）。

本·万登堡（Ben Wattenberg）：林登·约翰逊总统的讲话撰稿人，企业研究所高级研究员。

约翰·尤（John Yoo）：前司法部法制办公厅成员，加州大学伯克利分校博尔特·霍尔法学院教授，企业研究所访问学者。

卡尔·金斯梅斯特（Karl Zinsmeister）：1994～2006年任美国《企业》杂志主编，2006年离职，任总统国内政策助理。

值得注意的是，企业研究所的理事会副主席是李·雷蒙德（Lee Raymond），他在2007年年初前是世界上最大的石油公司埃克森美孚公司的首席执行官。除卡夫纳和雷蒙德外，企业研究所理事会的主席和理事包括前大通银行（Chase Bank）总裁维拉德·布彻（Willard C. Butcher）、宾馆业和房地产亿万富翁罗伯特·普里策克（Robert Pritzker），福布斯排名第32的世界大富豪。

企业研究所理事会的其他成员有：哈兰·克劳（Harlan Crow），得克萨斯房地产亿万富翁，克劳地产（Crow Realty）投资公司总裁。他是老布什总统图书馆的董事、美国最高法院陪审法官克拉伦斯·托马斯（Clarence Thomas）的资助人。克劳有个奇怪的爱好：收集过去和现在暴君包括希特勒在内的雕像。他是增长俱乐部的创办人，这个俱乐部是支持小布什数次减税政策的保守政治组织。退休的华尔街百万富翁罗伯特·格林希尔（Robert Greenhill）是企业研究所的另一位精英理事会成员，理事会成员还包括前美国快递公司总裁哈维·戈卢布（Harvey Golub）、纽约百万富翁罗格·赫托格（Roger Hertog），他是曼哈顿研究所所长，该研究所是一个著名的新保守主义智库，拥有新保守主义杂志《新共和》。企业研究所理事会成员还有哈佛大学种族优生学家詹姆斯·威尔逊（James Q. Wilson），他主张处决有智障的罪犯；雷蒙德·吉尔马丁（Raymond Gilmartin），他是默克制药公司（Merck & Co.）前总裁，止痛药万络（Vioxx）即为该公司生产。在他主掌默克公司期间，这家公司隐瞒了其生产的万络（Vioxx）可能增加心脏病和中风发作几率的证据。至少在丑闻曝光之前 5 年，默克公司就已经知道这些潜在的危险。❸

值得注意的是，美国企业研究所得到了美国某些最重要的私人家族基金会的资助。资助名单中有：

- 布莱德利基金会
- 库尔斯啤酒酿造公司
- 埃克森美孚石油公司
- 微软公司
- 约翰·M. 奥林基金会
- 洛克菲勒兄弟基金会
- 萨拉·斯卡夫基金会
- 斯卡夫家族基金会
- 史密斯·理查森基金会

简言之，这个新保守主义重量级智库得到了最富裕和最有权势的美国权势集团精英的广泛支持和赞助。斯卡夫基金会和奥林基金会是布什-切尼政府的新保守主义政策蓝图以及 2000 年新美国世纪工程的主要赞助者。新保守主义分子在新美国世纪工程理事会中占有重要位置。

美国以色列公共事务委员会

美国以色列公共事务委员会（American Israel Public Affairs Committee，简称 AIPAC）是为了维持美国和以色列的密切关系，向美国国会和行政机构游说的特殊利益集团。它称自己是“美国的亲以色列游说者”，这是一个既包括犹太人也包括非犹太人的拥有大量成员的组织。该组织在艾森豪威尔政府时期创建，此后确保了美国对以色列的援助和支持。1997 年，《财富》杂志向国会议员们调查哪些是华盛顿特区“25 个最有权势”的游说组织；2005 年，《国家》杂志进行了同样的调查。在两次调查中，美国以色列公共事务委员会都位列第二，领先于美国劳工联合会和产业工会联合会以及国家步枪协会，名列美国退休人员协会（AARP）之后。

该组织的目的是向美国国会游说，“确保美国和以色列维持牢固的关系，使两个国家能够精诚合作”，应对挑战，“阻止伊朗获取核武器，打击恐怖主义，赢得和平”。该组织定期与国会议员见面，在有关事件发生时提出自己的主张。它还提供有关美国国会议员在与以色列有关的立法问题上的投票记录分析。美国以色列公共事务委员会在为以色列赢得美国国会和白宫行政机构的支持上卓有成效。

1987 年 7 月 6 日，《纽约时报》撰文对该组织作了如下描述：“影响美国对中东地区政策的主要力量 。”文章指出：“这个组织已经具备相当大的能量，可以影响总统候选人挑选助手、封锁对任何阿拉伯国家的军火销售，并可以作为五角大楼与以色列军队之间亲密军事关系的催化剂。该组织的领导向美国国务院和白宫的决策者、参议员和军队将领提供咨询。”❹

该组织与以色列的关系引起了其他人的关注。《外国代理人登记法》（FARA）规定那些接受外国政府资金或代表外国政府的组织应该进行登记。美国以色列公共事务委员会注册为美国游说组织，坚持自己从来没有从以色列接受过资金或指令。但过去的批评者，如前参议员威廉·富布赖特（William Fulbright）和中央情报局前高级官员维克多·马切蒂（Victor Marchetti）曾提出这个组织应该登记。最近的劳伦斯·富兰克林（Lawrence Franklin）间谍丑闻涉及美国政府高级官员通过该组织向以色列提供秘密情报，这个丑闻再次引起人们更多的关注，他们认为《国外代理人登记法》可能适用于美国以色列公共事务委员会。

赫德里克·史密斯（Hedrick Smith）在他所著《权力游戏：华盛顿如何运转》一书中提出，美国以色列公共事务委员会已经成为超级游说组织，“它拥有如此之大的政治势力，以至于到1985年时该组织及其盟友可以迫使里根总统取消他与约旦国王侯赛因达成的军火交易。1986年，这个亲以色列游说组织阻止了里根与沙特阿拉伯的另外一项战斗机交易，国务卿乔治·舒尔茨（George Shultz）不得不坐下来与美国以色列公共事务委员会的执行理事们——而不是国会领导人——共同探讨该组织可以容忍的向沙特销售武器的水平。”

在一份2006年题为《以色列游说集团与美国对外政策》的工作报告中，芝加哥大学教授约翰·米尔斯海默（John Mearsheimer）和哈佛大学肯尼迪政府学院教授史蒂芬·沃尔特（Stephen Walt）指责美国以色列公共事务委员会是庞大的亲以色列游说集团中“最有势力和最著名”的组成部分，它扭曲了美国的对外政策。他们写道：“该组织的成功是因为它的回报能力和惩罚能力，它可以回报那些支持其计划的国会候选人，也可以惩罚那些反对其计划的国会候选人。……该组织确保它的朋友从各种亲以色列的组织得到有力的经费支持。另一方面，对于那些看上去敌视以色列的人，可以肯定该组织将为这些人的对手提供直接的竞选经费支持。…… 美国以色列公共事务委员会是一个事实上替外国政府效力的机构，其目的是，严格控制美国国会。在美国国会不进行有关美国与以色列政策的公开辩论，尽管这个政策对整个世界有重要的影响。”[5]

《经济学人》杂志较早的时候曾是伊拉克战争和美国对外政策的支持者，声称美国以色列公共事务委员会的政治势力是美国支持以色列的主要原因之一。“为什么美国要远比欧洲更支持以色列呢？最明显的答案在于两个非常显赫的政治势力：以色列游说组织（美国以色列公共事务委员会）和宗教右翼”。[6]

新美国世纪工程

新美国世纪工程（Project for the New American Century，简称 PNAC）成立于 1997 年春。其创建者有：拉姆斯菲尔德、切尼、杰布·布什（Jeb Bush）、沃尔福威茨、布鲁斯·杰克逊（Bruce Jackson）和众多其他后来在小布什政府里掌控政策的新保守主义鹰派分子。该组织在网站上自称是“一个非赢利的教育机构，目标是促进美国的全球领导地位”。新美国世纪工程由所谓的“新公民工程”创建，这是另外一个新保守主义组织。这些组织以俄罗斯套娃的方式，一个套着一个再套一个。同一小伙战争鹰派精英参加了所有这些组织。新公民工程组织的主席是威廉·克里斯托，他是新保守主义“教父”和新保守主义杂志《每周标准》的发行人欧文·克里斯托的儿子。新美国世纪工程组织的理事长是加里·斯密特（Gary Schmitt）。

在 2000 年 9 月该组织的报告《重建美国防务》发表时，新美国世纪工程组织的理事会成员名单是：

威廉·克里斯托（William Kristol），主席

罗伯特·卡根（Robert Kagan）

布鲁斯·杰克逊（Bruce P. Jackson）

马克·吉尔森（Mark Gerson）

兰迪·舒尼曼（Randy Scheunemann）

理事会工作人员有：

艾伦·波克（Ellen Bork），副主任

加里·斯密特，高级研究员

托马斯·唐纳利（Thomas Donnelly），高级研究员

雷维尔·马克·格雷希特（Reuel Marc Gerecht），高级研究员，中东计划主任

报告发表时的新美国世纪工程组织成员，后来主导了小布什的先发制人防务政策和单边外交政策的有：

罗伯特·卡根：《每周标准》编辑，他的妻子是美国驻北约大使维多利

亚·努兰德，新美国世纪工程报告的主要起草人之一。

布鲁斯·杰克逊：新美国世纪工程的另一个主管，建立了一系列有影响的政策建议组织，包括美国北约委员会、解放伊拉克委员会，支持鹰派的美国对外政策。杰克逊是世界最大的军事承包商洛克希德·马丁公司前副总裁，他与若干军事承包商保持密切联系。他与共和党头面人物和小布什政府的官员也有密切联系。

杰克逊的一位批评者写道，“杰克逊曾是洛克希德·马丁公司负责战略和规划的副总裁，这意味着在他创办美国北约委员会和过渡民主国家工程时，在他当新美国世纪工程理事时，在他主持共和党对外政策委员会时——所有这些组织都呼吁增大防务开支——布鲁斯·杰克逊也同时在为注定要从增加的防务开支中受益最多的公司工作。”[7]

兰迪·舒尼曼：与杰克逊合作创办了解放伊拉克委员会（CLI），目的是“促进伊拉克人民的自由”。它在美国入侵伊拉克时起了重要的宣传作用。根据新美国世纪工程的说法，舒尼曼是解放伊拉克委员会的理事长和执行理事，“直到其使命在2003年结束”。

当时舒尼曼也是拉姆斯菲尔德的国防部长办公室的顾问，他长期公开支持北约东扩和弹道导弹防御计划。他也是得到军事工业支持的美国北约委员会理事会成员，与过渡民主国家工程和国际共和党研究所有联系。[8]

加里·施密特：新美国世纪工程的高级研究员。在里根政府时期，他是参议院情报委员会的工作人员。1984年，他被里根总统任命为总统外国情报顾问委员会执行副主任。施密特与艾布拉姆·舒尔基（Abram N. Shulsky）合著了《无声的战争：理解情报的世界》(2002年)。

托马斯·唐纳利：新美国世纪工程高级研究员，同时也是新保守主义大本营美国企业研究所的常驻研究员。1994年他成为新保守主义杂志《国家利益》的执行编辑。像新美国世纪工程的多数成员一样，唐纳利是马歇尔军事领域革命的主要倡导者，也是扩大北约的倡导者。

雷维尔·格雷希特：新美国世纪工程的中东计划主任和美国企业研究所的另一位常驻研究员，中央情报局前中东问题专家。[9]

国家安全事务犹太研究所

国家安全事务犹太研究（Jewish Institute for National Security Affair，简称 JINSA）设在华盛顿，声称它与“国家安全机构和公众进行交流，解释以色列能够和已经对增进美国利益发挥的作用，以及美国防务政策与以色列安全之间的关系”。在支持以色列的新保守主义圈子里某些最强烈地支持以色列右翼利库德集团的人，是这个研究所的顾问委员会成员。其中包括：

大卫·斯坦曼（David P. Steinmann）：国家安全事务犹太研究所所长、出资人，同时也是纽约州长委员会主席，新保守主义杂志《中东季刊》和中东论坛的出资人，新保守主义安全政策中心理事会、美国-以色列友好委员会成员，倾向以色列的美国对中东进行准确报道委员会（CAMERA）的成员，皇后学院犹太研究中心顾问委员会、“中东情报公告”和“土耳其内幕国际”组织的成员。

史蒂芬·布莱因（Stephen Bryen）博士：在当时的助理国防部长帕尔的推荐下，1981～1988 年在国防部长温伯格手下任副助理国防部长，负责“影响国防的技术安全政策和高技术贸易事务”。1979 年，布莱因创建了国防技术安全局（DTSA）并担任首任局长。1979 年 4 月，副助理司法部长罗伯特·柯什（Robert Keuch）写信建议对当时在参议院对外关系理事会工作的布莱因举行司法听证，审查他的间谍嫌疑。司法部内部安全局局长表示同意。布莱因在麦迪逊宾馆的咖啡厅里，被监听到向以色列驻美大使馆官员提供秘密文件，在场的还有美国以色列公共事务委员会的一位理事。这位以色列驻美国使馆官员是兹维·拉菲亚（Zvi Rafiah），摩萨德驻华盛顿站站长。拜伦拒绝接受针对这次会议目的和细节的测谎检验，另一位在场的目击者接受并顺利通过了测谎测试。

联邦调查局还有另外一个证人，这个证人也是参议院对外关系理事会的工作人员，她曾看到布莱因在参议院的办公室里与拉菲亚讨论保密文件，这些保密文件理应锁在保险柜里，而当时保险柜却是打开的，保密文件就摊开放在保险柜前的桌子上。在第二位证人提供证词后不久，在文件上发现了布莱因的指纹，他曾向联邦调查局书面保证他从未接触过那些文件……据称他把这些文件交给了拉菲亚。

然而，参议院对外关系理事会拒绝司法部官员接触那些对调查至关重要的文件，柯什的司法听证建议以及最终调查都终止了。布莱因被要求辞去在参议院对外关系理事会的工作。在接下来的一年半时间里，他任国家安全事务犹太研究所执行理事，并为美国以色列公共事务委员会提供咨询服务。尽管如此，1981 年 4 月，刚刚被提名为负责国际安全事务的助理国防部长的帕尔，提名布莱因任他的副手。布莱因得到了接触最高机密（“NATO/COSMIC”）的授权。1988 年年初，以色列陆基“箭式”反导导弹处于原型开发的关键阶段。该项目缺乏关键的部件——速调管，这是一种小型极超短波用电子管，对于以高频雷达为基础的目标捕获系统锁定来袭导弹具有关键意义。1988 年速调管是美国武器研究最先进的成果之一，出口受到严格管制。

负责防务技术出口管制的国防部机构是帕尔的国际安全政策办公室下属的国防技术安全局（DTSA）。该局的创建者和局长是帕尔的助手斯蒂芬·布莱因博士。1988 年 5 月，布莱因试图批准瓦里安公司的出口许可，向以色列出售 4 个速调管（先进雷达技术）。在为此召开的会议上，除布莱因外所有的人均反对发放该许可证。布莱因提议询问以色列为什么需要这些速调管。以色列政府含含糊糊地给了个答复，布莱因就批准了出口许可，速调管由此解禁。助理国防部长阿米蒂奇发现了这个问题，通知国务院说国防部“一致反对”向以色列出口速调管。同年 7 月许可证被撤销，瓦里安公司成为首个正式与国防部解除合同关系的美国公司。

2001 年 4 月，在常务副国防部长沃尔福威茨的支持下，布莱因被任命为中国委员会成员（部分与以色列向中国转让先进技术有关），他的任期延长至 2005 年 12 月。布莱因还同时出任芬梅卡尼卡公司总裁，这是总部设在意大利罗马、主营全球航空航天与防务的芬梅卡尼卡公司设在华盛顿的办事机构，这家公司制造“奥古斯塔”军用直升机。[10]

大卫·杰瑞米亚（David Jeremiah）：（退役）海军上将，国家安全事务研究所与美国五角大楼和军事工业复合体之间的关键联系环节。他是技术战略与联盟公司总裁，这是一家战略咨询和投资银行公司，主要涉及领域为航天、防务、电信和电子行业。

在鲍威尔和沙利卡什维利上将任参谋长联席会议主席期间，杰瑞米亚海军上将曾任过4年副主席（1990～1994年），在美军向后冷战时期过渡时，他是两位参联会主席手下的关键人物。

1985年10月，他指导抓获了劫机犯阿奇里·劳罗（Achille Lauro），1986年4月他领导了对利比亚锡德拉湾的军事行动。他与军事工业有很深的联系，是利顿（Litton）工业公司、米塔尔（MITRE）公司和阿联特技术系统公司（Alliant Techsystems Inc.）、Geobiotics公司、GSE系统公司、标准导弹公司的董事，美中关系全国委员会理事，德州仪器、ManTech国际和诺斯罗普·格鲁曼公司的顾问委员会成员。2001年时他担任国防政策委员会成员，当时该委员会主席是帕尔。2006年2月，他被提名为总统情报监督委员会成员。

2002年杰瑞米亚被推选为瓦肯胡服务公司（WSI）董事会主席，“这是一家为美国政府机构提供安全服务的大公司”。他也是国家安全事务犹太研究所理事会成员。[11]

迈克尔·莱丁：新保守主义的核心人物之一，也在美国企业研究所任“自由主席”。他喜欢称自己为“民主的革命者”而不是新保守主义者。[12]

小布什的政策分析人员卡尔·罗夫定期向莱丁咨询对外政策问题。当《华盛顿邮报》公布了小布什总统最亲密的顾问罗夫在政府之外定期咨询的人员名单时，资深外交政策人员对莱丁担任罗夫唯一的全时国际事务分析家感到非常震惊。

莱丁虽然在学术背景上不是中东问题专家，但他的名声却主要由于他对有关这个地区美国政策的陈述，以及他积极参与中东地区事务。他是国家安全事务犹太研究所、美国自由黎巴嫩委员会和现在已经解散了的伊朗民主同盟的重要人物。伊朗民主同盟是他与美国以色列公共事务委员会前理事莫里斯·阿米台（Morris Amitay）共同创办的。

2006年3月，莱丁在众议院国际关系委员会作证，建议对伊朗实施政权更迭和发动革命的政策。莱丁认为，美国政府还没有对伊朗的恐怖行径“进行回击”。

那些不同意莱丁对外政策评估的人被贴上了“绥靖者”的标签。莱丁说国会和国务院的“绥靖者”“不想了解伊朗，因为如果他们认清了伊朗，就得采取他们不想采取的行动……他们喜欢与毛拉*们闲谈胡扯”。

尽管莱丁的话经常被媒体引用，而且他常在国会就伊朗政策问题作证，但他作为伊朗问题专家的资格却令人怀疑。“迈克尔·莱丁从未去过伊朗，他不会讲一句波斯语。”布朗大学教授威廉·比曼（William Beeman，他写过一本美国-伊朗关系的书）说：“他在评估伊朗选举或评价伊朗政局方面可信度极低。”

在20世纪70年代中期，莱丁是国家安全事务犹太研究所的首任执行理事。在为里根政府做咨询工作的同时，他还绕过美国驻特拉维夫大使馆私下会晤以色列总理佩雷斯。与他的妻子芭芭拉·莱丁（Barbara Ledeen）一道，支持在耶路撒冷阿克萨清真寺这个伊斯兰圣地重建所罗门神殿。按照当时的总统国家安全事务助理罗伯特·麦克法兰（Robert McFarlane）的国会证词，莱丁最早转述了以色列关于用武器换人质的建议，从而引发了伊朗门丑闻。莱丁还参与了一项秘密国家安全委员会计划，这项计划由艾略特·艾布拉姆斯（Elliott Abrams）和诺斯主持，帮助尼加拉瓜反政府武装把美国的武器通过以色列运到伊朗，收入转支给尼加拉瓜反政府武装。当时美国国会明确禁止美国向尼加拉瓜反政府武装提供武器援助。⑬

里查德·帕尔：见前文，美国企业研究所。

詹姆斯·伍尔西（James Woolsey）：在从中央情报局退休后，2002年伍尔西成为美国政府咨询公司布兹·艾伦·汉密尔顿（Booz Allen Hamilton）负责“全球弹性”业务的副总裁，这家公司设在维吉尼亚的麦克林，紧挨着他原来在中情局的办公室。1993～1995年伍尔西任克林顿的中央情报局局长，1989～1991年任美欧维也纳常规军备谈判会议大使，1977～1979年任美国海

---

* 伊斯兰教职称谓。——译注

军部副部长，1970～1973 年任美国参议院武装部队委员会总顾问。

伍尔西还是自由之家理事会主席。这个 NGO 组织与美国情报机构有联系，在乌克兰、格鲁吉亚和塞尔维亚的“颜色革命”中起了核心作用，但在白俄罗斯没有得手。他与前国务卿乔治·舒尔茨共同担任新保守主义鹰派组织“当前危险委员会”主席。他还是战略与国际问题研究中心理事，1999～2000 年是全国恐怖主义委员会成员，1998 年任弹道导弹对美国的威胁评估委员会（即拉姆斯菲尔德委员会）成员，1983 年任战略力量总统委员会（斯考克罗夫特委员会）成员。伍尔西是联系紧密的新保守主义阵营中最重要的军事和情报专家之一。

为了做好从“9·11”事件中获利的准备，伍尔西还担任了“帕拉丁”（Paladin）资本集团本土安全基金的委托人。他曾在最核心的军事-工业复合体任公司董事，其中包括马丁·马里埃塔（Martin Marietta）、英国航空航天公司、仙童（Fairchild）工业公司、尤里（Yurie）系统公司和美国 F&G 公司。⑭

伍尔西的第四次世界大战

他公开声称反恐战争实际上是“第四次世界大战”。伍尔西与其新保守主义密友帕尔一道，被拉姆斯菲尔德任命为五角大楼防务政策委员会成员。他还是走强硬路线的新保守主义安全政策中心联合主席。他是新保守主义领导的防御民主基金会顾问，国家安全事务犹太研究所顾问委员会成员。伍尔西还在两个宣传组织中上窜下跳，它们是新美国世纪工程和解放伊拉克委员会，这两个组织在“9·11”事件后为侵略伊拉克和扩大反恐战争赢得支持发挥了重要作用。

在 2003 年 3 月有关防务政策委员会若干成员之间存在潜在利益冲突的报告里，“公共诚信中心”点了伍尔西的名：“中央情报局前局长詹姆斯·伍尔西是帕拉丁资本集团的委托人，这是一家风险资本公司，像帕尔的 Trireme 合伙公司一样，在为本土安全公司寻找投资。2002 年 7 月伍尔西加入布兹·艾伦·汉密尔顿咨询公司，任副总裁。这家公司在 2002 年的合同金额超过 6.8

亿美元。伍尔西对《华尔街日报》说，他不进行游说活动，在防务政策委员会开会时没人提到和他有关系的上述任何一家公司。

自从 20 世纪 80 年代以来，伍尔西与先后任国防部长的切尼和拉姆斯菲尔德在有争议的国防和安全政策问题上密切合作。伍尔西与切尼和拉姆斯菲尔德一道，出任秘密的“世界末日场景演习”的团队领导人。这个演习由里根政府组织，背景是在核大战爆发的情况中，确保美国政府生存下来、继续履行部分政府职能。

在 2001 年被提名加入防务政策委员会之前，伍尔西是有争议的拉姆斯菲尔德弹道导弹评估委员会成员，该委员会的最终报告发表于 1998 年，主张尽管冷战已经结束，美国仍要建造反导系统。这个重要的拉姆斯菲尔德委员会的其他成员包括下列新保守主义分子：

威廉·小施奈德（William Schneider Jr.）：五角大楼防务科学委员会主席，国务院防务贸易顾问委员会成员。施奈德与一系列新保守主义智库有联系，其中包括新美国世纪工程、哈得逊研究所、安全政策中心。[15]

斯蒂芬·坎彭（Stephen Cambone）：在拉姆斯菲尔德在 2007 年 1 月离职之前，坎彭一直是五角大楼的头号情报官。在 2003 年年初担任该职之前，他一直是拉姆斯菲尔德的特别助理，后来是首任负责情报的副国防部长，这个新职位使五角大楼可以整合它的各种情报机构，从而削弱鹰派色彩较弱的中央情报局的分量。他深涉阿布格来布监狱的虐俘丑闻中。像伍尔西和其他布什政府内外的新保守主义鹰派头面人物一样，坎彭也与拉姆斯菲尔德和副总统切尼有长期关系。在老布什时期，他在国防部长切尼手下负责战略防御计划。长期以来他鼓吹建设导弹防御系统。在 20 世纪 90 年代后期的克林顿时代，他是两个国会委员会的办公室主任，一个是导弹防御委员会，一个是空间武器委员会，都由拉姆斯菲尔德任主席。他还参加了新美国世纪工程和公共政策国家研究所。[16]

保罗·沃尔福威茨（Paul Wolfowitz）：伍尔西还参与了 2001 年的一项研究，“核力量和军控的依据与需求”。这是鹰派新保守主义全国公共政策研究所（NIPP）发表的报告。这项研究是小布什政府核态势审议的蓝本，它推进了核武器成为美国的主要手段而不是最后手段的计划。[17]参与这项研究的有前任和现任的小布什政府官员，其中包括在赖斯任国务卿后曾主管过国家安全委员会的坎彭。

伍尔西在参与了全国公共政策研究所的这项研究后，直接去了五角大楼的“威慑概念顾问委员会”，其责任是负责小布什政府的“核态势审议”。

推翻萨达姆

早在 2001 年 9 月 11 日之前，伍尔西就公开主张侵略伊拉克。他是新美国世纪工程的创建人之一，与帕尔、拉姆斯菲尔德、切尼和沃尔福威茨一道签署了新美国世纪工程致政府领导人的一系列公开信，敦促采取侵略性的海外军事计划。

伍尔西还是在“9·11”事件后率先呼吁推翻萨达姆·侯赛因的人之一。在恐怖袭击发生之后，他与沃尔福威茨和帕尔一道，强烈要求扩大反恐战争，推翻萨达姆政权。据《大西洋月刊》的詹姆斯·法罗斯（James Fallows）报道：“就在第二天，2001 年 9 月 12 日，詹姆斯·伍尔西，克林顿时期的首任中央情报局局长，对我说无论最终查明谁对袭击负责，解决办法里都必须包括推翻萨达姆·侯赛因，因为他非常可能参与下一次对美国的袭击。”[18]

在“9·11”事件后，伍尔西因在媒体上倡导侵略性的新保守主义议程而大出风头。在《福克斯新闻》上，伍尔西支持小布什政府的反恐战争。他批评欧洲和阿拉伯国家不愿将反恐战争扩大到伊拉克，坚称：“只有恐惧才能重新建立阿拉伯对我们的尊重……实际上我们并不需要欧洲人。不管怎么说，在我们取得成功之后他们将首先拍我们的肩膀，说他们一直与我们在一起。”[19]

2002 年后期，在新保守主义知名人物年度会议中的休闲周末会议上，伍尔西发表了被广为引用的讲话。他声称美国正在“打第四次世界大战”。他说，“请允许我讲几句，说说在这场第四次世界大战中谁是我们的敌人，为什么他们与我们打仗，（现在）我们为什么与他们打仗，我们怎么思考在国内外与他们作战。首先，谁是我们的敌人？主要有三个集团……所有这三个集团都来自中东……伊斯兰什叶派，少数人——肯定是伊斯兰什叶派牧师的少数人，但这些人构成了伊朗的统治力量——资助和支持哈马斯，近 1/4 个世纪以来一直和我们处于战争中。他们 1979 年在德黑兰抓了我们的人质。他们 1983 年在黎巴嫩炸毁了我们的大使馆和海军陆战队兵营。在近 1/4 世纪里，他们以各种理由对美国发动了广泛的恐怖主义袭击。”

伍尔西接着说：“第二个集团是法西斯主义者，我没有夸大其词，伊拉克以及叙利亚的复兴社会党，是实质上的法西斯政党，或以 20 世纪 30 年代的法西斯政党为模板。他们是极权主义者，他们憎恨犹太人，他们就是法西斯主义……”

这位中情局前掌门人接着说：“第三个集团，我们把它放在最后说，是伊斯兰逊尼派。在某种程度上，这是最大的敌人。在三个集团中这是最恶毒和历时最悠久的一个。沙特阿拉伯的这场宗教运动可以追溯到 18 世纪，其根源还要更早，在 20 世纪五六十年代由伊斯兰教移民带到沙特阿拉伯，是本质上属于同一意识形态的现代分支，他们中的许多人来自埃及。正是这些激进主义组织，或多或少地把重点放在他们所谓的眼前的敌人上，即埃及的野蛮政权或在某种程度上沙特皇室——如 1979 年在麦加清真寺的袭击。这些组织已经与我们处于战争中，而且我认为在相当长的一段时间里将继续与我们处于战争状态。”[20]

伍尔西补充说，“这将是一场长期的战争，的确会很长。但我希望不要像冷战一样长达 40 多年，但肯定要比第一次和第二次世界大战要长。我想恐怕它得用几十年来衡量。”

伍尔西的新保守主义言论让人想起列奥·托洛茨基（Leon Trotsky）和亚历山大·巴伏斯（Alexander Parvus）在 1917 年布尔什维克革命后呼吁“永远革命”的形象。实际上，克里斯托和其他主要的新保守主义分子一直是托洛茨基的积极追随者。

肯尼思·蒂莫曼（Kenneth Timmermann）：声称在过去 20 年时间里一直在追踪伊朗政府的恐怖主义和大规模杀伤性武器计划。他的书《危机倒计时：与伊朗即将到来的核摊牌》在 2006 年 3 月出版发行，是鼓吹向伊朗发动战争的新保守主义宣传攻势的一个部分。他 1998 年 7 月在《读者文摘》上介绍了奥萨马·本·拉登，碰巧的是 3 周后本·拉登就炸毁了美国在非洲的使馆，由此成为家喻户晓的人物。

1993 年，蒂莫曼起草了一份有关伊朗大规模杀伤性武器采购的重要国会报告。在向对美国的弹道导弹威胁评估委员会（拉姆斯菲尔德委员会）作证时，他是提出伊朗发展导弹警告的主要建议人。

1995 年以来，蒂莫曼还是新保守主义把持的伊朗民主基金会执行理事。㉑

安全政策中心

安全政策中心（the Center for Security Policy，简称 CSP）自称是一个非赢利、无党派的国家安全研究机构，专事分析对美国安全至关重要的政策、行动和资源需求，并“确保这些问题得到权威的政策专家、相关的政府官员、舆论领袖和普通大众的集中而有原则的检验并付诸有效的行动”。

该中心成立于 1988 年，此后一直大力推动运用全部国家力量要素，形成成功的国家安全政策，五角大楼将这些政策称为“全方位主导”。

安全政策中心 2001 年度报告吹嘘自己的影响，说它“在国家安全观念的战争中，不仅是一个‘智库’，而且是一辆敏捷、耐久和极有效的‘主战坦克’”。为确保新保守主义对军事决策者和武器制造商联合体的影响，安全政策研究中心的使命是“以美国的实力促进世界和平”。

安全政策中心的新保守主义重要分子包括：

弗兰克·加夫尼（Frank Gaffnay）：安全政策中心主席，在 1988 年创办了这个机构。他在新保守主义阵营中根基很深，可追溯到 20 世纪 70 年代后期，当时他是美国国会冷战鹰派的领袖和以色列的支持者参议员亨利·杰克逊的助手。加夫尼曾任里根政府负责国际安全政策的助理国防部长，以及负责核力量和军备控制政策的副助理国防部长。按照加夫尼的说法，安全政策中心是“属于我们时代的机构…… 精实敏捷的组织结构使这个中心能为当今的辩论提供‘精确制导的观念’”。

詹姆斯·德格拉芬瑞德（James T. deGraffenreid）：安全政策中心理事会主席，是两家与防务有关的大实业公司的合伙人：HP Associates（前菲利浦出版公司）——这是“国防、航空、电信和能源行业的主要信息提供者”；第一服务网络（First Service Networks，原 Sure Air Corp）。

除了加夫尼和德格拉芬瑞德外，安全政策研究中心理事会还包括支持导弹防御的军事-工业复合体的关键人物：

布鲁斯·布洛特曼（Bruce J. Brotman）：国家生物群系安全项目负责战略计划的副总裁。

马林·海夫蒂（Marlin L. Hefti）：美国海军陆战队退役中校。凡·史科亚克合伙公司（Van Scoyoc Associates）副总裁。

查尔斯·卡普曼（Charles M. Kupperman）：博士，波音公司导弹防御系统战略集成与运作副总裁。

迈尔斯·普伦蒂斯三世（Miles Prentice III）：Eaton&Van Winkle，LLP 合伙人。

霍恩·多米尼克·莫奈塔（Hon. Dominic J. Monetta）：替代资源公司（Resource Alternatives，Inc.）总裁。

大卫·斯坦曼（David P. Steinmann）：美国证券公司（American Securities）执行董事，该公司由威廉·罗森瓦德（William Rosenwald）创办于 1947 年，用来投资和管理家族企业西尔斯罗巴克（Sears，Roebuck&Co.）中他的那份财产。

2003 年安全政策研究中心设立了评议委员会，会员包括美国信息署前署长和美国驻比利时大使布鲁斯·盖尔布（Bruce Gelb）；尤金格兰特公司总裁尤金·格兰特（Eugene Grant）；劳伦斯·卡迪什（Lawrence Kadish）；维实伟克（Westvaco）公司前总裁大卫·卢克三世（David Luke III）；谢尔比·库洛姆·戴维斯（Shelby Cullom Davis）基金会阿比·莫菲特（Abby Moffatt），他是新保守主义组织和智库的重要资助人；矩阵（Matrix ）公司埃比·莫萨扎德（Ebby Moussazadeh）；有影响的《纽约时报》编辑 A. M. 罗森塔尔的妻子雪莉·洛德·罗森塔尔（Shirley Lord Rosenthal）；西尔斯百货公司女继承人，美国证券 L. P. 的老板尼娜·罗森沃德（Nina Rosenwald）。[22]

安全政策研究中心的顾问委员会成员读起来像是美国军事工业和政策界的

名人大全。其成员有：

鲍勃·安德鲁斯（Bob Andrews）：负责特种行动和低强度冲突的前代理助理国防部长

威廉·巴尔（William Ball）：前海军部长

凯思琳·贝利（Kathleen Bailey）：军备控制和裁军署前署长

罗伯特·巴克（Robert Barker）：负责核能的前助理国防部长

威廉·贝内特（William Bennett）：前教育部长

查尔斯·布鲁克斯（Charles Brooks）：国土安全部国会联络部主任，前参议员阿伦·斯佩克特（Arlen Specter）的法律助理

贾森·布鲁兹金斯基（Jason Bruzdzinski）：众议院武装部队委员会前职业工作人员

贝弗莉·拜伦（Beverly Byron）：前国会众议员

亨利·库珀（Henry Cooper）：国防部战略防御计划局前局长

克里斯托弗·考克斯（Christopher Cox）：前国会众议员，证券和汇率专员

布里恩·戴利（Brian Dailey）：国家空间委员会前执行理事

迈克尔·丹尼尔斯（Mitchell Daniels）：印地安纳州州长，白宫管理和预算办公室主任

米奇·戴克特（Midge Decter）：自由世界委员会前执行理事

肯尼斯·德格拉芬瑞德（Kenneth de Graffenreid）：前副国家反情报官、负责政策支援的副国防部长

戴安娜·戴曼（Diana Denman）：美国和平队顾问委员会前联合主席

保拉·多布里斯基（Paula Dobriansky）：负责全球事务的前副国务卿

斯坦利·埃伯纳（Stanley Ebner）：波音公司华盛顿业务前高级副总裁

安德鲁·爱利斯（Andrew Ellis）：众议院武装部队委员会前办公室主任

查尔斯·费尔班克斯（Charles Fairbanks）：前副助理国务卿

道格拉斯·费思（Douglas J. Feith）：负责政策的国防部前副部长

埃德温·小富勒（Edwin Feulner，Jr.）：传统基金会总裁

戴温·加夫尼·克劳斯（Devon Gaffney Cross）：国际事务捐献者论坛主席，国防部防务政策委员会前成员

埃文·贾尔布雷斯（Evan Galbraith）：以色列总理前政策顾问

鲍尔·戈布尔（Paul Goble）：国务院情报研究局前苏联民族问题前特别助理

丹尼尔·古雷（Daniel Gouré）：国防部长办公厅竞争力办公室前主任

道格拉斯·格雷厄姆（Douglas Graham）：前副助理国防部长

马格丽特·格雷厄姆（Margaret Graham）：华盛顿研究所顾问

E. C. 格雷森（E. C. Grayson）：海军部前第一副助理部长

詹姆斯·哈克特（James Hackett）：军备控制与裁军署前代理署长

查尔斯·汉密尔顿（Charles Hamilton）：国防部长办公厅战略贸易前行政助理

凯·贝利·哈奇森（Kay Bailey Hutchison）：美国参议院成员

亨利·海德（Henry Hyde）：美国众议院成员

弗瑞德·艾克莱（Fred Iklé）：负责政策的前副国防部长，军控和裁军局局长

詹姆斯·英霍弗（James M. Inhofe）：美国参议院成员

罗伯特·约瑟夫（Robert Joseph）：前总统特别助理，负责扩散战略、反扩散和本土防御的高级主任

克拉克·贾奇（Clark Judge）：罗纳德·里根总统的前讲话撰稿人和特别助理

菲利斯·卡明斯基（Phyllis Kaminsky）：白宫国防安全委员会前新闻官员

加里·卡斯帕洛夫（Garry Kasparov）：国际象棋前世界冠军和卡斯帕洛夫（Kasparov）咨询公司总裁

艾伦·凯斯（Alan Keyes）：美国驻联合国经济和社会委员会代表

斯文·克里默（Sven Kraemer）：负责政策的前副国防部长政策顾问

查尔斯·卡普曼（Charles Kupperman）：军备控制总顾问委员会前行政

主任

乔恩·凯尔（Jon Kyl）：美国参议院成员

克里斯托弗·莱（Christopher Lay）：前负责政策的副国防部长特别助理

约翰·莱曼（John Lehman）：美国海军前部长，对美国的恐怖袭击全国委员会（“9·11”委员会）前专员

彼得·莱特纳（Peter Leitner）：国防部长办公厅高级战略贸易顾问

约翰·兰克佐斯基（John Lenczowski）：国家安全委员会欧洲和前苏联事务主任

詹姆士·朗利（James Longley）：美国众议院前成员

卡恩斯·洛德（Carnes Lord）：副总统国家安全事务前助理

詹尼弗·麦克唐纳（Jennifer Macdonald）：众议院外交委员会、国际经济政策和贸易小组前委员、少数党办公室主任

蒂达尔·麦考伊（Tidal McCoy）：空军部前助理部长

詹姆士·麦克里（James McCrery）：战略防御计划防务前情报官

金奈德·麦基（Kinnaird McKee）：退役海军上将，海军核动力计划前主任

布鲁斯·梅里菲尔德（Bruce Merrifield）：负责经济事务的前副商务部长

菲利浦·梅里尔（Philip Merrill）：北约秘书长前助理

威廉·麦登道夫（J. William Middendorf）：海军部前部长

托马斯·米勒（Thomas Miller）：退役海军陆战队中将，海军陆战队负责航空的前副参谋长

多米尼克·莫内特（Dominic Monetta）：能源部负责新反应堆计划的前助理部长

劳里·米尔罗（Laurie Mylroie）：美国海军战争学院前副教授

理查德·帕尔（Richard Perle）：国防部防务政策委员会前主席，负责国际安全政策的前助理国防部长

约翰·皮奥特罗斯基（John Piotrowski）：退役空军上将，战略司令部前司令

罗伯特·雷利（Robert Reilly）：《美国之音》主任

爱德华·隆尼（Edward Rowny）：退役海军中将，总统和国务卿前军备控制顾问

迈克尔·鲁宾（Michael Rubin）：美国企业研究所常驻学者

阿尔伯特·桑托里（Albert Santoli）：作家和众议员罗拉巴克（Rohrabacher）的立法助理

威廉·小斯奈德（William Schneider，Jr.）：负责安全援助、科学与技术的前副国务卿

韦恩·施罗德（Wayne Schroeder）：负责资源规划与管理的前副国防部长助理

理查德·赛宁格（Richard L. Senninger）：英雄广播网（Hero Radio Network）执行制片人

约翰·沙迪格（John Shadegg）：美国众议员

詹姆士·格雷格里·谢（James Gregory Sherr）：林肯学院国际关系讲师

卡尔·史密斯（Carl Smith）：参议院武装部队委员会前办公室主任

乔斯·索扎诺（Jose Sorzano）：总统国家安全事务前特别助理

霍华德·泰彻（Howard Teicher）：国家安全委员会政治军事事务高级主任

威廉·范·克利夫（William R. Van Cleave）：西南密苏里州立大学防务和战略研究系主任

特罗伊·韦德（Troy Wade）：负责防务政策的前助理能源部长

詹姆士·韦伯（James Webb）：美国参议员，前海军部长

柯特·韦尔登（Curt Weldon）：前众议员

彼得·威尔逊（Pete Wilson）：加利福尼亚州前州长

黛博拉·温斯-史密斯（Deborah Wince - Smith）：前负责技术政策的商务部助理部长

柯廷·小温莎（Curtin Winsor，Jr）：美国驻哥斯达黎加前大使

多夫·扎克海姆（Dov Zakheim）：前副国防部长、审计长

仔细地看看这些人和与安全政策中心相关人士的密切关系，可以确认新保守主义鹰派的势力与他们同军事工业、政府和私人机构的头面人物的关系网密切交织，这些人支持美国获取军事统治地位的目标，并以先发制人的战争来取得这一地位。

不太为外界所知的这些新保守主义智库兴起的关键要素，还可以通过追踪资金流发现。这种追踪会发现资金流的源头是少数拥有巨大财富和免税的私人基金会。毫不奇怪的是，其中大多数与美国权势集团的军事工业轴心有着密切的联系。

注　释

❶Chris Suellentrop，*Richard Perle – Washington's faceful bureaucrat*，in *slate. com*，August 23，2002.

❷On Lynne Cheney's Lockheed Martin connection，see，*Lynne V. Cheney Resigns from Lockheed Martin Board*，Lockheed Martin press release，January 5，2001.

❸American Enterprise Institute official website，http：//www. aei. org/.

❹David K. Shipler，On Middle East Policy：A Major Influence，New York Times，July 6，1987.

❺John Mearsheimer and Stephen Walt，*The Israel Lobby and U. S. Foreign Policy*，The London Review of Books，Vol. 28，no. 6，March 23，2006，in www. lrb. co. uk.

❻ The Economist，*Why America supports Israel*，August 3，2006.

❼ Stephen Gowans，*War*，*NATO Expansion and the Other Rackets of Bruce P. Jackson*，What's Left，November 25，2002，in http：// www. sympatico. ca/sr/gowans/jackson. html.

❽ THE PROJECT FOR THE NEW AMERICAN CENTURY，official website，in http：//www. newamericancentury. org/aboutpnac. htm.

❾Ibid.

❿Stephen Green，*Serving Two Flags*：*Neocons*，*Israel and the Bush Administration*，Washington Report on Middle East Affairs，May 2004，pages 20 – 23，91，in http：//www. wrmea. com/archives/May _ 2004/0405020. html.

⑪Edward Ericson, Jr., Star Wars Inc. The Men and Money Behind Space Weaponry, Mothers Alert, July 2, 2001. Also see Jason Vest, *The Men From JINSA and CSP*, The Nation, September 2, 2002., *and Objective Assessors Need Not Apply: Stacked Panel on National Security Space Management Release Their Report*, The Commission to Assess United States National Security Space Management and Organization, chaired by Secretary of Defense Donald Rumsfeld until his appointment (at which point he resigned), released its 69-page executive summary on January 11, 2001.

⑫JINSA website, in http://www.jinsa.org/about/adboard/adboard.html?documentid=742.

⑬Right Web, *Profile: Michael A. Ledeen*, in http://rightweb.irc-online.org/profile/1261.

⑭JINSA, op. cit.

⑮World Policy Institute, *About Face*, May 2002, in http://www.worldpolicy.org/projects/arms/reports/reportaboutface.html.

⑯ Right Web, *Profile: Stephen Cambone*, Dec. 8, 2006, in http://rightweb.irc-online.org/profile/1066.

⑰ World Policy Institute, op. Cit.

⑱James Fallows, *Blind into Baghdad*, The Atlantic Monthly, January/February 2004.

⑲ Sunday Herald, April 13, 2003.

⑳ James R. *Woolsey*, *World War IV*, November 16, 2002, in http://www.globalsecurity.org/military/library/report/2002/021116-ww4.htm.

㉑ JINSA, op. cit.

㉒Right Web, *Center for Security Policy*, May 25, 2006, in http://rightweb.irc-online.org/profile/1456.

附录B
私人基金会——资金踪影

西蒙在各机构里的长征

在20世纪80年代后这些有影响的新保守主义智库之所以能够对美国政策施加大到不成比例的影响，是因为与意识形态色彩薄弱的对手不同，一个盘根错节的私人免税基金会网向它们提供了大量经费。毫不奇怪的是，大多数钱来自私人基金会，而这些基金会的财富又来自从事国防工业或石油生意的大公司，这正是构成布什-切尼政府特点的特殊利益结合体。

或许在最早资助新保守主义掌控的美国政策智库的基金会中，最有影响的是约翰·奥林（John M. Olin）基金会。它的资金来自军火和弹药制造商约翰·奥林及其奥林公司。奥林在临终前将可观的财富通过免税的基金会用于资助他的新保守主义目标。

2001年，这家基金会将可观的20 482 961美元资助给右翼智库，其中包括美国企业研究所（AEI），战略与国际问题研究中心（CSIS），克莱蒙特政治家与政治哲学研究所，对外关系理事会（CFR），传统基金会，胡佛研究所、革命与和平研究所、哈德逊研究所、约翰霍普金斯大学保罗·尼采（Paul H. Nitze）高级国际关系学院（SAIS）、曼哈顿公共政策研究所和新美国世纪工程。这家基金会的报告称："本基金会还向美国最著名的学院和大学投入大量资金用于促进保守主义计划。"

奥林基金会在1977年完成了一次重大转变，约翰·奥林亲自邀请当时的百万富翁投资家威廉·西蒙（William E. Simon）担任奥林基金会总裁。作为总裁，西蒙掌管用于资助新保守主义或自由市场研究机构的3.25亿美元，这些机构包括美国企业研究所、传统基金会、新保守主义联邦主义者协会、哈德逊研究所。根据这家基金会创办者的遗愿，其资金将在2005年年底用完。

西蒙领导下的奥林基金会，在改造美国精英方面起到了重大的作用。它向渴望资金的哈佛大学、普林斯顿大学和米尔顿·弗里德曼和列奥·斯特劳斯（Leo Strauss）所在的芝加哥大学投入了大量经费，这些钱用于资助真正信奉新保守主义的教授。❶

尼克松政府的前财政部长威廉·西蒙是新保守主义"教父"欧文·克里斯托的老熟人。克里斯托和西蒙是现代新保守主义运动最初的推手，两人在1978年结成团队。这一年，西蒙和克里斯托创办了设在纽约的教育事业研究所（IEA），一个新保守主义组织。

根据他们自己的陈述，教育事业研究所的目标是，"……找出有前途的博士候选人和大学生领导者，用资助和奖学金帮助他们发展自己，然后帮助他们在活跃的机构、研究项目、学生出版物、联邦机构和主要期刊找到工作。"当然，接受资助的人得接受克里斯托和西蒙"积极"的新保守主义计划。这是1968年德国的激进学生鲁迪（Rudy）"在各种机构中进行的'红色德国'长征"的新保守主义版的开始。25年之后，他们的辛勤耕耘产生了新一代有地位的学者，这批学者坚定地支持新保守主义事业，包括伊拉克战争和一意孤行的国内计划。❷

克里斯托的教育事业研究所从奥林、斯凯夫（Scaife, J. M）和史密斯·理查森基金会得到了10万美元的启动资金，并从可口可乐、陶氏化学公司、福特汽车公司、通用电气公司、K－Mart公司、美孚公司和雀巢公司得到了实质性的捐助。这里的关键人物就是著名的"自由市场"意识形态拥护者西蒙。

在奥林基金会，西蒙对刚起步的布雷德利基金会总裁迈克尔·乔伊斯的成长起了关键作用。从1979年开始直到乔伊斯到更大的林德和哈里·布雷德利基金会就职为止，他一直让乔伊斯担任他的执行副总裁。此后，西蒙和他的新保守主义朋友对新保守主义运动的资金支持有了更为多样的来源。

林德和哈里·布雷德利基金会

设在威斯康星州密尔沃基的林德和布雷德利基金会（the Lynde and Harry Bradley Foundation）在2005年有7.06亿美元资产，是美国最大和最有影响的右翼新保守主义基金会。至2005年年底，这家基金会每年出资3400万美元。

它庞大的资金实力、清晰的政治议程以及在政治、学术和媒体圈广泛的全国性网络，使它对公共政策的关键问题发挥了重大影响。尽管它的目标覆盖反歧视行动及社会保障各个领域，但最大的成功在福利“改革”，即所谓的福利“私有化”。它强迫依靠福利的母亲去工作然后才能获得帮助，并试图通过采用教学凭证将公共教育私有化。

西蒙在奥林基金会的门生乔伊斯成为布雷德利基金会总裁后，布雷德利基金会开始在美国系统地实施新保守主义计划。

在2005年去世前一直任布雷德利基金会总裁的迈克尔·乔伊斯，是出身俄亥俄州克利夫兰市爱尔兰天主教民主党家庭的前高中教师。1972年，他投票支持尼克松，并在保守主义圈子里得到发展。他在1978年开始了转变，当时他来到纽约在教育事业研究所工作，这是由克里斯托和西蒙创办的新保守主义组织。第二年，西蒙请乔伊斯领导奥林基金会。

1986年，在成为总裁一年之后，乔伊斯在《大西洋月刊》刊载的一篇文章中被称为“对保守主义政治运动贡献最大的三个人之一”。著名的新保守主义分子克里斯托曾称赞乔伊斯是“现代慈善事业教父”。这些新保守主义分子特别看重“教父”的角色，也许这与在某种程度上他们在潜意识里崇拜马龙·白兰度在电影《教父》里所扮演的角色有关。

在小布什第一次就任总统后不久，《华尔街日报》的保罗·基各特（Paul Gigot）在报道中写道：“乔伊斯最接近于布什先生试图解决国内问题的最初来源。”他指的是小布什愤世嫉俗的“有同情心的保守主义”国内计划。

这个基金会的一位研究者认为：“布雷德利基金会的总体目标，是让美国和世界回到政府开始管制大企业之前的时代，回到公司被迫向有组织的工会力量屈服之前的时代。换句话说，这是自由放任的资本主义——不带手套的资本主义。”

“为了推进这一目标，”研究人员菲尔·威尔亚托（Phil Wilyato）写道，“布雷德利基金会支持那些鼓吹解除企业管制、取消几乎所有社会福利计划、将政府服务私有化的机构和人士。其结果是，接受布雷德利基金会赞助的人员名单，读起来像美国的右翼人名大全。”

布雷德利基金会支持像遗产基金会这样重要的右翼组织，这些组织提出过削减财政预算、供给经济学和里根政府星球大战军事计划的政策报告，如麦迪逊教育事业中心，它为右翼研究和保守主义学生报纸网提供资金，还有美国企业研究所。种族主义作家查尔斯·默里和迪内什·迪索扎（Dinesh D′ Souza），前新保守主义官员吉恩·柯克帕特里特（Jeane Kirkpatrick）、杰克·肯普（Jack Kemp）、威廉·贝内特（William Bennett），以及极端保守主义法理学家罗伯特·波克（Robert Bork）和安东宁·斯卡利亚（Antonin Scalia），这些人都以美国企业研究所为大本营。

布雷德利基金会资助的其他机构包括自由国会研究和教育基金会，胡佛研究所、革命与和平研究所，罗纳德·里根总统基金会。它还向主要的新保守主义出版物提供了大量的赞助，如克里斯托的《公共利益》季刊、《国家利益》杂志和保守的丑闻杂志《美国观察者》（*The American Spectator*），后者刊登的一系列性丑闻最终导致对克林顿的弹劾。❸

乔伊斯在布雷德利基金会的慷慨出手，还包括支持创办新机构，让这些机构在推进右翼计划中发挥特殊的作用。如旨在推进私有化和解除管制的正义研究所，还有全国邻近地区企业中心，这是在低收入社区提供私有化支持的机构。布雷德利基金会的资金还支持新保守主义智库，如美国企业研究所（1700万美元）、传统基金会（1400万美元）、詹姆斯·伍尔西的自由之家（700万美元）以及大量其他机构。❹

乔伊斯在新保守主义事业和它们的智库里获得了如此大的影响，其成功的秘密是他对观念杠杆的运用——如果你愿意，“一群慈善家可以发出更大的声音”。他努力将自己基金会的资助项目与奥林基金会和其他新保守主义基金会协调起来。

为了便于这种协调，乔伊斯的布雷德利基金会资助创建了设在华盛顿特区的圆桌基金会。这个慈善圆桌基金会是个人捐赠者、基金会委托人、工作人员以及公司赞助官员的全国性协会。机构的网站上说：“圆桌基金会吸引了独立捐赠人，他们从致力于帮助他们达成慈善目标的机构中受益。除了提供专业建议和咨询外，圆桌基金会还让有类似关切和兴趣的捐赠人见面。圆桌基金会成员可以了解在慈善事业中类似哪些行得通、哪些行不通的丰富观念和信息。”❺

布雷德利财富的来源

林德和哈里·布雷德利兄弟在 1903 年创办了一家公司，这家公司后来成为艾伦-布雷德利公司，这是一家制造电子和无线电部件的大公司。哈里在政治上更积极，是个有激端右翼观念的人，他是约翰·伯奇协会的早期资金支持者。伯奇协会设在威斯康星的阿普尔顿附近，是美国具有领导地位的极右机构之一。

罗伯特·威尔士（Robert Welsh）在 1958 年创建了这个协会，他是艾伦-布雷德利销售会议上的定期演讲人。该协会还支持澳大利亚医生佛瑞德·施瓦兹（Fred Schwarz），他是基督教反共十字军东征组织的创办者。他支持威廉·小伯克利（William F. Buckley，Jr）的《国家评论》杂志；支持由反共的制作人鲍勃·斯格里斯特（Bob Siegrist）制作的右翼中波广播节目。哈里的主要政治目标是“世界共产主义”和美国政府，至于哪个是主要目标视情况而定。他的政治哲学是自由放任的资本主义，他喜欢自由经营他认为适当的生意，强烈反对任何对此可能的约束。然而，他对“自由”的鼓吹，并没有惠及他的员工。尽管自 1918 年以来妇女就在他的工厂做工，在第二次世界大战期间女工的人数占总人数的近 1/3，但她们的薪水却没有男工人多。最后公司在 1966 年因操作同样机器的女工比男工薪水少而被起诉，联邦法官作出了有利于女士的裁决。

艾伦-布雷德利是密尔沃基最后几家各种族的工人共同在一起工作的大公司之一，这也仅是在受到公众和法律的压力下才得以实现。到1968年，这家公司的雇员已经超过7000人，但却仅雇佣了32名黑人和14名拉美裔人。那一年，民权运动领袖詹姆斯·格罗皮（James Groppi）牧师领导的示威者在这家工厂设置了罢工纠察队，要求雇佣更多有色人种工人。最后这家公司在受到联邦政府提出种族歧视诉讼的压力下才被迫实施了反种族歧视的计划。尽管艾伦-布雷德利公司自1937年以来就设立了工会，但这家公司顽固地拒绝承认组织严密的工会。林德、哈里和弗兰克·洛克（Frank Loock）都把自己视为工人的仁慈的独裁者，完全有能力决定他们的雇员需要什么，根本不需要联邦政府的任何建议。如果公司有种族和性别歧视，那也是他们的事，不干别人的事，他们下决心反对任何他们所认为的威胁，无论来自莫斯科还是华盛顿。

1942年，这两兄弟开始建立艾伦-布雷德利基金会。1985年这个基金会发生了重大变化，他们把艾伦-布雷德利公司卖给了罗克韦尔国际公司，这是一家从事防务和航空航天的大企业集团，成交价达16.51亿美元之巨。基金会从这笔交易中获得了巨大的收益，它的资产一夜之间从不到1400万美元上升到2.9亿美元，进入了美国最大的基金会行列。那时它的名字变成林德和哈里·布雷德利基金会，正式从公司脱离出来。有了这笔钱，布雷德利基金会董事会作出决定，邀请专业人员来运营这个机构。他们在纽约的约翰奥林基金会发现了所需要的人才——乔伊斯。

布雷德利的“钟形曲线”工程

受到乔伊斯的布雷德利基金会资助的人里有作家默里。他是《失去土地》一书的作者。在这本书里，默里提出贫穷是个人失败的结果，像福利这样的扶贫计划构想拙劣，应该取消。

密尔沃基的教育报纸《反思学校》在1994年春对该书作了评论，芭芭拉·米纳（Barbara Miner）写道：“……默里呼吁……停止为单亲母亲提供经济资助（如帮扶有未成年子女的家庭）、住房补贴、食品券等所有政府福利计划。”当小布什开始形成他自己的“有同情心的保守主义”主张，推进对社会问题的“以信仰为基础的解决方案”，作为总统竞选活动的一部分时，他呼吁布雷德利基金会支持的活动分子和学者，如马文·奥拉斯基（Marvin Olasky）和詹姆斯·威尔逊（James Q. Wilson），对他给予支持。

1986～1989年，布雷德利基金会给默里每年9万美元的资助。到1991年，每年给他11.3万美元资助。为了回应对这本书的批评，布雷德利基金会的总裁乔伊斯说：“我认为，默里是这个国家最重要的社会思想家之一。”

在完成《失去土地》的写作后，默里与哈佛大学心理学家理查德·赫恩斯坦（Richard Hernstein）合作写了《钟形曲线：美国生活中的智力和阶层结构》一书。《纽约时报》说，赫恩斯坦“预测，随着社会变得更为精英化，智商低的人将集中在社会经济等级的底层，近亲结婚生育的后代智商偏低”。《钟形曲线》这本书整合了默里的《失去土地》和赫恩斯坦的遗传学要素，或者更准确地说，这本书传达了优生学理论。这本书提出贫穷不是社会环境或政策的结果，而是低阶层的人遗传品质低的特征。这本书被普遍认为是种族主义的伪科学。❻

斯凯夫基金会

匹兹堡银行业和工业王朝的财富围绕独立的基金会进行组织，它们是斯凯夫家族基金会：奥利格尼（Allegheny）、沙拉·斯凯夫（Sarah Scaife）、迦太基（Carthage）和斯凯夫家族基金会。匹兹堡的梅伦（Mellon）家族工业、石油和银行业财富的继承人理查德·梅隆·斯凯夫（Richard Mellon Scaife）是影响力很大的右翼斯凯夫基金会集团主席。它一度持有的数量最大的股票是海湾石油公司的股票。

1973年理查德·斯凯夫成为这家基金会主席，该基金会开始资助保守主义事业。20世纪60年代，理查德从他的母亲沙拉·梅隆·斯凯夫（Sarah Mellon Scaife）继承了2亿美元的财产。《福布斯》杂志估计他的个人净资产有8亿美元，是美国排名第138位的富翁。这些财富来自他的家族在海湾石油公司、美国铝业公司、梅隆银行及其他企业占有的股份。安德鲁·梅隆（Andrew Mellon）是排在亨利·福特和约翰·洛克菲勒之后美国最富有的人，曾长期担任美国财政部长。从 1921 年 3 月 4 日胡佛总统任内开始，直到“大萧条”迫使他在 1932 年 2 月辞职。

理查德·梅隆·斯凯夫控制着斯凯夫、迦太基和奥利格尼基金会。1993 年，据报道斯凯夫和迦太基向 150 个保守主义智库捐资 1.76 亿美元。在 1992 年 12 月 31 日，斯凯夫的资产约 2 亿美元，迦太基的资产约 1000 万美元。

由梅隆工业、石油和银行业财团提供资金的沙拉·斯凯夫基金会一度是海湾石油公司的最大股东。据几年前的估计，这是一个拥有 2 亿美元的基金会。沙拉·斯凯夫基金会被认为是最顶级的四大保守主义基金会之一，其他三个是奥林、布雷德利和理查森基金会。根据最近的一篇文章报道：“1993 年，迦太基和沙拉·斯凯夫基金会……给了 150 个保守主义智库超过 1.76 亿美元。”《哥伦比亚新闻业评论》1981 年 6～7 月号的一篇文章，斯凯夫乘坐自己的私人DC -9 喷气机往来于他在匹兹堡的家和加州圆石海滩之间。❼

近年来斯凯夫基金会资助了许多新保守主义智库和项目。它资助传统基金会近 2000 万美元，这个机构是反导防御系统的主要推手；资助胡佛研究所 800 万美元；资助美国企业研究所 500 万美元；资助新保守主义大卫·霍洛韦茨（David Horowitz）研究所 400 万美元；资助安全政策中心 350 万美元。每个重要的新保守主义机构都被列在斯凯夫的资助名单上。

史密斯·理查森基金会

史密斯·理查森基金会（The Smith Richardson Foundation）由维克斯·瓦普鲁布（Vicks Vaporub）财团提供资金，这是一家拥有悠久右翼历史的美国制药公司。据报道该基金会在 2001 年拥有 4.94 亿美元资产，提供了 2300 万美元资助。

在冷战时期，中央情报局实施了一项绝密计划，往往是在实验对象不知情的情况下，用包括 LSD - 25 在内的各种药品对活人进行实验。在中情局这项代号为 MK - Ultra 计划的参与者里，有哈佛大学心理学家、迷幻药“先知”蒂莫西·利里（Timothy Leary）。据拉斯·贝兰特（Russ Bellant）说，中情局 MK/ULTRA 计划的主要资金来源实际上是理查森基金会。中情局的詹姆斯·安格尔顿（James Angleton）、退役空军准将罗伯特·理查森三世（Robert C. Richarson Ⅲ）与先锋基金会（Pioneer Fund）的罗杰·皮尔森（Roger Pearson）一道，都深深卷入了中情局的资金渠道。❽

当理查森·伦道夫（Randolph）在1973年接手这家基金会后，它从支持中情局的心理控制计划转向积极支持新保守主义事业。《福布斯》杂志估计，理查森的净资产是8.7亿美元，这使这个家族成为美国最富有的家族之一。

该基金会资助了里根时代初期由朱达·万尼斯基（Jude Wanniski）和乔治·吉尔德（George Gilder）撰写的“供给学派”经济学著作。他们擅长通过资助顶尖的精英机构来创建新保守主义学术网络。接受资助的大学有：耶鲁大学（800万美元）、哈佛大学（700万美元）、约翰·霍普金斯大学SAIS项目（400万美元）、兰德公司（300万美元），以及许多其他新保守主义机构和人士。2003年，他们总共出资166 865 612美元。❾

这些重要的私人基金会——奥林、布雷德利、斯凯夫和理查森——将它们的资源集中在新保守主义机构身上，实际上就是资助新保守主义鹰派霸权的兴起，在21世纪第一个十年一步一步地主导美国的防务和外交政策。

注　释

❶ Media Transparency，*Funder Profile*：*John M. Olin Foundation*，in http：//www.mediatransparency.org/funderprofile.php？funderID=7.

❷Media Transparency，*Recipient Profile*：*The Institute for Educational Affairs*，in http：//www.mediatransparency.org/recipientprofile.php？recipientID=524.

❸Phil Wilyato，*The Feeding Trough*：*The Bradley Foundation*，‘*The Bell Curve*’ & *the Real Story Behind W－2*：*Wisconsin's National Model for Welfare Reform*，June 1，1997，reprinted in http：//www.mediatransparency.org/story.php？storyID=6.

❹Media Transparency，*Funder Profile*：*The Lynde and Harry Bradley Foundation*，in http：//www.mediatransparency.org/funderprofile.php？funderID=1.

❺ Philanthropy Roundtable，in http：//www.philanthropyroundtable.org/content.asp？contentid=406.

❻ Phil Wilyato，op. cit.

❼ Media Transparency，*Funder Profile*：*The Scaife Foundations*，in http：//www. mediatransparency. org/funderprofile. php? funderID=3.

❽Russ Bellant，*Old Nazis*，*the New Right*，*and the Republican Party*，Boston，South End Press，1989.

❾Source Watch，*Smith Richardson Foundation*，in http：//www. sourcewatch. org/index. php? title=Smith _ Richardson _ Foundation.

附录C
媒体的战争宣传机器

谎言保镖……

英国前海军大臣、战时首相温斯顿·邱吉尔爵士曾说过：“在战时，真相过于珍贵，以致它应该由一个谎言保镖随时护卫左右。”五角大楼永恒的战争状态同样已经为自己配备了“谎言保镖”。美国权势集团对主要媒体的控制是“谎言保镖”的重要基石。

对外关系理事会控制全球媒体

自从二战之后中央情报局和美国国务院设立心理战略委员会以来，对外关系理事会和美国精英的内部圈子已经对控制媒体投入了巨大的资源。今天，美国媒体在对外关系理事会精英成员的严密控制之下，比最严厉的独裁者更为严密。这种控制极其微妙，因此大多数美国人根本不知道他们的所有政治思想都受到灌输和操纵。

自20世纪90年代以来，为重点应对他们控制的全球化时代的最新变化，美国的主要媒体巨头已经进行了重组，更集中、也更全球化地集中在极少数几个人的手里。

美国在线-时代华纳（AOL－Time Warner）：当前最大的媒体集团是美国在线-时代华纳，它控制了CBS电视、CNN、HBO（美国最大的收费电视网）、

《时代》杂志集团（这是最大的杂志发行商，包括《体育画报》和大量其他杂志）、华纳兄弟（ Warner Bros）及其他好莱坞电影制片厂。美国在线是美国最大的私人因特网提供商。杰拉德·列文（Gerald Levin）是美国在线-时代华纳总裁。

迪斯尼公司（Walt Disney Co.）：美国第二大媒体巨头。首席执行官是迈克尔·艾斯纳（Michael Eisner），一个与迪斯尼家族毫无瓜葛的外来人。迪斯尼现在控制着几家电视制作公司，其中包括试金石公司（Touchstone TV）、布埃纳维斯塔电视制作公司（Buena Vista TV）和好莱坞电视公司（包括迪斯尼动画片、试金石、Caravan 和好莱坞影片公司）。它还拥有第二大电视网 Capital Cities/ABC，该电视网在欧洲有许多分支机构。

维亚康姆公司（Viacom Inc.）：美国第三大媒体卡特尔。它拥有有线体育网 ESPN、《妇女时装日报》（*Women' s Wear Daily*）、维亚康姆公司、派拉蒙影片公司，最近还从时代华纳公司购买了 CBS。维亚康姆通过它的有线 MTV 网控制着全世界的年轻人市场，这个媒体网络通过歌曲视频、廉价电影节目（Nikelodeon）、“作秀时刻”（Showtime）节目渲染暴力和性。MTV 将说唱录像播放到 71 个国家的 2.1 亿个家庭，它是世界上最有影响的传播公司之一。

新闻公司（News Corporation）：澳大利亚出生的媒体巨头鲁伯特·默多克是美国第三大媒体集团新闻公司的老板。他拥有福克斯电视（Fox TV），它的节目充斥着有利于以色列的新保守主义宣传。还拥有《纽约邮报》和大量其他新闻报纸，其中包括威廉·克里斯托的新保守主义杂志《每周标准》。默多克以前的生意伙伴是哈伊姆·萨班（Haim Saban），一位好莱坞亿万富翁，后者与沙龙的关系很近，是个亲以色列的鹰派，最近买下了德国最大的电视媒体集团 Pro-7。

纽豪斯集团（Newhouse Group）：第五大媒体集团，由亿万富翁纽豪斯（S. I. Newhouse 拥有）。该集团拥有 12 家电视台、87 家有线电视台、发行量最大的《星期天》杂志、《展示》杂志、《纽约客》杂志、《时尚》杂志、《淑女》杂志、《名利场》杂志、《克里夫兰诚实商人报》（*Cleveland Plain-Deal-*

er)、《纽瓦克明星纪事报》(*Newark Star - Ledger*)、《新奥尔良平民时报》(*New Orleans Times - Picayune*)。

值得注意的是，当前美国媒体集中在几家顶级公司手里，而这些公司都受对外关系理事会成员的控制，从迪斯尼到时代华纳到福克斯新闻再到维亚康姆。事实是，当今美国媒体的集中程度超过了历史上的任何时期，而它们为对外关系理事会成员所把持。所以这就不奇怪为什么大多数美国人以偏颇的观点看待世界或伊拉克战争，他们没有什么机会看到更多更加中立公正的新闻观点。

由于大媒体公司控制了小的地方媒体，没有任何一家报纸有能力雇佣独立记者，更不用说开设国际新闻机构。它们必须从大媒体集团购买它们的“新闻”，如《纽约时报》、《道琼斯-华尔街日报》，或《华盛顿邮报》。所有这些媒体都被同一卡特尔利益集团所控制。

《纽约时报》：由亚瑟·苏兹伯格（Arthur Sulzberger）家族所拥有。纽约时报集团拥有《波士顿环球报》和其他33家地区性报纸，以及《美开乐》(*McCalls*) 和《家庭天地》(*Family Circle*) 杂志以及多家广播电视台。纽约时报新闻服务向全美506家报纸出售新闻报道。

华盛顿邮报公司：是华盛顿最有影响的报纸，由银行家尤金·迈耶（Eugene Meyer）的后代经营。尤金·迈耶是伯纳德·巴鲁克（Bernard Baruch）的前合作伙伴，他们的中间人是已故的凯瑟琳·迈耶·格雷汉姆（Catherine Meyer Graham）的儿子唐纳德（Donald）。《华盛顿邮报》拥有多家电视台、11个军事出版物、《新闻周刊》杂志、有线一台（Cable One TV），最近还与《纽约时报》共同向国外发行了最大的英语报纸《国际先驱论坛报》(*International Herald Tribune*)。

由小布什政府的联邦通信委员会主席迈克尔·鲍威尔（科林·鲍威尔的儿子）主持通过的法规，允许这几个大媒体集团兼并和控制更多的全美地方电视台和媒体，使它们能够控制公众舆论，除了万维网之外，其总体控制的程度超过了前苏联。然而，这种控制更加微妙，允许发表明显不同观点以造成公正辩论的假象。所有这些都服务于美国世纪。

自从通信行业迫使国会在1996年解除管制开放了这个领域以来，报纸、广播、电视和电信都允许出现信息控制的全球性垄断，而所有这些都是打着“自由”企业的旗号。对外关系理事会精英们控制着媒体，推动全球帝国那看不见的杠杆。然而，他们却巧妙地让绝大多数不知情的美国人相信，自己享有“新闻自由”，而这些人正试图把美国造就成全球帝国。❶

注　释

❶美国主要媒体集团的所有权细节来自公司年度报告和新闻报告。

附录 D

国家民主基金会：按国别的捐赠

来源见：http://www.sourcewatch.org/index.php?title=National Endowment for Democracy:Grants By Country#China

中国

- Beijing Spring　北京之春
- Center for Modern China　现代中国中心
- Center for Private Economic Studies　私有经济研究中心
- China Aid Association　中国救助协会
- Chinese Economists Society　中国经济学家学会
- China Free Press　中国新闻自由（组织）
- China Information Center　中国信息中心
- China News Digest International，Inc.　中国新闻文摘国际公司
- China Perspective，Inc.　中国透视公司
- China Review　中国评论
- Democracy for China Fund　中国民主基金会
- Democratic China　民主中国
- Democratic China Magazine　民主中国杂志
- Foundation for Human Rights and Democracy in China　中国人权与民

主基金会

- Green China　绿色中国
- Hong Kong Human Rights Monitor　香港人权观察
- Human Rights in China，Inc. 中国人权公司
- Independent Federation of Chinese Students and Scholars　中国学生学者独立协会
- International Campaign for Tibet　西藏国际运动
- Laogai Research Foundation　劳改研究基金会
- Legal Rights Education　合法权益教育
- Minzhu Zhongguo，Inc.，Sub：Democratic China 民主中国
- National Economic Reform Institute　国家经济改革研究所
- Open Magazine　开放杂志
- Press Freedom Guardian　新闻自由卫士
- Princeton China Initiative　普林斯顿中国项目
- Tendency Quarterly Inc.　趋势季刊
- China Strategic Institute　中国战略研究所
- Tibet Fund　西藏基金会
- Tibet Information Network　西藏信息网络
- Tibet Justice Center　西藏正义中心
- Tibet Multimedia Center　西藏多媒体中心
- Tibet Times Newspaper　西藏时报
- Tibetan Center for Human Rights and Democracy　西藏人权与民主中心
- Tibetan Literacy Society　西藏扫盲协会
- Tibetan Multimedia Centre　西藏多媒体中心
- Tibetan Review　西藏评论
- Voice of Tibet　西藏之音

中文版跋
为本书的读者写的几句话

人类在前行的时候，总是在追求一条光明的坦途，而在更多的时候，我们不得不在迷雾中穿行。

一本好书，就是那盏悬挂在幽暗大地上的灯盏，或者是透过乌云的一缕光明，它让人们知道，我们居于何地，我们的世界发生了和正在发生什么。

东欧解体之后，很多人认为意识形态的对立不复存在，代之的应该是和解与发展的时代，但是和这些人善良的愿望相反，人们看到的是战争、动乱和更多潜在的危险。1991～2008 年 17 年时间，美国共参加了全球 12 场较大规模的战争，平均每 1.4 年卷入或发动一场战争，已经大大超过了它在冷战时期（1945～1991 年）平均 2.6 年发动一场战争的频率。

与此同时，战争的意义正在泛化，它涉及的领域不再是人们理解的军事对抗，粮食、能源、基因……只要和人类生存有关的一切，都可以成为威胁和毁灭对方的手段。在这样一个时代，没有一个人或者民族可以独善其身。

于是，人们想知道：为什么会发生这样的悲剧？那些隐藏的真相是什么？

我们探索真相，是为了防止发生人类最终毁灭自己的悲剧！

在这种探索中，不但需要智慧，更需要良知和勇气，要把那些谎言、伪善、成见、利益等如同灰尘般轻蔑地拂去。恩道尔不再是孤独的思想者，而是勇敢的践行者。

作者揭开了掩盖真相的所有面纱。对于美国对中国的政策，他写道：美国采取的是鲜为人知的武器，利用“人权”、“民主”作为 21 世纪版的鸦片战争的武器，迫使中国敞开自己，接受美国的超级大国统治。

这样确切的比喻，也许只有“黄钟大吕”几个字可以形容。

我们希望和平，但必须有直面真实的勇气。

2000多年前，一位中国诗人这样说过：路漫漫其修远兮，吾将上下而求索。

在漫长的历史中，那些先贤和先哲们一直在追求真理，并且把这种追求看得比生命更重要。这是我们和世界其他民族能够走出迷雾的动力，也是我喜欢这本书并且推荐给中国读者的缘由。

云　杉

2009年5月19日于北京